会展业诉讼精选案例
——律师评析

Huizhanye Susong Jingxuan Anli
Lushi Pingxi

林叔权　秦乐璋　郑逸琳　郑彬彬／编著

四川大学出版社

项目策划：李勇军
责任编辑：李勇军
责任校对：曾　鑫
封面设计：墨创文化
责任印制：王　炜

图书在版编目（CIP）数据

会展业诉讼精选案例：律师评析 / 林叔权等编著
. 一 成都：四川大学出版社，2021.3
（精选案例研究丛书 / 左卫民主编）
ISBN 978-7-5690-2565-1

Ⅰ．①会… Ⅱ．①林… Ⅲ．①展览会—民事纠纷—民事诉讼—案例—中国 Ⅳ．① D922.165

中国版本图书馆CIP数据核字（2018）第 271901 号

书名	会展业诉讼精选案例——律师评析
编　著	林叔权　秦乐璋　郑逸琳　郑彬彬
出　版	四川大学出版社
地　址	成都市一环路南一段24号（610065）
发　行	四川大学出版社
书　号	ISBN 978-7-5690-2565-1
印前制作	四川胜翔数码印务设计有限公司
印　刷	郫县犀浦印刷厂
成品尺寸	185mm×260mm
印　张	16.25
字　数	393 千字
版　次	2021 年 3 月第 1 版
印　次	2021 年 3 月第 1 次印刷
定　价	75.00 元

◆ 版权所有 ◆ 侵权必究

◆ 读者邮购本书，请与本社发行科联系。
　电话：(028)85408408/(028)85401670/
　(028)86408023　邮政编码：610065
◆ 本社图书如有印装质量问题，请寄回出版社调换。
◆ 网址：http://press.scu.edu.cn

四川大学出版社
微信公众号

序

改革开放四十多年来，中国会展业从小到大，不断发展，见证了改革开放的发展历程，构成了改革开放的重要内容，同时也为推进改革的深化和开放的扩大做出了积极的贡献。通过各种类型活动的举办和各类服务的提供，会展带动商品、物资、人员、资金、信息流动，提升现代服务业总体水平，拉动相关服务发展，扩大服务经济规模；通过最新技术、产品展示和最新思想理念、信息传播与交流，促进商品、生产要素的跨国、跨区域流动与重新组合配置，促进最新技术的推广普及和生产效率的提高，为经济转型和产业升级做出了贡献。会展业是现代经济体系的有机构成，又是促进现代产业体系建设的重要抓手；会展业还是开放型经济体系的重要载体和构成。面对新时代，适应新要求，明确新定位，承载新使命，中国会展业应当坚持创新，主动作为，不断提升发展质量和发展水平，为社会主义经济体系建设，为促进社会平衡充分发展，满足人民日益增长的美好生活需要做出重要贡献。

会展业在发展过程中也有很多不尽人意的地方。国内关于会展业的法律法规从宏观方面来说，存在着法律层级低、立法散乱，未形成完善的法律体系，关键法律衔接困难等问题。从微观方面讲，我国会展业主管机构不明确，国外展审批严格，产权不清，行业协会未形成体系，会展保险制度不完善，知识产权保护不足。我国会展业立法起步较晚，尚处于立法初级阶段。近几年来商务部做了大量工作，颁布了《展会知识产权保护办法》《关于设立外商投资会议展览公司暂行办法》《关于在我国境内举办对外经济技术展览会有关管理事宜的通知》等一系列文件，在一定程度上规范了对会展业的管理，但是也存在不少交叉重叠现象。

随着会展业的蓬勃发展，近年来由会展引发的法律纠纷也越来越频繁，这些纠纷主要表现在以下几方面：劳动纠纷——办展办会期间大量临时工作人员的聘用引发的劳动争议；展位纠纷——展场位置差异以及销售沟通渠道不畅导致的争议；对展会规模虚假宣传、偷换展会主题；展会克隆与知识产权的侵犯等。究其原因，也是多方面的，例如主办方与参展商签订合同过于简单，对具体技术参数或是质量标准没有清晰界定；由于法律规范的缺失，导致纠纷出现时，没有统一的规则可依；会展活动中出现最多的专利纠纷由于专业性强、涉及面多、专利有可能被宣告无效等特殊性，专利侵权认定存在程序复杂、认定时间长的特点，而会展专利保护工作时效性强、要求高，要在短短的几天内或是一两天内认定侵权是否成立，难以认定。此外，由于会展的特殊性，还存在有关部门对会展的事前监管难以到位、参展商防范意识不高、会展的相关主体之间存在信息严重不对称等问题，以及会展的硬件和软件不到位、专业会展人才匮乏、维权成本过高、多层次多渠道重复办展严重、"展虫"闹事、办展办会主体不清等原因，导致我国会展活动举办过程中状况频发，致使主办方、参展商的正当利益受损，采购商对展会的满意率下降。因此，会展行业急需系统的、有针对性的法律培训与提升，以进一步促进整个行业的健康发展。

林叔权律师长期从事项目投资、企业管理和管理咨询工作，积累了丰富的公司管理、公司重组经验，致力于公司化、专业化运作。在日常繁忙的工作中也积极投身到会展业的法律纠纷处理与普法知识的培训，在会展经济领域积累了丰富的经验与案例。出于职业的使命感和行业发展的责任感，林律师将会展领域的有关典型案例结集成册，全书划分为企业治理篇、经营活动篇、侵权责任篇和行政纠纷篇，将会展领域常见的法律问题呈现于读者面前，书中既有案件的翔实描述，也有后续判决结果的追踪，以及律师的分析和法律依据的引证，案例分析有理有据，令人心服口服，也对会展专业人士带来启发与警醒，是一本不可多得的法律专业人士对会展业的行业辅导佳作。

会展业是融合多种要素于一体，涉及多行业、多领域的新兴产业，法律专业人士对会展领域的关注与投入，不啻为会展业的发展起到保驾护航的作用，也为会展业的规范发展、国际化运作等长远发展起到战略指导作用。我们希望越来越多的专业人士能够加入促进会展业发展的事业当中来，为产业展会的发展、促进国际贸易流通、打造各行业企业发展的良好平台发挥服务作用。

承蒙林叔权律师的嘱托与信任，为本书作序，林律师的敬业精神也激励我们会展业的同仁努力工作，为探索会展业的发展献计献策。本书是会展企业从业人员的必备书籍、良师益友，对于会展教育领域来说也是一本非常好的教辅材料，是会展管理专业课的良好补充与参考。最后，祝会展业的明天越来越美好！

庞　华

于广州华南理工大学

（庞华，华南理工大学经济与贸易学院会展经济与管理系系主任、硕士生导师）

前　　言

律师出书（写或编）在如今已经是司空见惯了。每每在书店里看到律师出的书，都会从书架上取下来翻翻，虽不一定会买，但总会萌生自己哪天也出一本书的念头。也常会有律师同行赠书与我，恭维之余，自己也出一本书的念头就更加强烈。然而，做律师整整十三个年头了，出书的念头出现过无数次，但都只是念头而已，从未付诸行动。直至有一天，和老婆聊天中，她告诉我，我之前的一位助理出了一本书，已在新华书店销售。我很受刺激，方才将写书作为工作任务真正摆上日程。

然而，出书这事，说易行难。倒不是钱的问题，律师做了十几年了，几万块钱的印刷费不会难倒我。时间也不是问题，做律师虽忙，但忙里偷闲，时间挤挤就出来了。真正感到难的是，写给谁看？选什么题材来写？

五十知天命。自己既然已届五十，安身立命的道理自是时时记在心里的。因此，对"写给谁看"这个问题，还是容易想透彻的。书，要么不出，要出就要有人看、有人读。如果只是为了出书而出书，那完全没有必要耗费时间、精力和钱财。如此一来，就要先想清楚"谁会看"这个问题。如今的互联网时代，人们接受信息和知识，越来越碎片化了。自己也不例外，除非是应付考试，要不然基本上不会将一本书从头到尾一字不漏地读完了，更不用说反复读几遍了。而自己出书，谁会看呢？除非一点，那就是书的内容有实用性，看了之后多少有点用。也就是说，解决了书的内容（题材）问题，就解决了"写给谁看"的问题。由此，就有了这本《会展业诉讼精选案例——律师评析》，选题与读者对象，一目了然。

本书精选了三十个会展业诉讼案例（二审或者再审），分企业治理、经营活动、侵权责任、行政纠纷四篇，按原告诉请、被告答辩、一审法院认定、一审法院认为、一审法院判决、原告（被告）上诉、上诉答辩、二审法院认定事实、二审法院判决等体例对案例进行编排整理，在每个案例的开头以引言介绍大致案情，注明案由、诉讼地位、审判过程等信息，并有律师评析与律师建议。本书还提供了《2016—2020年会展业诉讼案件裁判大数据报告》，以飨读者。

林叔权　律师
2020年3月　珠海

目 录

2016—2020 年会展业诉讼案件裁判大数据报告 ……………………………（ 1 ）

一、企业治理篇

【精选案例 1】……………………………………………………………………（ 11 ）
 会展公司违法发包工程，对受害劳务者承担用工主体责任…………………（ 11 ）

【精选案例 2】……………………………………………………………………（ 17 ）
 在《劳动合同》中约定实行综合计算工时制，会展中心配电运行工仍起诉主张加班费，终被法院驳回……………………………………………………（ 17 ）

【精选案例 3】……………………………………………………………………（ 23 ）
 展览公司股东股份被私下变更，提起诉讼主张股东会决议、公司章程修正案无效………………………………………………………………………………（ 23 ）

【精选案例 4】……………………………………………………………………（ 29 ）
 展览公司未为人力资源总监缴纳社保费，法院判决公司为其报销医疗费……（ 29 ）

二、经营活动篇

【精选案例 5】……………………………………………………………………（ 35 ）
 设计合同纠纷中委托方提出解除合同的情况下，设计费支付条件是否成就的认定…………………………………………………………………………………（ 35 ）

【精选案例 6】……………………………………………………………………（ 41 ）
 展览公司代客保管委托拍卖的贵重物品，谨防返还原物的巨额索赔…………（ 41 ）

【精选案例 7】……………………………………………………………………（ 45 ）
 合作举办"缤纷漫博展"发生纠纷，是租赁合同关系还是共担风险的联营关系…………………………………………………………………………………（ 45 ）

【精选案例 8】……………………………………………………………………（ 54 ）
 合伙举办民俗节庆与旅游采购博览会，亏损该如何承担责任？………………（ 54 ）

【精选案例 9】……………………………………………………………………（ 59 ）
 会展公司委托拍卖李可染作品《韶山·革命圣地毛主席旧居》，买受人逾期支付拍卖价款，违约金该由谁承担？……………………………………………（ 59 ）

【精选案例10】 ·· （68）
　　会展中心项目转让居间合同的居间事项是什么？是转让项目开发建设权还是项目公司股权？ ·· （68）
【精选案例11】 ·· （81）
　　展览公司承租的场地被收回，拆除违章建筑、进行文物保护修缮是否是解除租赁合同的理由？ ·· （81）
【精选案例12】 ·· （89）
　　"国际花艺家饰博览中心"委托经营管理纠纷争议项目多，两审法院详细评判定纷争 ·· （89）
【精选案例13】 ·· （103）
　　未签订书面展览合同，因举证不能起诉被法院驳回 ···································· （103）
【精选案例14】 ·· （107）
　　开发出售的国际采购中心房屋交付条件存争议，展览公司被告支付预期交楼违约金 ·· （107）
【精选案例15】 ·· （113）
　　展览公司作为承兑申请人未能偿付到期银行承兑汇票，银行诉请要求支付垫款本息及律师费 ·· （113）
【精选案例16】 ·· （118）
　　文传公司的展品交付验收单被拒签，二审法院以"逾期不验收，视为合格"的约定认定交付的展品合格 ·· （118）
【精选案例17】 ·· （127）
　　展厅装修工程是否完成验收存在争议，业主方反诉主张工期延误违约金未获得支持 ·· （127）
【精选案例18】 ·· （134）
　　展览公司承租的土地未办手续被政府责令停工并拆除，起诉索赔，土地出租方另案起诉，要求赔偿地面附属物折价款及补偿金 ···································· （134）
【精选案例19】 ·· （138）
　　会展中心因承租权与转租权提起执行异议之诉，三级法院均确认不存在实质租赁关系，不适用买卖不破租赁准则 ···································· （138）
【精选案例20】 ·· （150）
　　合同解除后展览公司未采取措施防止损失扩大，法院判决退还机票费、接待费等合理费用 ·· （150）
【精选案例21】 ·· （156）
　　签订合同名为合作实为借贷，法院判决展览公司偿还借款本金和利息 ················ （156）

三、侵权责任篇

【精选案例 22】 ·· (165)
发布的广告图片及照片被剽窃，提起不正当竞争纠纷诉讼，获得经济损失及为制止侵权行为所支付的合理开支赔偿 ················· (165)

【精选案例 23】 ·· (173)
公司宣传是否构成虚假宣传的不正当竞争行为，两家会展公司两次对簿公堂
·· (173)

【精选案例 24】 ·· (186)
会展公司注册大量商标并转让牟利，上海高级人民法院以判决说"NO" ·········· (186)

【精选案例 25】 ·· (200)
"泰山国际马拉松赛"作为赛事名称可否由个人或者单位独占？山东省高级人民法院作出终审判决说"不能" ····················· (200)

【精选案例 26】 ·· (218)
展台设计方案的著作权保护 ··· (218)

【精选案例 27】 ·· (227)
顾客车辆被会馆建筑物上坠落的冰雪砸坏，会展中心作为会馆房屋所有人和管理人对车辆损害承担赔偿责任 ····················· (227)

四、行政纠纷篇

【精选案例 28】 ·· (233)
税务局认定展览公司虚开发票和偷税处以罚款，展览公司不服提起诉讼，一审败诉，二审胜诉 ··························· (233)

【精选案例 29】 ·· (240)
镇政府超越职权阻止会展公司设置高立柱广告牌，两审法院均判其违法，警示行政机关行使权力不能任性 ························ (240)

【精选案例 30】 ·· (245)
因与他人已注册商标近似，展览公司申请注册商标被驳回 ···················· (245)

2016—2020年会展业诉讼案件裁判大数据报告

自改革开放以来,我国会展业(又称展览业)迅猛发展。历经30余载,我国会展业产业规模不断扩大,产业链不断拓宽,带动性逐年增强,经济效益日益显著。中国国际贸易促进委员会2020年1月10日发布的《中国展览经济发展报告(2019)》显示,2019年,我国展览经济已由高速增长阶段向高质量发展转变。据不完全统计,在已采集到的信息中,中国境内共举办经贸类展览3547个,同比下降6.5%;展览总面积为13048万平方米,同比增长0.8%。该报告预测,全国展览业2020年总体发展态势趋缓,展览业将从数量扩张过渡到质量提升。科技领域的新进展、消费升级、新生代和新文化将为展览业发展带来新气象。

随着会展业的蓬勃发展和我国法制体系的不断完善,企业开始运用法律手段解决纠纷,维护自身权益,涉及会展业的诉讼案件呈现逐年上升的趋势。本报告利用大数据技术,以2016—2020年公开的诉讼案例为例,分析会展业遇到的常见的法律纠纷类型,并相应提出风险防范指南,以供会展业高层、经营管理者、从业人员等参考。

一、会展与展览企业诉讼案件裁判整体状况

(一)会展与展览企业诉讼案件裁判公开公示状况

以"中国裁判文书网"为检索平台,搜索2016年1月到2020年12月期间当事人名称中同时包含"会展"和"公司"关键词的裁判文书,共检索出裁判文书37940篇,其中判决书为20815篇;搜索2016年1月到2020年12月期间当事人名称中同时包含"展览"和"公司"关键词的裁判文书,共检索出裁判文书数量42886篇,其中判决书为33519篇。

从数据来看,2019年以前会展与展览企业诉讼案件逐年大幅度递增,而2020年相比2019年有较大幅度减少,侧面反映出《中国展览经济发展报告(2019)》所称的"我国展览经济已由高速增长阶段向高质量发展转变"的态势。相关数据比较见图1所示:

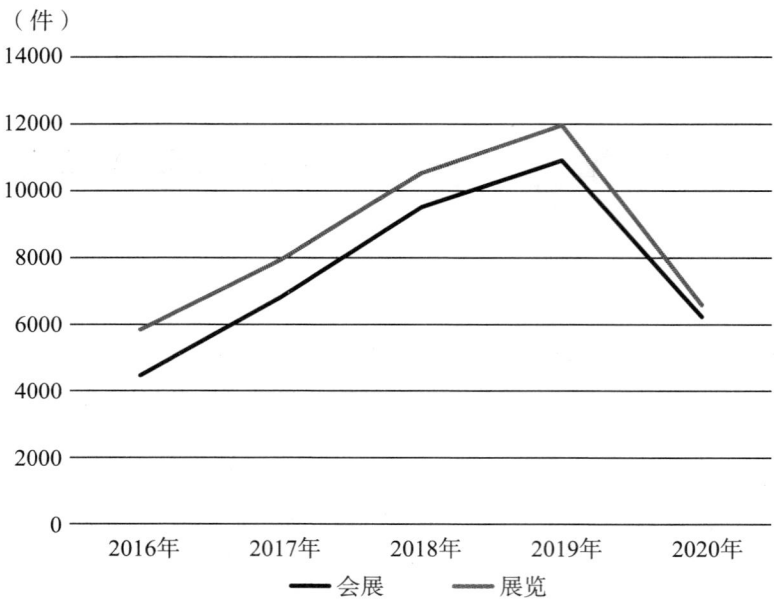

图1 2016—2020年会展与展览企业诉讼案件数量

尽管现有数据未能精准标识出经营会展业务的所有企业名称,从而未能检索出所有涉及会展业的裁判文书。但是,由于绝大部分会展与展览企业名称中包含"会展"或"展览"关键词,故检索数据虽不能精确展现所有涉及会展与展览企业的裁判文书,但仍可代表会展与展览企业的诉讼案件的裁判状况。而且,由于我国法院案件裁判文书网上公示的文书存在一定的时间滞后性,故实际的司法裁判中会展与展览企业的诉讼案件远远不止本报告检索出的数量。综合以上因素,本报告以"中国裁判文书网"检索出的裁判文书中的54334篇判决书作为本次大数据报告的数据基础。

(二)会展与展览企业诉讼案件数据分析

1. 案件地域分布

本报告所收集的数据显示,北京、广东、浙江、上海四个地区的案件数量占全部会展与展览企业诉讼案件的61%。与此相对应的是,根据《中国展览经济发展报告(2019)》,2019年,上海、广东、山东、北京办展数量居前四,浙江同比增长较快;上海、广东、北京、山东办展面积居前四,浙江同比增长显著。可见,展览会举办的数量与面积和地区的经济发展程度有直接关联,而展览会越多的地区,会展与展览企业诉讼案件数量也会越多(见图2)。

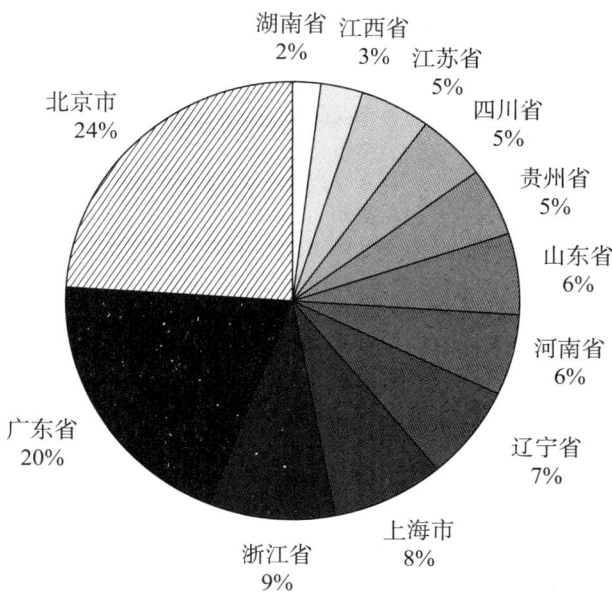

图2 2016—2020年会展与展览企业诉讼案件地域分布

2. 案件类型

从案件类型来看，会展与展览企业诉讼案件绝大多数都是民事案件，小部分是行政案件，以及个别刑事案件。由于刑事案件样本过少，缺乏典型性，故下文仅对民事和行政案件做详细分析（见图3）。

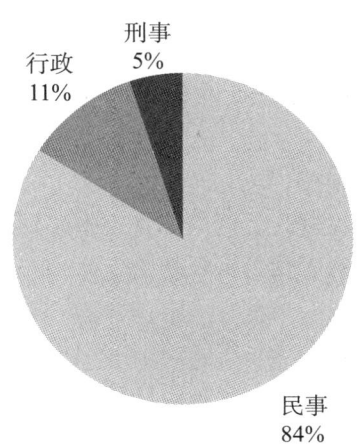

图3 2016—2020年会展与展览企业诉讼案件类型分布

3. 案由分布

按法定案由划分，会展与展览企业诉讼案件的情况见图4：

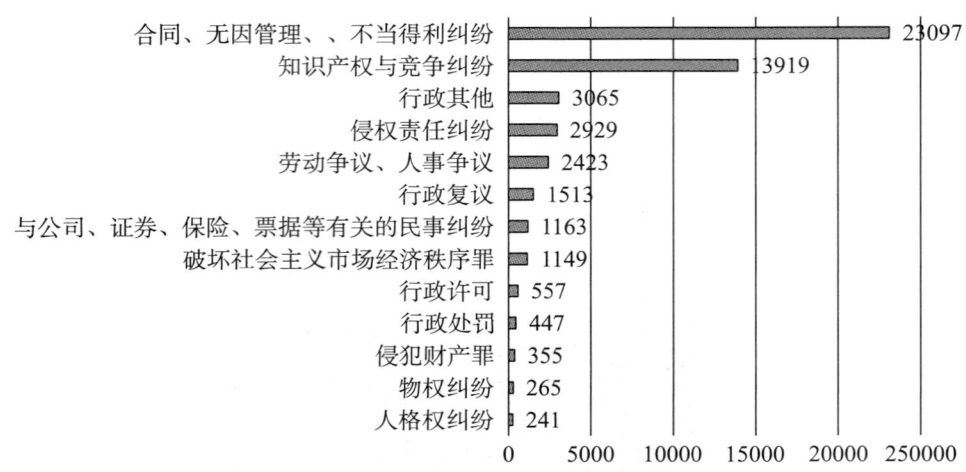

图4 2016—2020年会展与展览企业诉讼案件案由类型分布

从案由分布来看：第一，会展与展览企业的经营活动主要是以各类合同为开展业务的基础，且随着法制的不断完善和行业的逐渐规范化，合同类型的纠纷案件将会越来越多。第二，因企业在举办展览时，不可避免需要使用商标，因此，商标权权属之争、商标权侵权与被侵权的案件也相当常见。第三，会展业作为第三产业，对人力资源存在依赖性，容易引发一系列的人事与劳动争议纠纷。第四，会展与展览企业的业务中包含大量承揽、工程、运输方面的业务，体现在诉讼纠纷方面，就是企业更容易产生提供劳务者受害责任纠纷，产品责任、交通事故等方面的财产和人身侵权责任纠纷。

在行政诉讼方面，综合分析行政判决书，会展与展览企业行政诉讼案件主要与商标有关，且大部分是与国家工商行政管理总局商标评审委员会有关的商标纠纷。

（三）本报告对会展与展览企业诉讼案件的分类

结合上文的数据分析以及司法实践，本报告将会展与展览企业诉讼案件根据企业经营管理的不同方面进行了以下划分：

一是企业治理篇，指企业在进行公司内部管理中遇到的纠纷类型，涉及的案件类型主要有劳动合同纠纷，提供劳务者受害责任纠纷，与公司、证券、保险、票据等有关的民事纠纷等；

二是经营活动篇，指企业在开展日常经营活动中遇到的纠纷类型，涉及的案件类型主要有买卖合同纠纷、租赁合同纠纷、承揽合同纠纷、借款合同纠纷、建设工程合同纠纷、服务合同纠纷等；

三是侵权责任篇，指企业开展业务时造成第三人财产和人身受损而产生的纠纷类型，涉及的案件类型主要有产品责任、财产损害赔偿纠纷，生命权、健康权、身体权纠纷，知识产权与不正当竞争纠纷等；

四是行政纠纷篇，指企业在经营中与政府部门产生的纠纷类型，涉及的案件类型主要有商标类纠纷、税务纠纷、确认行政行为违法纠纷等。

下文将对上述四种类型的案件进行分析，并就相应的企业风险提出风险防范指南。

二、会展与展览企业诉讼案件的具体类型状况与风险防范

（一）企业治理篇

企业治理篇，包含企业与股东之间、股东与股东之间、企业与劳动者之间所发生的纠纷。企业治理是每个企业经营中的重要课题。

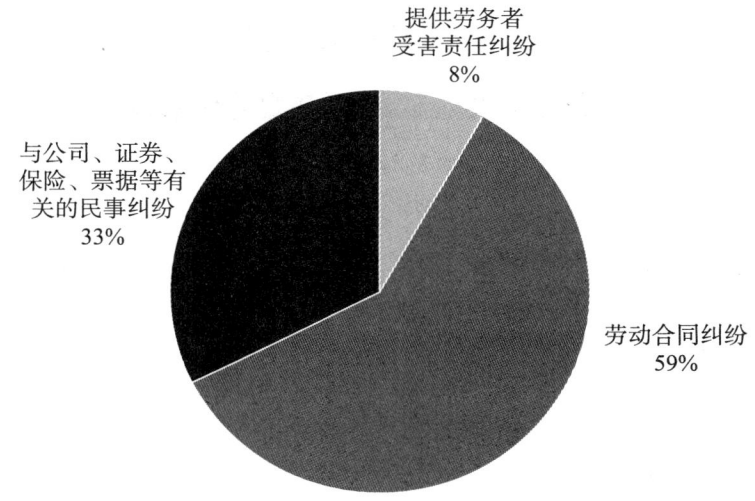

图 5　企业治理篇诉讼案件数量分布

劳动合同纠纷，与公司、证券、保险、票据等有关的民事纠纷（如股权转让纠纷、股东资格确认纠纷、公司解散纠纷、损害公司利益责任纠纷等），这两类纠纷在企业中十分常见，在会展与展览企业中不具有特殊性和代表性，在此不予详述（见图5）。

提供劳务者受害责任纠纷，大多数是企业在雇佣劳务人员时，给劳务人员造成人身损害而引起的纠纷。这类纠纷的起因，通常追溯到企业实施不安全生产的问题。《最高人民法院关于审理人身损害赔偿案件适用法律若干问题的解释》第11条第2款规定："雇员在从事雇佣活动中因安全生产事故遭受人身损害，发包人、分包人知道或者应当知道接受发包或者分包业务的雇主没有相应资质或者安全生产条件的，应当与雇主承担连带赔偿责任。"因此，企业除了要注意安全生产外，还应当重视对雇佣劳务人员的管理。

实际上，企业应当将工程发包给具有施工资质的承包人；施工过程中，应采取安全防范措施，及时提醒雇员注意施工安全并提供必要的防护设备；应当对施工期内全部施工人员实行动态实名制管理，加强施工现场的劳务用工管理，建立职工花名册，严查考勤记录等相关举措。

（二）经营活动篇

会展与展览企业的经营业务一般有展览策划、展览用品加工承揽、展览工程建设等，在实践中，便存在大量与以上类型的业务相对应的合同纠纷。

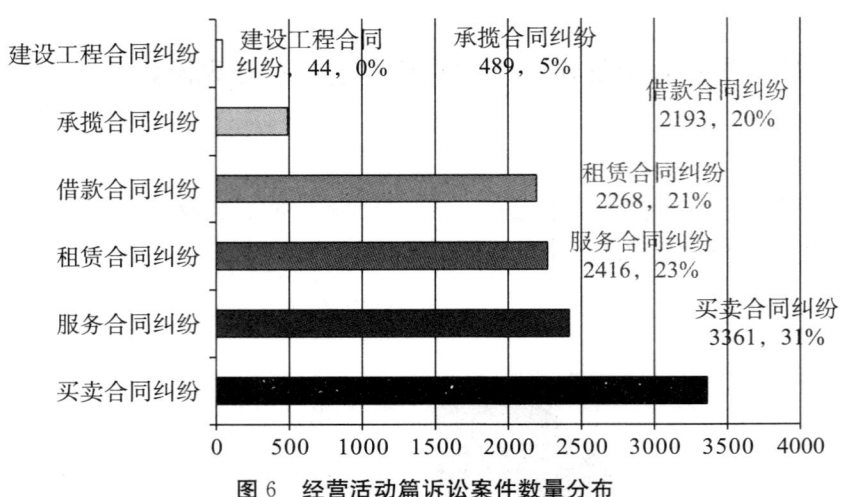

图6 经营活动篇诉讼案件数量分布

从图6可看出，在经营活动篇中，买卖合同纠纷高居第一位，占比31%。

服务合同纠纷占比23%，居第二位。服务合同纠纷，主要是会展和展览企业在向客户提供展览策划、拍卖、居间、广告、保管、委托等服务时产生的纠纷。

居第三位和第四位的纠纷类型是租赁合同纠纷和借款合同纠纷，分别占比21%和20%，而承揽合同纠纷和建设工程合同纠纷则占比最少。

通过对上述数据以及裁判案例的整理、分析，可以发现：

第一，企业经营活动中的很多隐患在企业签订合同时就已经埋下。一份约定明确清晰、内容合理、便于履行的合同，在企业开展业务的过程中至关重要。实践中，企业往往由于合同内容如支付条件、交付条件等约定不明导致合同当事人互相扯皮，或者由于对合同解除条件、违约责任等约定不完备而导致当事人之间的僵局无法得到解决。

实际上，企业在签订合同时稍加谨慎，便可预防多数的合同纠纷。在合同磋商阶段，企业应当对项目的背景和现状进行考察，对合同相对方的资质、履约能力等进行调查，评估合同所涉项目的商业风险和法律风险，从而对合同是否签订、如何签订等问题做出决定。在合同签订阶段，企业更需要对合同的条款进行仔细的审查。比如，对于展览合同，企业应当重点审查提供服务的内容、合同款项支付的条件以及企业提供服务的验收条件等。约定明确清晰的合同，不仅为合同各方履行合同提供了依据，还可以为未来可能出现的纠纷提供解决的方案。

第二，在合同履行的过程中，企业需要防范的风险就是合同相对方违约的风险。显然，对于这一风险，企业在合同签订时便应当进行评估和预见，并将相应的违约责任条款、合同解除条款落实到合同中。至履行合同时，企业还应当多留"心眼"，预见到合同相对方可能产生违约行为的环节，并在这些环节中为后续可能产生的纠纷保留证据。例如，企业在交付展品、货物等劳动成果时，应当要求产品、服务接收方书面予以签收；即便对方拒绝签收，企业也应当要求对方在收货单、验收单上注明拒收的原因。

（三）侵权责任篇

侵权责任篇，包含会展与展览企业在经营中所遇到的大部分侵权责任纠纷（见图

7)。

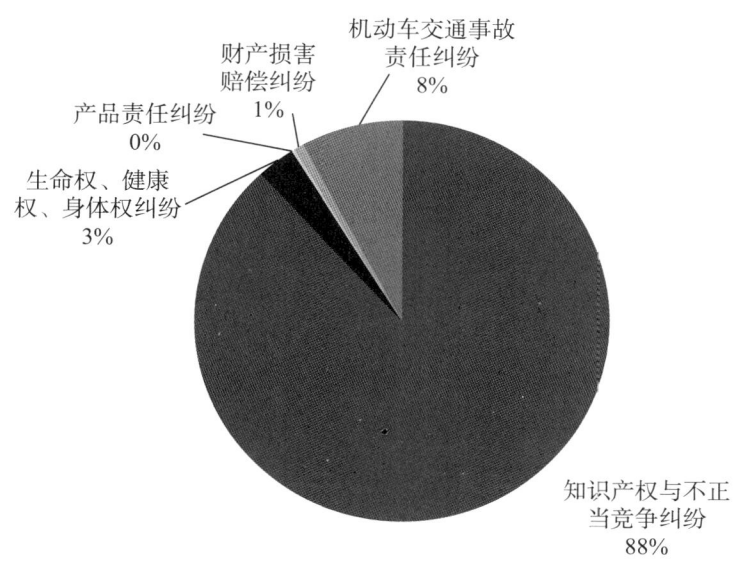

图 7 侵权责任篇诉讼案件数量分布

在此类纠纷中,知识产权与不正当竞争居首位,占比 88%。商标权权属、侵权纠纷是会展与展览企业最常遇到的知识产权纠纷。企业在举办展览时,不可避免需要使用商标,因此,商标权权属之争、商标权侵权与被侵权的案件相当常见。对于企业来说,及时注册商标是确认商标权权属的重要手段,也是企业商标侵权维权的必要前提。

不正当竞争纠纷,是指企业在经营活动中实施了我国《反不正当竞争法》规定的不正当竞争行为,如欺诈性交易(擅自使用知名商品的名称、包装、装潢等)、商业贿赂、虚假广告、侵犯商业秘密等行为所产生的纠纷。竞争,是企业经营的正常行为。良性的竞争,对企业的发展、行业的发展以及保障消费者权益都具有积极作用;而恶性的竞争,不仅损害其他经营者的合法权益,更会扰乱社会的经济秩序。在遭遇竞争对手的不正当竞争行为时,企业应当及时采取证据保全的措施,积极通过协商交涉、诉讼等方式维护自己的权利。值得注意的是,对于企业的商业秘密,建议企业与接触公司涉密信息的员工签订保密协议,避免发生员工泄露公司商业秘密,导致公司利益受损等事件。

会展与展览企业的业务涉及大量加工承揽、工程建设、运输、场地出租方面的业务,相应地会因加工定做产品缺陷、建设工程意外、交通事故、场地安全隐患等问题而产生纠纷。

在本篇中,生命权、健康权、身体权纠纷与财产赔偿责任纠纷合计占比 4%。在实践中,这两类纠纷大多是因企业不安全生产而引起的。当展台搭建、拆除工程不合格,展馆场地存在安全隐患,从而造成第三人财产或人身损害时,企业需要为此付出不少代价。因此,对于企业实施的建设工程,企业首先应当注意的是施工安全问题。对此,企业在发包工程时,应当谨慎考核承包人的资质情况,将工程发包给具备工程所要求的资质的承包人,并与承包人签订工程承包合同;施工过程中,企业应当加强对现场的管理，及时排除安全隐患。

(四) 行政纠纷篇

企业从建立到解散，都不可避免地与政府及所属部门打交道，从而也就会不可避免地产生纠纷。此类纠纷与政府机关的合法、合理行政程度及企业的法制意识有密切联系。

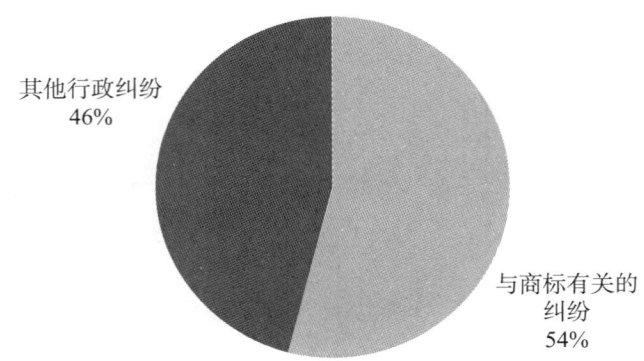

图8 行政纠纷篇诉讼案件数量分布

根据图8可以看出，与商标有关的纠纷占比54%。对比之下，其他类型的行政纠纷（包括行政复议、行政许可、行政处罚等）种类多样，且各类型纠纷数量较少，不具有代表性，故在此只重点阐述与商标有关的行政纠纷，以供参考。

《中华人民共和国商标法》（以下简称《商标法》）第二条第二款规定，国务院工商行政管理部门设立商标评审委员会，负责处理商标争议事宜。商标争议事宜，主要指商标注册纠纷和商标注册异议纠纷。在我国，注册商标需要根据《商标法》规定的程序进行。对申请注册的商标，商标局在初步审查后，会予以初步审定公告。初步审查不通过的，由商标局驳回申请，不予公告。对于不予公告的商标，商标注册申请人不服的，可以向商标评审委员会申请复审。商标评审委员复审后，当事人对商标评审委员会的复审不服的，可以向人民法院起诉，由此产生了商标注册中的行政纠纷。此外，在商标初步审定公告时，在先权利人、利害关系人或其他任何人可依据《商标法》的相关规定向商标局提出异议。商标局在调查核实后，认为异议不成立的，异议人可向商标评审委员会请求宣告该注册商标无效；认为异议成立的，被异议人可向商标评审委员会申请复审，对复审结果不服，可以向人民法院起诉，由此产生商标注册异议纠纷。

在商标申请注册的过程中，企业应当做好前期商标检索工作，防止自己申请注册的商标因与他人在同一种商品或者类似商品上已经注册的或者初步审定的商标相同或者近似而导致申请被驳回。除此以外，企业还应注意，申请注册的商标不能违反我国《商标法》第10条的规定。由于商标检索、商标申请类别的确定以及商标的申请需要掌握一定的专业知识和技能，建议企业在申请注册商标时，聘请专业的商标代理机构，由其出具专业的检索报告和建议，以降低企业注册商标被驳回的风险。

一、企业治理篇

【精选案例1】

会展公司违法发包工程，对受害劳务者承担用工主体责任

【引言】

甲会展公司将案涉工程发包给不具有施工资质的自然人龙某某，被两级法院认定属于违法发包，应当对受害劳务者承担用工主体责任。用工主体责任是一种怎么样的责任？《最高人民法院关于审理人身损害赔偿案件适用法律若干问题的解释》第十一条做出了明确的规定。

【案由】

提供劳务者受害责任纠纷。

【诉讼地位】

被告、被上诉人。

【案例来源】

鄢某某与龙某某、某市甲会议展览服务有限公司二审民事判决书。

【原告诉请】

鄢某某向一审法院提起诉讼，请求判决：1. 龙某某赔偿各项损失合计 446,361.76 元【包括医疗费 1,166.94 元、误工费 220 元/天×348 天＝76,560 元、护理费 150 元/天×148 天＝22,200 元、住院伙食补助费 60 元/天×48 天＝2,880 元、交通费 1,000 元、营养费 10,000 元、后续治疗费 12,000 元、残疾赔偿金 41,360 元/年×20 年×30％＝248,160 元、精神损害抚慰金 10,000 元、被抚养人生活费 26,864 元/年×（8.84 年＋5.85 年）×30％÷2＝59,194.82 元、鉴定费 3,200 元】；2. 会展公司与龙某某承担连带责任。

【一审法院认定】

一审法院查明，鄢某某自2013年10月份起为龙某某做杂工。2013年11月2日上午，鄢某某在龙某某处做隔热层的房屋铁件加工，当天下午，龙某某让鄢某某和案外人龙某去给甲会展公司的陈某某帮忙拆除石棉瓦斜屋顶。该屋顶为人字形，离地面约5米，从屋脊到屋檐铺有三层石棉瓦，屋顶两侧有平台，鄢某某一开始站在平台上拆除最下面靠屋檐一层的石棉瓦，然后拆除中间一层的，拆到最上面一层的石棉瓦时，由于站

在平台上已经够不着石棉瓦了，鄢某某遂站到屋脊上拆除。鄢某某当时并未使用脚手架。拆除最上一层石棉瓦时，鄢某某因走在屋脊上踩破了石棉瓦而从屋顶摔落受伤。

事发后，鄢某某当即被送往厦门市思明区某骨科医院住院治疗12天，于2013年11月14日转入一七四医院治疗。鄢某某在一七四医院诊断为右股骨颈骨折、右髌骨粉碎性骨折、左足踇趾远节、左第二跖骨骨折、右肩胛骨骨折。经住院25天并行手术治疗后，鄢某某于2013年12月9日出院，医嘱：功能锻炼，术后3个月禁止右下肢负重；定期复查拍片，根据拍片情况决定右下肢负重时间；继续左小腿石膏托固定4～6周；避免长期卧床，预防褥疮。2013年12月10日，鄢某某又入厦门市残联康复医院住院治疗11天，于2013年12月21日出院，医嘱：回去后坚持康复训练、改善右膝关节活动度，加强营养，促进骨痂形成。2014年3月3日鄢某某至一七四医院复诊，医嘱：行双下肢功能锻炼，注意休息3个月，3个月内右下肢避免剧烈运动。鄢某某在一七四医院治疗期间共花费医疗费39,250.44元，其中10,000元由鄢某某垫付，出院结算退还预缴金8,833.06元，鄢某某实际垫付1,166.94元。鄢某某在残联康复医院治疗期间共花费2,129.99元，由甲会展公司垫付。2014年鄢某某在一七四医院复查复诊，又自行支付1,135.1元医药费。

2014年3月8日，鄢某某自行委托福建鼎力司法鉴定中心厦门分所对其伤情进行鉴定，经评定，鄢某某伤情构成八级伤残，大部分丧失劳动能力，出院后护理期100天、误工期330天，取内固定物的后续医疗费用约需12,000元。鄢某某为此垫付鉴定费用3,200元。一审审理过程中，经依法委托福建历思司法鉴定所对鄢某某的伤残程度进行重新鉴定，2014年6月23日评定鄢某某伤情构成八级伤残，大部分丧失劳动能力，后续治疗费约12,000元左右，出院后护理期拟定100天，出院后误工期拟定300天。双方对该份鉴定报告均无异议。

2013年11月2日，龙某某出具一份"保证书"，内容为"兹因鄢某某帮忙干活受伤，我保证医疗费用及误工费负责"。2013年11月19日，龙某某（乙方）又与鄢某某家属（甲方）签订一份"协议书"，约定双方就鄢某某住院一事达成如下协议：①护理由鄢某某妻子护理，乙方每月支付护理费2,000元（晚间20：30至第2天上午8：00由乙方派人看护）；②患者手术当月生活费以2,000元每月标准支付，住院期间其余按每月1,500标准支付；③护工（鄢某某老婆）生活费以每月1,000元整支付；④保证医疗期间及时缴纳医疗费，以医院通知为准；⑤因为责任人牵涉到陈老板（就是建设方），甲方有义务帮乙方共同追讨医疗费；以上款项每月20号之前支付。小孩生活费、患者误工费、伤残费、家属往返费以后协商，等等。庭审中，龙某某主张该两份文书系因其受鄢某某家属胁迫而写下的。

鄢某某与妻子熊某某育有一女鄢某婷（2001年9月8日出生）及一子鄢某磊（2004年9月1日出生）。庭审中鄢某某举证厦门市湖里区某小学于2014年4月14日出具的"在校生证明"，其中载明鄢某磊为该校学生，自2012年9月至今在读。鄢某某并举证某小学于2014年8月29日出具的"在校生证明"，其中载明鄢某婷为该校学生，自2012年9月至2014年6月在该校就读，并于2014年6月读完小学。龙某某对该两份证明无异议，甲会展公司对该在校生证明真实性不予确认。鄢某某举证的暂住证显示,其 2010 年 4 月 30 日至 10 月 30 日期间、2011 年 4 月 1 日至 10 月 1 日期间均在厦门暂住。鄢某某并举证厦门市湖里区某社区居委会于 2014 年 7 月 31 日出具的证明,其中载明鄢某某自 2011 年 11 月 10 日至 2013 年 11 月 10 日暂住在该社区××号××室刘某某居民出租房。鄢某某还举证了其本人在 2011 年 9 月、2012 年 3 月至 4 月期间,鄢某磊在 2013 年 5 月期间,鄢某婷在 2013 年 5 月期间在厦门的医疗机构诊疗的医疗费发票,鄢某婷、鄢某磊自 2012 年 8 月至 2014 年 6 月期间向文心小学缴纳午餐费和代办费的收款收据,以及鄢某婷获得的 2012—2013 学年度"三好学生"的奖状和五年级数学竞赛二等奖的奖状,以上述证据共同主张鄢某某及两子女在事故发生前已经在厦门连续居住生活一年以上。龙某某对上述证据无异议,甲会展公司认为除医疗费票据外,其他真实性均不予确认,且不能证明鄢某某的证明对象。

甲会展公司举证收据、银行交易明细,主张事故发生后其向鄢某某支付了现金 12,000 元,通过龙某某转交 13,000 元,向鄢某某妻子转账支付生活费 9,000 元,合计向鄢某某支付了 34,000 元。鄢某某对现金和转账收取的 21,000 元无异议,并表示对甲会展公司、龙某某之间的款项往来不清楚。龙某某对代甲会展公司支付 13,000 元给鄢某某的事实无异议,并表示事故发生后其个人代垫了 11,259 元给鄢某某。

龙某某举证的证人龙某在证词中称:其系龙某某的哥哥,自 2011 年来厦做铁件加工,因为鄢某某在事故发生前十几天开始给龙某某做事,其才认识了鄢某某。事发当天,陈某某让龙某某介绍两个人帮他拆铁篷,龙某某说自己也没什么人手,陈某某就指着龙某和鄢某某问能不能让他们帮忙,并表示工钱愿意付给他们。当时,龙某离他们约五六米远。龙某某吃饭时问龙某和鄢某某是否愿意去帮忙,龙某答应了,鄢某某没有说什么。龙某某当天表示其生病了,让鄢某某和证人自己去,他就不跟他们一起去了。当天下午龙某与鄢某某一起去了,陈某某还偶尔来现场看看。证人建议把旁边的石棉瓦也拆掉,比较安全,陈某某表示可以,让证人和鄢某某自己小心。事发当时,鄢某某在屋顶上,因为踩到的水泥瓦断了,就摔下去了。事故发生时厂房里面有很多脚手架,但外面没有,现场也没有人让鄢某某和证人使用脚手架。其以前就知道有脚手架,也曾经跟甲会展公司借过脚手架,事发当天也有看到。当天做完后,没有人给鄢某某和证人付过工钱。鄢某某认为证人与龙某某有亲属关系,证词真实性有异议,但可以证明鄢某某是受龙某某指派去做事的。甲会展公司认为证人证言不具有全部真实性,但可以证明当天现场有脚手架,龙某某也不是单纯的介绍关系。

龙某某举证其与陈某某的电话录音记录,录音中龙某某与陈某某对鄢某某受伤后的治疗、转院和事故责任等方面问题进行了交流,龙某某多次为鄢某某向陈某某讨要医疗费,陈某某同意支付部分费用。录音中,陈某某多次表示因为自己租了龙某某上面的仓库,所以叫龙某某来拆除铁篷是合理的,他不认识受伤的工人,事发当天现场有脚手架,是龙和工人自己表示不用才导致摔下来的,其与受伤的鄢某某之间不存在雇佣关系,龙某某对鄢某某的伤情也有责任;对此龙某某一再强调当天自己是帮忙陈某某介绍工人过去干活的,而且自己也未参与拆除工程,因此自己对鄢某某的伤情并无责任。对上述录音的真实性,各方均无异议。

龙某某举证借款凭证一份,主张其代甲会展公司借给鄢某某共计 3,400 元生活费;

该借款凭证上体现"11月3日借给熊某某壹仟元整"（有熊某某签名）、"12月1日借给熊某某壹仟陆佰元整"（有熊某某签名）"付300元给熊某某""付500元给熊某某"的字样。鄢某某对真实性无异议，但确认收到龙某某支付的生活费共计3,300元。

【一审法院认为】

一审法院认为，事故发生前，鄢某某与龙某某已建立了雇佣关系。根据录音中体现的情形及龙某某本人和证人龙某的陈述，事故发生当天上午，甲会展公司的法定代表人陈某某要求龙某某找人拆除屋顶铁篷，并直接要求龙某某的工人（即鄢某某和龙某）来施工，而龙某某答应了；中午吃饭时，龙某某才通知鄢某某等人施工一事；下午，鄢某某和龙某前去案涉工地施工。从这一过程来看，甲会展公司并未直接与鄢某某建立用工关系，而是将拆除屋顶铁篷的工程发包给了龙某某，由龙某某组织鄢某某等工人进行施工，因此龙某某与鄢某某就案涉铁篷拆除工程仍旧形成了个人之间的劳务关系，甲会展公司将案涉工程发包给不具有施工资质的自然人龙某某，属于违法发包，应当对龙某某雇佣的鄢某某承担用工主体责任。从证人证言和事故后龙某某与陈某某的通话录音来看，事故发生当时，现场就有脚手架，鄢某某和龙某此前就在事故现场附近工作，也曾经找甲会展公司的人借过脚手架，因此鄢某某对事发现场有脚手架等安全施工设施应当是知情的；鄢某某有一定的铁件施工经验，应当能够认识到在五六米高的屋顶拆除铁篷的工程存在危险性，因此其未使用现场的脚手架等设施，未做好安全防护就直接踩上屋顶的石棉瓦实施拆除，其本身存在过错，故其对事故造成的损失应当自行承担40%的责任。甲会展公司、龙某某应连带赔偿鄢某某全部损失的60%。鄢某某实际共花费医疗费2,000元+39,250.44元+2,129.99元+1,135.1元=44,515.53元，鉴定费3,200元，住院伙食补助费2,880元，经鉴定的后续治疗费12,000元，上述项目双方均无异议，可予以确认。鄢某某主张按照220元/天计算误工损失，但其并无证据证明事故发生前一年的收入水平，故采纳甲会展公司的意见，按照2013年度厦门市社平工资水平计算至定残前一日（2014年6月22日）的误工费为4,655元/月÷30天×233天=36,153.83元。鄢某某主张其住院期间及出院后护理费均应按150元/天计算，但其与龙某某的协议书中约定的护理费标准为2,000元/月，故鄢某某的主张缺乏依据，不予采纳，鄢某某出院后应属部分护理依赖，其护理费应计算为70元/天×48天+70元/天×50%×100天=6,860元。医嘱鄢某某加强营养，考虑到鄢某某伤情，酌定鄢某某营养费为5,000元。鄢某某因伤治疗复诊，必然发生交通费，但其主张过高，酌定其交通费为600元。从鄢某某举证的暂住证、在校生证明、奖状、餐费票据等一系列证据可以证明，事故发生前，鄢某某及其子女确已在厦门连续居住生活一年以上，因此其主张按照城镇居民标准计算残疾赔偿金为248,160元，是合理的；其两个子女鄢某磊和鄢某婷在鄢某某伤残后的生活费也应按城镇标准计算为26,864元/年×（5.17年+8.17年）×30%÷2=53,754.86元，鄢某某主张自事故发生时开始计算，缺乏依据，对超过部分不予支持。综上，鄢某某各项损失共计413,124.22元，由甲会展公司、龙某某承担60%为247,874.53元。考虑到鄢某某因事故致残，虽其有一定过错，但其精神仍遭受一定的痛苦，其主张精神损害抚慰金为10,000元是合理的，故予以支持。甲会展公司、龙某某应连带赔偿鄢某某257,874.53元，扣除甲会展公司、龙某某实际垫付的款项共计45,259元，甲会展公司、龙某某实际还应赔付鄢某某212,615.53元。鄢某某主张的超过部分，缺乏事实与法律依据，不予支持。

【一审法院判决】

一审法院审理后，依照《中华人民共和国侵权责任法》第三十五条，最高人民法院《关于审理人身损害赔偿案件适用法律若干问题的规定》第十七条、第十九条、第二十条、第二十一条、第二十五条第一款，《中华人民共和国民事诉讼法》第六十四条第一款的规定，判决：一、龙某某、甲会展公司应于本判决生效之日起三十日内连带赔偿原告鄢某某各项损失共计212,615.53元；二、驳回鄢某某的其他诉讼请求。

【被告上诉】

宣判后，龙某某不服，向二审法院提出上诉。

上诉人龙某某上诉称：一、一审认定龙某某与甲会展公司系承揽关系缺乏证据。二、一审认定龙某某与鄢某某存在劳务雇工关系是错误的。鄢某某与甲会展公司形成独立临时的劳务雇工关系。三、龙某某在涉案项目中没有对鄢某某进行任何指派、管理，且没有从中受益，龙某某在涉案项目事故中不存在任何过错或者过失，不应承担任何责任。四、龙某某已经充分举证证明与甲会展公司在涉案项目上不存在任何关联性，涉案当事人对鄢某某在甲会展公司处工作均无异议，但对于龙某某是否在该项目中受益、是否对龙某某实施监督管理、发放报酬均无证据予以证明，一审就事实查证存在举证责任分配不公的问题。综上，请求二审依法撤销一审判决，将本案发回重审或者改判驳回鄢某某的全部诉讼请求。

【被上诉人答辩】

被上诉人鄢某某辩称，一审认定龙某某与鄢某某形成个人劳务关系是正确的。甲会展公司要求龙某某拆除铁篷，说明双方已经形成承揽关系，因龙某某没有相应资质，应由甲会展公司和龙某某承担连带赔偿责任，一审举证责任分配正确，认定事实清楚。一审认定鄢某某自身存在40％过错属认定事实错误，依法应予以改判。

被上诉人甲会展公司辩称，甲会展公司有提供脚手架，请求法院将甲会展公司和龙某某的责任区分清楚。

【二审法院认定】

经审理查明，对一审查明的事实，除龙某某对一审认定其与鄢某某之间成立雇佣关系有异议，并认为鄢某某只是其临时点工，做一天算一天工资，这个过程只持续10天半，且甲会展公司只是让其介绍工人，并未向其发包工程外，各方当事人对一审查明的其他事实均无异议，二审法院对当事人没有异议的事实予以确认。

另查明，各当事人对一审确认的赔偿金额没有异议，二审法院予以确认。

【二审法院认为】

二审法院认为，鄢某某在受龙某某雇请拆除甲会展公司石棉瓦的过程中摔倒受伤，有鄢某某的病历资料，以及各方当事人和证人的陈述作为证据，该事实可予以认定。龙某某主张鄢某某系临时雇请的点工，因此其与鄢某某之间并不成立雇佣关系于法无据，二审法院不予采纳。

龙某某作为自然人，显然不具有从事房屋拆除的施工资质，甲会展公司将房屋拆除工程发包给龙某某明显属于选任不当。根据《最高人民法院关于审理人身损害赔偿案件适用法律若干问题的解释》第十一条的解释，雇员在从事雇佣活动中因安全生产事故遭受人身损害，发包人、分包人知道或者应当知道接受发包或者分包业务的雇主没有相应资质或者安全生产条件的，应当与雇主承担连带赔偿责任，一审据此判决龙某某、甲会展公司对鄢某某的损失承担连带赔偿责任是正确的。

此外，各当事人对一审认定的各项损失均未提出异议，一审对各项损失的认定可予以维持。综上，龙某某的上诉请求依据不足，一审判决认定事实基本清楚，适用法律正确，应予以维持。

【二审法院判决】

依照《中华人民共和国民事诉讼法》第一百七十条第一款第（一）项之规定，判决如下：驳回上诉，维持原判。本案二审案件受理费1,413元，由龙某某负担。本判决为终审判决。

【律师评析】

本案是一起由不安全施工作业引起的劳务者受害责任纠纷。法院在一审、二审中围绕以下焦点进行审理：与鄢某某存在劳务关系的是龙某某还是甲会展公司？这一问题的解答，关系到如何确定这起事故的责任承担人。在一审判决中，法院根据原被告双方提供的录音证据与证人龙某的陈述查明事实，认定鄢某某与龙某某形成了个人之间的劳务关系。按理说，这种情况下，应当由龙某某承担鄢某某受到人身损害的赔偿责任，然而，为何一审和二审判决认定决甲会展公司与龙某某对鄢某某的损失承担连带赔偿责任？

原因就是：甲会展公司将本案的工程发包给了不具有施工资质的自然人龙某某。一般情况下，根据《最高人民法院关于审理人身损害赔偿案件适用法律若干问题的解释》第十一条第一款的规定："雇员在从事雇佣活动中遭受人身损害，雇主应当承担赔偿责任。"若甲会展公司将工程分包给具有相应资质的分包人，分包人的雇员在工程中受到人身损害的，由雇主承担赔偿责任。但是，在甲会展公司将本案的工程发包给了不具有施工资质的分包人的情况下，应当适用《最高人民法院关于审理人身损害赔偿案件适用法律若干问题的解释》第十一条第二款的规定："雇员在从事雇佣活动中因安全生产事故遭受人身损害，发包人、分包人知道或者应当知道接受发包或者分包业务的雇主没有相应资质或者安全生产条件的，应当与雇主承担连带赔偿责任。"因此，甲会展公司为此需要与龙某某承担连带赔偿责任。

【律师建议】

一般来说，会展企业在完成订单时，经常需要承担布展、撤展的施工任务。会展企业在完成布展、撤展工程时，可能会选择将工程发包给施工队。在此过程中，会展企业需要特别注意施工安全的问题。首先，在发包工程时，会展企业应当谨慎考核承包人的资质情况，将工程发包给具备工程所要求的资质的承包人。其次，会展企业还需要与承包人签订工程承包合同，明确约定承包人对现场的管理、员工的管理、工资发放及发生安全事故造成人员伤害的责任承担。最后，在施工的过程中，会展企业应当督促承包人建立职工花名册、考勤记录、工资发放表等台账，对施工期内全部施工人员实行动态实名制管理，加强施工现场的劳务用工管理。

【精选案例 2】

在《劳动合同》中约定实行综合计算工时制，会展中心配电运行工仍起诉主张加班费，终被法院驳回

【引言】

某市国际会议展览中心有限公司（以下简称会展中心）经该市人力资源和社会保障局批复同意对工程部技术工种 90 人、内保员 1 人、厨师 15 人、厨工 5 人，合计 4 种岗位 111 名职工实行以季度为周期的综合计算工时工作制，从 2011 年 4 月 28 日起至 2013 年 4 月 27 日 2 年内有效。本案原告韩某某是会展中心配电运行工，属于实行以季度为周期的综合计算工时工作制的员工，与公司签订的《劳动合同》也约定实行综合计算工时工作制。然而，韩某某在离职后以其不属于综合计算工时制范畴为由起诉，请求支付超时加班费 177,600 元。

【案由】

劳动争议纠纷。

【诉讼地位】

被告、被上诉人。

【案例来源】

韩某某与会展中心劳动争议二审民事判决书。

【原告诉请】

原告诉称，原告于 1997 年 8 月 19 日进入被告公司工作至 2013 年 2 月 28 日，遂被迫离职，原告担任工程部配电值班运行工作，月薪 1,750 元/月。每班 2 人 24 小时不间断工作（上 1 天休息 2 天），每月上班时间为 240 小时，按照劳动法规定原告每月应有 8 天休息时间，但被告一直未支付此 8 天的加班费。且被告扣发了 2012 年度年终奖 875 元。现原告不服仲裁裁决，起诉到法院，请求判决：1. 被告支付原告 1997 年 8 月 19 日至 2013 年 2 月 28 日节假日加班费 177,600 元（960 元/月×185 个月）；2. 被告支付原告 2012 年度年终奖 875 元。

【一审法院认定】

一审法院经审理查明，韩某某于 1997 年 8 月 18 日应聘为会展中心配电运行工。

2008年1月1日韩某某与会展中心签订书面《劳动合同》，约定：从2008年1月1日起劳动合同期限确定为无固定期限；乙方（即韩某某）同意根据甲方（即会展中心）工作需要，担任配电运行工，安排乙方执行综合计算工时工作制度；月基本工资700元加补贴、浮动等共计1,000元。2013年2月7日会展中心向韩某某所持的工商银行卡账户内支付了年终奖2,595.13元。

2011年4月22日，该市人力资源和社会保障局批复同意会展中心对工程部技术工种90人、内员员1人、厨师15人、厨工5人，合计4种岗位111名职工实行以季度为周期的综合计算工时工作制，从2011年4月28日起至2013年4月27日2年内有效。

2010年5月10日，会展中心根据该市人力资源和社会保障局批复的综合计算工时工作制制发《工作作息制度》：工程部各技术工种上班时间为8:00—次日8:00、9:00—次日9:00两种分段上班制，并实行工作日后休息48小时的轮休制度。具体安排如下：一、8:00—次日8:00的工作作息安排：1.8:00—11:30为值班时间；2.11:30—14:00为休息时间；3.14:00—17:00为值班时间；4.17:00—18:00为用餐时间；5.18:00—22:00为值班时间；6.22:00—次日8:00为休息时间。以上工作作息制度自2010年5月10日起执行。会展中心工会委员会在《工作作息制度》上加盖公章并注明"工会知晓并同意以上岗位的作息制度"。会展中心工会委员会于2013年5月9日出具"证明"证实《工作作息制度》自颁布之日起已告知岗位员工。

2013年2月28日前，会展中心工程部上班时间为上24小时休息48小时，不另安排补休时间，大型节假日发放加班工资；配电房值班室内配备了床位，允许员工在值班时卧床休息，但不能离开岗位。

2013年2月28日韩某某以"因家有事"为由，向会展中心提交《员工辞职申请表》，会展中心于当日同意了韩某某的辞职申请，填制的《员工离职工资结算单》载明，韩某某工资标准为1,750元/月，2月全勤工资1,750元，法定节日3天加班工资435元，扣除社保个人应缴部分、（工会）会费后，合计向韩某某支付1,233.54元。

会展中心《配电值班人员安全工作规程》要求值班人员值日内每隔2小时应对运行设备例行巡视，查看运行设备仪表指示、信号指示是否正常，设备导体有无发热现象、有无异常声音及放电现象。

韩某某2012年1月至2013年1月基本工资为1,050元/月，每月固定加班费为288元。2012年1月、4月、5月、6月、9月、10月及2013年1月"法定节假日加班费"分别为725元、145元、145元、290元、435元、290元。

一审法院认定上述事实，主要采信以下证据：员工入职登记表、劳动合同、牡丹灵通卡账户历史明细清单、关于对会展中心部分工作岗位实行综合计算工时制的批复、工作作息制度、证明、员工辞职申请表、员工离职工资结算单、配电值班人员安全工作规程、照片、证人证言、工资条、当事人陈述等。

【一审法院认为】

一审法院认为，韩某某与会展中心签订的《劳动合同》系双方真实意思表示，且未违反法律、行政法规的强制性规定，合法有效，双方应依法履行各自的权利义务。

综合计算工时工作制是针对因工作性质特殊，需连续作业或受季节及自然条件限制的企业部分职工，采用的以周、月、季、年等周期综合计算工作时间的一种工作制度。《中华人民共和国劳动法》第三十九条规定，"企业因生产特点不能实行本法第三十六条、第三十八条规定的，经劳动行政部门批准，可以实行其他工作和休息办法"；原劳动部《关于企业实行不定时工作制和综合计算工时工作制的审批办法》第五条规定，"企业对符合下列条件之一的职工，可实行综合计算工时工作制，即分别以周、月、季、年等为周期，综合计算工作时间，但其平均日工作时间和平均周工作时间应与法定标准工作时间基本相同。……（三）其他适合实行综合计算工时工作制的职工"。韩某某与会展中心根据韩某某的工作岗位性质，在《劳动合同》中约定实行综合计算工时制，亦实际执行上24小时班，轮休48小时的工作时间制度，且经过了市人力资源和社会保障局批准备案，符合上述法律规定，具有合法性。韩某某主张其仅在空白的《劳动合同》上签名，合同中"实行综合计算工时制度"等内容均系会展中心事后填写。一审法院认为，《中华人民共和国民事诉讼法》第六十四条规定，"当事人对自己提出的主张，有责任提供证据"。韩某某并未提交相应证据证明其主张，对韩某某的辩解主张不予支持。

韩某某作为配电房值班电工，其工作岗位主要负责对相关的电路运行情况进行监控、设备的定期巡查，劳动强度不大，故属于非生产性值班。《工作作息制度》能够证明工程部岗位员工每24小时中至少有13.5小时的休息、用餐时间，工作日后可轮休48小时，该制度确保了职工休息的权利；证人肖某某也证实值班时有休息的床位供卧床休息。韩某某虽然24小时值守在工作岗位，但并非24小时不间断、无休息的上班，且24小时上班后亦可轮休48小时。《关于企业实行不定时工作制和综合计算工时工作制的审批办法》第六条规定，"对于实行不定时工作制和综合计算工时工作制等其他工作和休息办法的职工，企业应根据《中华人民共和国劳动法》第一章、第四章有关规定，在保障职工身体健康并充分听取职工意见的基础上，采用集中工作、集中休息、轮休调休、弹性工作时间等适当方式，确保职工的休息休假权利和生产、工作任务的完成"。故一审法院确认韩某某的综合计算周期内的总实际工作时间未超过总法定标准工作时间，不存在延时加班情形；且因其适用综合计算工时制，遇周末假日上班亦不属于加班。韩某某亦表示会展中心已向其支付了休息日、节假日加班费，一审法院予以确认。

关于韩某某主张会展中心应支付其2012年年终奖余额875元。根据《中华人民共和国民事诉讼法》第六十四条"当事人对自己提出的主张，有责任提供证据"的规定，韩某某未提交相应证据，对其该项主张，一审法院不予支持。

【一审法院判决】

一审法院依照《中华人民共和国劳动法》第三十九条，《关于企业实行不定时工作制和综合计算工时工作制的审批办法》第五条、第六条，《中华人民共和国民事诉讼法》第六十四条，《最高人民法院关于民事诉讼证据的若干规定》第二条之规定，判决：驳回韩某某的全部诉讼请求。案件受理费10元，减半收取5元，由韩某某负担。

【原告上诉】

宣判后，一审原告韩某某不服一审判决，向二审法院提起上诉。韩某某的主要上诉理由为：1. 韩某某不属于综合计算工时工作制的范围。包括韩某某在内的所有配电房职工都是按每天8小时工作制上下班和交接班,24小时一轮班,即上一天班休息两天,韩某某不属于综合计算工时制的范围,诉讼主张的是休息日上班的加班费。2. 一审判决认定2012年度875元年终奖韩某某未举证证明不当。韩某某没有得到年终奖就是证明,无须举证,应由会展中心举证证明韩某某得到该875元年终奖。故请求二审法院撤销原判,改判会展中心给付韩某某加班费及2012年度年终奖共计177,600元(共15年零6个月)。

【被上诉人答辩】

会展中心答辩称,本市人力资源和社会保障局的批复载明对会展中心实行综合计算工时制度,配电房的工作符合综合计算工时制,合同中有约定且进行了公示,是双方认定没有问题的,工作作息安排是上一天班休息两天,不是全天24小时工作制度。年终奖已经全额发放,在一审提交的工资表中可以查明。请求二审法院驳回上诉,维持原判。

【二审法院认定】

双方当事人对一审判决认定的事实均无异议,与二审法院查明的事实一致,二审法院对一审法院查明的事实予以确认。韩某某提交的《工程部电话通知维修记录表》记录了巡查的工作内容,虽会展中心对其真实性不予认可,但记录与无争议的工作规程、配电专人管理表等相互印证,已经形成证据锁链,会展中心也未提交证据予以反驳,该份证据材料应作为证据采信。二审法院根据采信的证据,另查明,韩某某当班是早上8点接班,按照工作要求例行巡查、维修等工作,晚上10点关掉霓虹灯和广告灯后就再无工作记载。市人力资源和社会保障局批复会展中心实行的综合计算工时工作制以季度为计算周期。二审中,韩某某明确主张的加班费为延长工作时间的加班工资。

【二审法院认为】

二审法院认为,本案争议的焦点:1. 韩某某是否应当适用综合计算工时制。2. 会展中心是否应向韩某某支付加班工资。3. 会展中心是否应向韩某某支付年终奖余额875元。二审法院对争议焦点评述如下:

二审法院认为,1. 关于韩某某是否应当适用综合计算工时制的问题。《国务院关于职工工作时间的规定》第五条规定:"因工作性质或者生产特点的限制,不能实行每日工作八小时、每周工作四十小时标准工时制度的,按照国家有关规定,可以实行其他工作和休息办法。"可见,用人单位根据生产特点实行标准工时制以外的工时制度,根据本市人力资源和社会保障局批复,会展中心对工程部技术工种等岗位实行综合计算工时工作制,韩某某为配电房值班电工,主要负责对电路运行状况进行检测、记录,设备定期巡查等以保证供电设备处于良好、安全的运行状态,属于工程部技术工种综合计算工时工作制人员的范围,双方在劳动合同中也约定了实行综合计算工时工作制,故会展中心对韩某某实行综合计算工时工作制符合法律规定,劳动合同对工时制度的约定有效。韩某某认为其不属于综合计算工时制范畴的上诉理由不成立,二审法院不予支持。

2. 关于会展中心是否应向韩某某支付加班工资的问题。加班工资支付的前提是存在加班的事实,韩某某在上诉状中主张周六、周日加班工资,但在庭审中明确表示其主张的加班工资系延时加班工资,《最高人民法院关于审理劳动争议案件适用法律若干问题的解释（三）》第九条规定，"劳动者主张加班费的，应当就加班事实的存在承担举证责任"。韩某某应当对加班事实承担证明责任，韩某某提交的《工程部电话通知维修记录表》显示，其在当班当日的工作内容均至当日晚10时止，未见晚10时至次日早8时交班之间存在工作的内容，则韩某某当班当日最长工作时间为14小时，每月工作时间通常为140小时，最长为154小时，在综合计算周期内的总实际工作时间未超过总法定标准工作时间，不存在延时加班情形。一审法院认定韩某某不存在加班事实正确，二审法院予以确认。韩某某主张延时加班工资的上诉理由缺乏事实根据，二审法院不予支持。

3. 关于会展中心是否应向韩某某支付年终奖余额875元的问题。《最高人民法院关于民事诉讼证据的若干规定》第七十六条："当事人对自己的主张，只有本人陈述而不能提出其他相关证据的，其主张不予支持。但对方当事人认可的除外。"韩某某应对年终奖未足额发放的事实承担证明责任，韩某某主张其年终奖为一个月工资的2.2倍，按75%、25%的比例分两次发放，其陈述与上诉主张金额不一致，且未提交证据证明，亦未得到会展中心的认可，因此，二审法院对韩某某提出的会展中心应向其支付年终奖余额875元的上诉主张不予支持。

【二审法院判决】

综上，韩某某的全部上诉主张均缺乏事实和法律根据，二审法院均不予支持。一审判决认定事实清楚，适用法律正确，应予维持。据此，依照《中华人民共和国民事诉讼法》第一百七十条第一款第（一）项之规定，判决如下：驳回上诉，维持原判。一审案件受理费5元，二审案件受理10元，均由韩某某负担。本判决为终审判决。

【律师评析】

本案是一起因工作时间引起的劳动争议纠纷。本案中，用人单位会展中心经该市人力资源和社会保障局批复同意，对工程部技术工种90人、内保员1人、厨师15人、厨工5人，合计4种岗位111名职工实行以季度为周期的综合计算工时工作制。而本案的原告，即劳动者韩某某，在会展中心担任配电运行工一职。其在一审和二审中均主张自己所在的岗位不适用综合计算工时工作制，故要求用人单位按照标准工时工作制向其支付休息日加班的加班费。一审和二审法院均以此为焦点，对案件进行了审理，在查明案件事实后，均没有支持原告韩某某的主张，理由是：会展中心对韩某某所在的岗位实行综合计算工时工作制是合法有效的，并且，在综合计算周期内，韩某某的总实际工作时间未超过总法定标准工作时间，不存在延时加班的情形。

综合计算工时工作制，指企业因工作情况特殊或受季节和自然条件限制，需要安排职工连续作业，采用以周、月、季、年等为周期综合计算工作时间的工作制度。本制度是我国劳动法律、法规规定的，与标准工时制度、不定时工作制并列的三种工时工作制之一。我国《劳动法》第三十九条规定："企业因生产特点不能实行本法第三十六条、第三十八条规定的，经劳动行政部门批准，可以实行其他工作和休息办法。"本条所称的"本法第三十六条、第三十八条规定"，就是指标准工时制度；"其他工作和休息办法"，就是指综合计算工时工作制和不定时工作制。

具体来说，企业在何种情况下可以实行综合计算工时工作制，《劳动部关于企业实行不定时工作制和综合计算工时工作制的审批办法》第五条作了规定:"企业对符合下列条件之一的职工,可实行综合计算工时工作制,即分别以周、月、季、年等为周期,综合计算工作时间,但其平均日工作时间和平均周工作时间应与法定标准工作时间基本相同。(一)交通、铁路、邮电、水运、航空、渔业等行业中因工作性质特殊,需连续作业的职工;(二)地质及资源勘探、建筑、制盐、制糖、旅游等受季节和自然条件限制的行业的部分职工;(三)其他适合实行综合计算工时工作制的职工。"

对于实行综合计算工时工作制的企业,要如何计算工作时间以及加班时间?根据《劳动部关于职工工作时间有关问题的复函》第五条,企业实行综合计算工时工作制,在周、月、季、年等周期内,其平均日工作时间和平均周工作时间应与法定标准工作时间基本相同。综合计算工时工作制允许某一具体日(或周)的实际工作时间可以超过8小时(或40小时),但综合计算周期内的总实际工作时间不应超过总法定标准工作时间,否则,超过部分应当按照《劳动法》第四十四条的规定,向劳动者支付加班费。

【律师建议】

对于类似本案中的会展中心的企业而言,电工、值班员、安保员、厨房工等岗位是必不可少的,此类岗位的工作性质决定了其不能按照标准工时工作制安排工作,故实行综合计算工时工作制或不定时工作制成了企业的必然选择。因此,企业在选择实行综合计算工时工作制或不定时工作制时,应当按照法律法规的规定,向劳动行政部门报批,并在实行的过程中合理安排职工的工作时间和休息休假时间,与职工签订劳动合同并详细释明公司实行的工作制度,以防止劳动争议纠纷的发生。

【精选案例3】

展览公司股东股份被私下变更，提起诉讼主张股东会决议、公司章程修正案无效

【引言】

陈某为吉林省某展览有限公司创始人及股东。2011年12月20日，经股东会议决议，原法定代表人陈某某变更为唐某某，唐某某出资25万元收购陈某持有的50%股份。至此，陈某、唐某某各占公司的50%股份。2014年4月，唐某某提出与陈某解除合作关系，陈某要求利润分配按各占50%的比例分配，唐某某却说她占75%的股份。陈某到工商局调档发现，唐某某在没有陈某任何授权的情况下，在股东会决议、公司章程修正案和债权债务承担情况说明三份文件上伪造陈某的签名并办理变更登记。陈某提起诉请，请求确认唐某某伪造的前述三份文件无效，同时确认陈某拥有公司50%的股权。

【案由】
股东会决议效力确认纠纷。

【诉讼地位】
被告、一审被告。

【案例来源】
唐某某与陈某、吉林省某展览有限公司股东会决议效力确认纠纷一案。

【原告诉请】
陈某在一审时诉称：其为吉林省某展览有限公司创始人及股东，公司注册资本50万元，陈某某为法定代表人，陈某持有90%股份，陈某某持有10%股份。2011年12月20日，经股东会议决议，进行法人变更，股权有偿转让，原法定代表人陈某某变更为唐某某，唐某某出资25万元收购陈某持有的50%股份。至此，陈某、唐某某各占公司50%股份。2014年4月，唐某某提出与陈某解除合作关系，陈某要求利润分配按各占50%的比例分配，唐某某却说她占75%股份。陈某到长春市某区工商行政管理局调档发现，2012年8月2日唐某某在没有陈某任何授权的情况下，在股东会决议、公司章程修正案和债权债务承担情况说明三份文件上伪造陈某的签名，并到长春市某区工商

行政管理局办理注册资本变更登记。长春市某区工商行政管理局在陈某未亲自到场且没有陈某授权手续的情况下，错误地将吉林省某展览有限公司注册资本由50万元变更为100万元，且将陈某在公司的持股比例由原来的50%变为25%。根据公司法的相关规定，为维护自身的合法权益，诉至法院，请求依法判令：1. 确认唐某某伪造的以吉林省某展览有限公司名义于2012年7月31日作出的增加和变更注册资本为内容的"股东会议决议、公司章程修正案、债权债务承担情况说明"无效，同时确认陈某拥有公司50%股权；2. 诉讼费用由唐某某承担。

【被告答辩】

吉林省某展览有限公司在一审时辩称：陈某将身份证原件交给李某，同时授权李某准备陈某诉请中提及的三份文件，并到工商局办理增资，所以，陈某诉请中提及的三份文件，是陈某的真实意思表示，该三份文件合法有效。依工商登记，陈某应该拥有25%的股权，请求法院驳回陈某的诉讼请求。

唐某某在一审时的答辩意见同吉林省某展览有限公司。

【一审法院认定】

一审法院经审理查明：吉林省某展览有限公司于2011年12月20日成立，法定代表人陈某某，注册资本50万元，陈某持有90%股份，陈某某持有10%股份。2011年12月20日，经股东会议决议，进行法人变更，股权有偿转让，原法定代表人陈某某变更为唐某某，唐某某出资25万元收购陈某持有的50%股份，陈某和唐某某各占公司50%股份。2011年7月30日，唐某某通过中国建设银行向吉林省某展览有限公司账户汇款500,000元，以增加个人投资额。2012年7月30日，吉林省某会计师事务有限公司为吉林省某展览有限公司出具《验资报告》一份，证明截止到2012年7月30日，吉林省某展览有限公司变更后的累计注册资本为1,000,000元，实收资本1,000,000元。2012年8月2日，吉林省某展览有限公司委托案外人李某到长春市工商行政管理局某分局办理公司注册资本变更事宜，同时提交2012年7月31日做出的股东会决议、公司章程修正案、债权债务承担情况说明等文件，增资后陈某持有25%的股权，唐某某持有75%的股权。同日，长春市工商行政管理局某分局向吉林省某展览有限公司颁发新的企业法人营业执照，法定代表人唐某某，注册资本100万元。但庭审中，陈某提出公司增资一事他并不知晓，而且唐某某提供的企业指定代表或者共同委托代理人证明、股东会决议、公司章程修正案、债权债务承担情况说明等文件上的签字，均不是陈某本人签署，唐某某对此予以承认，并自认唐某某的签字也不是她本人签署，均是由案外人李某代为签署的。

【一审法院认为】

一审法院认为：依据《中华人民共和国公司法》第四十三条第二款"股东会会议作出修改公司章程、增加或者减少注册资本的决议，以及公司合并、分立、解散或者变更公司形式的决议，必须经代表三分之二以上表决权的股东通过"之规定，吉林省某展览有限公司只有两个股东，即陈某和唐某某。虽然唐某某实缴增资额500,000元，并有《验资报告》为证，但是陈某既不知道公司增加注册资本一事，也没有参加股东大会，并且加盖吉林省某展览有限公司公章的股东会决议、公司章程修正案、债权债务承担情况说明三份文件上，陈某的签名不是他本人签署，唐某某对此也予以认可。唐某某未能提供有效证据证明陈某知道公司增资事宜，并委托案外人李某办理公司注册资本变更。综上，吉林省某展览有限公司注册资本变更程序不符合法律规定，故陈某要求确认唐某某以吉林省某展览有限公司名义于2012年7月31日作出的增加和变更注册资本为内容的"股东会议决议、公司章程修正案、债权债务承担情况说明"无效，一审法院予以支持；同时确认陈某拥有吉林省某展览有限公司50%股权的主张，符合法律规定，一审法院予以支持。

【一审法院判决】

依据《中华人民共和国公司法》第四十三条第二款，《中华人民共和国民事诉讼法》第六十四条之规定，判决如下：一、唐某某以吉林省某展览有限公司名义于2012年7月31日作出的"股东会议决议、公司章程修正案、债权债务承担情况说明"无效；二、陈某拥有吉林省某展览有限公司50%股权。

【被告上诉】

宣判后，上诉人唐某某不服，向二审法院提起上诉。上诉理由是：一、一审认定事实不清。首先，被上诉人对公司增资及股权变更决议等公司决策不仅是知情的，而且也是愿意的。被上诉人在公司担任监事，依据《公司法》其职责是检查公司财务。公司因要承接东北亚博览会的搭建项目，注册资本达到100万元以上是申请入围必须具备的资质条件。增资事宜曾与被上诉人协商，并委托会计师事务所办理，相关工作人员和会计李某的证言可以证明。其次，公司自增资后多次参与大型展台的搭建，被上诉人作为公司的股东及监事，亲自参与经营管理，购买设计图纸。足以证明被上诉人不但知情而且还积极参与办理手续，且投入了实际经营。公司章程修正案及股东会决议并没有侵犯被上诉人的利益，仅是办理程序略有瑕疵。二、一审判决适用法律错误。一审适用《中华人民共和国公司法》第四十三条系适用法律不当。增资没有损害被上诉人的利益，还使得被上诉人的利益有所增加。三、一审判决显失公平。上诉人在加入公司时购买了被上诉人及案外人陈某某的股份，共投入25万元，占50%股份。为了扩大经营，上诉人追加投资50万元，现在一审判决认定被上诉人的股份为50%，那么上诉人追加的投资应如何解决呢。请求：1. 撤销一审判决，依法改判或发回重审；2. 全部诉讼费由被上诉人承担。

【被上诉人答辩】

被上诉人陈某答辩认为：被上诉人对公司增资及股权变更不知情，作为家族式管理的小公司，公司监事无法行使权利。工商登记变更都是上诉人安排的，被上诉人没有参与也不知情。上诉人成为公司股东是主动找被上诉人协商的，被上诉人当时忙不过来就同意上诉人加入，自上诉人成为法定代表人后，被上诉人对于公司分红一直有意见，但碍于亲属情面没有提出。自2014年4月上诉人要求被上诉人退出其一手创建的公司，并按照25%分给被上诉人利润，被上诉人才向上诉人表明态度，发生争议。一审法院庭审中，法庭询问上诉人对在工商变更登记所需文件签名是否为被上诉人本人签署，上诉人明确回答，不是被上诉人本人签署，一审判决正确。本案适用法律正确，一审法院适用的是修改后的公司法。一审法院判决双方各占50%股份，判决生效后，陈某会以生效判决为依据要求工商局变更，对于上诉人追加的50万注册资本，由上诉人自行处理。

一审被告吉林省某展览有限公司答辩认为，同意上诉人的上诉意见。

【二审法院认定】

二审中，上诉人提交了如下证据：证据一、2012年7月31日《股东会决议》，证明：被上诉人对于公司增加注册资本自50万元至100万元，在2012年7月至8月，被上诉人知情，且在股东会决议上签字，对相关内容进行修改，手写部分是被上诉人陈某本人书写。

证据二、陈某在公司增加注册资本后于2012年12月份在公司报销的6张火车票及公司与吉林某人参销售有限公司签订的合同书（复印件）、2013年12月25日公司给陈某建设银行电子转账凭证（备用金，同一天分两次汇款，分别都是5万元）、公司和北京某展览有限公司2012年8月15日签订的制作搭建协议书、代表人处记载陈某，此协议系陈某协调。以上共同证明：陈某参与公司经营。

证据三、证人呼某某出庭证实：2012年10月份，公司会计财务账业务接手时，有唐某某、陈某、证人和孙某某四个人在场，经营期间有几次向税务报表的时候，被上诉人给证人和孙某某送过公章，2014年年检之后我们将企业报表等文件归档的时候，发现一份股东会决议原件，让唐某某取走了，企业存续期间有陈某报销单据在证人手中。

被上诉人发表质证意见认为：证据一不是新证据，对真实性有异议，陈某签字不是本人签字，手写部分系陈某本人书写属实。对证据二中火车票、汇款凭证真实性及证明问题没有异议，被上诉人并未否认公司增资后参与公司经营，汇款系陈某的分红款；对协议书及合同的关联性有异议，和被上诉人无关，火车票及汇款凭证与本案无关。对证据三的证人身份有异议，没有证据证明其系公司会计，对所谓交接事项不存在，除证人证言之外无其他证据证明陈某参与交接，对报销票据事项无异议，陈某受唐某某指派给孙某某送过公章。

一审被告吉林省某展览有限公司发表质证意见认为：同意上诉人的意见。

本案经二审法院二审审理查明的事实与一审判决认定的事实一致。

【二审法院认为】

二审法院认为：关于2012年7月31日作出的"股东会决议、公司章程修正案、债权债务承担情况说明"是否有效的问题。首先，虽然"股东会决议、公司章程修正案、债权债务承担情况说明"上均有唐某某与陈某的签字，但陈某主张三份文件上的签字并非本人书写，且对此事并不知情，该三份文件无效。唐某某虽对该三份文件上的陈某签名并非陈某本人书写认可，但主张陈某对此知情并同意。上诉人唐某某提交了一份同是2012年7月31日的"股东会决议"，上面有被上诉人手写部分，欲证明被上诉人知道该股东会决议，并同意股东会决议的内容。但被上诉人表示双方确实曾商议增资，并在决议上对内容作了修改，但最终双方并未达成一致意见，其未在该决议上签字。上诉人不能提供证据证明该份"股东会决议"上的签字为被上诉人本人书写，且对此不申请鉴定，故该份证据只能证明双方有过磋商行为，不能证明被上诉人同意股东会决议的内容。其次，上诉人提供了一系列书面证据及证人证言欲证明被上诉人曾参与经营，并推定被上诉人在参与公司经营的过程中对公司已增资是明知的,但二者之间并没有直接的因果关系,该系列证据不能支持上诉人的主张。故上诉人提供的证据不足以证明被上诉人同意或默示同意公司增资。最后,因公司增资行为发生在2012年,故依据2005年颁布的《中华人民共和国公司法》第四十四条"股东会的议事方式和表决程序,除本法有规定的外,由公司章程规定。股东会会议作出修改公司章程、增加或者减少注册资本的决议,以及公司合并、分立、解散或者变更公司形式的决议,必须经代表三分之二以上表决权的股东通过"及第二十二条"公司股东会或者股东大会、董事会的决议内容违反法律、行政法规的无效"的规定,2012年7月31日作出的"股东会议决议""公司章程修正案""债权债务承担情况说明"的内容仅经过持有公司50%股权的上诉人同意,未经被上诉人同意,违反了法律规定,应认定为无效。上诉人与被上诉人仍各持有公司50%的股权。至于"股东会议决议""公司章程修正案""债权债务承担情况说明"被确认无效后,上诉人个人对公司增资50万元部分,因涉及上诉人与公司之间的相关法律关系,上诉人可另行主张。

【二审法院判决】

综上,一审判决认定事实清楚,适用法律虽有不当,但判决结果正确。上诉人的上诉理由不能成立。故二审法院依照《中华人民共和国民事诉讼法》第一百七十条第一款第(一)项之规定,判决如下:驳回上诉,维持原判。二审案件受理费8,810元,由上诉人唐某某负担。本判决为终审判决。

【律师评析】

本案是一起股东会决议效力确认纠纷。陈某和唐某某均是本案的被告某展览公司的股东,各占50%的股权。2014年,当股东陈某欲与唐某某解除合作关系,要求利润分配按各占50%的比例分配时,却发现唐某某早已于2012年通过假冒其签名的方式将公司增资50万,并将股权比例变更为陈某占25%,唐某某占75%。为维护其权益,陈某诉至法院,要求确认唐某某以展览公司名义作出的"股东会议决议、公司章程修正案、债权债务承担情况说明"无效。在审理中,一、二审法院均以作出增资决定的股东会决议是否程序合法作为审理的焦点。

因增资决议的作出发生在2012年,现行《公司法》是2013年修订的,故法院认为,本案的争议事项,应该适用2005年修订的《公司法》。2005年修订的《公司法》第44条规定:"股东会的议事方式和表决程序,除本法有规定的外,由公司章程规定。股东会会议作出修改公司章程、增加或者减少注册资本的决议,以及公司合并、分立、解散或者变更公司形式的决议,必须经代表三分之二以上表决权的股东通过。"一般来说,公司作出决议、议事方式和表决程序由章程规定,通常过半数即可达成决议。然而,公司增资属于公司重大事项,《公司法》对该决议的作出作了规制,要求需要经三分之二以上表决权的股东同意才能作出。因此,法院认为:第一,涉案股东会决议上的签字并非由陈某亲笔书写,也不为陈某所认可,故陈某对公司增资并不知情。第二,唐某某欲证明陈某在公司增资后参与公司运营,但参与公司运营与明知公司增资并无直接的因果关系,故唐某某无法证明陈某同意或明知公司增资的事项。由于涉案决议仅经过持有公司50%股权的股东同意,不满足《公司法》要求的三分之二以上表决权的股东同意，法院确认其无效。

【律师建议】

对于会展企业而言，可从本案某展览公司的经历得出的经验教训是：在公司创立之初，不要设计50%∶50%的股权结构。双方各占50%是世界上最差的股权结构。我国《公司法》中有大量的条文规定了须经"过半数"或"三分之二以上"表决权通过的公司决议事项，50%∶50%的股权结构可能会导致公司股东在决定公司事务时互相扯皮，无法有效地作出股东会决议。如果股东会机制长期失灵，最终的结果只能是公司解散。因此，股东应当合理设计公司的股权结构，使股东间既可以互相制衡，也可以有效地作出决议，提高公司经营的效率。

【精选案例4】

展览公司未为人力资源总监缴纳社保费，法院判决公司为其报销医疗费

【引言】

陈某某是某展览公司的人力资源部总监。在职期间，公司未为其缴纳社会保险费。2015年8月19日至2015年9月14日，陈某某因病住院治疗，出院后，陈某某向上海市浦东新区劳动人事争议仲裁委员会提起仲裁，请求裁决某展览公司为其报销医疗费。仲裁委支持了他的请求。某展览公司不服，向上海市浦东新区人民法院起诉，请求判令公司不为陈某某报销医疗费。浦东新区人民法院判决驳回其诉请。某展览公司不服判决，上诉至上海市第一中级人民法院。上海市第一中级人民法院仍驳回其上诉请求。

【案由】
医疗保险待遇纠纷。

【诉讼地位】
原告、上诉人。

【案例来源】
上海某展览有限公司与陈某某医疗保险待遇纠纷一案。

【一审法院认定】

一审法院查明：陈某某于2015年7月9日进入某公司工作，担任人力资源部总监。2015年7月20日，陈某某因个人原因向某公司提出辞职。2015年8月19日陈某某因病住院治疗，2015年9月14日出院，2015年9月15日上午8时左右陈某某办理了出院手续，其间陈某某自己支付住院医疗费134,161.14元。陈某某在某公司工作期间，某公司未为陈某某缴纳社会保险费。

2015年11月5日，陈某某向上海市浦东新区劳动人事争议仲裁委员会提出申诉，要求某公司报销2015年8月19日至2015年9月15日期间的医疗费113,697.39元。

该仲裁委员会裁决某公司为陈某某报销2015年8月19日至2015年9月15日期间的医疗费108,423.04元。

某公司不服，遂诉至一审法院。一审审理中查明：1. 某公司申请证人蒋某出庭作

证,蒋某称其当时在办公室听到及看到,陈某某于2015年7月20日表示辞职,公司人事部汪某表示将退工单和劳动手册给陈某某,陈某某表示不需要在退工单和劳动手册上盖章,汪询问是否也不需要缴纳社会保险费,陈某某表示是的。某公司对证人证言的真实性无异议;陈某某认为证人系公司的职工,与公司存在利害关系,对证人证言不予认可。2. 某公司表示如因未为陈某某缴纳社会保险费而需承担相应的医疗费责任,那么对仲裁裁决应报销医疗费的数额无异议。

【一审法院认为】

一审法院审理后认为:根据《劳动法》规定,劳动者患病应依法享受社会保险待遇。另根据《社会保险法》规定,用人单位应当自用工之日起三十日内为其职工向社会保险经办机构申请办理社会保险登记。本案中,双方争议的焦点是公司是否应当为陈某某报销2015年8月19日至2015年9月14日住院期间的医疗费。对此,某公司虽主张当时系陈某某自己要求无须公司缴纳社会保险费,但公司作为用人单位应当知道为职工缴纳社会保险费系强制性规定,即使职工有上述表示用人单位仍应依法为职工缴纳社会保险费。因此,某公司应在陈某某入职后及时向社会保险机构申请办理社会保险登记手续,现因某公司未及时为陈某某申请社会保险登记,致使陈某某2015年7月份社会保险费未缴纳,从而导致陈某某自2015年8月15日起患病住院期间的医疗费不能享受基本医疗保险待遇。故一审法院确认陈某某自行支付的医疗费中由基本医疗保险基金承担的部分医疗费应由某公司承担。现某公司对仲裁裁决陈某某可报销的医疗费用108,423.04元的数额无异议,另查明陈某某住院期间为2015年8月19日至2015年9月14日,2015年9月15日上午8时左右陈某某办理了出院手续,故确认某公司应为陈某某报销2015年8月19日至2015年9月14日期间的医疗费108,423.04元。对某公司要求无须为陈某某报销相关医疗费的诉讼请求,不予支持。

【一审法院判决】

据此,一审法院依照《中华人民共和国劳动法》第七十三条第一款第(二)项的规定,判决:某展览展示有限公司于判决生效之日起十日内为陈某某报销2015年8月19日至2015年9月14日期间的医疗费108,423.04元。一审案件受理费10元,减半计5元,免予收取。

【被告上诉】

上诉人某公司的上诉请求为:撤销一审判决,改判其公司不为被上诉人陈某某报销2015年8月19日至2015年9月14日期间的医疗费108,423.04元。

某公司主要上诉理由为:陈某某作为人力资源部总监,社会保险费缴纳属于其工作职责范围,陈某某非常清楚不缴纳社会保险费的可能后果,仍明确要求下属不为其缴纳,因此,陈某某对于社会保险费未缴一事具有明显过错,应承担相应后果;某公司对于陈某某未缴社会保险费一事并无过错,不应承担赔偿责任,最多基于道义向陈某某适当补偿;一审未考虑陈某某的过错,判令某公司承担全部费用,系适用法律不当,应结合双方过错程度确定各自承担的比例,而非全部由公司承担。

【被上诉人答辩】

被上诉人陈某某则不接受上诉人某公司之上诉请求。陈某某辩称:公司未为其缴纳社会保险费，也未及时采取补救措施，导致其不能享受医疗保险待遇，应承担相应责任。

【二审法院认定】

二审庭审中，上诉人某公司表示没有新证据；被上诉人陈某某提供2015年8月10日中山医院的部分门（急）诊收费票据原件、上海某医院肝胆外科医院住院证、出院证原件，欲证明其就诊情况及2015年8月15日下午两点左右其医保卡不能使用的情况。某公司对陈某某提供的上述证据的真实性表示没有异议。

经审理查明，一审法院认定的事实正确，双方当事人均无异议，二审法院依法予以确认。

二审法院另查明，仲裁中，上诉人某公司提供的证人汪某陈述其公司每月25日为公司员工办理社会保险费的缴纳手续。以上事实，有裁决书及仲裁庭审笔录记载的内容予以佐证。

【二审法院认为】

二审法院认为：本案的争议焦点为上诉人某公司是否应为被上诉人陈某某报销相关医疗费。某公司主张陈某某担任其公司人力资源部总监，社会保险费的缴纳属于陈某某工作职责范围，故陈某某对于社会保险费未缴一事有明显过错；且陈某某在离职时明确表示无须为其缴纳社会保险费，故其公司未为陈某某缴纳社会保险费并无过错，不应承担报销医疗费的责任。对此，第一，陈某某虽然担任某公司人力资源部总监，但其工作至2015年7月20日即离职，某公司在仲裁中确认每月25日办理社会保险费的缴纳手续，显然该时间陈某某已不再某公司任职务，某公司以陈某某担任人力资源总监为由主张不为陈某某缴纳社会保险费，不能成立；第二，某公司又主张社会保险费未缴系陈某某在离职时明确表示无须缴纳所致，且不论公司提供的证据能否足以证明其公司主张，根据法律规定，用人单位和劳动者必须依法参加社会保险，缴纳社会保险费费。就社会保险费的缴纳系强制性规定而言，用人单位为员工缴纳社会保险费的义务不因劳动者的表述而免除，某公司应依法为陈某某缴纳相应期间的社会保险费。现因某公司未缴纳社会保险费导致陈某某相应期间不能享受基本医疗保险待遇，一审认定陈某某自行支付的医疗费中原由基本医疗保险基金承担的部分医疗费应由某公司承担，并无不当。综上所述，上诉人某公司的上诉请求，理由不能成立，二审法院不予支持。一审判决并无不当，可予维持。

【二审法院判决】

二审法院依照《中华人民共和国民事诉讼法》第一百七十条第一款第（一）项之规定，判决如下：驳回上诉，维持原判。二审案件受理费10元，由上诉人某公司负担。本判决为终审判决。

【律师评析】

本案是一起因用人单位未为劳动者购买医疗保险而引起的医疗保险待遇纠纷。本案中，陈某某2015年7月9日进入某公司工作，2015年7月20日离职。2015年8月19日至2015年9月15日期间，陈某某因病住院治疗。因某公司没有在陈某某工作期间为其购买社会保险，导致陈某某住院治疗的费用无法通过医疗保险报销。陈某某遂提起劳动仲裁，要求某公司报销其住院医疗费用，该主张获得了仲裁机构的支持。后某公司不服仲裁裁决，起诉至法院，请求撤销仲裁裁决，故有本案。

我国《社会保险法》第58条规定，用人单位应当自用工之日起三十日内为其职工向社会保险经办机构申请办理社会保险登记。在本案中，即使劳动者陈某某从入职到离职时间不足一个月，用人单位也应当为其缴纳其入职当月的社会保险。法院认为，就社会保险费的缴纳系强制性规定而言，用人单位为员工缴纳社会保险费的义务不因劳动者的表述而免除，某公司应依法为陈某某缴纳相应期间的社会保险费。因此，某公司未依法为陈某某缴纳社会保险的行为是违法的。

对于陈某某因没有缴纳社会保险而不能享受到相应医疗保险待遇所遭遇的损失，根据我国法律法规的规定，其可以向用人单位索赔。《最高人民法院关于审理劳动争议案件适用法律若干问题的解释（三）》第1条规定："劳动者以用人单位未为其办理社会保险手续，且社会保险经办机构不能补办导致其无法享受社会保险待遇为由，要求用人单位赔偿损失而发生争议的，人民法院应予受理。"也就是说，如果用人单位没有为劳动者缴纳社会保险费，导致员工医疗、工伤或养老保险等方面的损失，企业需要对员工的损失进行赔偿。据此，法院未支持某公司的诉讼请求，判决其向陈某某赔偿医疗损失10万余元。

【律师建议】

对于会展企业来说，本案的教训是：企业应当依法足额为劳动者缴纳社会保险。一方面，缴纳社会保险费是法律规定的强制性法律义务。企业实际操作中可能会遇到个别劳动者不愿购买社会保险，与公司签订不购买社会保险的承诺书的情况。实际上，这种承诺书是没有法律效力的，企业为劳动者购买社会保险的义务不会因为承诺书而消失。因此，对于不愿意参加社会保险的员工，企业的做法应当是不予录用。另一方面，对于用人单位认为社会保险费额度太高的，也不能采取不购买社会保险的做法，而是应当对企业工资结构进行设计，以降低用人单位的工资总额。例如，提高不列入工资总额中的交通补贴、伙食补贴、住房补贴、租房补贴等福利比例，降低工资在劳动报酬中的比例；尽可能录用无须用人单位承担社会保险费的劳动者，如退休人员、灵活就业人员等。如此，企业即可降低用人单位在缴纳社会保险费上的支出，也可避免因不缴纳社会保险而导致的法律风险。

二、经营活动篇

【精选案例5】

设计合同纠纷中委托方提出解除合同的情况下，设计费支付条件是否成就的认定

【引言】

设计合同是会议展览行业最为常见和普遍的合同类型之一。在设计合同纠纷中，当事人诉讼或仲裁的请求大多与设计费有关。而在委托方提出解除合同情况下，设计费支付条件是否成就的认定是人民法院处理此类纠纷的难点。本案原告上海某展览展示有限公司在被告某科技股份有限公司提出解除合同、设计成果交付不能获得确认的情况下赢了官司，其经验值得会展业同行借鉴。

【案由】

承揽合同纠纷。

【诉讼地位】

原告、被上诉人。

【案例来源】

上海某展览展示有限公司与某科技股份有限公司承揽合同纠纷二审民事判决书。

【原告诉请】

1. 判令被告某科技股份有限公司立即向原告某展览展示有限公司支付设计费用15万元；2. 判令某科技股份有限公司向某展览展示有限公司支付以15万元为基数，自2016年4月27日至款项付清之日止，按照中国人民银行同期同档贷款利率计算的逾期付款利息；3. 诉讼费由某科技股份有限公司承担。

【一审法院认定】

2016年3月18日，某展览展示有限公司（合同中称乙方）与某科技股份有限公司（合同中称甲方）签订了"设计合同书"一份，合同约定甲方委托乙方设计企业展厅效果图；乙方收到预付款后10个工作日内，交付甲方全套效果图进行确认；在合同履行期间，如因甲方原因提前解除合同，不退还甲方已付的定金，已开始的设计，甲方依据乙方已经发生的实际工作量，不足一半时，按照该阶段制作费的一半支付，超过一半时，按照该阶段制作费的全部支付；设计费用共计20万元；协议签订后3日内，甲方

支付设计费用预付款 5 万元，设计图样板确认后，甲方支付设计费须达到总费用的 90%，即 13 万元，剩余款项在乙方设计完成施工图甲方确认后一次性付清；合同有双方盖章确认。上述合同签订后，某科技股份有限公司（以下简称科技公司）于 2016 年 3 月 24 日向某展览展示有限公司（以下简称展览公司）通过网上银行转账的方式支付了预付款 5 万元，展览公司通过 QQ 邮件的形式将相关的设计图方案交付科技公司，待其确认，科技公司未就设计图方案提出异议。后科技公司于 2016 年 3 月 28 日向展览公司发出通知要求对方暂停履行合同义务并于同年 4 月 26 日向展览公司发出正式的"解除合同协议书"，言明因科技公司建设计划变更致使双方之间签订的合同无法继续履行，故双方之间签订的合同自 2016 年 4 月 26 日解除，自解除之日起，原合同中约定的双方权利义务终止；协议自双方签字盖章后生效，协议生效之日，原合同解除，双方不承担违约责任。该协议有科技公司加盖公章确认，展览公司未签字、盖章予以确认。一审庭审中，展览公司表示对于解除合同的事实不持异议，双方已于 2016 年 4 月 26 日解除合同。

【一审法院认为】

展览公司与科技公司签订的"设计合同书"合法有效，对双方当事人均有法律约束力。展览公司按约履行了完成设计方案、交付设计图的义务，科技公司因自身原因解除双方之间签订的合同，由此给展览公司造成损失，科技公司应当承担赔偿责任。现展览公司主张科技公司支付剩余报酬 15 万元，对此，一审法院认为，双方签订的"设计合同书"明确约定协议签订后 3 日内，科技公司支付设计费用预付款 5 万元，设计图样板确认后，科技公司支付设计费须达到总费用的 90%，即 18 万元，剩余款项在展览公司设计完成施工图并交由科技公司确认后一次性付清。现展览公司已经将设计图样板交付给科技公司，科技公司并未就上述设计图样板提出异议，后科技公司单独行使合同解除权，展览公司所交付的受托成果是否被最终确认，不可归责于展览公司，科技公司应当支付相应的报酬。关于展览公司是否已经完成实际工作量的一半以上，一审法院认为，结合合同约定的付款进度及展览公司交付的工作成果，应确认展览公司已经完成设计工作一半以上，故科技公司应当按照合同约定向展览公司支付报酬至合同总价款的 90% 即 18 万元，因科技公司已经支付预付款 5 万元，故其仍应向展览公司支付报酬 13 万元。另因展览公司未向科技公司交付施工图样板，故按照因违约遭受损失填平原则，科技公司无需向展览公司支付剩余报酬 2 万元。科技公司按照合同约定向展览公司支付剩余应付未付报酬 13 万元，已经足以弥补展览公司因科技公司行使解除权，解除双方之间签订的合同而受到的损失，故对于展览公司的逾期付款利息主张不予支持。

【一审法院判决】

一、科技公司于判决生效之日起十日内，支付展览公司报酬 13 万元；二、驳回展览公司的其他诉讼请求。如未能按判决指定的期间履行给付金钱义务，应当依照《中华人民共和国民事诉讼法》第二百五十三条之规定，加倍支付迟延履行期间的债务利息。一审案件受理费 3,300 元，减半收取 1,650 元，由科技公司负担 1,450 元，展览公司负担 200 元。

【被告上诉】

撤销一审判决第一项,改判科技公司再行支付展览公司4万元,并由展览公司负担本案一、二审诉讼费用。二审庭审中,科技公司变更上诉请求为:撤销一审判决,改判科技公司不承担责任,一、二审诉讼费由展览公司承担。

1. 一审法院适用法律错误。案涉合同系承揽合同,一审所定案由亦为承揽合同纠纷,但却适用关于委托合同的法律规定,前后矛盾,亦与事实不符。2. 一审判决认定事实错误。案涉项目从初期接洽到合同签订、项目中止、终止,均由科技公司员工甲、展览公司员工乙负责,二人保存有完整QQ聊天记录,展览公司一审对此予以认可。根据上述聊天记录记载:(1)双方于2015年11月份开始接洽,2016年3月14日最终确定由展览公司负责科技公司办公楼一、二层区域的展厅设计工作,并开始办理合同签订事宜;(2)2016年3月15日聊天记录显示,展览公司在设计合同签订前尚未开始二层区域的设计工作,且甲对展览公司前期制作的一层区域设计方案明确提出需要修改;(3)双方2016年3月18日签订了设计合同;(4)2016年3月24日,甲要求展览公司于2016年3月28日到南京与科技公司沟通设计需求;(5)2016年3月25日,展览公司通过QQ发送了二层区域设计初稿,甲明确提出:双方尚未沟通确认二层设计需求,展览公司在不知道二层区域具体要求的情况所做二层设计方案无法使用,双方须于2016年3月28日在南京当面沟通设计要求,展览公司应根据科技公司设计要求制作设计方案;展览公司尚未完成一层设计方案,且原提供的一层方案未与科技公司沟通确认;暂停二层设计工作,在完成一层设计方案终稿后,到南京与科技公司沟通确认。(6)乙对甲提出的上述问题明确予以认可,双方最终约定于2016年4月1日在南京会面交流;2016年3月28日,甲通知乙项目暂停;2016年4月20日,甲通知乙项目终止。从上述聊天记录可知,展览公司在2016年3月25日之后未再提供任何新的设计方案,且其看似提供了一、二层所有区域的设计方案,但一层设计方案并非终稿,科技公司已明确要求其完稿后双方当面沟通,二层设计初稿系展览公司不了解科技公司设计需求情况下自行制作,科技公司已提出该设计不符合要求,并要求其暂停二层设计工作,待双方确认设计要求后再行设计。综上,展览公司实际仅完成了一层区域的部分设计工作,二层设计初稿不符合要求,不应认定为设计合同的工作内容,综合整个设计区域范围,展览公司实际工作量并未达到设计图样板工作量的一半以上。3. 根据设计合同第四条A款3项及第五条3款的约定,科技公司应支付的费用应为设计图样板阶段费用(即总费用20万元的90%)的一半,扣除已付的5万元预付款,仅需再行支付4万元。

二审中,上诉人增加以下上诉理由:1. 展览公司一审提交的微信聊天记录不能证明其已交付全部设计图样板并经科技公司认可。科技公司从未授权由甲对设计成果进行确认,"设计合同书"亦未做此约定,且从甲与展览公司乙的QQ聊天记录可知,关于项目价格、设计需求、项目暂停、中止等情况,甲均需向公司领导汇报,其本人无权决定任何项目事项,故其在微信聊天记录中的行为不应视为职务行为。2. 科技公司提前解除合同,已按约定承担了丧失解约定金的代价,无须再支付其他费用。3. "设计合同书"约定的付款阶段并不等同于工作阶段,一审法院根据案涉合同第五条第三款认定设计图样板的费用为18万元,缺乏合理依据。

【被上诉人答辩】

1. 关于法律适用问题，一审法院作出判决的主要法律依据是承揽合同中定作人可以随时解除合同，但应赔偿损失，判决书所载适用的委托合同法律规定，应系笔误。2. 关于事实问题，甲系双方联络人，其在收到展览公司起诉状后，主动联系展览公司，对展览公司已完成整套效果图进行了确认，科技公司二审中提供的QQ记录不完整、不连贯，存在节选，一审中科技公司对收到了第二层设计图是确认的，争议焦点是该设计图是否得到其认可。综上，一审判决事实认定清楚，应予维持。

【二审法院认为】

委托合同是委托人和受托人约定，由受托人处理委托人事务的合同。承揽合同是承揽人按照定作人的要求完成工作，交付工作成果，定作人给付报酬的合同。本案系由展览公司按照科技公司的设计需求制作企业展厅效果图，符合承揽合同的法律特征，双方当事人对于合同性质并无异议，一审法院亦将案由确定为承揽合同纠纷，但在裁判理由及引用法律条文部分系按委托合同纠纷进行审理，存在不当，应予纠正。

案涉"设计合同书"系双方真实意思表示，合法有效，双方均应按约履行各自义务。因科技公司建设计划变更及资金问题导致案涉合同提前解除，该公司应承担相应违约责任。"设计合同书"第四条A款第3项就此进行了约定，双方对该约定中"已发生的实际工作量"产生争议，二审法院认为，该约定含义具体明确，即展览公司已经完成的实际工作量，无须经过科技公司确认，且工作量经科技公司确认系合同正常得以履行情况下判断付款条件是否成就的条件，而案涉合同在展览公司应科技公司要求打算当面沟通确认方案时，因科技公司单方提前解除而终止，故展览公司完成的效果图已不可能得到确认，这一后果的产生正是由于科技公司的违约行为所致。综上，科技公司上诉主张展览公司已完成的展厅效果图须经其确认，与合同约定不符，亦于法无据，二审法院不予支持。

科技公司对甲在微信聊天记录中的陈述以未得到公司授权为由不予认可，因甲系本案双方合同协商、签订、履行中科技公司的经办人，其在微信聊天记录中的陈述应视为职务行为，科技公司的该主张于法无据，二审法院不予采纳。根据科技公司的二审陈述、甲与乙的QQ聊天记录，二审法院认定展览公司已交付整套展厅效果图。根据"设计合同书"的约定，本案项目内容为"设计企业展厅效果图"，结合付款进度的约定，可知展览公司的主要工作是设计展厅效果图，施工图仅为其次要工作内容，故应认定展览公司已完成超过一半的工作量，科技公司应按约支付已完成阶段的全部制作费。根据合同约定的付款进度，设计图样板确认后，科技公司支付总费用的90%即18万元，如上所述，展览公司已完成并交付的整套设计样本图因科技公司的违约行为已不可能得到确认，科技公司应支付该部分费用。因此，一审法院判决科技公司支付18万元，扣除已付预付款5万元，再行支付13万元，并无不当。

【二审法院判决】

科技公司的上诉请求不能成立，应予驳回；一审判决认定事实清楚，实体处理结果正确，应予维持。判决如下：驳回上诉，维持原判。二审案件受理费2,900元，由科技公司负担。

【律师评析】

《中华人民共和国合同法》第二百五十一条第一款对承揽合同所下定义为："承揽人按照定作人的要求完成工作，交付工作成果，定作人给付报酬的合同。"在承揽合同中，完成工作并交付工作成果的一方为承揽人；接受工作成果并支付报酬的一方称为定作人。承揽合同是会议展览行业最为常见和普遍的合同类型之一。主要的合同类型有定作合同和设计合同。定作合同是指承揽人按照定作人的具体要求，使用自己的材料和技术制作出成品，定作人接受该成品并支付报酬的合同。设计合同属于建设工程合同的一种，是承包方进行工程设计，委托方支付价款的合同。建设单位或有关单位（业主单位）为委托方，建设工程设计单位为承包方。本案合同类型为设计合同，系由展览公司按照科技公司的设计需求制作企业展厅效果图，符合承揽合同的法律特征。

在设计合同纠纷中，当事人诉讼或仲裁的请求大多与设计费有关。设计人提起的诉讼或仲裁请求主要是支付设计费，而委托人主要是返还已支付的设计费。其间伴随着合同效力、设计文件（成果）交付、设计人工作量和图纸（效果图及施工图）质量、合同解除条件等一系列事实和法律问题的认定。前述有关事实和法律问题往往构成设计合同纠纷的主要争议焦点。展览公司与科技公司所发生的争议也在设计费的支付上。原告展览公司请求判令被告科技公司立即支付设计费用15万元及相应的利息；被告辩称原告展览公司交付的设计效果图未获得确认，无权按照设计合同约定请求支付报酬（设计费）至合同总价款的90%即18万元。

实践中，关于设计费争议主要集中在三个问题上：设计费的支付条件是否成就、设计文件（成果）交付行为的认定以及设计费数额的确定等。设计合同中的设计费支付方式大多都为按阶段付费。如本案中双方签订的设计合同约定设计费共计20万元，支付方式为：协议签订后3日内，甲方支付设计费用预付款5万元，设计图样板确认后，甲方支付设计费须达到总费用的90%，即13万元，剩余款项在乙方设计完成施工图甲方确认后一次性付清。

本案中，双方的争议焦点集中在被告方行使合同解除权下"支付至合同总价款的90%即18万元"的支付条件是否成就。而双方约定的"支付至合同总价款的90%即18万元"的支付条件是"设计图样板确认"。原告展览公司主张已经通过QQ邮件的形式将相关的设计图方案交付科技公司，待其确认，被告科技公司未就设计图方案提出异议，之后又提出解除合同，致使"确认"已成不可能，应视为已经"确认"。展览公司提供了工作人员QQ聊天记录及微信聊天记录，以证明已交付整套展厅效果图。被告科技公司以其工作人员在微信聊天记录中的陈述未得到公司授权为由不予认可。而法院认为其工作人员在微信聊天记录中的陈述应视为职务行为，科技公司的主张于法无据，不予采纳。由此，展览公司一审、二审均获得胜诉。

本案中，原告取得完胜的经验是：对设计合同履行过程中形成的可证明己方交付设计成果的证据作了完好地保存。

法院认定原告已交付设计成果的重要依据，就是原被告双方在合同履行过程中形成的QQ聊天记录、微信聊天记录和原被告的陈述。在设计合同的履行过程中，设计人与委托人通常会通过QQ、微信等网络即时通信工具进行工作交流和沟通，包括工作的计划和安排、设计初稿的提交、委托人对稿件的修改意见、设计人对稿件的修改和再次提交、设计稿的定稿等。一般情况下，设计图未经委托人定稿前，委托人不会向设计人出具或签收交付设计成果的文件。因此，当设计人遭遇与本案类似的情况——委托人在设计图未定稿时就提出单方解除合同的时候，设计人和委托人在合同履行过程中的QQ、微信聊天记录就成为证明己方已交付设计成果的关键证据。在我国民事诉讼中，QQ、微信聊天记录可被认定为"形成或储存在电子介质中的信息"，属于电子数据的范畴。只要来源合法、客观、真实，与事实有关联性，就可作为证据使用。

【律师建议】

综上，对于会议展览行业而言，在履行设计合同的过程中，要注意对设计图的提交、修改的过程中所形成的聊天记录、邮件等电子证据进行妥善保管，以便在纠纷发生时，设计人可就己方交付设计成果的问题整合上述电子证据，形成完整的证据链，从而增加己方胜诉的概率。

【精选案例6】

展览公司代客保管委托拍卖的贵重物品，谨防返还原物的巨额索赔

【引言】

被告乙公司受原告甲的委托为其物品（青花海藻纹执壶、镇纸）参加展览和参加指定的大拍活动提供相应的服务，并暂为其免费保管青花海藻纹执壶、镇纸。乙公司万万没有想到日后会因此而惹上官司，遭受要求返还原物的巨额索赔。

【案由】

委托合同纠纷。

【诉讼地位】

被告、被上诉人。

【案例来源】

甲诉乙展览服务有限公司委托合同纠纷一案二审民事判决书。

【原告诉请】

甲诉至一审法院，请求判令：乙公司返还甲青花海藻纹执壶，如果无法返还原物则要求乙公司赔偿2,600,000元。

【一审法院认定】

一审查明，2013年9月26日，甲方与乙方签订《服务协议》一份，协议约定：甲方将物品委托乙方进行展览和参加指定的大拍活动，乙方为甲方的物品参加活动提供相应的服务，甲方支付策划费40,000元。甲方可于签订合同时，将合同标的物交于乙方暂为免费保管。合同第十一条第二款约定：乙方为保证协议期间委托物品的安全、避免混淆，将使用加盖指模的方式对委托的物品进行更加稳妥的识别。凡甲方办理展览或上拍业务的，可以在协议、照片和物品上加盖指模，以供撤场时识别。甲方未加盖指模的，不得在物品撤场时或撤场后向乙方就物品的任何细节提出异议。第十一条第五款约定：甲方是委托物品的所有人，乙方禁止工作人员给甲方委托的物品定价和估价，故本协议委托物品的最终底价/保留价一经甲方签字确定，均视为甲方自行决定的结果。合同附件约定：物品1为青花海藻纹执壶，高11.2厘米，口径5.3厘米，起拍价

2,600,000元；物品2为镇纸，长23.1厘米，宽2.4厘米，起拍价1,800,000元，同时附有物品正面照片各一张，合同加盖甲的手印。2013年12月初，乙公司通知甲其所委托拍卖的物品均流拍，要求甲取回原物。2013年12月7日，甲至乙公司取回了镇纸，但认为青花海藻纹执壶已经不是原壶，拒绝取回，双方遂引发争议。

【一审法院认为】

一审认为，依法成立的合同，对当事人具有法律约束力，当事人应当按照合同约定履行自己的义务并遵循诚实信用的原则。本案双方对服务协议的真实性、合法性均不持异议，乙公司也确认收到甲委托其拍卖的青花海藻纹执壶。双方争议的焦点为：乙公司持有并同意返还甲的青花海藻纹执壶是否为甲交付给乙公司的原壶。当事人对自己提出的主张有责任提供证据予以证明。根据合同附件的约定青花海藻纹执壶的起拍价为2,600,000元，甲将价值不菲的藏品交给乙公司保管，双方对此均有审慎的注意义务，应当采用双方认可的，安全、可靠的识别方式加以区分。合同明确约定了通过加盖指模的方式对委托物品进行识别，双方均应当按约履行。现甲认为乙公司持有的执壶非其原壶，未能提供充分证据予以证明，况且甲也拒绝对乙公司持有的执壶底部所加盖的指模进行司法鉴定，故甲关于乙公司要返还的不是甲的原壶的意见，难以采信。鉴于系争执壶未能通过拍卖成交，乙公司有义务将原壶返还给甲。

【一审法院判决】

一审法院审理后，依照《中华人民共和国合同法》第八条、第三百九十六条、《中华人民共和国民事诉讼法》第六十四条第一款及《最高人民法院关于民事诉讼证据的若干规定》第二条的规定，于2014年3月7日做出判决：乙展览服务有限公司于判决生效之日起十日内返还甲加盖有甲指模的青花海藻纹执壶一件。案件受理费27,600元，减半收取13,800元，由甲负担6,900元（已付），由乙展览服务有限公司负担6,900元（于判决生效后七日内交付一审法院）。

【原告上诉】

上诉人甲不服一审判决，上诉至二审法院，其上诉请求：撤销原判，改判支持其一审诉讼请求。甲上诉称，乙公司现提供的壶不是甲签订合同时交给乙公司的壶：一审当庭测量得出的壶高为11厘米、口径5.4厘米，与甲交付乙公司的壶不符，也与合同载明的壶尺寸不符；连接壶身和盖子的绳子有被剪断重新连接的痕迹；将图录上原壶的照片放大与乙公司现提供的壶比较存有差异。甲的壶已祖传了几辈，距今有一千年的历史，是唐朝时期的作品，价格至少五六百万元，壶的起拍价和保管方式都由乙公司确定。壶底的指纹擦拭后即会消失，甲从肉眼就能检验乙公司提供的壶是否为甲的原壶，且乙公司自己的证据也反证了非原壶，故甲在一审中拒绝了鉴定。

【被上诉人答辩】

被上诉人乙公司辩称，壶是椭圆形的，一审中的测量不是专业机构的测量，仅是卷尺测量，这样的测量方式每次都会有误差；绳子没有变化；图录照片可以美化，不能全面客观反映真实状况。乙公司交还壶时，甲已经将壶放在包里，后又突然取出壶说不是真的，便放下壶扭头就跑了。保管方式有两种，一种方式即为客户自己保管，事实上为了藏品安全，甲自己保管对乙公司更有利。壶底和盖内有甲的指纹，都可以证明是甲的壶。乙公司不同意甲的上诉请求,要求维持原判。

【二审法院认为】

二审法院认为,当事人对自己提出的诉讼请求所依据的事实有责任提供证据加以证明;没有证据或者证据不足以证明当事人的事实主张的,由负有举证责任的当事人承担不利后果。甲基于《服务协议》交乙公司欲行拍卖的两件藏品因流拍而应由乙公司返还甲。现甲以乙公司返还的青花海藻纹执壶不是其当初交乙公司的原壶为由而不愿取回,甲对其所述应当提供证据予以证明。乙公司与甲签订《服务协议》时,为保证委托物品的安全、避免混淆,由甲在青花海藻纹执壶底部等处加盖了指模,可见双方均同意以加盖指模的方式进行识别。现乙公司欲交还的青花海藻纹执壶壶底、壶盖均有指模,甲在二审庭审中一度回避确认该指纹是否是其本人的指纹,后又称该指纹不是其本人的,但甲对此无任何证据证明。一审庭审中,法院询问甲对指纹是否申请鉴定,甲又坚称没有必要鉴定,故由此产生的不利后果应由甲自行承担。因双方的测量方式并不专业,故不能排除测量数据前后有细微差别;照片系扫描放大,故以放大后的照片与乙公司所持的壶进行直接比对并不科学;甲无证据证明连接壶身与壶盖的绳子发生了变化。综上,甲的上诉请求缺乏事实和法律依据,二审法院不予支持。

【二审法院判决】

一审法院所作判决,二审法院予以维持。依照《中华人民共和国民事诉讼法》第一百七十条第一款第(一)项之规定,判决如下:驳回上诉,维持原判。上诉案件受理费人民币27,600元,由上诉人甲负担。本判决为终审判决。

【律师评析】

本案属于委托合同纠纷。被告乙公司受原告甲的委托为其物品(青花海藻纹执壶、镇纸)参加展览和参加指定的大拍活动提供相应的服务,并为其暂为免费保管青花海藻纹执壶、镇纸。为保证委托物品的安全,避免混淆,乙公司与甲签订《服务协议》时,由甲在青花海藻纹执壶底部等处加盖了指模。乙公司万万没有想到日后会因此而惹上官司。甲以乙公司返还的青花海藻纹执壶不是其当初交乙公司的原壶为由而诉请赔偿人民币260万元,该诉求一审、二审均被法院驳回。

本案中,乙公司虽然有惊无险,但教训还是有的,值得会展业同行吸取。乙公司应该想到,合同附件约定青花海藻纹执壶的起拍价为2,600,000元,其受托保管的藏品价值不菲,且是免费保管的,万一在保管期间有个什么闪失,责任重大。乙公司虽然获得胜诉,但应从本案中吸取教训,防范委托合同(含保管合同)签订、履行中可能产生的法律风险。

【律师建议】

从企业法律风险的角度来看,展览公司在保管委托展览艺术品等贵重物品的过程中存在较大的保管法律风险。我国《合同法》第三百七十四条对保管物在保管期间毁损、灭失时保管人应负的责任作了规定:"保管期间,因保管人保管不善造成保管物毁损、灭失的,保管人应当承担损害赔偿责任,但保管是无偿的,保管人证明自己没有重大过失的,不承担损害赔偿责任。"因此,展览公司应提高对委托展览艺术品等贵重物品保管的风险意识,做好相应的风险管理。简单来说,展览公司的风险管理目的在于:第一，避免或减轻潜在的意外事故造成公司无法承担的财产损失；第二，避免频繁的损失导致保险费的增长或造成负担，甚至导致保险公司拒保；第三，维持公司的良好信誉。

一方面，展览公司应当预防和避免风险的发生。在保管物的存放上，公司谨慎选择保管物存放的仓库，安装完备的消防设备，制定和实施良好的存货管理制度，可以在很大程度上避免保管物被盗、火灾、毁损等意外情况。在保管物的运输和过程中，公司需要与运输公司订立运输合同，明确双方的权利义务，对相关员工进行培训和指导，从而最大程度上防范风险。另一方面，展览公司可以以购买保险的方式将风险转嫁给保险公司，与保险公司制定合适的保险计划，将公司不能预估的风险转嫁给保险公司，从而将委托展览物的保管风险降到最低。

【精选案例 7】

合作举办"缤纷漫博展"发生纠纷，是租赁合同关系还是共担风险的联营关系

【引言】

A 展览服务有限公司与 B 有限公司签订《"缤纷漫博展上海站—变形金刚重装上阵"合作协议书》，共同举办"缤纷漫博展"上海站。双方因合同履行产生纠纷，是否成立联营合同关系及合作协议第 6.1 款第（1）项约定是否属于保底条款成为本案争议焦点。

【案由】

租赁合同纠纷。

【诉讼地位】

被告、反诉原告、上诉人。

【案例来源】

A 展览服务有限公司诉 B 有限公司租赁合同纠纷一案二审民事判决书。

【原告诉请】

原告 B 有限公司诉称：2015 年 7 月，原告与被告 A 公司就 2015 年 8 月 7 日至 2015 年 10 月 31 日举办的"缤纷漫博展上海站－变形金刚重装上阵"活动签署《合作协议书》及《合作协议书之补充协议》。根据约定，被告 A 公司应支付保证金人民币（以下币种相同）100,000 元，并分四期向原告支付相应款项，总计 1,000,000 元。合同签订后，原告依约履行了合同义务，但是被告 A 公司却屡次拖欠合同应付款。为此，被告 C 公司、D 公司以付款承诺函的形式承诺共同承担被告 A 公司的部分债务。嗣后，三被告仍未履行付款义务，原告为将该场地恢复原状支出部分费用。原告认为，原告与被告 A 公司签订的合同真实有效，被告 A 公司理应恪守，被告 C 公司、D 公司应对其承诺内容履行相应付款义务。故原告诉至法院要求判令：1. 被告 A 公司支付欠款 580,000 元；2. 被告 A 公司支付违约金（以 100,000 元为本金，自 2015 年 8 月 31 日起至 2015 年 11 月 12 日止，以 80,000 元为本金，自 2015 年 3 月 31 日起至判决生效之日止，以 300,000 元为本金，自 2015 年 10 月 1 日起至判决生效之日止，以 200,000 元

为本金，自 2015 年 10 月 17 日起至判决生效之日止，均按每日万分之五计算）；3. 被告 A 公司支付违约金 200,000 元（依据合作协议第 12.4 款，原告按照合同总价款 1,000,000 元的 20%计算）；4. 被告 A 公司支付材料费 8,000 元；5. 被告 A 公司支付场地恢复原状费用 24,898 元（其中拆卸费 7,500 元、搬运费 17,000 元、原告员工差旅费 398 元）；6. 被告 C 公司、D 公司在被告 A 公司所欠 200,000 元债务范围内承担连带责任；7. 三被告承担本案诉讼费用。

【被告反诉】

被告 A 公司提出反诉，要求判令：1. 确认原告与被告 A 公司签订的《"缤纷漫博展上海站—变形金刚重装上阵"合作协议书》第 6.1 款第 1) 项 [即"如门票总收入未达到人民币壹仟万元，则甲方（即原告）收取人民币壹佰万元"] 的约定无效；2. 原告按门票总收入的 10%收取合作收益，向被告 A 公司返还 432,377.21 元（已付款 470,000 元－门票收入 376,227.92×10%）；3. 原告向被告 A 公司返还余留物品 ["整体结构（含外场棚房）、变形金刚 4 钢索雕塑（体长 5 米，高 2.80 米）、3 米高变四版擎天柱、3 米高动画版大黄蜂、3 米高 G1 版擎天柱、3 米高禁闭、1.2 米高酷垒变形金刚 8 只、大型冷暖空调 100 匹、柜式冰箱 2 台、货物 1 批"]；4. 本案诉讼费用由原告承担。

【一审认定的事实】

一审法院认定事实：2015 年 7 月 2 日，B 公司与 A 公司签订《"缤纷漫博展上海站—变形金刚重装上阵"合作协议书》（以下简称合作协议）一份。双方约定：A 公司取得孩之宝公司的正式授权，并可在中国公开举办"缤纷漫博展上海站—变形金刚重装上阵"活动，本项目经与 B 公司共同研议后，由 B 公司挂名主办单位，提供活动场地和自阵地广告资源，A 公司则挂名承办单位，负责本项目总体策划和执行，以及因本项目而延伸的所有支出费用；项目时间为 2015 年 8 月 7 日至 2015 年 10 月 8 日，项目名称为"缤纷漫博展上海站—变形金刚重装上阵"，项目内容为主题展、商品销售、公益活动等；B 公司提供场地、基础保安环卫等物业管理服务，以及协助宣传推广等项目运营工作，A 公司负责项目总体策划、协调、实施、具体营运（包括政府公关、商务合作、票务销售、商品销售及人员培训管理等）、广告投放、营销推广（包括新闻发布会、公关活动及渠道合作等）策划及实施等，A 公司有权就本项目对外售卖门票，相应收取的款项由双方根据合同约定内容进行结算；B 公司免费提供总面积为 3,800 平方米的场地给 A 公司举办本项目，场地租赁总价值为人民币（以下币种均为人民币）7,200,000 元，自有媒体和自阵地广告资源总价值为 3,200,000 元，A 公司则负责本项目的总体规划和执行，以及因本项目而延伸的所有制作费、搭建费、版权费、保险费、运输费、人力费、票务费、宣传广告、活动报批、消防器材、现场工作人员工作餐等费用；B 公司作为本项目的主办单位，进行本项目的活动报批，A 公司协助报批事项，如因政府部门的因素，导致无法取得活动报批，双方共同协调解决，B 公司不承担违约赔偿责任；B 公司将整合上海 E 中心各业态资源支持 A 公司进行活动宣传推广，A 公司将在不影响项目主题的情况下，优先为 B 公司的地产项目策划执行相关造势活动，本活动结束后，基于建立战略合作伙伴关系，A 公司优先考虑将其他同类型的活动项目

二、经营活动篇

首选在上海F中心落地举办；B公司所提供的场地范围，具体包含：上海B中心无极场内场、芳甸路户外广场、石楠路户外广场、B2下沉式广场；A公司支付场地保证金100,000元，并负责活动承办的搭建方签署施工单位安全承诺书以维护场地及保证完好使用；A公司在进场前须至物业部办理活动进场手续，并签署"设施设备确认书"；A公司未取得B公司书面许可前，无权使用活动场地，否则应按活动场地的市场租金价格承担相应费用，A公司超时使用活动场地的，应按B公司的现场服务收费标准支付超时费；（第6.1款）双方同意，以本项目中A公司所收取的门票收入（A公司确认该门票总收入系自2015年7月15日起至2015年10月8日22：00前的已出售门票的全部价款总额）为基础，按以下两种标准作为B公司所获得的合作收益：（1）如门票总收入未达到壹仟万元，则B公司收取壹佰万元，（2）如门票总收入等于或超过壹仟万元，则B公司收取门票总收入的10%，保证B公司最低收益不得少于壹佰万元；上述合作收益的支付方式为分四期付款，于2015年7月20日前支付100,000元，于2015年8月30日前支付400,000元，于2015年9月30日前支付300,000元，第四期款项于2015年10月16日前付清，如门票总收入未达到壹仟万元，则支付200,000元，如门票总收入等于或超过壹仟万元，则在门票总收入的10%基础上扣除前三期已付款项800,000元后支付余款；B公司向A公司提供基本的活动服务，如固有照明设备、公共区域一般清洁服务、基本保安人员服务、工作人员休息区和相关设备放置场地等；A公司负责项目活动所进行的一切搭建、安装、拆卸、运输及善后工作，A公司应保持使用场地和公共区域的清洁和畅通；A公司已经充分知悉，本合同签订前，活动场地中的"无极场"已由第三方为举办2015年9月10日（为期一天）的"中国国际家具展－中国杰出设计师之夜"所租用，A公司同意于2015年9月9日晚上10：00点之前，于"无极场"区域完成全部撤场工作，并将符合B公司要求的净空场地交付B公司；经B公司通知，A公司有权于2015年9月11日中午12：00点后进入"无极场"完成本项目的搭建布置，如逾期交付场地，B公司将按照上月票房的日平均收益的2倍赔付A公司；使用期限届满，A公司应立即搬离家具、设施、物品或其他可移动的财产，并在规定的撤离场地日期，将使用场地恢复原状，以及将使用B公司的物品返还B公司，并使其保持使用前的状况；为确保该活动符合相关法律法规等，涉及有关政府部门审批事项的，由A公司负责活动报批，B公司提供相关场地资质证明以协助A公司进行报批；（第12.1款）A公司如未能按期付款，应向B公司按日支付逾期付款部分万分之五的违约金，自本合同规定的支付日期起至实际付款之日止，如A公司由一个以上实体组成，则各实体连带承担所欠B公司的各项费用及违约金；（第12.2款）如在本合同签署后，A公司有下述任何行为之一，B公司有权书面通知A公司终止本合同，A公司应按照本条第四款（10.4，注：合同中实际并无第10.4款）之规定向B公司支付违约金，B公司有权从A公司已支付的款项中予以扣除：（第10.2.1项）未按照本合同规定的日期支付各项应付款……（第10.2.5项）A公司有其他违反法律规定或合同约定的行为，经B公司书面通知后24小时内仍不纠正的；（第12.4款）违约方应向守约方支付如下违约金，如因A公司原因终止本合同，B公司有权从A公司已付款中扣除，其中使用期限开始前30天终止，支付使用场地总面积市价租金的30%，使用期限开始前15天但少于30天终止,支付使用场地总面积市价租金的50%,使用期限开始前15天至使用期限终止,支付使用场地总面积市价租金的100%(违约金市场价格,参见附件四)……该合同附件四为《2015年某中心市场部场地租赁价格表》,其中载明:无极场,面积1,000平方米,周一至周四的租金为100,000元/天,周五至周日的租金为120,000元/天;户外广场(芳甸路),面积1800平方米,周一至周四的租金为80,000元/天,周五至周日的租金为100,000元/天;户外广场(石楠路),面积850平方米,周一至周四的租金为40,000元/天,周五至周日的租金为60,000元/天……2015年8月20日,B公司与A公司签订《"2015漫博展上海站－变形金刚重装上阵"合作协议书之补充协议》(以下简称补充协议)。内容为:A公司已充分知悉并同意,在原合作协议中提及的"中国国际家具展－中国杰出设计师之夜"活动日期更改为2015年9月11日,A公司须于2015年9月10日早上8:00点前在"无极场"完成附件一所要求的事项(该补充协议的附件一中载明A公司需解决天桥部分画面喷绘制作,及用黑色丝绒布覆盖其余保留部分等),并向B公司交付场地,B公司将协助提供芳甸路侧的户外广场草坪和硬地作为临时摆放空间,A公司应用围挡将摆放场地进行封闭并美化,且不影响某中心的整体形象;B公司做协议约定的活动时间现调整为2015年8月7日至2015年10月31日,撤场时间为2015年10月31日至2015年11月3日,延展期间,B公司将不向A公司收取任何额外的场租费用,但相关费用(电费、保洁费等)均由A公司承担,在本项目延展期间(即自2015年10月9日至2015年10月31日)的票房收入,全归A公司所有,不计入B公司做协议约定的票房提成范围内,B公司有权在芳甸路侧的户外广场进行其他场地租赁业务……2015年10月8日,A公司及一审被告C公司、D公司向B公司出具《"缤纷漫博展上海站－变形金刚重装上阵"项目付款承诺函》。内容为:A公司应按照合作协议向B公司支付1,000,000元,由于A公司的资金调度问题,故现委托本项目的主办方之一D公司的子公司即C公司代为支付合同款300,000元;具体付款方式为由江苏迅燚商务服务有限公司开具2张银行期票给B公司,支票到期日分别为2015年10月15日(金额为100,000元)、2015年10月31日(金额为200,000元);如上述2张支票款项没有如期到账,A公司、D有限公司承诺并同意B公司有权留置本项目场内的所有雕塑、展品等相关物资,且B公司不承担任何保管和毁损责任及义务;同时A公司仍将根据合作协议的约定承担相应违约责任,上述事宜不免除A公司就合作协议项下任何未付款项的支付义务。2015年10月底11月初,B公司向A公司发出《律师函》,要求自2015年10月31日起解除与A公司之间的合作协议,并由A公司在收到函件之日起3日内向B公司支付欠款600,000元、保证金100,000元,支付使用场地总面积市价租金100%的违约金,及逾期付款违约金,并将场地恢复原状后返还给B公司等。B公司同时向C公司、D公司发出《律师函》,要求按照付款承诺书中的承诺付款。2015年11月5日,A公司委托律师向B公司发函,表示:"缤纷漫博展上海站－变形金刚重装上阵"活动已由双方合作完成,A公司于2015年10月30日、2015年10月31日进行撤场,要求搬离相关物品,但遭到B公司阻拦,A公司虽搬离了部分物品,但仍有搭建的整体结构及大量物品未能拆除、搬离,B公司没有法定留置权,A公司将于2015年11月8日上午10:00点再次至活动现场进行撤场，拆除含外场棚房在内的该活动整体结构，并搬离相关物品等。A公司共计向B公司付款420,000元，其中2015年7月30日付款100,000元，2015年9月28日付款100,000元，2015年10月14日付款100,000元，2015年10月19日付款100,000元，2015年11月12日付款20,000元。

一审法院另查明，2015年9月7日，B公司通过微信告知A公司，原约定的"无极场"所需黑布和喷绘不需要A公司做了，B公司将安排自己的供应商来做白色丝绒布，由此会产生费用计8,000元，应由A公司承担。2016年1月12日，B公司向案外人H公司支付丝绒布采购安装费等计8,000元。H公司于2016年3月10日向B公司开具相应增值税普通发票。2015年11月13日，B公司委托案外人H公司拆卸A公司展览物料，产生拆卸费计7,500元。B公司于2015年11月19日支付相应费用。2015年11月13日、2015年11月14日，B公司委托案外人G公司搬运A公司展览物料等，产生费用计17,000元。B公司于2016年1月12日支付该费用，G公司于2016年3月9日向B公司开具相应增值税普通发票。一审审理中，A公司确认其向B公司付款总额为420,000元，并相应变更反诉诉请2金额为382,377.21元。

【一审法院认为】

一审法院认为，依法成立的合同，对当事人具有法律约束力。当事人应当按照约定履行自己的义务，不得擅自变更或者解除合同。B公司与A公司签订的合作协议及补充协议系双方当事人的真实意思表示，依法予以确认，双方均应恪守。

本案争议焦点在于：一、B公司与A公司之间是否系联营合同关系，合作协议第6.1款第（1）项是否属于保底条款，应否无效；二、A公司应否承担违约责任，具体承担方式；三、C公司、D公司在本案中是否应承担付款义务。

关于焦点一，B公司与A公司之间的法律关系应当依据双方在合作协议中约定的权利义务来判断。根据合作协议的约定，B公司为涉案活动项目的挂名主办单位，B公司的主要义务系于2015年8月7日至2015年10月31日期间向A公司提供总面积为3,800平方米的活动场地，而A公司则负责活动项目的总体规划和执行，并承担制作费、搭建费、宣传广告费、报批费等所有支出费用。由此，B公司与A公司之间并不具有共同出资、共同经营、共负盈亏的联营合同特征。B公司提供场地供A公司举办活动，理应收取因提供场地而产生的使用费及其他相关收益，系争的第6.1款只是B公司作为场地所有者，通过固定费用加销售提成而最大程度获利的一种经营方式，该条款以每平方米活动场地的经营成本为前提，是B公司与A公司经过磋商后达成的共识，系作为租金给付的一种特殊方式而存在，符合交易现状，其效力应予以确认。A公司主张第6.1款第（1）项系保底条款，应为无效，一审法院不予采纳。B公司与A公司之间最主要的法律关系为租赁合同关系，本案案由可定为租赁合同纠纷。A公司在活动即将结束时，于2015年10月8日向B公司出具付款承诺函，再次确认了应向B公司支付总计1,000,000元的款项，付款承诺函系A公司的真实意思表示，A公司应按照承诺付清款项。至于A公司是否存在亏损，系其自身应承担的商业风险，与B公司无涉。A公司反诉诉请1、2，无相应的事实及法律依据，不予支持。

关于焦点二，A公司未能按照合作协议及付款承诺函履行付款义务，显属过错，应承担相应的违约责任。现B公司主张A公司按每日万分之五的计算标准支付违约金，综合考虑本案的合同履行情况、A公司的过错程度及B公司的实际损失，对违约金予以调整，酌定调整违约金计算标准为中国人民银行规定的同期同类贷款基准利率的1.5倍。至于B公司的诉请3，B公司在诉请2中已经主张了逾期付款的违约金，且根据合作协议的约定，第12.4款的适用条件应为因A公司单方提前终止合同的情形，现并不存在该情形，故对B公司的该项诉请不予支持。

关于焦点三，B公司系与A公司签订合作协议及补充协议，B公司的合同相对方为A公司。C公司、D公司虽在付款承诺函上盖章，但根据付款承诺函的内容，系A公司委托C有限公司代为付款，C公司、D公司并无加入债务的意思表示。根据《中华人民共和国合同法》第六十五条的规定（即"当事人约定由第三人向债权人履行债务的，第三人不履行债务或者履行债务不符合约定，债务人应当向债权人承担违约责任"），相应的付款义务仍应由A公司承担，C公司、D公司不应承担付款义务，一审法院就B公司诉请6，不予支持。关于B公司的诉请4，B公司就其诉请4已经提供付款凭证及相应的微信记录，且根据补充协议，丝绒布等确实应由A公司提供，B公司现主张其代A公司支付了相应款项，A公司应支付由此而产生的费用计8,000元。关于B公司的诉请5，A公司在付款承诺函中已明确承诺如其不按约付款，则B公司有权留置场内的所有雕塑、展品等相关物资。B公司诉请的拆卸费、搬迁费系A公司未按约付款而产生，B公司就其主张提供了相应的订单、付款凭证、增值税普通发票等，且主张的金额尚属合理，故对B公司主张A公司支付拆卸费7,500元、搬场费17,000元，予以支持。但B公司主张的其内部员工差旅费398元，无相应依据，不予支持。关于A公司的反诉请求3，B公司与A公司之间签订的合作协议已终止，B公司主张A公司支付相应款项等，已经判准，故A公司主张B公司返还留置的相关物品，予以支持。因A公司未提供证据证明其自制的清单上的物品均尚在B公司处，故以B公司确认的现存物品为准，即B公司应返还A公司："整体结构（含外场棚房）、变形金刚4钢索雕塑（体长5米，高2.80米）、3米高变四版擎天柱、3米高动画版大黄蜂、2米高变四大黄蜂、3米高禁闭、1.2米高酷垒变形金刚8只、空调（8台外机、2台内机、1台大型室内机）"。

【一审法院判决】

遂判决：一、A公司支付B公司580,000元；二、A公司偿付B公司违约金（以100,000元为本金，自2015年8月31日起至2015年11月12日止，以80,000元为本金，自2015年8月31日起至本判决生效之日止，以300,000元为本金，自2015年10月1日起至本判决生效之日止，以200,000元为本金，自2015年10月17日起至本判决生效之日止，均按中国人民银行规定的同期同类贷款基准利率的1.5倍计算）；三、A公司支付B公司代付费用8,000元；四、A公司支付B公司拆卸费7,500元、搬运费17,000元；五、B公司于A公司履行完毕上述第一项判决义务后十日内返还A公司余留物品〔"整体结构（含外场棚房）、变形金刚4钢索雕塑（体长5米，高2.80米）、3米高变四版擎天柱、3米高动画版大黄蜂、2米高变四大黄蜂、3米高禁闭、1.2米高酷垒变形金刚8只、空调（8台外机、2台内机、1台大型室内机）"〕；六、驳回B公司的其余诉讼请求；七、驳回 A 公司的其余反诉请求。一审本诉案件受理费 12,112 元，减半收取计 6,056 元，由 B 公司负担 1,000 元，A 公司负担 5,056 元。一审反诉案件受理费 3,598 元，由 A 公司负担。

【被告上诉】

上诉人 A 公司上诉请求：撤销一审判决书主文第一、二、四、五、七项判决，依法改判支持 A 公司一审全部反诉请求。

事实和理由：（一）B 公司的主要业务是自有房屋的出租，B 公司对出租行业的操作模式，如固定租金加提成租金等出租模式，曾经采用并富有操作经验。但在本案中，B 公司没有选择租赁的方式，而是选择了与 A 公司合作联办，分配门票收入的方式。双方之间的合作合同是 B 公司与 A 公司进行协作型联营合作的真实意思表示。A 公司与 B 公司作为本案活动的承办单位，共同承担经营风险。显然 A 公司与 B 公司之间的法律关系，并非租赁关系，而是一种共担风险的联营关系。同时，双方签订的合作协议书诸多条款均约定了 B 公司向 A 公司提供免费场地以及围绕场地开展的基础保安、环卫等物业管理服务，和参与围绕项目运营的行政申请、宣传推广等活动。从这些条款中能看出双方存在租赁关系之外的其他共同经营、共担风险的权利义务关系。B 公司的合同利益，除租金之外，更多的是门票收入提成等其他利益，因此唯有保底的联营合作才能实现其合同目的。（二）A 公司曾多次要求自行撤场，拆除含外场棚房在内的涉案活动整体结构，并搬离相关物品，但均遭 B 公司拒绝。即使 B 公司享有对物品的留置权，A 公司也可以只拆除物品，而不搬走物品，但 B 公司一边拒绝 A 公司要求拆除的请求，一边自行委托拆除、搬运，产生的费用支出，属于其自行扩大的损失，应由 B 公司自负其责。

【被上诉人答辩】

被上诉人 B 有限公司辩称，A 公司与 B 公司之间是场地租赁关系，并非联营合同关系。涉案服务内容是 B 公司提供物业管理服务，A 公司经营期间发生的保安及保洁等服务，是由 A 公司与第三人签订合同，所以双方是租赁关系不是联营关系，本案合同有关收益分配的支付条款也是有效的。A 公司未支付租金，B 公司对 A 公司在现场的展品采取了留置，因为展品比较大，所以采用了打包搬离的方式，产生的搬运费需由 A 公司承担。一审被告 C 公司、D 公司未提交书面答辩意见。

【二审法院认定】

二审中，当事人均未提交新证据。

二审法院经审理查明，一审法院查明的事实属实，证据充分，二审法院对一审事实予以确认。

【二审法院认为】

二审法院认为，当事人之间的法律关系的性质应当根据当事人之间合同内容予以确定。双方合作协议第二条"合作内容"中第 2.5 条约定，B 公司免费提供总面积 3,800 平方米的场地予 A 公司举办本项目，场地租赁总价值为 7,200,000 元，自由媒体和自阵地广告资源总价值为 3,200,000 元。第三条"合作细则"中约定 B 公司享有的权益包括："缤纷漫博展上海站—变形金刚重装上阵"主办单位名誉使用权；"缤纷漫博展上海站—变形金刚重装上阵"LOGO 及形象使用权（仅限适用于本项目相关的营销用途）；"缤纷漫博展上海站—变形金刚重装上阵"现场广告、海报、道旗、围墙、售票处等宣传物皆体现 B 公司作为共同主办单位名称及 LOGO；以及能够体现 B 公司作为活动共同主办单位必须参与的相关公关活动。第六条"支付条款"约定，（1）如门票总收入未达到 10,000,000 元，则 B 公司收取 1,000,000 元；（2）如门票总收入等于或超过 10,000,000 元，则 B 公司收取门票总收入的 10%，保证 B 公司最低收益不得少于 1,000,000 元。根据上述合同条款分析，B 公司以提供免费场地和相关服务等作为合作条件加入本案展览项目而成为项目共同主办方，由于场地是有价值的，因此条款约定 B 公司的合同利益是稳获的，同时 B 公司享有活动名誉使用权、形象使用权及对外宣传等权益，并且可以不承担或少承担经营风险。对于 B 公司的合同利益，A 公司在订立合同以及以后的付款履行、付款承诺等行为中均表示同意。因此，本案是以 B 公司提供场地和服务，获取票款收入分成的合作关系，并非为租赁合同关系，一审法院对本案法律关系认定不符合本案事实，二审法院予以纠正。A 公司诉称，A 公司与 B 公司之间是联营关系，而合作协议支付条款属于保底条款，根据最高人民法院司法解释的规定，应属无效。对此二审法院认为，合作协议第 2.4 条约定，B 公司在涉案活动中提供场地、基础保安、环卫等物业管理服务，以及协助宣传推广等项目运营工作；A 公司负责项目总体策划、协调、实施、具体运营（包括政府公关、商务合作、票务销售、商品销售及人员培训管理等）、广告投放、营销推广（包括新闻发布会、公关活动及渠道合作等）策划及实施等。从合同约定内容看，涉案活动经营主体系 A 公司，而非 B 公司，因此不符合联营法律关系必须具备的共同经营的特征。A 公司关于协议书中支付条款无效的上诉意见，二审法院不予采信。二审法院注意到，A 公司及一审两被告共同出具给 B 公司的《缤纷漫博展上海站—"变形金刚重装上阵"项目付款承诺函》中承诺 C 公司代 A 公司向 B 公司付款 300,000 元，逾期支付的，B 公司有权留置项目场内所有雕塑、展品等相关物资，且 B 公司不承担任何相关的保管和毁损责任及义务。因 B 公司最后并未收到上述款项，因此 B 公司行使留置权并无不当，因拆卸、搬运活动场地内物品的费用，应由 A 公司承担。一审被告 C 公司、D 公司经二审法院依法传唤，未到庭应诉，应视为其放弃应诉抗辩的权利。

【二审法院判决】

综上所述，A 公司的上诉请求不能成立，应予驳回；一审判决认定事实清楚，适用法律正确，应予维持。依照《中华人民共和国民事诉讼法》第一百四十四条、第一百七十条第一款第一项之规定，判决如下：驳回上诉，维持原判。二审案件受理费人民币 12,008 元，由 A 公司负担。本判决为终审判决。

【律师评析】

本案是一起由展览公司和场地租赁公司合作举办展览而引起的合同纠纷。上述两公司的合作模式是：A 公司负责项目总体策划、协调、实施、具体营运（包括政府公关、商务合作、票务销售、商品销售及人员培训管理等）、广告投放、营销推广（包括新闻发布会、公关活动及渠道合作等）策划及实施等，而 B 公司免费提供展览场地，同时享有名誉使用权、形象使用权及对外宣传等权益。展览结束后，双方根据最后统计的门票收入进行分成，且 A 公司承诺保证 B 公司的最低收益不少于 100 万元。本案纠纷产生的原因,就是因为展览运营不善,导致门票收入只有 37 万余元,A 公司不愿意履行支付 B 公司保底 100 万元门票收益的承诺,故 B 公司为了维护自己的权益,留置了 A 公司在展览场馆中的物品,同时起诉要求 A 公司履行合同约定的付款义务。

审理过程中,A 公司提出抗辩并提起反诉,认为其与 B 公司签订的保底条款无效,理由是本案原被告的合作关系实为联营关系,故联营双方签订的保底条款无效。根据最高人民法院《关于审理联营合同纠纷案件若干问题的解答》第四条第(一)款规定:"保底条款违背了联营活动中应当遵循的共负盈亏、共担风险的原则,损害了其他联营方和联营体的债权人的合法权益,因此,应当确认无效。"据此,原被告双方是否成立联营关系,关系到 B 公司能否依据保底条款取得保底的 100 万元收入。

"联营"是我国《民法通则》明确规定的一种横向经济联合的法律形式,通常指两个以上的经济组织为了达到共同的经济目的,约定共同出资,联合从事一定生产经济活动的合作经营方式。根据我国《民法通则》第五十一至五十三条的规定,联营有法人型联营、合伙型联营和协作(合同)型联营三种模式。共同出资、共同经营、共负盈亏是联营的基本特征。

本案中,一审、二审法院均以原被告双方是否成立联营关系作为本案审理的焦点。一审法院认为,原被告双方约定的保底条款,实际上是 B 公司作为场地所有者,通过固定费用加销售提成而最大程度获利的一种经营方式,故该保底条款是租金给付的一种特殊方式。由此一审法院认为原被告之间的关系是租赁合同关系。A 公司上诉后,二审法院认为,B 公司提供免费场地,以此获得门票分成的稳定收益,享有活动名誉使用权、形象使用权及对外宣传等权益的同时,可以不承担或少承担经营风险。由此二审法院纠正一审法院对原被告双方成立租赁合同关系的认定,认为原被告双方是以 B 公司提供场地和服务,获取票款收入分成的合作关系。

无论是一审还是二审,法院均不认定 A 公司和 B 公司成立联营合同关系。究其原因,就是因为从其双方各自享有和承担的权利义务来看,双方之间的合作并不符合联营合同关系所具有的共同出资、共同经营、共负盈亏的特征。因此,A 公司最终未能免除 58 万元的剩余保底款项的支付责任,B 公司据此取得了 58 万元的免费提供场地收益。

【律师建议】

在实际经营中,展览企业一般采取租赁场地,自主运营、自负盈亏方式举办展览,而本案是一种较为新型的合作方式。这种约定场地提供方免费提供场地而按收益分成的合作模式,对于展览企业而言,可以大大减轻其举办展览前租赁场地的资金负担。与此相对应的风险是,若最终展览经营不善,展览企业仍需按照合作合同的约定承担保底费用。若展览企业和场地提供者需要以联营的合作方式经营展览项目,则按照最高人民法院《关于审理联营合同纠纷案件若干问题的解答》的规定,合同双方应当共同经营、共负盈亏、共担风险,约定的保底条款应属无效。

据此,展览企业在拟定合作方式前,应当谨慎衡量风险与收益,从而确定采取较为松散的普通合作方式,或是较为紧密的联营合作方式。在合同的条款约定上,合作双方需明确约定双方的权利和义务,注意避免在采取共同经营的联营合作方式时约定保底条款,导致条款被认定无效而造成合作收益分成上的纠纷。

【精选案例 8】

合伙举办民俗节庆与旅游采购博览会，亏损该如何承担责任？

【引言】

为联合举办"中国·贵阳避暑季——民俗节庆与旅游采购博览会"，原告贵阳市旅游文化产业投资（集团）有限公司（以下简称旅游投资公司）与被告贵州某传媒会展有限公司（以下简称会展公司）双方签订了《联合工作协议书》。协议约定了双方各自的出资份额、收益分配及亏损承担比例、财务管理及项目结束后的结算办法等。项目成功举办后，被告委托会计师事务所对上述项目有关的收入及支出进行审核。会计师事务所作出的审核报告认定该项目亏损 355,078.34 元。原告诉请被告将扣除原告应负担的亏损后的出资款退还给原告。

【案由】

合伙协议纠纷。

【诉讼地位】

被告、上诉人。

【案例来源】

贵州某传媒会展有限公司与贵阳市旅游文化产业投资（集团）有限公司合伙协议纠纷一案。

【原告诉请】

原告起诉至法院，请求判令：1. 被告会展公司退还出资款人民币 225,722.58 元，并按同期银行贷款利率计算支付自 2014 年 11 月 15 日起至出资款付清之日止期间的资金占用费（资金占用费暂计算至 2015 年 8 月 15 日，为人民币 8,425.91 元）；2. 本案所有诉讼费用由被告会展公司承担。

【一审法院认定】

一审查明：2011 年 5 月 5 日，原告旅游投资公司与被告会展公司为联合举办"中国·贵阳避暑季——民俗节庆与旅游采购博览会"，双方签订了《联合工作协议书》约定：1. 双方按比例分担工作经费 1,000,000 元，旅游投资公司占 35% 即出资 350,000

元,会展公司占65%即出资650,000元,收益及亏损也按此比例分担;2. 该会展在会展公司开户行下设立专用账户,由会展公司进行财务管理,旅游投资公司进行财务监督。项目结束后,由双方指定中介机构进行专项审计,经双方签字确认后出具审计报告;3. 展会时间定于2011年5月25日—5月29日;4. 合作期限自2011年4月9日至2011年6月30日。上述协议签订后,原告旅游投资公司于2013年5月10日支付200,000元、于同年5月23日支付150,000元至被告会展公司账户,完成了出资义务。之后,协议约定的"中国·贵阳避暑季——民俗节庆与旅游采购博览会"项目成功举办。

2014年,被告会展公司委托贵州仁信会计师事务所对原、被告双方合作的上述项目有关的收入及支出进行审核,该会计师事务所于2014年11月5日作出黔仁会专审[2014]第042号审核报告,认定该项目亏损355,078.34元,该报告中第四项其他情况说明中指出上述项目的相关收入中,产生的应收款项94,000元已成呆账,建议原被告双方协商处理。

被告会展公司于2013年由"贵州旅文会展有限公司"更名为"贵州某传媒会展有限公司"。

【一审法院认为】

一审认为,依法成立的合同受法律保护,当事人应当按照合同约定全面履行自己的义务。旅游投资公司与会展公司签订的《联合工作协议书》是双方当事人的真实意思表示,不违反法律、行政法规的强制性规定,对双方当事人具有法律约束力。原告旅游投资公司按照协议书的约定履行了出资义务,双方亦成功举办了"中国·贵阳避暑季——民俗节庆与旅游采购博览会"项目,按照协议书的约定,项目结束后,由双方指定中介机构进行专项审计,经双方签字确认后出具审计报告,收益及亏损均按出资比例分担。虽然协议约定的合作期限于2011年6月30日终止,但是合作协议的终止并不影响双方对项目盈亏的清算和款项的结算。按照约定,项目盈亏只能委托中介机构进行审计。按照常理,只有进行审计确定盈亏之后,双方才能对此次合作出资款进行结算。据庭审查明的事实,被告会展公司于2014年11月委托会计师事务所对该项目收支情况进行审核,经会计师事务所审核作出的报告认定项目亏损355,078.34元,虽然报告载明系被告会展公司单方委托,但是原告旅游投资公司现依据该审核报告向被告会展公司主张权利,是对该审核报告效力的追认,该报告对双方均具有法律效力。被告会展公司辩称该次审核系其单位对前任法定代表人的离任审计,并不是为原告旅游投资公司追债而做出的审计。从审计报告的内容来看是针对原被告双方合作项目的专项审计,被告并未举证推翻该审计报告的真实性,此次审计的目的不影响审计报告的效力,故对被告会展公司的辩解不予采纳。因协议书未约定具体的结算时间,而专项项目审计是在2014年11月,因此诉讼时间的起算时间应当是审计报告作出之后的合理期限届满后起算,即便从审计报告作出之日开始起算诉讼时效,原告旅游投资公司于2015年8月诉至法院,亦在诉讼时效期间内,故被告会展公司称本案已经过诉讼时效的辩解,不予采纳。根据协议约定,项目亏损按出资比例即原告旅游投资公司35%、被告会展公司65%的比例分担。根据审计报告的记载,虽然项目亏损为355,078.34元,但该报告指出其中记入收入的94,000元的应收款即债权已成呆账,建议双方协商处理。现原告旅游投资公司未举证证明该笔债权已经实现,故该笔收入应予以扣除,暂记入亏损,原被告双方按出资比例负担。若该笔债权日后得以实现,原告旅游投资公司可就该笔债权另行主张权利。因此,确认该项目的亏损为449,078.34元(355,078.34元+94,000元),原告旅游投资公司应当负担的亏损金额为157,177.42元(449,078.34元×35%),被告会展公司应当将扣除原告旅游投资公司应负担的亏损金额157,177.42元后将剩余出资款(350,000元-157,177.42元)192,822.58元退还给原告旅游投资公司。被告会展公司称审计费用20,000元应当共同负担的辩解,因其未提供证据证明审计费用的具体金额,故其辩解不予采纳。

原告旅游投资公司诉请的资金占用费,因双方未约定出资款的具体退还时间,且其未举证证明项目审计报告作出后,其依据该审计报告向被告主张过权利,故原告旅游投资公司的该项诉请,不予支持。

【一审法院判决】

据此,依照《中华人民共和国合同法》第八条、第六十条《中华人民共和国民事诉讼法》第六十四条之规定,判决:一、被告贵州某传媒会展有限公司于本判决生效之日起五日内退还原告旅游投资公司出资款192,822.58元;二、驳回原告旅游投资公司的其他诉讼请求。如果未按本判决指定的期间履行给付金钱义务,应当依照《中华人民共和国民事诉讼法》第二百五十三条之规定,加倍支付迟延履行期间的债务利息。案件受理费2,406元(原告预交),由原告旅游投资公司负担425元,被告会展有限公司负担1,981元。

【被告上诉】

一审宣判后,会展公司不服,向二审法院提起上诉:一、原判有多处错误,应当撤销,并依法改判。双方签订的协议约定合作期限是到2011年6月30日止,双方发生纠纷应当在合作终止之日起两年内提出,但旅游投资公司在2015年8月才提起诉讼,明显超过诉讼时效,且旅游投资公司没有证据证明本案有诉讼时效中止、中断的情形,所以,原判认定没有超过诉讼时效是错误的。二、协议约定审计需双方共同委托审计,经双方签字确认后出具审计报告才有效,而本案中只是上诉人单方委托审计,不符合协议约定,该审计报告不能作为双方纠纷的证据使用。据此,请求:一、撤销原判;二、依法改判上诉人不向被上诉人承担退款责任;三、诉讼费用由被上诉人承担。

【被上诉人答辩】

被上诉人旅游投资公司答辩认为:原判认定事实清楚,使用法律正确,请求驳回上诉,维持原判。因为双方协议没有约定审计结算的时间,本案诉讼时效的起算点应当以原告知道审计结果时起算,因此本案未过诉讼时效。既然上诉人将这个审计报告交给被上诉人,从这个审计报告可以看出双方的盈亏情况,且被上诉人已经追认该报告并以该报告起诉,因此该审计报告应当作为本案的定案依据。

【二审法院认定】

二审经审理查明,旅游投资公司于2011年5月10日支付200,000元、于同年5月23日支付150,000元至会展公司账户。除此之外,二审查明的事实与一审判决认定的事实相一致,二审法院对一审判决认定的事实予以确认。

【二审法院认为】

二审法院认为,本案争议的焦点在于旅游投资公司提起诉讼是否超过诉讼时效以及案涉审计报告可否作为本案的定案依据。

对于诉讼时效问题,旅游投资公司与会展公司签订的《联合工作协议书》合法有效,旅游投资公司按照约定向会展公司支付了350,000元出资款,履行了合同义务。该协议约定合作项目结束后,由双方指定中介机构进行专项审计,经双方签字确认后出具审计报告,收益及亏损均按出资比例分担。但协议未约定何时进行审计,也即双方因是否退款发生纠纷的条件是要进行审计,只有进行审计确定盈亏之后,双方才能对此次合作出资款进行结算。会展公司于2014年11月委托会计师事务所对该项目收支情况进行审核,经会计师事务所于2014年11月5日审核作出的报告认定项目亏损355,078.34元,虽然报告载明系会展公司单方委托,但旅游投资公司对该审核报告的效力予以追认,因此诉讼时效的起算时间应当从审计报告作出之日(2014年11月5日)开始起算,旅游投资公司于2015年8月起诉至法院,未超过诉讼时效。因此会展公司关于本案已过诉讼时效的上诉理由不能成立。

对于案涉审计报告,该报告虽系会展公司单方委托,而非协议约定的双方指定,但该报告的内容是对旅游投资公司与会展公司合作项目收支情况进行审计,且旅游投资公司对该审计报告进行了追认,该审计报告对会展公司和旅游投资公司均具有法律约束力,现旅游投资公司依据该审计报告提起诉讼,该审计报告应当作为本案的定案依据。因此,会展公司关于案涉审计报告不能作为本案定案依据的上诉理由不成立。

【二审法院判决】

综上,会展公司的上诉理由均不成立,其上诉请求二审法院不予支持。一审判决认定事实清楚,适用法律正确,二审法院依法予以维持。据此,依照《中华人民共和国民事诉讼法》第一百七十条第一款第(一)项"原判决、裁定认定事实清楚,适用法律正确的,以判决、裁定方式驳回上诉,维持原判决、裁定"的规定,判决如下:驳回上诉,维持原判。二审案件受理费4,812元,由会展公司负担。本判决为终审判决。

【律师评析】

本案是一起因合作举办博览会而引起的合伙协议纠纷。会展公司与旅游投资公司签订合伙协议,共同举办旅游博览会,约定双方共同出资,共负盈亏。然而,博览会结束后,经审计,活动亏损35万余元,会展公司不愿遵守合伙协议的约定,与旅游投资公司共担亏损,故有此案。

本案的事实与法律关系比较简单,双方的权利义务均来源于《联合工作协议书》。该《联合工作协议书》受我国《合同法》规制,只要不违反我国法律的强制性规定,合同双方当事人都应当依照合同约定全面履行自己的义务。

在本案的审理过程中,诉讼时效是法院的审理焦点之一。旅游投资公司要求会展公司退还出资款的请求权应当从何时开始计算诉讼时效?《最高人民法院关于审理民事案件适用诉讼时效制度若干问题的规定》第六条规定:"未约定履行期限的合同,依照合同法第六十一条、第六十二条的规定,可以确定履行期限的,诉讼时效期间从履行期限届满之日起计算。"二审法院认为，由于合伙协议中未约定返还出资款的期限，但实际上该出资款的返还金额应当基于审计报告的作出，因此，审计报告作出之日，就是诉讼时效期间开始之日，故旅游投资公司的请求权并没有超过诉讼时效。

【律师建议】

《合同法》第六十条规定："当事人应当按照约定全面履行自己的义务。当事人应当遵循诚实信用原则，根据合同的性质、目的和交易习惯履行通知、协助、保密等义务。"诚实信用原则，是企业在生产经营中必须遵守的基本原则。诚信也是做生意的立足之本。企业不但要谨慎地签订合同，还要善意地履行合同，否则，不仅失去了信用，还将受到法律的谴责。

【精选案例9】

会展公司委托拍卖李可染作品《韶山·革命圣地毛主席旧居》，买受人逾期支付拍卖价款，违约金该由谁承担？

【引言】

中信国安第一城国际会议展览有限公司（以下简称会展公司）委托中国嘉德国际拍卖有限公司（以下简称拍卖公司）拍卖的李可染作品《韶山·革命圣地毛主席旧居》，买受人未按《拍卖规则》规定时间支付价款。会展公司起诉，请求判令买受人按《拍卖规则》规定支付违约金，请求判令拍卖公司承担补充赔偿责任。

【案由】

拍卖合同纠纷。

【诉讼地位】

原告、上诉人。

【案例来源】

会展公司与张某某、拍卖公司拍卖合同纠纷一案。

【原告诉请】

会展公司向一审法院提出诉讼请求：1. 要求张某某支付违约金1,644.15万元（以未付款部分为基数，自2012年7月31日至2015年9月17日，按日万分之三计算）；2. 要求张某某支付违约金的利息（以1,644.15万元为基数，自2015年9月17日起至实际给付之日止，按中国人民银行同期贷款利率计算，暂计算至2017年1月16日的利息为109.34万元）；3. 要求拍卖公司对张某某的上述债务承担补充赔偿责任；4. 诉讼费由张某某及拍卖公司负担。

【一审法院认定】

一审法院认定事实：会展公司委托拍卖公司拍卖的李可染作品《韶山·革命圣地毛主席旧居》落锤价为10,800万元，在扣除佣金、保险费、图录费、税费后，拍卖公司应向会展公司支付的拍卖款为9,827.9万元。拍卖公司向会展公司付款的时间及金额如下：2012年7月30日3,000万元，2013年4月19日200万元，2013年7月1日500万元，2013年8月2日500万元，2013年9月2日250万元，2014年1月20日200万元，2014年1月23日300万元，2014年5月20日1,000万元，2014年7月21日1,000万元，2014年8月27日500万元，2014年9月29日500万元，2015年9月17日1,877.9万元。《拍卖规则》第24条内容为：如本规则第47条（拍卖成交后，买受人应自拍卖成交日起三十日内向本公司付清购买价款并领取拍卖标的）规定的付款期限届满，本公司仍未收到买受人的全部购买价款，则本公司将在实际收到买受人支付的全部购买价款之日起7个工作日内（但该时限亦应在拍卖成交日起35天后）将出售收益支付委托人。第28条内容为：本公司之最终决定权，本公司可视具体情况决定下列事项：……（三）根据本规则有关条款，解决买受人提出的索赔或委托人提出的索赔；……第54条内容为：未付款之补救方法：……（三）在拍卖成交日起三十日内，如买受人仍未足额支付购买价款，本公司则自拍卖成交日后第三十一日起就买受人未付款部分按照日息万分之三收取利息，直至买受人付清全部款项之日止，买受人与本公司另有协议者除外；（四）对买受人提起诉讼，要求赔偿本公司因其违约造成的一切利息损失，包括因买受人迟付或拒付款项造成的利息损失；……

【一审法院认为】

一审法院认为，根据法律规定，拍卖是指以公开竞价的形式，将特定物品或者财产权利转让给最高应价者的买卖方式。因此，拍卖中存在三种法律关系，委托人与拍卖公司之间的委托合同关系、拍卖公司与竞买人之间的拍卖合同关系、委托人与竞买人之间的买卖合同关系。各方当事人的权利义务均受《中华人民共和国拍卖法》及《中华人民共和国合同法》的调整。故本案总结的争议焦点为：1. 追偿违约金的主体是会展公司还是拍卖公司；2. 拍卖公司是否成为赔付违约金的责任主体；3. 拍卖公司未向买受人张某某主张违约责任的情况下会展公司是否有权向张某某主张权利。以下分别论述：
一、追偿违约金的主体是会展公司还是拍卖公司。首先，拍卖公司与张某某的拍卖法律关系中，双方均受《拍卖规则》的约束。《拍卖规则》中关于拍卖公司的索赔权进行了明确约定，拍卖公司对于解决买受人提出的索赔或委托人提出的索赔有最终决定权。故拍卖公司在张某某逾期付款的情况下，可根据自身情况接受委托人会展公司的委托对张某某采取追究违约责任的措施。拍卖公司依据《拍卖规则》当然成为追偿违约金的主体。其次，会展公司与张某某之间虽未签订买卖合同，但通过拍卖这种特殊竞价形式支付了对价，实现李可染作品《韶山·革命圣地毛主席旧居》财产权利的转移，双方形成事实上的买卖合同关系。在买受人逾期付款的情况下，出卖人依据《中华人民共和国合同法》可向买受人主张违约责任，会展公司亦可成为向张某某主张违约金的主体。对于张某某称，与会展公司没有合同关系，不应承担违约责任的答辩意见，该院不予采信。
二、拍卖公司是否成为赔付违约金的责任主体的问题。会展公司与拍卖公司虽是有偿委托合同关系，但拍卖公司在处理委托事务的过程中，对于张某某的逾期付款并无过错。因委托拍卖合同及《拍卖规则》均明确约定，在未收到买受人的全部购买价款的情况下，拍卖公司向会展公司的付款时间应为收到买受人支付的全部购买价款之日起七个工作日内。而张某某分多笔向拍卖公司付款，拍卖公司向会展公司付款的时间均符合委托拍卖合同及拍卖规则的约定，并不存在延期付款的行为。根据法律规定，有偿的委托合同，因受托人的过错给委托人造成损失的，委托人可以要求赔偿损失。本案中，会展公司要求拍卖公司承担赔偿损失的条件未成就，故对于会展公司要求拍卖公司承担补充赔偿责任的诉讼请求，该院不予支持。三、拍卖公司未向买受人主张违约责任的情况下，会展公司是否有权向张某某主张权利。如前所述，拍卖公司及会展公司分别基于拍卖合同关系及买卖合同关系，成为违约金追索的主体。《拍卖规则》虽规定了拍卖公司可接受委托人的委托，根据自身情况对行使追索权有最终的决定权，但并未排除委托人直接行使追索权的权利。因而会展公司在拍卖公司未向买受人张某某主张违约责任的情况下，有权直接向张某某主张权利。

【一审法院判决】

综上，张某某在拍卖成交后，未按期付款，已构成违约，对此应当承担违约责任。因会展公司与拍卖公司签订的委托拍卖合同，将《拍卖规则》作为合同的一部分，会展公司、拍卖公司、张某某均应受《拍卖规则》的约束。《拍卖规则》中关于拍卖公司对买受人逾期付款收取利息的约定，应视为赔偿给委托人的损失，故会展公司可依据《拍卖规则》的约定，向张某某主张违约金。但因张某某主张违约金的支付标准过高，该院予以调整，对于张某某应支付的逾期付款期间的违约金数额，该院予以酌定。因会展公司并未举证证明因张某某的延迟付款给其造成了损失，现张某某支付的违约金已足以弥补会展公司损失，且张某某已支付完全部拍卖款，会展公司再主张违约金的利息，不具有法律及事实依据，该院不予支持。综上所述，依照《中华人民共和国合同法》第一百零七条、第一百一十四条第二款、第三百九十六条、第四百零六条；《中华人民共和国拍卖法》第三条、第三十九条；《中华人民共和国民事诉讼法》第六十四条第一款之规定，判决：一、张某某于判决生效后十日内给付会展公司违约金1,498.36万元；二、驳回会展公司的其他诉讼请求。如果未按判决指定的期间履行给付金钱义务，应当依照《中华人民共和国民事诉讼法》第二百五十三条之规定，加倍支付迟延履行期间的债务利息。

【原告上诉】

会展公司上诉请求：一、变更第一项判决为张某某给付会展公司违约金1,644.15万元；二、撤销第二项判决，改判张某某向会展公司支付违约金的利息（以1,644.15万元为基数，自2015年9月17日起至实际给付之日止，按中国人民银行同期贷款利率计算，暂计算至2017年1月16日的利息为109.34万元）；三、改判拍卖公司对张某某上述债务承担补充赔偿责任；四、改判全部诉讼费用由张某某及拍卖公司承担。

事实与理由：一审判决认定事实错误、适用法律错误。具体事由如下：一、按照未付款金额的日息万分之三支付违约金，系各方当事人真实意思表示，折合年利率仅10.95%，张某某并未提供证据证明该违约金标准过高，一审判决径直将会展公司依约主张之1,644.15万元违约金请求酌定减少，适用法律显属错误。最高人民法院《关于适用〈中华人民共和国合同法〉若干问题的解释（二）》第二十九条规定，当事人主张约定的违约金过高请求予以适当减少的，人民法院应当以实际损失为基础，兼顾合同的履行情况、当事人的过错程度以及预期利益等综合因素，根据公平原则和诚实信用原则予以衡量，并作出裁决。最高人民法院《关于审理民间借贷案件适用法律若干问题的规定》第三十条规定，出借人与借款人既约定了逾期利率，又约定了违约金或者其他费用，出借人可以选择主张逾期利息、违约金或者其他费用，也可以一并主张，但总计超过年利率24%的部分，人民法院不予支持。会展公司作为委托人，有权依据《拍卖规则》约定，按照约定的违约金计算标准日息万分之三向违约方张某某追索违约责任。日息万分之三，折合年利率仅10.95%，远低于年利率24%的标准。张某某的合同义务为给付拍卖价款，系金钱给付之债，会展公司作为委托人，对张某某及拍卖公司依据《拍卖规则》履行给付义务具有合理期待，并已就拍卖价款使用作出相应安排，张某某及拍卖公司之违约行为，直接导致会展公司合同目的落空，会展公司及关联公司被迫对外融资以完成相关项目，为此支付超过年利率10.95%的融资成本。就此，最高人民法院的相关司法实践也形成一致意见，当事人约定的违约金只有在过分高于实际损失的情况下才应当调整，一般高于时不予调整，原则上金钱给付之债的违约金不超过年利率24%。综上，张某某及拍卖公司尽管主张违约金标准过高，但未提供证据证明，且日息万分之三折合年利率仅10.95%，远低于年利率24%的金钱之债违约金调整之标准，一审判决强行酌定减少违约金，有违《中华人民共和国合同法》第一百一十四条及相关司法解释之立法目的，显属错误。二、违约金系金钱给付之债，张某某应自2015年9月17日起按照中国人民银行同期贷款利率给付会展公司利息，一审判决未予支持，适用法律错误，有违诚实信用及公平原则。根据《委托拍卖合同》《拍卖规则》及相关拍卖文件，本案张某某应在拍卖成交之日起三十日内向拍卖公司付清购买价款，拍卖公司应向会展公司支付9,827.9万元拍卖款。拍卖成交日为2012年5月12日，而拍卖公司自2012年7月30日起才陆续向会展公司付款，直到2015年9月17日付清9,827.9万元。会展公司并未向拍卖公司及张某某主张2012年7月30日起至2015年9月17日期间产生的违约金的利息，若会展公司主张该期间违约金的同时又主张利息，则存在违约金主张与损害赔偿之间的请求权竞合。而事实上，会展公司主张的是2015年9月17日之后已确定的1,644.15万元的金钱给付之债的利息，符合公平原则及法律规定。张某某的违约行为自2012年7月30日起即发生并持续，会展公司一直主张权利，拍卖公司至2015年9月17日仅支付完拍卖款，并未履行完毕违约金支付义务。若不判令张某某及拍卖公司自2015年9月17日支付违约金的利息，那么2015年9月17日至判决生效之日近两年期间的违约金利息损失又将如何得到保护？一审判决未予支持违约金的利息，将会变相鼓励和支持违约的一方不及时支付违约金，而去选择尽量拖延支付违约金，有违诚实信用原则和公平原则。三、拍卖公司作为有偿委托合同之受托人，并未举证证明其在处理委托事务过程中不存在过错，应当对张某某不能清偿的债务承担补充赔偿责任，一审判决认定事实错误，适用法律错误。会展公司与拍卖公司之间为有偿的委托合同关系，《中华人民共和国合同法》第四百零六条规定，有偿的委托合同，因受托人的过错给委托人造成损失的，委托人可以要求赔偿损失。无偿的委托合同，因受托人的故意或者重大过失给委托人造成损失的，委托人可以要求赔偿损失。受托人超越权限给委托人造成损失的，应当赔偿损失。《中华人民共和国民事诉讼法》第六十四条规定，当事人对自己的主张，有责任提供证据。尽管拍卖公司在一审诉讼过程中抗辩其无过错，系张某某延迟付款原因导致其迟延向会展公司付款，但拍卖公司并未提供张某某实际延迟付款的证据以证明其主张，对此承担举证不能的法律责任。在拍卖公司未提供证据证明其不存在过错的情况下，一审判决认定拍卖公司"对于张某某的逾期付款并无过错""拍卖公司并不存在延期付款的行为"无证据证明，认定事实错误。需要说明的是，若张某某能够承担违约责任并如期履行相关义务，会展公司的损失能够得到充分赔偿，则拍卖公司实际也不承担赔偿责任，如此亦符合公平原则及拍卖公司利益。综上，一审判决部分事实认定错误，适用法律错误，会展公司主张的违约金并不存在过高情形，2015年9月17日之后违约金产生的利息应得到支持，请求二审法院支持会展公司的上诉请求。

【被告上诉】

张某某上诉请求：1. 撤销一审判决，改判驳回会展公司的诉讼请求；2. 会展公司承担全部诉讼费用。事实和理由：一、一审判决认定基本事实不清，并存在严重错误。（一）根据《拍卖规则》第四十九条的规定，买受人全额支付购买价款后，即获得拍卖标的所有权。本案张某某于2015年9月全部付清了拍卖款。拍卖作品的所有权即归属张某某，张某某有权取得作品。而会展公司在2015年9月14日致函拍卖公司，违法要求拍卖公司继续留置涉案作品，待违约事宜解决后再行交付。直至一年多后的2016年12月12日，张某某才收到作品。张某某认为，会展公司该行为违反了《拍卖规则》的规定，存在严重过错，张某某将行使抗辩权和请求权，该事实显然对违约责任的认定、违约金的调整及幅度具有重要影响，但一审判决未予查明上述致函、拍品被留置、最终取得拍品的时间等事实，属于认定基本事实不清。会展公司指令拍卖公司继续留置拍品，拒绝交付给张某某的行为，系严重侵权的过错行为，其高额违约金不应得到支持。张某某是在支付了9,827.9万元的拍卖款之后的452天才取得拍品。该期间给张某某造成了无法估量的损失，会展公司理应承担相应的法律后果。即会展公司占用张某某支付的9,827.9万元资金，却拒绝向张某某交付拍品，根据公平、对等、诚信原则，其侵权和违约行为可以获取的利益（也就是张某某的损失）应该是$98,279,000 \times 0.3‰ \times 452 = 13,326,632.4$元，即便张某某应该承担违约责任，根据公平、诚信原则，以及最高人民法院关于违约金调整的有关司法解释，也应该从会展公司主张的违约金中予以扣除；（二）一审判决对于张某某出示的网站新闻报道和采访信息等证据未予核实，且认为与本案诉求不存在关联性而不予确认，显然严重错误。首先，相关报道和信息能够证明会展公司获取暴利以及违约金和利息的不合理性。其次，相关报道和信息能够证明，张某某以自己辛勤赚来的钱高价购买会展公司的作品，非一己之私，是为了公益目的，传播和弘扬传统文化，如果对其苛以高额违约金，显然违反《中华人民共和国民法通则》第七条和《中华人民共和国合同法》第七条规定的善良风俗原则。（三）一审认定"拍卖中存在三种法律关系，其中委托人与竞买人之间存在买卖关系"与法律规定、既有判例和理论界的一般观点均不符，属于认定事实和适用法律错误。《中华人民共和国拍卖法》第六十一条规定：拍卖人委托人违反本法第十八条第二款、第二十七条的规定，未说明拍卖标的的瑕疵，给买受人造成损害的，买受人有权向拍卖人要求赔偿；属于委托人责任的，拍卖人有权向委托人追偿。从该规定可以看出，《中华人民共和国拍卖法》作为一部规范拍卖行为的特别法，从法律形式上确立了委托人和买受人之间不能直接相互主张权利的重要原则，确切地证明了拍卖成交合同只约束拍卖人拍卖公司和买受人张某某，委托人会展公司不能引用拍卖成交合同直接向买受人张某某主张权利，这体现了《中华人民共和国合同法》的相对性原则。"竞买人只视拍卖人为对方当事人",这是拍卖界一直公认的原则。在司法判例上,都是拍卖人根据《中华人民共和国拍卖法》和《拍卖规则》起诉竞买人,包括一审法院作出的很多生效判例,鲜有委托人直接起诉竞买人且得到支持的判例。二、一审判决适用法律严重错误。(一)违约责任的追索权应该由拍卖公司行使,且拍卖公司已经行使完毕;会展公司无权行使,其不是适格主体。《中华人民共和国合同法》第一百二十五条规定,当事人对合同条款的理解有争议的,应当按照合同所使用的词句、合同的有关条款、合同的目的、交易习惯以及诚实信用原则,确定该条款的真实意思。《拍卖规则》第二十八条规定,拍卖公司对"解决买受人提出的索赔或者委托人提出的索赔"拥有最终决定权;《拍卖规则》第五十四条规定,拍卖公司有权对"未付款之补救方法"采取以下之一种或多种措施,包括收取利息、提起诉讼、留置拍品等。从法律规定、《拍卖规则》可以看出:拍卖公司关于最终决定权条款的真实意思,是排他性的,委托人不能行使该项权利,制定此条款的善意的、真实的目的,就是为了维护委托人和竞买人的双方利益,保护艺术品市场的繁荣发展;如果委托人绕过拍卖人,直接向买受人行使权利,最终决定权的规定就变得毫无意义,显然与条款的本意违背;拍卖公司已经用留置的方式追究了张某某的违约责任,行使了违约补救方法。拍卖公司不再追究张某某的违约金责任,是行使最终决定权的合法行为,符合《拍卖规则》的规定。会展公司没有权利也不应该再向张某某主张违约金和利息损失。一审判决认为"拍卖规则虽规定了拍卖公司……有最终的决定权,但并未排除委托人直接行使追索权的权利",这一错误认定不但直接导致张某某的败诉,而且剥夺了拍卖公司享有的最终决定权的权利,将给拍卖界造成严重后果和不良影响。拍卖公司制定了《拍卖规则》,委托人和竞买人均仔细阅读了《拍卖规则》,因此三方均应遵守《拍卖规则》的规定,遵守拍卖人拍卖公司的最终决定权。拍卖人的最终决定权是拍卖市场的重要游戏规则,并不违反法律和行政法规的规定,行政权力和司法权力都不能非法剥夺。拍卖人要求竞买人付清拍卖款的本金,当然是拍卖人的义务,但拍卖人也有权根据《拍卖规则》及实际情况,选择是否要求承担违约金。当前国内艺术品拍卖,拍品超过1亿元的,没有按期一次性付款的先例,张某某在资金紧张的情况下全力分期支付,已经属于极少的、遵守信用的先例。拍卖人惩罚竞买人违约的主要措施是不交付作品给竞买人(享有留置权),直至竞买人给付全部本金为止,这一救济措施已经足以达到目的。从来没有一起巨额的拍卖款全部支付后,拍卖公司再要求支付违约金的案例。如果一审判决不能得到纠正,如果拍卖人最终决定权不能得到尊重,不但损害了大收藏家张某某的权利,也损害了包括拍卖公司在内的各家拍卖公司最终决定权的权利,更有可能会导致蜂拥而起的起诉潮,那些逾期付款的艺术品收藏名家大腕(这些大的买家在国内非常少)都面临被索赔巨额违约金的风险,对艺术品拍卖市场将是致命的打击。正是基于这样的保护艺术品市场繁荣发展的善意目的,所有的艺术品拍卖公司(包括会展公司提供的6家拍卖公司的拍卖规则)都保留了最终决定权。(二)即使张某某应当向会展公司承担违约责任,其巨额的违约金也过分高于给会展公司造成的损失,一审判决认为支付标准过高,但却仅予少量调整,显然未能遵守法律、司法解释的规定,未能考虑到本案的具体情况。会展公司要求张某某承担违约金和利息的诉讼请求,没有事实和法律依据，并且根据相关媒体报道和信息表明其在本案中拖延诉讼、获取违约金的行为属于违反法律、违反国家和社会公共利益的非法获利行为，不应得到法律的支持。（三）对本案而言，一审判决依据的《中华人民共和国合同法》第一百零七条、第一百一十四条第二款、第四百零六条，属于适用法律错误。综上所述，张某某请求二审法院从维护法律正义的高度纠正一审法院的错误判决，依法改判。

【各被上诉人答辩】

张某某针对会展公司的上诉辩称，不同意会展公司的上诉意见。本案是拍卖法律关系，会展公司靠卖画来维系成本是为了获取不当利益，故违约金应予调整，并且张某某不同意支付违约金的利息，违约金之外再主张利息更无公平性。拍卖公司在本案中并无责任。

拍卖公司辩称，不同意第一会展公司的上诉请求。一审法院酌定的违约金金额仍然过高，就此拍卖公司同意张某某的意见。对于会展公司要求拍卖公司承担补充赔偿责任，该项请求缺乏法律依据。无论是合同还是法律规定都没有约定拍卖公司对买受人承担补充赔偿责任，而且拍卖公司提交的往来函件，证明拍卖公司尽到了合理的催告义务，在买受人没有支付清价款情况下，拍卖公司先将拍卖款支付给了会展公司，将佣金留在了最后，已经是拍卖公司作出的最大让步，如果会展公司认为拍卖公司有过错，举证责任在会展公司。拍卖公司服从一审判决结果，但是一审判决中有一些表述是不恰当的，对此张某某也提到了相应的意见，一审判决认为委托人与买受人是买卖合同关系，此系对各方当事人之间法律关系的表述不妥。拍卖应当依照特别法的规定，与普通的买卖合同不同，各方当事人的权利义务应该以委托合同的约定为准。如果直接认为委托人和买受人之间存在的是买卖合同关系，而非拍卖合同关系，导致委托人的权利无限扩大，有损行业的发展。希望二审法院调整一审判决中的部分表述。

会展公司针对张某某的上诉，辩称《拍卖规则》是拍卖公司制定的格式合同，如果对格式条款理解存在歧义，应该做出不利于出具格式条款的一方。张某某提出的竞买人视拍卖人为对方当事人的说法，是按照交易习惯提出的，但是交易习惯只有没有法律规定的情况下才可以作为依据。本案中《拍卖规则》已经对于违约责任做出了明确的约定，不应当适用交易习惯。拍卖也是一种买卖方式，是通过拍卖人寻找买受人的方式。关于张某某认为违约金过高没有法律依据，日万分之三的标准折算后远低于借贷的利息，而且根据会展公司提供的判例，日万分之四的标准都不高，在拍卖这种买卖形式之中，更应该遵照双方的意愿。张某某是知名的收藏家，在商事行为中更应该对自己的行为负责。不同意张某某的上诉意见。

【二审法院认定】

二审中，张某某为支持其主张，提交了网站上刊登的文章和会展公司的企业公示信息，证明张某某购买拍品是为弘扬传统文化，会展公司要求过高的违约金违反善良风俗，在2014年"中信国安"改制中有报道某些人员侵占国有财产的情况，本案拍品自2012年成交后，直至5年后才催要拍品款，会展公司拖延诉讼是为获取更多不当利益，任由张某某的损失扩大。会展公司不认可网络报道的真实性、关联性和合法性，认可企业信息，但不认可张某某主张的关联性，并认为张某某直到2015年9月17日才付清落槌价款,不能证明会展公司的内部调整是为收取他的违约金,张某某因资金困难而造成的违约,不能把责任归到守约一方。拍卖公司认可张某某提交的证据真实性和证明目的。

二审法院对一审查明的事实予以确认。

【二审法院认为】

二审法院认为,首先,《中华人民共和国拍卖法》第三条规定,拍卖是指以公开竞价的形式,将特定物品或者财产权利转让给最高应价者的买卖方式。故一审法院认定委托人与竞买人之间存在事实上的买卖合同法律关系,符合法律规定。会展公司有权依据《中华人民共和国合同法》的规定直接向张某某主张因逾期付款所造成的损失。在《拍卖规则》中虽规定了拍卖公司可根据自身情况对行使追索权有最终的决定权,但并不能因此阻碍会展公司享有的要求赔偿逾期付款行为造成损失的权利。且拍卖法律关系项下,委托人与拍卖公司之间的委托合同关系,应受《中华人民共和国合同法》有关委托合同法律规定的调整。因此,会展公司可以行使拍卖公司对张某某的权利,即按照《拍卖规则》中有关逾期付款补救方法的约定要求张某某支付按照日息万分之三标准计算的利息。张某某上诉提出的其与会展公司之间不存在买卖关系,拍卖公司有"最终决定权"的上诉理由,缺乏法律依据,二审法院不予采纳。张某某上诉还提出会展公司致函拍卖公司留置拍品的行为使张某某获得抗辩权,但此时张某某并未按照《拍卖规则》的约定付清全部购买价款,要求拍卖公司交付拍品给张某某,缺乏依据,二审法院对此项上诉理由亦不予采纳。其次,《拍卖规则》中有关支付逾期付款利息的约定可以作为当事人之间约定的违约金,在会展公司并未提交证据证明己方的实际损失的情况下,一审法院根据本案具体情况酌定违约金金额,处理并无不当。会展公司与张某某均对此提出各自的上诉理由,没有相应证据支持,二审法院均不予采纳。第三,拍卖公司与会展公司之间签订有委托拍卖合同,并将《拍卖规则》作为合同组成部分,但该《委托拍卖合同》与《拍卖规则》中并没有竞买人逾期付款时,拍卖公司应承担补充赔偿责任的约定。且拍卖公司在处理委托事务的过程中,对于张某某的逾期付款并无过错。因此,会展公司上诉主张拍卖公司承担补充赔偿责任,缺乏事实和法律依据,不能成立。

【二审法院判决】

综上所述,会展公司、张某某的上诉请求均不能成立,二审法院均应予驳回;一审判决处理结果并无不当,应予维持。依照《中华人民共和国民事诉讼法》第一百七十条第一款第一项之规定,判决如下:驳回上诉,维持原判。二审案件受理费152,022元,由会展公司负担40,320元(已交纳);由张某某负担111,702元(已交纳)。本判决为终审判决。

【律师评析】

本案是一起因拍卖竞买人逾期支付拍卖款,拍卖委托人起诉拍卖公司与竞买人,追讨逾期付款违约金而引起的拍卖合同纠纷。本案涉及三方当事人,各方为支持己方的主张,提出各种证据和理由,看起来十分复杂。

其实,梳理本案各方关系,可看出本案存在三个法律关系:第一是委托人会展公司与拍卖人拍卖公司之间的委托合同关系,双方之间的权利义务由《委托拍卖合同》和

《拍卖规则》（因双方将《拍卖规则》作为《委托拍卖合同》组成部分）约束；第二是拍卖人拍卖公司与竞买人张某某之间的拍卖合同关系，双方之间的权利义务由《拍卖规则》约束；第三是委托人会展公司与竞买人张某某之间的买卖合同关系，尽管双方没有签订书面的买卖合同，但已形成事实上的买卖合同关系。

因此，对于本案的焦点之一会展公司能否向张某某追讨逾期付款的违约金，答案自然是肯定的。会展公司作为买卖合同关系中的出卖人，自然有权向买受人张某某追讨违约金。对于违约金的计算方式，由于本案三方当事人认可《拍卖规则》，故《拍卖规则》中有关支付逾期付款利息的约定可以作为当事人之间约定的违约金。

关于本案的焦点二，会展公司能否要求拍卖公司对张某某应付的违约金承担补充赔偿责任，应当看会展公司与拍卖公司签订的《委托拍卖合同》和《拍卖规则》对此问题有无相应的约定。在本案中，会展公司与拍卖公司并没有相应的约定，故会展公司的主张未能得到法院的支持。其实，从本案的《拍卖规则》第24条的内容［"如本规则第47条（拍卖成交后，买受人应自拍卖成交日起三十日内向本公司付清购买价款并领取拍卖标的）规定的付款期限届满，本公司仍未收到买受人的全部购买价款，则本公司将在实际收到买受人支付的全部购买价款之日起7个工作日内（但该时限亦应在拍卖成交日起35天后）将出售收益支付委托人"］即可看出，拍卖人拍卖公司对拍卖款只承担代收与转交的义务，对竞买人的逾期付款行为不承担任何责任。只要拍卖公司依约转交拍卖款给委托人会展公司，就不构成对委托人的违约，更无须承担违约责任或连带责任。

【律师建议】

从本案可看出，会展企业在进行大宗贵重物品的委托拍卖活动时，可能会由于买受人逾期付款而导致会展企业因无法及时回款遭受资金压力。因此，会展企业在进行委托拍卖活动前，应当全面考虑企业可能遭遇的风险，在委托合同中对拍卖人过错、买受人违约等情况下拍卖人应当承担的责任作出详细的约定。同时，在拍卖的过程中，会展企业应及时行使留置权，积极向买受人或拍卖人主张权利，以避免或挽回企业的损失。

【精选案例 10】

会展中心项目转让居间合同的居间事项是什么？是转让项目开发建设权还是项目公司股权？

【引言】

2009年12月21日，甲投资有限公司（居间方）、乙国际投资有限公司（委托方）、丙（国际）会展中心有限公司（项目公司）签订了一份《房地产项目居间合同》。居间合同约定：委托方为项目公司实际控制人，项目公司合法拥有某市某街×号（即会展中心地块，项目）的开发建设权，委托方委托居间方就转让项目公司股权及其项目提供居间和顾问服务。居间服务费的标准为：居间服务费包括基本服务费和风险提成费两部分。委托方转让了项目公司的全部或部分股权即应支付基本服务费1,600万元。如转让价格即楼面地价高于地上建筑面积每平方米1,160元，在支付基本服务费的基础上还应支付风险提成费。风险提成费为高于地上建筑面积每平方米1,160元的部分的80%。居间服务费的支付办法为：委托方与受让意向方签订转让合同并实际支付相应转让款项（如有定金则包括定金），居间费按该转让合同签订的具体价格和付款进度同比例、同时间、同地点支付。合同有效期（委托期）为180天，自2009年12月21日至2010年6月19日。项目公司于2010年4月6日分三笔预付给甲公司"服务费"1,550万元。2010年7月，居间方提起本案诉讼，请求判令委托方立即支付居间报酬85,435,584.32元及其他诉请。2011年1月13日，居间方变更诉讼请求为请求判令委托方、项目公司及代表委托方在居间合同签字的付某某支付居间报酬85,435,584.32元及逾期支付报酬期间利息。因居间方并未促成委托方与受让意向方之间达成转让项目公司全部或者部分股权的合同（即未完成居间事项），辽宁省高级人民法院及最高人民法院均判决驳回居间方的诉讼请求。

【案由】
居间合同纠纷。
【诉讼地位】
被告、被上诉人。

【案例来源】

甲投资有限公司、乙国际投资有限公司、丙（国际）会展中心有限公司、付某某居间合同纠纷一案。

【原告诉请】

2010年7月，甲公司提起本案诉讼，请求判令：一、乙公司立即支付给甲公司居间报酬85,435,584.32元；二、会展中心以其持有的华纳公司、华耀公司各8.62%股权，为乙公司给付甲公司居间报酬85,435,584.32元承担连带责任；三、付某某为乙公司给付甲公司居间报酬85,435,584.32元承担连带责任。2011年1月13日，甲公司变更诉讼请求为：请求判令乙公司、会展中心、付某某立即支付给甲公司居间报酬85,435,584.32元及逾期支付报酬期间利息。对此，甲公司指出，按照《居间合同》约定，乙公司、会展中心、付某某应将转让项目楼面地价超过每平方米1,160元部分的80%作为居间报酬支付给甲公司，依此计算，乙公司、会展中心、付某某应当支付的居间报酬总额为429,549,477.06元，扣除已支付的居间报酬1,600万元，还应支付居间报酬413,549,477.06元。鉴于本案已经进入审理程序，对起诉时要求乙公司、会展中心、付某某支付的居间报酬数额不做增加，对其余部分，甲公司保留另行主张的权利。

【一审法院认定】

一审法院查明：2009年12月21日，相关方于某市签订了一份《房地产项目居间合同》（以下简称《居间合同》），约定：委托方为乙公司（乙方），项目公司为会展中心，居间方为甲公司（甲方）；鉴于乙方为项目公司实际控制人，项目公司合法拥有某市某街×号（即会展中心地块，以下简称项目）的开发建设权，乙方有意转让其持有的项目公司全部或者部分股权，继而转让项目开发建设权，甲方有广泛的客户资源，并同意就乙方转让项目公司股权及其项目提供居间和顾问服务，甲乙双方本着平等互利的原则，就乙方委托甲方提供居间和顾问服务相关事项达成一致，并签订本合同，以便双方共同遵守。第一条"乙方欲转让的标的物及价格"：1. 乙方持有的项目公司的全部股权或者部分股权。继而达到项目开发建设权的全部或者部分转让；2. 项目位于某市某街×号，占地192,432.1平方米（约288.6亩），土地性质为商住。规划地上建筑面积约为1,060,000平方米（以最终规划为准）；3. 乙方承诺，项目公司除拥有该项目开发建设权外无其他债权债务，故项目公司的股权价值以该项目的楼面地价计算。楼面地价指项目规划地上总建筑面积每平方米的单价，包括土地出让金和拆迁费；4. 乙方确认项目公司股权的转让价格为楼面地价不低于每平方米1,160元人民币（以下未注明币种均为人民币），未经乙方同意甲方不得降低该转让价格。第二条"甲方义务"：1. 甲方应积极认真地把乙方、项目公司及其项目介绍给意向受让方，并及时沟通情况；2. 甲方协助乙方做好项目公司及其项目在转让期间的策划及沟通工作；3. 甲方应积极努力做好居间介绍，协调有关矛盾，促成乙方与受让意向方签订转让合同。第三条"乙方义务"：乙方承诺一旦受让意向方与乙方签订项目公司股权转让合同，并实际支付转让款项后，乙方即应承担向甲方支付服务费的义务。第四条"居间服务费"：1. 居间服务费的标准：甲乙双方一致同意居间服务费包括基本服务费和风险提成费两部分。乙方转让了项目公司的全部或部分股权，即应向甲方支付基本服务费1,600万元。如转让价格即楼面地价高于地上建筑面积每平方米1,160元,乙方在支付基本服务费的基础上还应向甲方支付风险提成费。风险提成费为高于地上建筑面积每平方米1,160元的部分的80%；2. 居间服务费的支付办法：乙方与受让意向方签订转让合同,并实际支付相应转让款项（如有定金则包括定金）,居间费按该转让合同签订的具体价格和付款进度同比例、同时间、同地点支付。如乙方仅出让项目公司控股权,则甲乙双方一致同意,甲方收取的风险提成费的80%部分,将按照实际成交的楼面地价折算成项目公司股份,由乙方在香港为甲方办理股权过户手续。计算方法是：假定实际成交的楼面地价为每平方米1,400元,则甲方应得风险提成费总额为（1,400－1,160）×80%×1,060,000＝203,520,000元。甲方应折算占有项目公司股权为（203,520,000÷1,400）÷1,060,000÷100＝13.71%。如甲方收取的风险提成费在5,000万元以内,乙方同意以现金方式支付给甲方。甲乙双方同意,如风险提成费达到5,000万元或以上时,甲方放弃上述第四条约定的1,600万元基础费用,乙方不再支付。第五条"诚信原则"：1. 如果乙方与受让意向方在本合同委托期内,未能达成转让协议,没有征得甲方的书面同意,乙方不应再与该受让意向方进行协商并签订转让合同,否则甲方有权请求乙方按本合同第四条支付服务费；2. 如果乙方以相关企业或其他间接方式与转让意向方签订本合同标的物的转让合同,甲方有权请求乙方按本合同第四条支付服务费；3. 本合同的有效期（委托期）为180天（自本合同签字生效之日起计算）。甲方在此期间必须积极推动受让意向方与乙方进行实质性洽谈,并协助乙方和受让意向方达成实质性成交合同。如果乙方在本合同有效期内终止本合同,则甲方有权请求乙方按本合同第四条支付服务费；4. 委托期内乙方未能与受让意向方达成协议时,乙方将不支付甲方任何费用；5. 甲方必须提供真实有效的信息给乙方以及受让意向方。第六条"合同成立及修改"：本合同经双方签字盖章后生效,未经双方书面同意,任何一方不得擅自修改本合同。第七条"争议的处理"：1. 本合同受中华人民共和国香港特别行政区法律管辖并按其进行解释；2. 本合同在履行过程中发生争议,由双方当事人协商解决,协商不成的,甲乙双方均可提起诉讼。第八条"受让意向方"：本合同所称受让意向方为华发实业股份有限公司（以下简称华发公司）及其关联公司。甲乙双方一致同意,在2009年12月31日前,乙方未能与甲方推荐的受让意向方签署相关转让协议等法律文件,乙方有权自主选择除本合同约定受让意向方以外的其他任何第三方合作,本合同失效。但乙方在此之后与甲方推荐的受让意向方签署相关合作协议,甲乙双方一致同意本合同继续履行。在该合同尾部,乙方乙公司处未加盖公司印章,法定代表人或委托代理人处由付某某签字；项目公司会展中心处未加盖会展中心公章,法定代表人或委托代理人处由付某某签字；乙方加盖了甲公司印章,法定代表人或委托代理人处由邵某某签字。

会展中心于2010年4月6日分三笔预付给甲公司"服务费"1,550万元。

另查明：甲公司于2007年1月22日在英属维尔京群岛注册成立,邵某某为该公司经理。乙公司系于2005年11月8日在香港特别行政区注册成立的有限责任公司,尹某某为该公司的唯一董事及本案的授权代表人。乙公司的股权自《居间合同》签订之日起180天之内未发生变化。会展中心系由某（国际）汽车博览馆有限公司（法定代表人为付某某）于2000年8月9日更名而来,更名时,公司的经营地点、注册资金、法定代表人均未发生变化,股东为荣天实业有限公司(以下简称荣天公司)、刘某、卢某某。2006年4月29日,会展中心股东变更为荣天公司、付某天、卢某某。2008年1月7日,会展中心股东变更为利盈环宇投资咨询有限公司、付某天,法定代表人变更为初某。2008年1月15日,会展中心股东变更为荣天公司、付某天,法定代表人变更为胡某。2008年1月16日,会展中心股东变更为荣天公司、盛江房地产开发有限公司、付某天。2008年5月8日,会展中心股东变更为乙公司,法定代表人变更为尹某某,企业类型为台港澳法人独资企业。2010年6月23日,会展中心股东变更为荣天公司、盛江房地产开发有限公司、付某天,法定代表人变更为张某某。华发公司系于1992年8月18日注册成立的上市公司,住所地为某省某市某楼,法定代表人为袁某某。华纳置业有限公司(以下简称华纳公司)于2010年1月4日注册成立,住所地为某省某市某区某街×号,股东为华发公司(持股53%)、会展中心(持股47%、出资25,850万元),法定代表人为王某。华耀置业有限公司(以下简称华耀公司)于2010年1月4日注册成立,住所地为某省某市某街×号,股东为华发公司(持股53%)、会展中心(持股47%、出资7,050万元),法定代表人为王某。2011年1月10日,会展中心将持有的华纳公司、华耀公司各47%的股权转让给华发公司。

  会展中心于2002年4月25日以划拨方式取得某乡某村的土地使用权。2007年3月21日,某市某区管理委员会(以下简称区管委会)作出《关于向某(国际)会展中心有限公司出让国有土地使用权(置换)的批复》,将某市某区中央商务区D39地块出让给会展中心,并办理了重新设定登记,土地使用权终止日期为2042年6月29日。2009年12月18日,某区管委会召开主任办公会议,根据2009年第237号《市政府业务会议》授权,对会展中心遗留问题进行了研究,明确D39地块重新规划,按国家规定的土地出让金评估价格毛地挂牌出让,竞买人通过市场毛地挂牌交易方式竞得该地块;考虑会展中心已缴纳土地出让金,对剩余33年土地使用权出让金按评估价格补偿给会展中心;竞买人在与原用地单位签订原征地费用及地上物拆迁补偿协议后,方可参与竞买;出让D39地块的外资调入额度不少于1亿美元。2009年12月21日,某市某区土地储备交易中心与会展中心签订《土地拆迁储备协议书》,约定某市某区土地储备交易中心应给会展中心土地使用权拆迁补偿总费用为201,091,545元。2009年12月23日,某市某区土地局根据会展中心申请,注销了会展中心土地使用证。2009年12月28日,华发公司、会展中心、华纳公司、华耀公司签订了《拆迁补偿安置合同》,约定拆迁补偿总金额为865,399,153.85元;由华发公司成功竞买四宗地且由华纳公司、华耀公司取得四宗地使用权后,由华发公司和会展中心保证华纳公司、华耀公司向会展中心支付拆迁补偿款;会展中心于6个月内自行拆迁完毕。2009年12月30日,在某市公共资源交易中心会议室对D39-1、D39-2、D39-3、D39-4四宗地举行公开挂牌交易,华发公司以最高价竞得四块地,某市第二公证处出具了公证书。同日,某市规划和国土资源局某区分局与华发公司签署了《挂牌交易成交确认书》,D39-1、D39-2、D39-3毛地竞得单价每平方米2,168元,D39-4毛地竞得单价每平方米1,229元。2010年1月27日,某市规划和国土资源局某区分局分别与华纳公司、华耀公司签订土地出让协议。2010年3月8日,某市政府为四宗地分别颁发了土地使用证。

【一审法院认为】

一审法院认为：甲公司为外国企业，乙公司为香港特别行政区企业，故本案为涉外商事纠纷案件。虽然案涉《居间合同》第七条约定"本合同受中华人民共和国香港特别行政区法律管辖并按其进行解释"，但因当事人主张的居间活动发生在中华人民共和国内地，且合同各方当事人在庭审过程中均同意适用中华人民共和国法律处理本案，故应以中华人民共和国法律作为处理本案的准据法。

本案的争议焦点为：一、《居间合同》当事人及合同效力的认定；二、《居间合同》约定的居间事项是什么；三、乙公司、会展中心、付某某是否存在违约行为、是否应当承担法律责任。

关于焦点一，《居间合同》当事人及合同效力的认定。从形式上看，《居间合同》上甲公司除代表人签字外还有公司的印章，而乙公司和会展中心均未加盖公章，只有付某某代表两公司签字。会展中心对付某某代表其签字予以认可，但认为会展中心在《居间合同》中既不享有权利亦不承担义务，不是合同的当事人。根据《居间合同》的约定，乙公司为合同乙方，甲公司为合同甲方，会展中心为合同约定的项目公司，会展中心在合同中既不享有权利亦不承担义务，因此，会展中心不是合同的当事人，其在合同上签字仅表明其作为项目公司知悉其股东持有的股权欲发生变动的事实。

乙公司对付某某代表其签订《居间合同》的行为予以追认，但甲公司认为付某某无权代理乙公司签订《居间合同》，应当由付某某承担责任。甲公司的理由是，乙公司和付某某在庭审过程中均曾确认付某某签署《居间合同》没有得到乙公司的授权，构成当事人的自认，具有法律效力，根据最高人民法院《关于民事诉讼证据的若干规定》第八条的规定，当事人撤回自认的时间限制在法庭辩论终结前，且需要对方当事人认可，根据《中华人民共和国合同法》第四十八条的规定，对于付某某的无权代理，乙公司未在一个月的法定期限内进行追认，在庭审结束一个多月后才撤回自认，不具有任何法律效力。乙公司追认付某某有权代表其签订《居间合同》系民事主体对其自身权利的处分，该追认有利于《居间合同》的成立和履行，与甲公司的诉讼请求及主张相一致，且不损害国家、集体及他人利益，应当予以认可。乙公司在庭审过程中明确表示，如果股权转让成功则同意追认付某某的代理权，因此，乙公司并未拒绝追认付某某的代理权。最高人民法院《关于民事诉讼证据的若干规定》第八条第四款规定："当事人在法庭辩论终结前撤回承认并经对方当事人同意，或者有充分证据证明其承认行为是在受胁迫或者重大误解情况下作出且与事实不符的，不能免除对方当事人的举证责任。"此规定系针对对方当事人举证责任的免除，而非对当事人撤回承认的时间限制。《中华人民共和国合同法》第四十八条规定，"行为人没有代理权、超越代理权或者代理权终止后以被代理人名义订立的合同，未经被代理人追认，对被代理人不发生效力，由行为人承担责任"；"相对人可以催告被代理人在一个月内予以追认。被代理人未作表示的，视为拒绝追认……"本案乙公司的追认系在诉讼过程中对付某某缔约资格的确认，不同于《中华人民共和国合同法》第四十八条规定的在合同相对人催告情况下的追认，在甲公司认为乙公司、会展中心、付某某均为合同当事人、《居间合同》有效而向法院提起违约之诉的情况下，乙公司根据法院的要求对合同效力作出的陈述，不受一个月追认期的限制。另需注意的是，甲公司一方面主张付某某无权代理乙公司签订《居间合同》而要求行为人付某某承担责任，另一方面却未变更诉讼请求，仍要求乙公司承担违约责任。因此，甲公司的主张不能否定乙公司的追认。综上，甲公司和乙公司是案涉《居间合同》的当事人。会展中心仅为合同中的项目公司，付某某是乙公司和会展中心的代理人。

关于《居间合同》的效力问题。因《居间合同》内容系各方当事人的真实意思表示，且不违反法律、行政法规的强制性规定，故该合同合法有效。根据《居间合同》第五条的约定，合同有效期（委托期）为180天，故合同有效期为2009年12月21日至2010年6月19日。

关于焦点二，《居间合同》约定的居间事项。居间合同是居间人向委托人报告订立合同的机会或者提供订立合同的媒介服务、委托人支付报酬的合同。对于本案《居间合同》的居间事项，甲公司认为是促成委托方和意向受让方签订转让合同，转让项目公司会展中心所有的某市某区某街×号（即会展中心地块）的房地产项目的开发建设权；而乙公司、会展中心、付某某则认为签订转让合同转让的是乙公司持有的会展中心的股权。在甲公司和乙公司、会展中心、付某某对合同条款理解存在争议的情况，根据《中华人民共和国合同法》第一百二十五条的规定，当事人对合同条款的理解有争议的，应当按照合同所使用的词句、合同的有关条款、合同的目的、交易习惯以及诚实信用原则，确定该条款的真实意思。

首先，从合同使用的词句看，《居间合同》第一条"甲方欲转让的标的物及价格"第1项约定，乙公司欲转让的标的物为"甲方持有的项目公司的全部股权或者部分股权。继而达到项目开发建设权的全部或部分转让"。根据合同词句表述，乙公司欲转让的标的物为其所持有的会展中心的"全部股权或部分股权"，这是继而达到"项目开发建设权的全部或部分转让"的前提条件。

其次，从合同目的看，股权受让方通过受让乙公司持有的全资子公司会展中心的股权，可以获得全部股东权益，这自然包括会展中心房地产项目的收益。以股权作为待促成转让合同的标的物符合乙公司和意向受让方的合同目的。

再次，从居间报酬的计算标准和支付方法看，本案当事人也是围绕股权转让而作出的约定。《居间合同》第四条约定："1. 居间服务费的标准：甲乙双方一致同意居间服务费包括基本服务费和风险提成费两部分。甲方转让了项目公司的全部或部分股权，即应向乙方支付基本服务费1,600万元……2. 居间服务费的支付办法：乙方与受让意向方签订转让合同，并实际支付相应转让款项（如有定金则包括定金），居间费按该转让合同签订的具体价格和付款进度同比例、同时间、同地点支付。如乙方仅出让项目公司控股权，则甲乙双方一致同意，甲方收取的风险提成费的80%部分，将按照实际成交的楼面地价折算成项目公司股份，由乙方在香港为甲方办理股权过户手续……"上述约定均是围绕股权转让做出的，实现股权的全部或部分转让才是居间合同的委托事项。

第四，乙公司并不享有案涉土地的使用权以及对该地块的项目建设开发权，即使是会展中心，也不享有案涉土地的项目建设开发权。因此，对案涉土地的项目建设开发权不应被认定为转让合同的转让标的物。

综上，本案《居间合同》的居间事项为促成转让"乙公司持有的会展中心的全部股权或者部分股权"。

关于焦点三，乙公司、会展中心、付某某是否存在违约行为、是否应当承担法律责任。根据《居间合同》的约定，乙公司是合同中应当支付居间报酬的当事人，会展中心和付某某并无此项义务。根据《居间合同》第四条第2项的约定，乙公司支付居间报酬的条件是，乙公司与华发公司签订股权转让协议，且华发公司已实际支付相应转让款项（如有定金则包括定金），居间费按该转让合同签订的具体价格和付款进度同比例、同时间、同地点支付。本案《居间合同》于2010年6月19日有效期届满，在合同有效期内，乃至一审法庭调查终结前，乙公司并未与华发公司或其关联公司签订转让会展中心股权的协议，华发公司亦未向乙公司支付转让费，乙公司支付居间报酬的条件尚未成就。

甲公司主张，因其已完成了居间事项，乙公司、会展中心、付某某才会支付1,550万元的基本服务费，本应为1,600万元，其中50万元直接付给了双方的中间人；乙公司和会展中心则主张，此款系甲公司要求提前支付的预付款，为了促成转让，也为了与1,600万元有所区别，因此汇款1,550万元，并表示保留就1,550万元向甲公司追偿的权利。甲公司主张会展中心支付的1,550万元即为《居间合同》约定的1,600万元基础服务费，但未对50万元差额的去向提供证据证明。在没有其他证据佐证的情况下，不能因为会展中心或乙公司支付了1,550万元就推定甲公司完成了居间事项。甲公司未促成乙公司与华发公司签订股权转让协议，未完成居间事项，无权要求支付报酬，乙公司不存在违约行为，不应承担违约责任。会展中心和付某某不是《居间合同》约定的支付居间报酬的义务主体，亦不应承担违约责任。

综上所述，案涉《居间合同》约定的居间事项为，在合同有效期内甲公司促成乙公司转让其持有的会展中心的股权给华发公司。但甲公司未完成居间事项，无权要求乙公司、会展中心、付某某支付居间报酬，其诉讼请求缺乏事实基础和法律依据，对其主张不予支持。

【一审法院判决】

经该院审判委员会讨论，该院依照《中华人民共和国民法通则》第一百四十五条、《中华人民共和国涉外民事关系法律适用法》第四十一条、《中华人民共和国合同法》第四百二十四条、第四百二十五条、第四百二十六条、第四百二十七条的规定，判决：驳回甲公司的诉讼请求。案件受理费468,977.92元、保全费5,000元，由甲公司承担。

【原告上诉】

甲公司不服上述一审判决，向二审法院提起上诉称：1. 本案所涉《居间合同》中打印的甲方虽然是乙公司，但乙公司并未在合同中加盖公章，仅由付某某签字，结合合同签署及履行过程中付某某对《居间合同》涉及项目的实际控制及收益，付某某应当承担《居间合同》中乙方的权利义务，应当依照约定向甲公司支付居间报酬。乙公司在一审开庭一个多月后对付某某追认授权，超出了《中华人民共和国合同法》第四十八条规定的在合同相对人催告情况下被代理人应于一个月内进行追认的期限，根据《中华人民共和国民法通则》第六十六条的规定，能够确认付某某已经成为《居间合同》的当事人。2. 会展中心已在《居间合同》上加盖公章，一审判决关于会展中心未加盖公章的认定，属于事实认定错误。会展中心是《居间合同》指向房地产项目的所有权人，相关项目权益的转让应当经过其同意，并且会展中心是该房地产项目转让的实际受益人，其在《居间合同》上签章，不仅仅表明其知悉合同内容，而是其作为合同一方当事人同意合同内容、自愿承担合同责任的体现。会展中心已向甲公司支付服务费1,600万元，进一步证明了其是《居间合同》一方当事人。在甲公司完成居间工作后，会展中心应当承担向甲公司支付居间报酬的义务。3. 一审判决将《居间合同》居间事项认定为"促成转让乙公司持有会展中心的全部或者部分股权"与事实不符。本案中，居间事项是项目地块的开发建设权的转让。各方签署的合同名称直接证明了居间事项为"促成房地产项目的转让"，至于是否用股权转让方式实施，只是房地产项目转让的形式，而不论采取哪种形式，都是为了实现促成房地产项目转让的目的；合同中关于"乙方有意转让其持有的项目公司全部或者部分股权，继而转让项目开发建设权"等内容的约定均表明乙方转让的标的物是项目开发建设权，转让股权只是实现项目开发建设权转让的方式之一；《居间合同》第四条约定的居间报酬的计算方式是以与会展中心股权对应的土地价值为计算依据的；《居间合同》第五条"诚信原则"中进一步约定"如果乙方以相关企业或其他间接方式与受让意向方签订本合同标的物的转让合同，甲公司有权请求乙方按本合同第四条支付服务费"。由此可见，除了以股权转让方式实现项目开发建设权转让之外，以其他方式转让项目开发建设权也是合同当事人认可的方式。本案所涉《居间合同》的签约时间是2009年12月21日，而在此之前，政府已发布公告决定出让会展中心土地，乙公司、会展中心、付某某希望甲公司提供居间服务，转让房地产项目的真实目的显然是希望甲公司帮助寻找愿意参加竞拍并以尽可能高的价格与其签署拆迁补偿协议的竞拍人，从而获得尽可能高的拆迁补偿费。甲公司将华发公司引入，华发公司以支付拆迁补偿款及土地出让金的形式，第一期投入11.76亿元购买了会展中心地块上房地产项目的开发建设权，乙公司、会展中心、付某某获得了巨额收益。4. 根据《居间合同》的约定，甲公司的义务是"积极认真地把乙方、项目公司及其项目介绍给意向受让方，并及时沟通情况；协助乙方做好项目公司在转让期间的策划及沟通工作；积极努力做好居间介绍，协调有关矛盾，促成乙方与受让意向方签订转让合同"，至于付某某与华发公司的合作形式，是交易双方商谈的结果，甲公司无主导及控制权，不应因此否认甲公司的工作成果。通过甲公司的居间服务，会展中心与受让意向方华发公司成功签署《合作框架协议书》，通过华发公司参加竞拍及与会展中心签署《拆迁补偿安置合同》方式，成功转让了合同约定的房地产项目，因甲公司将华发公司引入会展中心地块上房地产项目的投资，会展中心共计获得收益12.52亿元，付某某作为会展中心的实际控制人亦从中受益。甲公司的居间工作符合双方签订合同的真实目的，应当属于《居间合同》第五条约定的以间接方式实现房地产项目转让的情形。甲公司已经完成居间工作，乙公司、会展中心、付某某应当依约支付居间报酬。会展中心根据甲公司的指示支付了1,600万元基础服务费，证明乙公司、会展中心、付某某已经认可甲公司完成全部居间工作。5. 甲公司一审提交的华发公司与会展中心于2009年12月28日签订《合作框架协议书》、会展中心于2009年12月28日签署的《承诺书》、2009年12月28日付某某签署的《承诺书》、华发公司与会展中心于2010年2月5日签订的《合作经营合同》、华发公司与会展中心、华纳公司、华耀公司于2010年2月签订的《补充协议书》、华发公司与会展中心于2010年3月22日签订《补充协议书》等证据是复印件，原件在华发公司存档，甲公司不可能提供原件，一审法院没有根据《中华人民共和国民事诉讼法》第六十四条第二款的规定，对以上证据进行调取、核实；付某某安排胡某发给王某某的电子邮件客观存在，一审法院未审核电子邮件的接受记录，即以没有原件为由不认可该份证据的真实性；一审法院自行从中国农业银行沈阳北站支行调取的电子银行转账凭证三份，载明会展中心曾于2010年4月6日分三笔支付给甲公司1,550万元，三笔金额分别为700万、350万、500万元，在转账凭证用途处载有"服务费"字样，一审判决却认定为"预付款"，对该1,600万元的性质和数额认定不清；甲公司曾经向一审法院申请向华发公司调取会展中心与华发公司签订的《股权转让框架协议》及《股权转让协议》《审计报告》《资产评估报告》等证据，一审法院不予调取，这些证据都是认定应当支付居间报酬具体数额的关键证据。因此，一审判决对于证据的审核及认定存在问题。6、一审判决适用法律不全面。综上，一审判决认定事实部分错误，证据不足，适用法律错误。故请求：撤销一审判决；改判乙公司、会展中心、付某某立即向甲公司支付居间报酬85,435,584.32元及利息。

【被上诉人答辩】

乙公司答辩称：1. 尽管付某某在居间合同签署时未取得乙公司的授权，但乙公司已通过事后追认的方式认可了付某某的代理行为，根据《中华人民共和国民法通则》第六十六条的规定，因付某某签署《居间合同》所产生的一切法律后果应由乙公司承担，乙公司应作为《居间合同》当事人享有并承担合同项下的一切权利和义务。《中华人民共和国合同法》第四十八条规定，只有在相对人向被代理人发出催告通知的前提下被代理人才受到一个月追认时效的限制，而本案中甲公司在合同签署后从未向乙公司发出任何催告，也未行使合同法赋予其的合同撤销权，所以乙公司通过事后追认的方式成为《居间合同》主体并不违反合同法的规定。追认权作为一种形成权，原则上应自被代理人作出意思表示即可产生相应的法律效力，且其效力应溯及到行为开始之时，无须第三人的同意。2. 尽管本案所涉合同的名称为《房地产项目居间合同》，但对合同的性质应结合合同条款、合同目的以及合同签订的背景进行综合判断。从合同条款看，该合同明确约定所转让的标的为乙公司所持有的项目公司会展中心的股权，乙公司支付居间费以乙公司向华发公司转让会展中心股权为前提；从合同目的看，由于各方在签署合同时均完全知悉乙公司并不享有涉案土地使用权和项目建设开发权，所以可推知各方意欲通过合同转让的标的应为会展中心全部或部分股权而非房地产项目建设开发权；从居间报酬的支付方法和支付标准来看，双方在合同第四条中约定的居间报酬计算方法均围绕股权展开。可见，《居间合同》清晰约定了所转让的标的是乙公司所持有的会展中心的全部或部分股权，而非房地产项目的建设权。3. 乙公司在追认《居间合同》后，为促使甲公司尽快完成居间服务，已经向其支付了1,550万预付款作为甲公司的启动资金，而不是甲公司履行合同的对价。但截至合同有效期终止，甲公司并未按照《居间合同》要求促成会展中心股权转让。根据《居间合同》第三条的约定，乙公司无义务向甲公司支付任何居间费用，并有权要求甲公司退还上述预付款和相应利息。虽然《居间合同》第五条"诚信原则"的相关约定，依然应当遵循"服务费支付以签订标的物转让合同为前提"这一基本原则。只要未完成会展中心的股权转让，乙公司即不应承担任何付款义务。4. 甲公司在二审过程中申请出示的证据和提供的证人证言，既非一审庭审结束后新发现的证据，亦非在一审期举证期限届满前已向法院申请应当获准而未获准许的证据，不符合二审中提交新证据的要求，根据最高人民法院《关于民事诉讼证据的若干规定》，不应被采信。本案一审判决正确，故应当驳回上诉、维持原判。

会展中心、付某某共同答辩称：1. 会展中心作为《居间合同》委托方乙公司的全资子公司，在《居间合同》中并未享有任何权利，同时也未承担任何义务，并非《居间合同》的主体，其只是《居间合同》所约定的委托转让对象，即项目公司。会展中心在《居间合同》上盖章，只表明会展中心对该合同的知悉和见证。会展公司向甲公司支付1,550万元服务费，是会展中心代母公司乙公司支付款项的行为，不能就此认定其合同主体地位。2. 付某某在《居间合同》上签名，而且当时的确没有得到乙公司的授权，但之后乙公司明确表示愿意追认并履行合同。认定乙公司对《居间合同》的追认效力，符合订立《居间合同》的初衷和目的，也有利于合同的履行和实现。付某某不是无权代理，也就不应作为《居间合同》的主体。甲公司同时起诉乙公司和付某某，是矛盾的。3. 根据《居间合同》第一条第一款和第三条的约定，乙公司欲转让的标的物为乙公司持有的会展中心的全部股权或者部分股权，并非会展中心房地产项目的开发建设权。以平均楼面地价作为约定的股权转让的价格，只是计算股权转让价格的一种方法，不能借此推定项目为转让标的。4. 根据《居间合同》第三条的约定，乙公司向甲公司履行支付服务费义务的前提是其与受让意向方签订会展中心的股权转让合同，并实际收到转让款。而事实上，在《居间合同》所约定的180天服务期内，会展中心的股权并没有发生任何变化。因此，乙公司向甲公司支付服务费的条件并未具备。虽然《居间合同》第五条"诚信原则"中提到"如果乙方以相关企业或者其他间接方式与转让意向方签订本合同标的物的转让合同，甲方有权请求甲方按照本合同第四条支付服务费"，但无论方式多么间接，落脚点都是"签订本合同标的物的转让合同"，即签订会展中心的股权转让合同。5. 本案中，王某某不具备证人的资格，其证言不应被采纳。本案一审判决正确，故应当驳回上诉、维持原判。

【二审法院认定】

二审法院二审查明：《居间合同》尾部项目公司会展中心处加盖了会展中心公章。一审查明的其他事实，二审法院予以确认。

【二审法院认为】

二审法院认为：本案系涉外居间合同纠纷案件。虽然当事人在《居间合同》第七条明确约定"本合同受中华人民共和国香港特别行政区法律管辖并按其进行解释"，但一审庭审过程中，各方当事人均同意适用中华人民共和国法律解决本案争议。一审法院根据《中华人民共和国民法通则》第一百四十五条第一款的规定适用我国内地法律解决本案纠纷是正确的。当事人对此并无异议，二审法院予以确认。

一、关于付某某是否应当被认定为本案所涉《居间合同》的主体问题。本案中，《居间合同》首部载明委托方（乙方）为乙公司，合同尾部"乙方乙公司"盖章处并无乙公司的印章，在"法定代表人或委托代理人"处有付某某的签字。一审期间，乙公司追认了付某某的代理行为。因此，付某某在《居间合同》上乙方乙公司"法定代表人或委托代理人"处签署的行为应当属于代理乙公司签署合同的行为，由此产生的法律后果应当由乙公司承担。付某某不应被认定为本案所涉《居间合同》的主体，一审判决对此认定正确。甲公司提起本案诉讼时将乙公司、付某某同时列为被告，不能构成甲公司对乙公司是否追认付某某代理行为的催告，因此，本案中乙公司对付某某代理行为的追认并不违反《中华人民共和国合同法》第四十八条第二款规定的"相对人可以催告被代理人一个月内予以追认"的规定。甲公司关于付某某系无权代理、应由其自行承担合同主体义务的上诉理由不能成立，二审法院不予支持。

二、关于会展中心是否应当被认定为本案所涉《居间合同》的主体问题。从《居间合同》的形式以及内容看，该合同的委托人为乙公司，居间人为甲公司，会展中心仅仅是居间事项涉及的项目公司，并非居间合同的相对方。因此，会展中心即便在《居间合同》尾部加盖了公司印章，也不能由此认定其即成为《居间合同》的主体。确定合同的主体应当主要从合同内容考察确定，会展中心向甲公司支付1,550万元的行为并不导致会展中心成为合同主体这一法律后果。一审判决认定会展中心并非《居间合同》的主体是正确的。甲公司关于会展中心应当被认定为《居间合同》的当事人并应由其承担合同义务的上诉理由不能成立，二审法院不予支持。

三、关于甲公司是否依约履行了居间义务、乙公司是否应当向其支付报酬的问题。本案所涉《居间合同》是双方当事人的真实意思表示，内容并不违反我国法律的规定，应为有效。一审判决认定《居间合同》有效是正确的。本案当事人对《居间合同》有效并无异议，只是对合同当事人的认定持有异议。《居间合同》有效，双方当事人均应依约履行各自的合同义务。

从《居间合同》的内容看，《居间合同》前文指出，鉴于"乙方有意转让其持有的项目公司全部或者部分股权，继而转让项目开发建设权"；第一条约定，"乙方欲转让的标的物"为"乙方持有的项目公司的全部股权或者部分股权。继而达到项目开发建设权的全部或者部分转让"；第二条"甲方义务"中约定，"甲方应积极努力做好居间介绍，协调有关矛盾，促成乙方与受让意向方签订转让合同"；第三条"乙方义务"中约定，"乙方承诺一旦受让意向方与乙方签订项目公司股权转让合同，并实际支付转让款项后，乙方即应承担向甲方支付服务费的义务"。由此可见，当事人签订《居间合同》的真实意思是由甲公司为乙公司与华发公司之间达成会展中心全部或部分股权转让合同提供媒介服务，由乙公司向甲公司支付报酬。从本案的有关事实看，甲公司并未促成乙公司与华发公司之间达成转让会展中心全部或者部分股权的合同，也就是说，甲公司并没有依约履行自己的合同义务。因此，甲公司无权要求乙公司根据《居间合同》第四条的约定向其支付报酬。《居间合同》第五条"诚信原则"中"如果乙方以相关企业或其他间接方式与转让意向方签订本合同标的物的转让合同，甲方有权请求乙方按本合同第四条支付服务费"的约定，其强调的也是乙公司与华发公司以其他"间接"方式达成转让会展中心全部或者部分股权的合同的情形，不应根据该条认定甲公司依约履行了自己的合同义务。甲公司关于其已全部完成居间工作、有权主张《居间合同》第四条中约定的居间报酬的上诉理由不能成立,二审法院不予支持。

本案中,华发公司以最高价竞得 D39 地块的四块地,会展中心与华发公司共同设立华纳公司和华耀公司并由该两公司实际取得 D39 地块的土地使用权。甲公司的确为会展中心与华发公司之间实现合作提供了一定的媒介服务。会展中心是乙公司的全资子公司,会展中心于 2010 年 4 月 6 日分三笔款项支付给甲公司"服务费"1,550 万元,客观表明了乙公司对甲公司提供媒介服务的认可。会展公司声称其向甲公司支付 1,550 万元是为了督促甲公司尽快完成居间服务,没有事实和法律依据。对于会展中心已经向甲公司支付的 1,550 万元,应当认为是乙公司为甲公司提供的媒介服务所支付的合理对价,会展中心无权要求甲公司予以返还。

四、关于甲公司提出的一审法院未依法调查取证并核实相关证据的问题。甲公司曾经请求一审法院向华发公司调取《合作框架协议书》《承诺书》《合作经营合同》《补充协议书》以及《股权转让框架协议》《股权转让协议》《审计报告》《资产评估报告》等证据,还请求对付某某安排胡某发给王某某的电子邮件进行核实,虽然一审法院未予直接调查取证,但并未因此影响一审法院对会展中心与华发公司之间合作相关事实作出正确认定。甲公司关于本案一审程序违法的上诉理由不能成立,二审法院不予支持。

【二审法院判决】

综上,一审判决认定事实基本清楚,适用法律正确,判决驳回甲公司对乙公司、付某某、会展中心的诉讼请求是正确的。二审法院根据《中华人民共和国民事诉讼法》第一百五十三条第一款第(一)项的规定,判决如下:驳回上诉,维持原判。二审案件受理费 468,977.92 元,由高能投资有限公司负担。本判决为终审判决。

【律师评析】

这是一起由疑似"跳单"行为引起的居间合同纠纷。居间合同,是指居间人向委托人报告订立合同的机会或者提供订立合同的媒介服务,委托人支付报酬的合同。而"跳单"行为,则是交易双方通过中介的居间服务联系上之后,跳开中介,自行成交或委托其他中介公司代办服务,以此逃避中介费的支付或少付的行为。甲公司是本案中的居间人,为乙公司出让会展中心的股权提供居间服务。在本案中,乙公司拟通过转让股权的方式转让其所控制的会展中心的地块开发建设权,故与甲公司签订《居间合同》,由甲公司提供居间服务服务,促成其与华发公司的股权转让事宜。然而,甲公司在合同期内并未能在合同期促成乙公司与华发公司的股权转让。之后,华发公司通过"招拍挂"的方式,直接从会展中心处取得了涉案地块的使用权和开发建设权。甲公司认为上述行为属于乙公司的"跳单"行为,故以居间服务已完成,乙公司拒付居间服务费的理由,将乙公司等相关公司和人员起诉至法院。然而,历经一审、二审,法院均认为甲公司的居间服务未完成,故未支持甲公司的主张。甲公司与乙公司签订的《居间合同》中约定的居间服务内容是什么,甲公司是否已履行合同约定的义务完成居间服务,成了一、二审法院关注的焦点问题。以下就法院的审理过程作出分析:

第一,由于甲公司同时起诉了乙公司、会展中心和付某某(乙公司和会展中心的法定代表人),故法院先审理了《居间合同》的当事人是谁的问题。对于乙公司和付某某是否是合同当事人,法院认为,虽然《居间合同》上并没有乙公司的盖章而仅有法定代表人付某某的签字，但由于乙公司在诉讼中对付某某的签字行为作出追认且该追认合法有效，乙公司当然成为《居间合同》的当事人，付某某因乙公司的追认行为而不成为《居间合同》的当事人。对于会展中心，法院认为，确定合同的主体应当主要从合同内容考察确定，会展中心仅仅是居间事项涉及的项目公司，并非居间合同的相对方，因此会展中心即便在《居间合同》尾部加盖了公司印章，也不能由此认定其即成为《居间合同》的主体。

第二，法院确定了《居间合同》的主体后，即审理甲公司是否完成居间服务，乙公司拒付居间服务费的行为是否构成违约的问题。对于这个问题，法院认为应当看《居间合同》约定的居间事项。对此，甲公司认为《居间合同》约定的居间事项是促成委托方和意向受让方签订转让合同，转让项目公司会展中心所有的房地产项目的开发建设权；而乙公司、会展中心、付某某则认为是促成签订转让乙公司持有的会展中心的股权的转让合同。法院认为，从合同的词句、目的、居间报酬的计算标准和支付方法等方面看，《居间合同》约定的居间事项是由甲公司为乙公司与华发公司之间达成会展中心全部或部分股权转让合同提供媒介服务，而非转让项目的开发建设权。

由此，一、二审法院均认为，在《居间合同》约定的有效居间服务期间内，乙公司并未与华发公司签订股权转让合同，故甲公司的居间服务并未完成，未达成支付居间服务费的条件。对于其起诉的主张，法院不予支持。

【律师建议】

从甲公司的角度来看，导致甲公司在一、二审中败诉的原因，就是其在与委托人乙公司签订《居间合同》时，没有对居间事项作出严谨而全面的约定，导致其最终未能向乙公司收取居间服务费。而从乙公司和会展中心的角度来看，一开始乙公司想通过股权并购的方式将其全资控股的会展中心的股权转让给并购方，最后却通过政府"招拍挂"的方式将会展中心持有的地块转移给并购方，不仅达到了转让涉案项目的土地使用权和开发建设权的目的，还成功地利用居间合同的漏洞规避了居间服务费。

从本案会展中心转让资产的过程可以看出，转让一项公司资产的方式有多种，可以通过股权并购、资产并购的方式，也可以通过类似本案中的政府回收后通过"招拍挂"出让的方式。具体采用哪一种方式，应当综合考虑企业转让资产的目的、企业的股权结构等情况、转让资产的操作方式和审批程序、交易风险、税负等因素，制定适合企业的转让方案，必要时须咨询或聘请相关的专业人员及时提供指引和协助。

此外，从本案的居间合同纠纷可以看出，委托人与居间人在履行合同的过程中存在着道德风险问题。在报告缔约机会前，居间人处于信息优势地位，可能会产生违反忠实义务，欺诈委托人从而取得不当报酬的行为；报告缔约机会后，委托人处于信息优势地位，可能会产生逃避支付居间报酬的行为。因此，无论是委托人还是居间人，在签订居间合同时都应该谨慎设计合同条款，对合同双方的权利义务作出全面的约定，规范双方的履约行为，并在履行合同中遵守诚实信用原则，从而在最大程度上避免道德风险，防止造成一方或双方的损失。

【精选案例 11】

展览公司承租的场地被收回，
拆除违章建筑、进行文物保护修缮是否是解除租赁合同的理由？

【引言】

某市甲展览展示有限公司与乙商场的租赁合同纠纷案件，涉及不定期租赁、解除租赁合同通知的效力认定、解除租赁合同的合法理由、租赁合同继续履行、未付租金及场地占用费的支付、代垫款支付、保证金及未使用租金的债权转让等与租赁合同关系有关的方方面面的法律问题。

【案由】

租赁合同纠纷。

【诉讼地位】

被告、上诉人。

【案例来源】

某市甲展览展示有限公司与乙商场房屋租赁合同纠纷二审民事判决书。

【原告诉请】

2014年3月，乙商场起诉至一审法院称：2004年9月28日，乙商场与甲公司签订《经营场地租赁合同》，乙商场将商场北大厅区域经营场地出租给甲公司经营。租赁期限：2004年9月28日至拆迁。该合同约定租赁期限的终止日期至拆迁，但因乙商场整体租赁经营场地占地范围内的"国立蒙藏学校"旧址系全国重点文物保护单位，因此，乙商场不可能整体拆除，更谈不上所谓的"拆迁"。乙商场系租赁经营场地的产权人，而拆迁的含义是拆除并搬迁，即因公共利益需要，将他人房屋拆除，并予以补偿搬迁。乙商场如要拆除违建和产权房屋，是乙商场作为产权人自行拆除行为，而不是所谓的"拆迁"行为。再因《经营场地租赁合同》对租赁期限的约定不明确，均属于不定期租赁，乙商场享有随时解除合同的权利。鉴于乙商场占地范围内的"国立蒙藏学校"旧址系全国重点文物保护单位，针对"国立蒙藏学校"旧址保护范围长期存在的大量违法建设、文物建筑损坏严重以及严重的消防安全隐患，市文物局多次向乙商场下发限期整改通知，要求乙商场限期整改。为落实市文物局限期整改要求，作为乙商场主管单位的国家民委决定启动文物保护与修缮项目。为此，乙商场于2013年3月20日公示关闭商场。乙商场所发《通知》明示：因文物腾退需要，乙商场与承租商户签订的《经营场地租赁合同》自2013年5月20日起解除。2013年3月20日起，商场关闭，届时停止一切经营活动，2013年5月30日商场予以封闭。2013年3月20日，乙商场向甲公司发送《解除合同通知书》，告知甲公司：乙商场依据我国相关法律规定，通知甲公司从2013年5月20日起，乙商场与甲公司于2004年9月28日、2004年10月1日、2004年12月18日分别签订的三份《经营场地租赁合同》于2013年5月20日解除。甲公司在收到乙商场发送的《解除合同通知书》后，在异议期内，未向人民法院提起诉讼。因此，《解除合同通知书》已发生法律效力。《经营场地租赁合同》已于2013年5月20日解除。甲公司理应依据2013年3月20日关闭《通知》要求在2013年5月30日前从经营场地自行撤场，但甲公司仍滞留在经营租赁场地内。经市西城区城管大队下发的《责令限期拆除决定书》确认，商场租赁场地近40％面积即4000余平方米系违法建设，其中约1300平方米系国家明令禁止的彩钢板违建且搭建在文物建筑之间，极易发生火灾，是重大安全隐患。甲公司的部分经营场地包括其中。为此市西城区城管大队和市西城区公安消防支队均明确要求乙商场限期拆除违法建设。乙商场依据有关部门的要求，于2013年6月5日公示《停电通知》，并自2013年6月16日对甲公司占用区采取了停电措施，其间将商场西侧、北侧、南侧、东侧用施工围挡予以封闭。自2013年3月20日乙商场启动商场文物腾退工作至2014年1月21日，自行从商场撤场并注销营业执照的转租小商户为244户，占商场全部转租小商户247户的99％，其中甲公司转租小商户撤场为192户，占甲公司全部转租小商户192户的100％。在2013年1月10日，乙商场在商场四周搭建施工围挡后，剩余商户也已撤场。甲公司在此期间，未按乙商场的要求及时撤场，在2013年5月20日后继续经营。依据乙商场公示的关闭《通知》的相关规定，甲公司应向乙商场支付2013年3月30日至2013年5月19日期间的租金及2013年5月20日至2014年1月10日期间的房屋占有使用费。2013年5月至6月期间，乙商场为甲公司垫付经营期间的电费29,849元和税费3,595元，上述款项应由甲公司支付。在商场关闭实施过程中，甲公司的部分转租商户愿意自行撤场，与乙商场签订了《撤场协议书》，该协议书中约定，转租商户先期向甲公司支付的保证金和未使用完的租金，由乙商场代甲公司先行垫付，同时，转租商户将先期向甲公司支付的保证金和未使用完租金，作为债权转让给乙商场。为此，乙商场与甲公司的部分转租商户签订了《债权转让协议书》，且转租商户依据《债权转让协议书》，向甲公司发出了《债权转让通知书》。至此，转租商户对甲公司持有的保证金和未使用租金的债权，已转让给乙商场。乙商场为清退小商户支付的债权转让款126,866元，应由甲公司向乙商场支付。乙商场为维护自身的合法权益，特向法院提起诉讼，要求：1. 确认乙商场解除2004年9月28日与甲公司签订的《经营场地租赁合同》合法有效；2. 判令甲公司向乙商场支付自2013年3月20日起至2013年5月19日止的租金20万元（按合同规定的租金标准，按两个月计算）；3. 判令甲公司向乙商场支付自2013年5月20日起至2014年1月14日止的房屋占有使用费20万元（酌定）；4. 判令甲公司向乙商场支付2013年5月至6月代垫电费29,849元（共计89,547元，分摊三个案件）；5. 判令甲公司向乙商场支付

2013年5月代垫税款3,595元（共计10,785元，分摊三个案件）；6. 判令甲公司向乙商场支付债权转让款126,866元；7. 本案的诉讼费由甲公司承担。

【被告反诉】

甲公司答辩并反诉称：乙商场单方解除经营场地租赁合同是不合法且无效的，甲公司有权要求继续履行合同。乙商场单方解除是一个借口，实际是乙商场将场地租赁给别的公司，并非彻底关闭不再经营。拆除违章建筑并不是解除合同的理由。乙商场所称因拆除违章建筑所以要解除合同是不属实的，违章建筑只是占租赁房屋的一部分，且违章建筑也是在租赁期间乙商场让甲公司修建的，不能作为一种解除的理由，也不是不可避免、不能预见的解除理由。进行文物保护修缮也不是解除合同的理由，我国的文物很多，经营的文物也非常多，保护和经营不是相互矛盾，甲公司也是一直愿意进行维护的，乙商场实际本意是不想再租给甲公司。经营场地租期并非约定不明，根据合同法的规定，本案双方签订的合同是长期合同，也执行了将近10年，是一份长期的合同，甲公司认为乙商场适用《合同法》第232条是错误的。经营场地租赁合同第12条第3款有约定，本案的解除是附条件的，且需要征得另一方的同意，如果另一方不同意则不得解除。乙商场无权单方解除，其单方解除应给予赔偿。乙商场无权要求甲公司支付租金和房屋使用费等相关费用。因前述的原因，甲公司没有任何过错，当然不应承担任何的过错责任。至于2013年3月20日至2013年5月19日的租金，根据乙商场的通知，该期间是免租期，乙商场自行放弃了该期间的租金。之后因为乙商场的原因，导致甲公司无法正常经营。5月20日后的商户经营甲公司亦无法控制，所以甲公司无义务支付房屋使用费。乙商场主张的债权转让款，与本案争议不属同一法律关系，乙商场应当另行主张。甲公司从未收到债权转让通知书，根据《合同法》第80条之规定，上述债权转让对甲公司不发生任何法律效力。甲公司反诉要求乙商场承担赔偿责任，符合相关法律规定。由于本案的纠纷是由乙商场引起的，甲公司无任何过错，乙商场应承担违约责任。经营场地租赁合同中明确约定了甲公司承租的房屋和设施是甲公司投资所建，因乙商场单方解除，且乙商场也是受益方，甲公司的相应损失理应由乙商场承担。乙商场强行清场时，给甲公司造成了很大经济损失，该损失也应由乙商场赔偿。甲公司提出反诉，要求：1. 确认乙商场单方解除2004年9月28日签订的《经营场地租赁合同》行为无效，要求乙商场继续履行合同；2. 判令乙商场向甲公司支付违约金242万元（根据《经营场地租赁合同》第12条第3款）；3. 判令乙商场赔偿甲公司各项经济损失1,500万元；4. 本案的本诉、反诉费均由乙商场承担。

【一审法院认定】

一审法院经审理确认：乙商场与甲公司于2004年9月28日签订《经营场地租赁合同》后双方形成房屋租赁合同关系。该合同规定的终止日期为"拆迁"，属于约定不明确，依照合同法的相关规定，应视为不定期租赁。双方租赁合同履行过程中，国务院将乙商场经营地核定公布为全国重点文物保护单位，某市文物局多次下发通知，要求乙商场拆除包括甲公司经营地点在内的非文物建筑。鉴于此，双方所签订的《经营场地租赁合同》已不具备继续履行的条件，乙商场作为出租人于2013年3月20日提出与甲公司解除租赁合同并给予甲公司两个月的合理期限，不违反我国合同法的相关规定，双方之间的租赁合同关系已于2013年5月20日解除。乙商场在解除租赁合同过程中不存在违约事实，其与甲公司解除合同行为不违反国家法律、行政法规的强制性规定，故应认定有效。甲公司反诉要求确认乙商场单方解除2004年9月28日签订的《经营场地租赁合同》行为无效，要求乙商场继续履行合同于法无据，对该项诉讼请求，不予支持。甲公司依据租赁合同违约条款反诉要求乙商场支付年租金二倍的赔偿请求，缺乏依据，亦不予支持。由于甲公司未按乙商场向其发出的解除租赁合同的通知规定，于2013年5月29日24时前搬离承租场地，故甲公司应支付2013年3月20日至2013年5月19日期间的租金。2013年5月20日，乙商场与甲公司之间的租赁合同关系解除后，甲公司仍在承租场地继续经营，其行为损害了乙商场的合法权益，故甲公司有义务支付2013年5月20日至2014年1月期间场地占用费。鉴于在此期间，客观上甲公司的经营活动已受限制，故甲公司应支付的场地占用费数额由法院依据实际情况酌定。根据庭审中查明的事实，乙商场于2013年3月20日提出与甲公司解除租赁合同关系后，甲公司仍在经营场地继续经营。乙商场为保证有关部门作出的拆除违建、恢复"国立蒙藏学校旧址"的决定能够实施，避免遭受更大的经济损失，在与甲公司转租商户协商后，单方采取了退还部分甲公司转租商户押金和租金，使商户搬离租赁场地的做法并无不当，相应的后果和责任应由甲公司承担。现乙商场要求甲公司支付债权转让款126,866元的诉讼请求于法有据，予以支持。乙商场要求甲公司支付在此期间乙商场为甲公司垫付的电费和税费之请求理由充分，亦予以支持。庭审中，甲公司反诉要求乙商场赔偿装修、改造租赁场地的投资损失、代乙商场支付转让费损失等经济损失1,500万元，但其未能提供充分有效的证据，故甲公司的该项请求亦无依据，不予支持。

【一审法院判决】

一审法院判决：一、确认乙商场解除2004年9月28日与甲公司签订的《经营场地租赁合同》行为合法有效。二、判决生效后十日内，甲公司支付乙商场2013年3月20日至同年5月19日期间的租金人民币20万元。三、判决生效后十日内，甲公司给付乙商场2013年5月21日至2014年1月期间的房屋占有使用费人民币15万元。四、判决生效后十日内，甲公司支付乙商场债权转让款人民币126,866元。五、判决生效后十日内，甲公司支付乙商场代垫的2013年5月电费29,849元和代垫的税款3,595元。六、驳回乙商场的其他诉讼请求。七、驳回甲公司的反诉请求。如果未按判决指定的期间履行给付金钱义务，应当依照《中华人民共和国民事诉讼法》第二百五十三条之规定，加倍支付迟延履行期间的债务利息。

【被告上诉】

判决后，甲公司不服，持一审答辩及反诉理由上诉至二审法院，要求撤销原判，依法改判或者发回重审。乙商场同意原判。

【二审法院认定】

经审理查明：乙商场系某市某区某号房屋的产权人。2004年9月28日，乙商场与甲公司签订《经营场地租赁合同》，由甲公司承租乙商场北大厅场地，经营服装、百货；起租日期为2004年9月28日，终止日期为拆迁；年租金为121万元，月租金10万元，每月25日至27日付次月租金；甲公司如需装修经营场所时，应向乙商场递交书面申请报告，经乙商场同意后方可施工，装修费及施工期租金由甲公司自负，乙商场不承担任何费用，装修后的产权归乙商场所有；本合同履行期间，如一方需终止合同，须提前一个月以书面形式向对方申明，若对方同意，方可解除合同，按规定退还押金，否则因解除合同引起的一切后果或经济损失都由单方解除合同一方承担，并按全年租金的二倍给予赔偿。上述合同签订后，甲公司即开始在承租房屋内经营，经营期间，甲公司对承租房屋进行过装修改造。甲公司按合同约定的租金标准支付乙商场租金至2013年3月20日。

另查，乙商场所在地系"国立蒙藏学校"旧址。2006年5月，国务院将位于某区某33号的"国立蒙藏学校"旧址核定公布为全国重点文物保护单位。2007年3月12日，某市文物局向乙商场发出责令限期改正通知书，责令其2007年12月30日前将未经批准的非文物建筑予以拆除。某市文物局又于2011年8月9日向乙商场发出违法建设拆除通知书，要求乙商场将"国立蒙藏学校"旧址内文物建筑之间3970平方米钢结构彩钢板违法建筑物无条件拆除。2013年2月27日，某市文物局向乙商场发出关于尽快彻底解决"国立蒙藏学校"旧址安全隐患的通知，指出"该文物保护单位院内仍存在搭建的彩钢板建筑，使用中存在大量易燃物，流动人员拥挤、用电负荷大，搭建的构筑物使用的材料耐火性极差，极易发生火灾事故"。据此，要求乙商场尽快彻底将文物保护范围内违法搭建的和不利于文物保护的非文物建筑拆除，恢复文物建筑的历史格局，彻底整改存在的安全隐患。

2013年3月20日，乙商场向包括甲公司在内的乙商场商户及广大消费者发出"通知"，提出与各商户签订的租赁合同自2013年5月20日起解除，至2013年5月19日24时止，承租商户与其他转租商户的租赁期限一律视为届满；为使广大商户腾退顺利，特安排商品清货期两个月（自2013年3月20日起至2013年5月19日止），在此期间商户的租金予以免除，但本通知期限届满即截至2013年5月29日24时止，商户未依照本通知规定逾期自行撤场的，将不能享受免租待遇；自2013年5月30日0时起，乙商场全部予以封闭。2013年3月20日，乙商场还向甲公司发出"解除合同通知书"，指出，鉴于乙商场的房屋为全国重点文物保护单位"国立蒙藏学校"旧址，依法予以重点保护，因此，该房屋拆迁工作将不再进行，双方就租赁期限多次进行协商，但是始终未果。依据《合同法》第二百三十二条的规定，乙商场认为，双方之间的房屋租赁合同法律关系性质为不定期租赁，乙商场作为出租人，依法履行在合理期限之前通知承租人的义务之后享有随时解除合同的权利。据此决定乙商场与甲公司之间的不定期房屋租赁法律关系于2013年5月20日解除，甲公司应于2013年5月29日24时前搬离承租房屋，2013年3月20日至2013年5月19日这段时间视为乙商场提前通知甲公司的合理期限。2013年3月21日，甲公司致函乙商场，认为双方之间的租赁合同期限不属于不定期租赁，乙商场无权单方解除合同，并表示不会从乙商场搬走，将采取一切合法手段坚定不移地保护自己的合法权益。其后，甲公司于2013年4月17日向乙商场发出"严重抗议函"。2013年5月20日后，甲公司未搬离租赁房屋，其仍在原经营场地继续经营。2013年5月至2014年1月期间，乙商场分别与赵某等甲公司转租商户签订《债权转让协议书》，乙商场单方退还了商户押金和未使用的预付租金共计126,866元。

庭审中，甲公司述称，其在收到乙商场向其发出的"解除合同通知书"后，于2013年4月和5月，通过公证处提存方式继续向乙商场交纳租金。乙商场称，曾经收到过公证处的通知，但其因已与甲公司解除了合同，故从未领取该款。甲公司另称，其因不同意解除租赁合同，故其转租商户在承租场地继续经营，后因乙商场对其断水断电，导致无法正常经营。对此，乙商场称，2013年6月9日，其对商场内商户实施了第一次停电，6月12日再次停电，但甲公司并未因停电而停止经营，部分商户持续经营至2014年1月。

庭审中，乙商场提供了用电客户电费缴费通知书和发票以及税收通用完税证，证明其为甲公司代垫了2013年5月和6月的电费89,547元、2013年5月的税费10,785元，因双方之间存在三份《经营场地租赁合同》，故经分摊后，在本案中向甲公司主张的代垫电费为29,849元、税费为3,595元。甲公司称，此期间包括免租期，2013年5月20日之后，甲公司已对转租商户无法控制，乙商场在6月又实施了停电措施，商户无法正常经营，故上述费用与甲公司无关。

上述事实，有双方当事人陈述、经营场地租赁合同、租金收据、房屋所有权证、责令限期改正通知书、违法建设拆除通知书、关于转发《国务院关于核定并公布第六批全国重点文物保护单位的通知》、某市某区城市管理监察大队责令限期拆除决定书、解除合同通知书、通知、严重抗议函、债权转让协议书、现场照片、用电客户电费缴费通知书、发票以及税收通用完税证等证据材料在案佐证。

【二审法院认为】

二审法院认为：乙商场与甲公司于2004年9月28日签订《经营场地租赁合同》后双方形成房屋租赁合同关系。双方租赁合同履行过程中，国务院将乙商场经营地核定公布为全国重点文物保护单位，某市文物局多次下发通知，要求乙商场拆除包括甲公司经营地点在内的非文物建筑。鉴于此，双方所签订的《经营场地租赁合同》已不具备继续履行的条件，乙商场作为出租人于2013年3月20日提出与甲公司解除租赁合同并给予甲公司两个月的合理期限，不违反我国合同法的相关规定，双方之间的租赁合同关系已于2013年5月20日解除。乙商场在解除租赁合同过程中不存在违约事实，甲公司依据租赁合同违约条款反诉要求乙商场支付年租金二倍的赔偿请求，缺乏依据，二审法院不予支持。由于甲公司未按乙商场向其发出的解除租赁合同的通知规定，于2013年5月29日24时前搬离承租场地，故甲公司应支付2013年3月20日至2013年5月19日期间的租金。2013年5月20日，乙商场与甲公司之间的租赁合同关系解除后，甲公司仍在承租场地继续经营，其行为损害了乙商场的合法权益，故甲公司有义务支付2013年5月20日至2014年1月期间场地占用费。一审法院考虑到甲公司在此期间的经营活动客观上已受限制，依据实际情况酌定甲公司应支付的场地占用费，数额适当。根据庭审中查明的事实，乙商场于2013年3月20日提出与甲公司解除租赁合同关系后，甲公司仍在经营场地继续经营。乙商场为保证有关部门作出的拆除违建、恢复"国立蒙藏学校"旧址的决定能够实施，避免遭受更大的经济损失，在与甲公司转租商户协商后，单方采取了退还部分甲公司转租商户押金和未使用的租金，使商户搬离租赁场地的做法并无不当，相应的后果和责任应由甲公司承担。乙商场在退还转租商户押金和租金后，要求甲公司支付该部分款项的诉讼请求于法有据，二审法院予以支持。乙商场要求甲公司支付在此期间乙商场为甲公司垫付的电费和税费之请求理由充分，二审法院亦予以支持。甲公司反诉要求乙商场赔偿各项经济损失1,500万元，缺乏事实及法律依据，二审法院不予支持。

【二审法院判决】

综上，一审判决结果并无不当，应予维持。依照《中华人民共和国民事诉讼法》第一百七十条第一款第（一）项之规定，判决如下：驳回上诉，维持原判。一审案件受理费72,563元（含反诉费63,160元），由乙商场负担2,000元（已交纳），由甲公司负担70,563元（已交纳63,160元，余款于本判决生效后7日内交纳）；二审案件受理费72,563元，由甲公司负担（已交纳）。本判决为终审判决。

【律师评析】

本案是一起因解除合同而导致的租赁合同纠纷，涉及我国《合同法》规定的不定期租赁、解除租赁合同通知的效力认定、解除租赁合同的合法理由、租赁合同继续履行、未付租金及场地占用费的支付、代垫款支付、保证金及未使用租金的债权转让等与租赁合同的履行与解除有重大关系的法律问题。笔者就本案的几个审理焦点，也是现实经营生活中较为常见的法律问题作简要分析。

第一，本案最主要的焦点问题是乙商场是否具有单方解除合同的合同解除权。一般来说，我国《合同法》规定的合同解除方式有协议解除、约定解除和法定解除三种方式。本案中的乙商场和甲公司签订的《经营场地租赁合同》（简称《租赁合同》）对合同解除做出了约定（《租赁合同》第12条第3款），故乙商场单方解除合同行为并不符合《租赁合同》的约定，不属于约定解除。一审审理中，一审法院认为乙商场和甲公司签订的《租赁合同》中因约定的租赁终止日期是"拆迁"，属于对租赁期限约定不明，由此出租人可根据《合同法》第232条"当事人对租赁期限没有约定或者约定不明确，依照本法第六十一条的规定仍不能确定的，视为不定期租赁。当事人可以随时解除合同，但出租人解除合同应当在合理期限之前通知承租人"的规定解除《租赁合同》。然而，本案到二审时，二审法院未认同一审法院的观点。二审法院认为本案《租赁合同》的解除是因为某市文物局多次下发通知，要求乙商场拆除包括甲公司经营地点在内的非文物建筑而导致合同失去继续履行的条件。二审法院所认定的这种合同解除方式属于我国《合同法》第94条第1款规定的"因不可抗力致使不能实现合同目的"的法定解除方式。因此，乙商场解除《租赁合同》是有合法的合同解除权的。

第二，对于合同解除的方式，《合同法》第118条规定："当事人一方因不可抗力不能履行合同的，应当及时通知对方，以减轻可能给对方造成的损失，并应当在合理期限内提供证明。"本案的乙商场提前两个月书面通知提出与甲公司解除租赁合同并给予甲公司两个月的合理期限，符合法律的相关规定，故法院对其主张给予了支持。

由此，因《租赁合同》已合法解除，甲公司失去了继续使用租赁场地经营的权利，还需向乙商场支付合同解除后继续使用和占用场地的租金和占用费。

【律师建议】

对于展览公司而言，可以从本案甲公司的遭遇得出的教训是：不可抗力是我国《民法通则》与《合同法》规定的免责事由。也就是说，因不可抗力导致不能履行合同的，当事人不承担违约责任。因此，当遭遇合同相对方因不可抗力事由而解除合同时，展览公司应当及时止损，与合同相对方积极沟通，为自身争取最大的利益，避免损失扩大。

此外，在得知不可抗力发生时，展览公司也可以根据《合同法》第94条第1款的约定，与合同相对方解除合同，此种解除方式无须承担违约责任。

【精选案例 12】

"国际花艺家饰博览中心"委托经营管理纠纷争议项目多，两审法院详细评判定纷争

【引言】

原告某房地产开发有限公司（甲公司）系本案诉争项目"某国际花艺家饰博览中心"的业主，先后与被告乙企业发展有限公司、丙展览展示有限公司签订《聘请经营管理合同》及《补充协议》，委托两被告经营管理"某国际花艺家饰博览中心"。两被告负责该项目的市场招商和经营管理、负责系争房产及其设施、设备的维护，代原告向经营商户收取租金以及管理费用，按约支付原告保底收费。原告认为被告违约，故提起诉讼，请求解除《聘请经营管理合同》及《补充协议》，并请求支付合同约定的保底费、返还代付装修费等。被告不同意解除合同，认为合同迟延履行是由于原告过错所致，原告应赔偿其经济损失，故提出反诉，请求判令原告继续履行合同，并请求判令原告赔偿利息损失、装修损失及经营亏损等。

根据一审法院的归纳，本案涉及的主要争议达六项之多：1.《聘请经营管理合同》及《补充协议》的效力如何？是否应当解除？丙公司是否为本案适格的被告？2. 甲公司、乙公司和丙公司是否存在违约事实？3. 甲公司主张的租金数额如何认定？4. 甲公司主张的装修费数额如何认定？5. 乙公司和丙公司主张的8号小楼使用权归属于何方？6. 乙公司和丙公司主张的利息损失、系争大楼的装修工程费用、8号小楼装修费用及经营亏损数额如何认定？

【案由】

委托合同纠纷。

【诉讼地位】

被告、上诉人。

【案例来源】

甲房地产开发有限公司与乙企业发展有限公司、丙展览展示有限公司委托合同纠纷一案。

【原告诉请】

甲公司认为乙公司违约,故提起诉讼,请求:1. 解除甲公司与乙公司于2011年7月28日签订的《聘请经营管理合同》,以及2011年8月8日签订的《补充协议》;2. 乙公司和丙公司支付租金20,547,000元(2012年自然年度为履行收费义务第一年度,保底收费额1,600万元/年计,甲公司有权收取其中的67%作为租金,自2012年1月起至2013年11月为20,547,000元);3. 乙公司和丙公司返还代付的装修费400万元,以及截至2013年11月代付的电费3,179,655元,合计为7,179,655元;4. 乙公司和丙公司支付违约金500万元(不包括乙公司已支付的200万元合同保证金);5. 本案诉讼费由乙公司和丙公司承担。

审理中,甲公司将本诉诉请第3项变更为:仅要求乙公司和丙公司返还代付的装修费400万元,因需要进一步收集证据,在本案中撤回要求乙公司和丙公司返还截至2013年11月代付电费3,179,655元的诉请,选择另行起诉。

【被告答辩】

乙公司和丙公司辩称,不同意解除合同。《聘请经营管理合同》及《补充协议》虽然存在瑕疵但并非不能履行,待甲公司按约提交相关文件、办理相关手续后即可履行。目前《聘请经营管理合同》及《补充协议》尚未履行,亦不具备履行条件。系争项目试运营阶段不应参照执行合同约定的保底费用,且丙公司与租赁户提交的三方租赁合同,甲公司仅签署40余份,乙公司和丙公司收取租金的67%远不及已支付的租金及意向金合计440万元,乙公司不应承担违约责任。

【被告反诉】

乙公司和丙公司认为,合同迟延履行是由于甲公司过错所致,甲公司应赔偿乙公司经济损失。故乙公司提起反诉,要求判令:1. 甲公司继续履行《聘请经营管理合同》及《补充协议》;2. 甲公司将8号小楼交还乙公司经营使用;3. 甲公司赔偿乙公司利息损失766,700元(以440万元为基数,自2011年9月起至2014年6月止,按照中国人民银行同期贷款利率计算),花博大楼装修工程费用3,502,520元,8号小楼装修费用499,291元,经营亏损5,115,514元,共计9,884,025元;4. 甲公司承担本案的诉讼费。审理中,乙公司与丙公司明确放弃反诉诉请第1项,同意解除甲公司与乙公司签订的《聘请经营管理合同》以及《补充协议》。

【一审法院认定】

一审法院查明:

一、2011年4月15日,乙公司通过转账方式支付甲公司意向金人民币200万元(以下币种相同)。

二、2011年7月11日,丙公司注册成立,对"某国际花艺家饰博览中心"(以下简称"系争大楼")进行管理与日常经营。丙公司的法定代表人是周某,股东为周某和郁某某,并非如《聘请经营管理合同》约定由乙公司投资设立的子公司。乙公司的法定代表人同为周某,股东为周某、郁某某和叶某某,与丙公司为关联公司。

三、2011年7月28日,甲公司(甲方)与乙公司(乙方)签订《聘请经营管理合同》,双方就经营管理"某国际花艺家饰博览中心"项目作了如下约定:第二项、本协议主体、聘请管理内容、期限。其中,第 2-1 条协议主体为"甲方为丙公司(香港上市地产公司)的下属子公司,对花卉市场项目具有完全经营管理权,对本项目涉及的房产物业拥有所有权等物权。甲方权利包括但不限于所涉及的房产物业拥有所有权等物权、所有无形财产权利、对某国际花艺家饰博览中心市场项目经营管理运作的最终决定权等。乙方为此项目成立的商业管理公司是一家专门从事花卉等产品展贸业务的服务管理公司,具有专业管理能力。因为项目需要,甲方同意乙方成立运营本项目的有限责任公司对本项目(某国际花艺家饰博览中心)进行管理与日常运营,由乙方就该有限责任公司履行本项目导致的法律责任承担连带保证责任。本合同所指的乙方均指乙公司和本条上款所指的运营本项目的有限责任公司。两公司的出资人和实际控制人相同,两公司对履行本合同及有关本项目的展位租赁和管理三方合同的权利义务均视为对合同的履行,两公司互相承担本合同及有关本项目的其他合同的连带保证责任。注:因签订本合同之日,该有限责任公司尚在设立中,暂无法人资格和地位签订合同,待该公司设立取得法人资格后,在本合同上加盖公章"。第 2-2 条聘请管理内容为"(1)本项目的市场招商;(2)本项目房产的使用、维护、养护;(3)物业范围的公用设施、设备及场所(地)(消防、电梯、机电设备、路灯、走廊、自行车、房、棚、园林绿化地、沟、渠、池、井、道路、停车场等)的使用、维护、养护和管理;……(12)对本项目市场经营管理,制定管理公约和发展战略经甲方同意后实施,对甲方负责,接受甲方考核并报告工作;依法对商户日常经营进行规范管理;(13)代理甲方向本项目经营商户收取租金,代理甲方行使出租人权利和承担义务(承担义务的费用已包含在甲方按比例分配给乙方的费用中,甲方不再支付产生费用给乙方)"。第 2-3 条聘请管理期限为"5 年,自开业之日起计算 5 个自然年度,开业之日以双方签字盖章书面确认单为准"。第三项,甲、乙双方权利义务。"乙方权利义务……第 3-5 条本项目物业的日常保管、维护与修缮由乙方承担,因本物业经营管理、维护、修缮发生的各项费用包括公共区水费、电费等均由乙方承担。第 3-6 条乙方承担保证本项目租赁商户按期缴纳租金及管理费用的连带责任,必要时甲方可予以协助。……第 3-9 条乙方负责编制房屋、附属建筑物、构筑物、设备、绿化等的年度维修养护计划和大中修方案,报甲方确认后由乙方组织实施;甲方提供的重要设备设施自然损耗,甲方承担维修费用的三分之二,乙方承担三分之一;因人为或使用不当导致设施设备损坏,维修费用由乙方承担。""甲方权利义务……第 3-13 条甲方应当支付乙方费用。甲方支付给乙方的管理费、招商费用、物业开支费用和乙方报酬、利润等一切均包含于本项目的按约定收入分配中,甲方不再另外支付乙方任何其他费用。第 3-14 条甲方有权对乙方的管理实施监督检查,一年一次考核评定,如因乙方完不成规定的目标和指标,甲方有权提前终止协议。甲方在日常监督检查过程中,发现乙方管理不善、严重违法违规,或经营管理中造成损害甲方名誉的恶性事件发生,并拒不按甲方要求整改的,甲方有权提前终止协议。"第四项,经济指标。第 4-1 条"乙方确保经营管理年限内完成各项经济指标。聘请管理期限中第 1-3 年(考核年为自然年,2012 年 1 月 1 日起,至 2012 年 12 月 31 日止为第一年,如此类推),乙方每年完成本项目保底收费额人民币 3,200 万元(人民币叁仟贰佰万元);第 4-5 年,乙方每年完成保底收费额人民币 3,600 万元(人民币叁仟陆佰万元)。注:本合同谈及的保底收费额指关于本项目收取的所有收入和费用，包括但不限于房租、物业管理服务费。以上内容是甲方聘请乙方经营管理的条件，也是乙方的承诺，如果乙方未能兑现承诺到以上经济指标，甲方可视情况决定是否继续聘请乙方进行经营管理。如乙方达不到保底收费额又未按约定补足差额，甲方有权终止合同，造成甲方损失的，由乙方承担赔偿责任。第4-2条甲方委托乙方向商户收取租金以及管理费用。乙方收款后按租金和管理费的总和的67%向甲方转交租金，剩余33%为甲方向乙方支付的管理费用。第4-3条甲乙双方每周结算一次，按照约定比例分配收费款（乙方收取的所有费用都由甲方派驻财务人员进行收取，进入乙方账户资金及收取现金乙方应当每周结算后按甲方应收比例三个工作日到达甲方指定账户）。"第五项，保证金。第5-1条"乙方在签订意向时支付的贰佰万意向金转为履约合同保证金，在乙方完成本协议规定的管理目标后，甲方在合同期满后三日内退还全部保证金（无息）。"第六项，违约责任。第6-1条"如果乙方违反4-2、4-3条的规定，每延期一日应当按应付款项的千分之五支付违约金，逾期三十日甲方可以单方终止合同。相关费用可从保证金中扣除，保证金不足支付的，乙方承担赔偿责任。第6-2条如果乙方未能按照合同约定完成每年的营业指标，乙方应当在每个考核自然年期满15日补足差额，逾期按6-1条承担违约责任"。双方还就其他事项进行了约定。

四、2011年8月8日，甲方与乙方签订《补充协议》，约定："1. 项目装修费用，《原协议》中约定由乙方承担的部分（预估为600万元，以实际发生为准），现由甲方代为支付，乙方以房屋租金形式向甲方返还。2. 在项目运营中，《原协议》中约定由乙方支付的运营支出费用（主要为水、电费），由甲方代乙方支付，乙方以房屋租金形式向甲方支付。3. 8幢小楼在同等条件下优先由乙方进行租赁管理。4. 在《原协议》中约定的1-3年，如乙方达到《原协议》中约定的1,600万，而未达到3,200万，甲方同意乙方不承担《原协议》中的违约责任。但如果未能达到1,600万则乙方应当补足差额，否则甲方有权单方解除合同，保证金不予退还，不足的部分乙方应当补足。"

五、2011年2月9日，某市消防局向甲公司出具《建设工程消防验收意见书》，确认甲公司建造的某商业街之建设工程（系争项目大楼）基本符合国家、地方有关消防规范、标准和审核要求，消防验收合格。

同年10月13日，某市某区公安消防支队向甲公司出具《建设工程消防验收意见书》，确认某市某路×××号地下1层至地上4层的公共区域内装修工程基本符合国家、地方有关消防规范、标准和审核要求，消防验收合格。

2012年4月1日，某市某区公安消防支队出具《公安行政处罚决定书》，被处罚人是丙公司，该处罚决定书内容是"2012年4月1日，位于某市某路×××号丙展览展示有限公司经营的某国际花艺博览中心存在消防安全检查不合格擅自投入使用、营业的行为违反《中华人民共和国消防法》第15条第2款，现决定给予丙展览展示有限公司责令停止使用、并处罚款人民币壹拾万元整的处罚"。

六、2011年9月2日，甲公司与丁建筑装饰集团股份有限公司签订《建筑装饰工程施工合同》，该合同约定：丁公司承建"阳光威尼斯商业中心花卉市场"（现为系争大楼）公共部位装潢工程，合同总价：暂估1,600万元。在该装修工程完工后，2012年8

月 30 日经某工程造价咨询有限公司"阳光威尼斯金鼎路花市室内装修工程审价报告"审定：工程造价为 15,639,797 元。甲公司已于 2011 年 9 月 28 日至 2014 年 1 月 21 日期间，将装修工程款全额支付全筑公司。

七、2011 年 9 月 29 日，某市精盛花卉市场经营管理有限公司代丙公司，以支票方式向甲公司预付租金 240 万元。

八、2011 年 11 月，乙公司、丙公司实际进入系争大楼经营。主要体现在第×××号民事判决书中记载，"甲公司表示 2011 年 11 月，某市国际花艺家饰博览中心正式开业"；乙公司与丙公司对进场开业时间基本赞同，表述为"当时举行了剪彩仪式，市场投入实际使用"。

九、2013 年 2 月 22 日、2013 年 7 月 20 日，某市区人民法院分别作出第×号民事判决书和第×××号民事判决书。在该两份判决书中，法院认定以甲公司为出租方、丙公司为经营管理方与承租方签订的两份租赁协议因甲公司未予签章，协议均未成立，判决由丙公司向承租方返还管理费、履约保证金、装修费等相关费用。

十、对于系争大楼装修事宜，甲方与乙方商谈过《花市装修费用协议》，内容为"经双方友好协商某国际花艺家饰博览中心装修工程所产生的费用由甲乙双方分担，协商决定如下：1. 由创盟国际建筑设计有限公司 2011 年 5 月出图的某国际花艺展示交易中心图纸为施工依据，双方以该图纸作为今后决算依据。2. 双方确认工作界面划分，所有过道立面的装修费用由甲乙双方各自承担一半，商铺内部装修、监控、广播等由乙方承担，公共部位的地坪和吊顶等由甲方承担。3. 乙方认可在原图纸上修改的乙方签证所产生的费用由乙方承担。甲方双方共同确认的修改签证按双方确认的界限各自承担。4. 甲乙双方确认由某工程造价咨询有限公司作为审计单位。此审计以原设计图纸为依据，以双方工作界限划分为准绳作为双方费用的最后结算依据，审计费用按双方比例各自承担审计费"。该协议为电子扫描件，在协议落款处有乙公司公章及法定代表人周某签名，但甲公司未予签章，签署日期不详。

十一、审理中，根据甲公司的申请，法院委托上海上审会计师事务所对本案进行专项审计。2014 年 10 月 8 日，审计师事务所出具上审专（2014）396 号审计报告，结论为：

（一）乙公司、丙公司在 2012 年 1 月至 2013 年 11 月共计收到系争项目大楼租金、管理费等各项收入总额为 5,077,814.49 元，低于按合同约定的年租金、管理费等收入 14,166,031.88 元，低于丙公司合同收款情况表确认的截至 2013 年 8 月 21 日止的实收租金、管理费收入 8,027,740.50 元。账面收取租金情况与丙公司合同收款情况表确认的收到租金相比较，大部分情况是账面数小于丙公司确认数，但也存在账面收到租金，而丙公司合同收款情况表未确认收入及账面收到租金大于丙公司合同收款情况表确认数，总金额 926,451.50 元。

乙公司曾先后注册两个项目公司，用于两个花卉市场的经营管理，前者"精盛花卉市场"的项目公司为"某精盛花卉市场经营管理有限公司"，后者"某国际花艺家饰博览中心"的项目公司为"丙展览展示有限公司"。"花博中心"的部分业主是因"精盛花卉市场"的市政动迁而随迁入驻的，故存在"精盛花卉市场"的补偿款冲减"花博中心"的预收款情况（已查实未入账的预收款项 431,604 元），但具体金额因丙公司未提供有关补偿款抵付租金的全部收款收据存根，因而审计无法查清少收租金总额，影响确认租金收入的正确性。

（二）2012 年 8 月 30 日，花博中心装修工程经审定：工程造价为 15,639,797 元，截至 2014 年 1 月 21 日该装修工程款甲公司已向装修单位全额支付完毕。根据《花市装修费用协议》，审计单位出具了"关于花市装修费用分摊报告"，双方承担的费用 5,878,566 元，甲公司承担的费用为 9,333,977 元，乙公司承担的费用为 427,254 元。

【一审法院认为】

一审法院认为：根据双方当事人的本诉、反诉请求，本案主要涉及六项争议：1.《聘请经营管理合同》及《补充协议》的效力如何？是否应当解除？丙公司是否为本案适格的被告？2. 甲公司、乙公司和丙公司是否存在违约事实？3. 甲公司主张的租金数额如何认定？4. 甲公司主张的装修费数额如何认定？5. 乙公司和丙公司主张的 8 号小楼使用权归属于何方？6. 乙公司和丙公司主张的利息损失、系争大楼的装修工程费用、8 号小楼装修费用及经营亏损数额如何认定？

针对争议焦点 1，关于系争合同效力和丙公司的诉讼主体资格，甲公司认为《聘请经营管理合同》及《补充协议》系双方真实意思表示，自签订之日起成立生效。乙公司提出，一方面甲公司缔约欺诈，存在单方虚抬合同价款、虚构拥有物权等欺诈行为；另一方面，合同尚未签署完毕，作为约定履约主体的丙公司至今未签章。进而丙公司以未在合同盖章为据，否认其是本案适格的被告，认为其不应承担合同约定的连带责任。一审法院认为，合同价款是缔约各方协商一致的合意，而非单方意思表示即可成立，乙公司也是一个从事经营活动的商事主体，对商业项目的利润风险应当是有考量的，故乙公司和丙公司提出甲公司虚抬合同价款构成缔约欺诈的抗辩，一审法院难以支持；结合系争合同实际履行时间已近两年之久，无论乙公司在履行期内是否已明知，抑或应当知道甲公司未能取得系争大楼产权证，均可以判定其已接受这一事实，特别是乙公司在案件本诉答辩及提出反诉阶段，均要求继续履行系争合同，经法庭多次释明本案法律关系后才同意变更反诉诉请为解除上述合同，故其提出的甲公司虚构拥有系争大楼产权构成缔约欺诈的抗辩，一审法院无法采纳。鉴于丙公司早于 2011 年 7 月 11 日即已注册成立，而上述合同是在其后的 7 月 28 日才签署，故丙公司为何未依约在其上签章，存在不合情理之处。一审法院综合考虑乙公司与丙公司实为关联公司，两公司的法定代表人同为周某，丙公司理应知道甲公司与乙公司的缔约时间及内容，缔约后上述合同文本在乙公司处亦有留存，故丙公司对协议查阅、盖章的便利条件已经具备，丙公司对其所负的连带保证责任应当知晓；在其后近两年的时间中，丙公司确为经营管理系争大楼的主体，实际履行了合同约定的义务，故对于乙公司和丙公司提出的合同未签章成立的抗辩一审法院难以采纳，丙公司应为本案适格的被告。综上，《聘请经营管理合同》及《补充协议》成立有效，是各方当事人真实意思表示，丙公司应按约与乙公司互相承担本项目之下的连带清偿责任。

关于本诉诉请 1 系争合同是否应予解除，从法理上说，本案为委托经营管理法律关系，甲公司作为委托方有权单方解除合同，其在起诉之日即已明确该意思表示；在审理中，乙公司和丙公司也变更反诉请求1，同意解除系争合同。考虑到甲公司在审理中已经承诺对于系争大楼内已入驻的租赁户，愿意继续履行全部合同直至期满，故对于甲公司提出的解除系争合同的诉请，一审法院予以支持，甲公司与乙公司签订的《聘请经营管理合同》及《补充协议》自判决生效之日解除。在《聘请经营管理合同》及《补充协议》解除后，乙公司和丙公司应于判决生效之日起十日内退出某国际花艺家饰博览中心项目，并与甲公司办理交接手续。

针对争议焦点2，关于各方的违约事实，甲公司主张的乙公司和丙公司违约事实主要是未按约支付租金。乙公司和丙公司主张的甲公司违约事实有：未取得系争大楼产权证明；拒绝签署大部分三方租赁协议；未签订书面确认单以确定开业日；系争大楼消防验收不合格，被责令停业；未移交系争大楼设施及资料；系争大楼装修不到位；怠于了解项目经营状况等。

审理中，经由三方当事人确认的事实有：（1）甲公司自认至今无法取得系争大楼的产权证明；（2）甲公司自认拒绝在大部分的三方租赁协议上签章；（3）至今乙公司和丙公司向甲公司支付的款项共计440万元，未完成约定的1,600万元/年租金支付义务，乙公司和丙公司拒付的理由为系争大楼经营惨淡。一审法院认为，在上述1、2两部分事实中甲公司构成违约行为，但在第3部分事实中乙公司和丙公司在如其所述经营惨淡之时没有及时提出终止合作，而是采取了拒付租金的违约行为，故在防止损失扩大上亦存在过错。

三方存有争议的事实有：

（1）双方未就开业日形成书面确认单，对个中缘由和开业时间各执一词。在本案中，甲公司表示开业时间不清楚，乙公司和丙公司认为2013年1月方才进场。但在前述生效判决书中，双方均表示了"2011年11月，系争大楼举行了剪彩仪式并投入实际使用"的陈述；该表述与《聘请经营管理合同》第4-1条"考核年为自然年，2012年1月1日起，至2012年12月31日止为第一年"的约定相符，较为可信。对于开业日书面确认单，应当为双方于交接时合意确认，既然乙公司和丙公司已认可双方办理了场地交接，又提出无书面确认单属甲公司单方违约，一审法院无法认可。

（2）2012年4月1日，某市某区公安消防支队因"存在消防安全检查不合格擅自投入使用"作出行政处罚。究其原因，乙公司和丙公司认为有消防水泵房漏水、电线外露、水井无标识等问题，甲公司未予整改；甲公司认为2011年消防验收已达标，乙公司和丙公司实际经营后，私自引进二手车交易经营户并将停车场向社会车辆开放，带来严重消防隐患。因当事人各执一词、对对方制作的函件真实性均不予认可，依据现有证据，一审法院考虑到系争大楼建设工程、公共区域内装修工程分别于2011年2月9日和10月13日经消防验收达标，上述行政处罚的时间节点是在乙公司和丙公司进驻、大楼投入实际使用之后；围绕消防不合格原因，现乙公司和丙公司提出的主要是消防设施、公用场所维护等方面，而这些内容恰为《聘请经营管理合同》第2-2条第3项应由乙公司和丙公司承担的系争大楼运营、维护（包括消防工程）的义务，退一步说，即使不认定2012年消防验收不合格系乙公司和丙公司违约所致，一审法院对乙公司和丙公司基于该部分事实主张甲公司构成违约的抗辩，难以支持。

（3）关于未移交系争大楼设施及资料，乙公司和丙公司提出由于甲公司拖欠工程款，工程队拒绝将一些重要设施开放使用，并出现锁门两次、断电一次的过激行为；甲公司则认为工程队占用设施的行为非属甲公司违约。一审法院认为，双方均认可系争大楼实行了场地交接，对于大楼中设施、资料的移交也确为甲公司应履行的义务，即使因工程队侵权所致未有效移交，仍应由甲公司向乙公司和丙公司承担违约责任。

（4）关于系争大楼装修不到位，乙公司和丙公司提出大楼存在楼体漏水、空调无法使用等问题，甲公司构成违约；甲公司认为设备出现个别问题是正常情况，甲公司一直在积极履行维护义务，非属违约行为；至于工程装修，《补充协议》和《花市装修费用协议》约定由甲公司先行支付装修费用，乙公司和丙公司再根据具体部位分担费用后返还给甲公司；若系用于日常经营的维护装修，则依据《聘请经营管理合同》约定由乙公司和丙公司承担，故装修不到位的责任不应全部由甲公司承担。乙公司和丙公司对《花市装修费用协议》的真实性无异议，确认其法定代表人周某曾在该份协议上签章，但提出因甲公司拒绝签章，该份要约邀请已经失效。一审法院认为，系争大楼的工程装修事宜主要在《花市装修费用协议》中予以规定，该份协议系扫描件，乙公司签章完整，而甲公司未予签章，故协议的形式要件在订立之时有所欠缺，但其后甲公司积极履约，不仅依约委托审计单位对系争项目大楼室内装修工程造价进行审价，审计单位也于2012年8月出具审价报告，2014年7月28日按照《花市装修费用协议》对工程造价进行拆分；而且甲公司确已按照审价金额全额支付了装修费用，以实际履约行为补足了协议形式要件的欠缺，结合三方当事人对该份协议的真实性没有异议，故一审法院对甲公司与乙公司之间的《花市装修费用协议》的效力予以认可。依据该协议，过道立面的装修费用由双方各半承担，公共部位的装修费用由甲公司承担，商铺内部装修由乙公司承担，即工程装修费用具体部位采用双方分担的方式。结合《聘请经营管理合同》中乙公司和丙公司承担系争大楼运营、维护义务的约定，故装修问题需区分是工程装修，还是维护装修，以及所涉及的具体装修部位，才可定性违约主体，一审法院将针对本诉诉请3及反诉诉请3具体判定。

（5）关于怠于了解项目经营状况，乙公司和丙公司认为甲公司不派驻财务人员构成违约，甲公司则提出财务人员因乙公司和丙公司原因无法进入系争大楼，乙公司和丙公司也没有主动上交所收账款。一审法院认为，双方对于甲公司财务人员没有进驻大楼属于何者违约的观点不同，但都没有直接证据证明己方说法，考虑到甲公司是否派驻财会人员仅仅影响的是单个财会人员的工资归属问题，并不免除乙公司和丙公司按约应当缴纳租金的义务，故即使甲公司未派驻人员，乙公司和丙公司也应主动按约上交所收款项，甲公司就该部分事实不存在违约行为。

针对争议焦点3，关于本诉诉请2租金数额的认定，甲公司表示其不掌握系争大楼的实际运营，故对乙公司和丙公司经营期间租金、管理费等收入并不知情，向法院提出审计申请，本诉诉请2租金20,547,000元的计算方式（1,600万元/年×67％×23个月/12个月）是以《聘请经营管理合同》及《补充协议》为据；乙公司和丙公司未申请审计，提供了系争大楼小商户"合同收款情况表"自认实收租金8,896,407.50元，其中包括2013年8月21日由某商业经营管理有限公司（以下简称"商业公司"）运营副总监窦某某签署的"花博中心文件签收单",其上记载收款情况为:349户租赁户合同金额12,420,167元,实收金额8,896,407.50元,其他杂费约120万元。经审计,乙公司和丙公司在2012年1月至2013年11月期间收到租金等各项收入5,077,814.49元,与乙公司和丙公司自认数额相差近400余万元,审计单位解释是根据乙公司和丙公司提供的会计资料查证租金收入,丙公司并未提供租赁户租借商铺的原始台账记录(即租赁户入驻时间、退租时间、应收租金、已收租金等的统计台账),故审计查证数据无法核对。对于审计结论与乙公司和丙公司自认数额差异,甲公司表示同意按照乙公司和丙公司自认数额8,896,407.50元作为系争大楼实收租金。一审法院认为,鉴于系争大楼是由乙公司和丙公司实际经营管理,现乙公司和丙公司提交的证据自认在2012年至2013年11月期间实收租金收入8,896,407.50元,甲公司亦对此予以认可,故一审法院予以确认。考虑到该实收租金数额,与《补充协议》中约定的1,600万元/年差距较大,更无须提及审价报告查证的金额507万余元收入与之差距更大,可以看出甲公司前述违约行为确实对乙公司和丙公司的招商引资及经营工作,产生了较为不利的影响,故一审法院将综合全案事实合理调整乙公司和丙公司应当支付的租金数额。

针对争议焦点4,关于本诉诉请3甲公司装修费数额的认定,甲公司提出装修工程造价经审计单位审定为15,639,797元,根据《花市装修费用办议》中各方约定的具体部位分担方式,其于起诉时估算乙公司和丙公司应当分担的装修费数额为400万元。在本案审计中,由审计单位依据《花市装修费用协议》约定对工程造价进行拆分,出具"关于花市装修费用分摊报告",其中双方承担的费用为5,878,566元,甲公司承担的费用为9,333,977元,乙公司承担的费用为427,254元。甲公司表示同意按照该"分摊报告"拆分价格计算,乙公司和丙公司应返还代付的装修费3,366,537元(计算方式为5,878,566/2+427,254)。乙公司和丙公司则提出《花市装修费用协议》已经失效,且甲公司对自有房屋进行装修的花费与本案不具关联性。一审法院认为,《聘请经营管理合同》与《花市装修费用协议》的效力一审法院予以认定,依据上述协议约定,直至为期5年的合同履行期满,甲公司应承担的工程装修费用为12,273,260元,乙公司和丙公司应承担的装修费用为3,366,537元。但需要考虑的是,双方之间的《聘请经营管理合同》及《补充协议》已于履行约2年时提前解除,工程装修的价值在合同解除后是归属甲公司享有的,所以乙公司和丙公司应当返还的工程装修费实为上述装修价值在2年间的折旧费用,一审法院将综合全案事实酌情认定。

针对争议焦点5,关于反诉诉请2所涉8号小楼使用权归属问题,乙公司和丙公司提出《补充协议》中约定了8号小楼由乙公司经营管理和使用,而且乙公司和丙公司确实为之装修并实际使用2年时间,在商业公司运营副总监窦某某于2013年8月21日签收的《花博中心文件签收单》上写明8号小楼装修支出494,262.50元;甲公司则认为《补充协议》只是约定了乙公司和丙公司享有优先使用权,但双方对租赁管理8号小楼没有再作约定,故8号小楼使用权与本案无关,即使《花博中心文件签收单》已由商业公司签收,但对内容其不予认可。一审法院认为,《补充协议》中关于"8幢小楼在同等条件下优先由乙方进行租赁管理"的约定,并非对8号小楼经营管理权归属的明确约定,特别是在本案中三方当事人已经同意解除合同的背景下,系争大楼与8号小楼的经营管理权理应归属于甲公司所有,故依法驳回乙公司和丙公司提出的甲公司将8号小楼交还乙公司经营使用的反诉诉请。

针对争议焦点6,关于反诉诉请3所涉利息损失、系争大楼的装修费用、8号小楼装修费用及经营亏损数额的认定问题,乙公司和丙公司提出利息损失766,700元的诉请依据是系争合同未正式履行,而未履行是因甲公司违约所致,三方当事人之间没有结算过,甲公司应赔偿乙公司和丙公司已支付440万元的利息损失;乙公司和丙公司为了经营需要补充装修系争大楼3,502,520元、8号小楼499,291元,应由甲公司赔偿;项目经营亏损5,115,514元,系乙公司和丙公司账簿记载逐项累计,应由甲公司赔偿,且2013年8、9月间商业公司运营副总监窦某某与乙公司和丙公司法定代表人周某签署两份《会议纪要》,明确系争大楼不再按约定的保底模式经营,利润与亏损双方三七分成,以证据12、13、16、18为据。甲公司认为,证据12、16、18均系乙公司和丙公司单方制作,且与本案没有关联性故不予认可,其中乙公司和丙公司提出的利息损失诉请没有相应依据,相反应由乙公司和丙公司支付逾期支付租金的违约金;系争大楼与8号小楼装修费用诉请也没有相应依据,双方没有约定由乙公司和丙公司装修,而是约定由甲公司先行装修,乙公司和丙公司以租金形式返还;经营亏损诉请亦没有相应依据,因《聘请经营管理合同》及《补充协议》中已约定乙公司和丙公司采取保底经营模式,其亏损与否都与甲公司无关,至于乙公司和丙公司提交的《会议纪要》上记载"以上两点已托窦总呈至商业公司,请沙总做批示",仅可视为双方对经营情况交换过意见,其后未能形成合意签署书面协议,故对两份《会议纪要》的证明内容不予认可。一审法院认为,乙公司和丙公司提交的证据13《会议纪要》因涉利润分享、亏损分担内容,内容上属于系争合同重大条款变更,但形式上仅有窦某某与周某个人签名,双方公司均未加盖公章,窦某某作为商业公司运营副总监,无权代表甲公司对系争合同作出实质性变更,其上"以上两点已托窦总呈至商业公司,请沙总做批示"的约定更可印证此节。在双方约定保底经营模式的背景下,乙公司和丙公司反诉请求甲公司赔偿经营亏损则无从谈起,一审法院依法予以驳回。关于乙公司和丙公司提出的系争大楼装修损失、8号小楼装修损失,因合同解除之后,装修价值全部由甲公司享有,理应由甲公司予以赔偿,但乙公司和丙公司提交的证据12、16、18系单方制作,现甲公司不予认可,故一审法院对于乙公司和丙公司主张的装修损失综合全案酌情予以考虑。关于乙公司和丙公司反诉主张的利息损失诉请,因三方当事人均存在违约行为,故一审法院将其与甲公司本诉提出的迟延支付租金的违约金诉请折抵后,酌情予以认定。

综上所述,三方当事人在合同履行期内均存在违约事实,如甲公司未取得系争大楼的产权证明、拒绝签署与租赁户的三方协议、部分设施未有效移交等行为显属违约,乙公司和丙公司未按约支付租金亦属违约,各方应各自承担相应的违约责任。甲公司表示《聘请经营管理合同》中违约金计算标准"每日千分之五"过高,自愿予以降低,一审法院将以双方实际损失为基础,兼顾合同履行2年内的实际情况、当事人过错程度以及预期利益等综合因素,根据公平原则和诚实信用原则予以衡量。相对而言,合作经营前期以甲公司违约为主,但随着合作经营延续,乙公司和丙公司对甲公司前述违约行为理应明知,在未及时防止损失扩大方面双方均存在过错,故一审法院综合全案事实,酌情认定甲公司、乙公司和丙公司的过错比例为 7∶3。以此为前提，本案结合本诉租金、装修费、违约金诉请金额，以及反诉装修损失、利息损失诉请金额，将所涉费用一并累计、冲抵后，酌情认定乙公司和丙公司在扣除已支付的 440 万元之外，还应支付甲公司费用合计 500 万元。

【一审法院判决】

据此，一审法院依照《中华人民共和国合同法》第六十条第一款、第九十七条、第一百零七条、第一百一十四条、第一百一十九条、第一百二十条、第三百九十六条、第四百零一条、第四百零五条、第四百一十条、《最高人民法院关于适用〈合同法〉若干问题的解释（二）》第二十九条第二款、《最高人民法院关于民事诉讼证据的若干规定》第二条的规定，判决如下：一、解除甲公司与乙公司于 2011 年 7 月 28 日签订的《聘请经营管理合同》以及 2011 年 8 月 8 日签订的《补充协议》，乙公司和丙公司应于判决生效之日起十日内退出某国际花艺家饰博览中心项目，并与甲公司办理交接手续；二、乙公司和丙公司应于判决生效之日起十日内支付甲公司费用合计人民币 5,000,000 元；三、对甲公司的其余诉讼请求不予支持；四、对乙公司和丙公司的其余反诉请求不予支持。如果未按判决指定的期间履行给付金钱义务，应当依照《中华人民共和国民事诉讼法》第二百五十三条之规定，加倍支付迟延履行期间的债务利息。本诉案件受理费 201,800 元，由甲公司负担 141,260 元，乙公司和丙公司负担 60,540 元；反诉案件受理费 40,494 元，由甲公司负担 28,345.80 元，乙公司和丙公司负担 12,148.20 元；审计费 211,000 元，由甲公司负担 105,500 元，乙公司和丙公司负担 105,500 元。

【被告上诉】

判决后，乙公司和丙公司均不服，向二审法院提起上诉称：1. 一审判决认定事实不清。甲公司未取得系争大楼的产权证明，拒绝签署与租赁户的三方协议，部分设施未有效移交，拒绝协调消防开业检查等均构成违约，导致《聘请经营管理合同》和《补充协议》一直未正式履行，严重影响了乙公司和丙公司招商和市场运营管理，保底条款事实上无法执行。一审判决虽然认定过错的比例为 7∶3，但在核算赔偿金时仍然按照保底条款计算乙公司和丙公司应付租金等费用，忽略了乙公司和丙公司的经营损失，偏袒甲公司。2. 合作双方从未签署过《花市装修费用协议》。乙公司在该协议上签字盖章是基于双方之前签署的《合作意向书》约定的合作期为 15 年，由于正式签署的《聘请经营管理合同》只约定了 5 年的合作期，该份《花市装修费用协议》并未最终签署。甲公司委托第三方装修并进行审计，均是甲公司的单方行为，对乙公司和丙公司没有约束力。一审判决以甲公司实际履行行为促成合同成立并生效，进而判决乙公司和丙公司分摊装修费用，缺乏事实和法律依据。3. 一审判决适用法律错误。甲公司行使法定解除权导致涉案合同被解除，应当向乙公司和丙公司支付合理报酬。一审判决认定双方均构成违约，应当分别向对方承担违约责任，但判决仅支持了甲公司主张的损失，而未支持乙公司和丙公司的损失主张，有失公平。综上所述，请求二审法院撤销一审判决第二、第三、第四项，驳回甲公司除判决主文第一项外的诉讼请求，改判甲公司赔偿乙公司和丙公司利息损失 766,700 元、8 号小楼装修费用 499,291 元、经营损失 5,115,514 元，共计 6,381,505 元。

【被上诉人答辩】

甲公司答辩称：1. 乙公司和丙公司于2011年11月已实际开业经营，但之后以种种理由拒绝交纳租金等费用，已构成违约，严重侵害了甲公司的利益，才导致甲公司拒绝签署三方租赁协议。涉案大楼系甲公司开发，已取得工程规划许可证和施工许可证，并通过竣工验收和消防验收，符合国家将物业投入使用的法律法规规定。乙公司和丙公司自合同签订后至起诉前从未提出不具备产权证明影响其经营的问题。甲公司已经向乙公司和丙公司移交了全部物业，之后乙公司和丙公司在经营过程中未尽维护义务被消防处罚，不能要求甲公司承担责任。《聘请经营管理合同》和《补充协议》约定的保底条款，是双方真实意思表示，乙公司和丙公司无论盈亏至少要按照保底条款支付费用。乙公司和丙公司作为专业从事展贸业务的服务管理公司，理应知道《聘请经营管理合同》中委托经营管理的经营风险。乙公司和丙公司在不能完成经营指标的情形下，为转移违约事实，将责任全部推给甲公司于法无据。一审判决并未按照每年1,600万元的保底费用计算，实际上是甲公司的利益受损，甲公司之所以没有上诉是想尽快解决纠纷。2. 甲公司认可《花市装修费用协议》，甲公司已经进行了装修，并且支付了全部费用。上述协议也没有约定基于15年的合作期才发生装修费用的分摊，双方在《补充协议》中也约定装修费用由双方分摊，乙公司和丙公司应承担的部分先由甲公司支付，再由乙公司和丙公司以租金的形式返还。乙公司和丙公司使用该物业至今已经4年多了，一审判决按2年计算分摊装修费已明显过低。综上所述，请求二审法院驳回上诉，维持原判。

【二审法院认定】

二审法院经审理查明：一审法院查明的事实属实，二审法院予以确认。

【二审法院认为】

二审法院认为：《聘请经营管理合同》及《补充协议》成立有效，对各方当事人均具有法律约束力。按照约定，甲公司委托乙公司和丙公司经营管理"某国际花艺家饰博览中心"，乙公司和丙公司负责该项目的市场招商和经营管理、负责系争房产及其设施、设备的维护，代甲公司向经营商户收取租金以及管理费用，在按约支付甲公司保底收费额后，甲公司按收费额的一定比例支付乙公司和丙公司报酬。上述合同签订后，涉案的大楼于2011年11月投入使用，双方已办理了场地交接，虽未就开业日形成书面确认单，但该市场已经开业，乙公司和丙公司主张上述合同未正式履行，不能成立。合同履行过程中，乙公司和丙公司除在2011年9月29日预付租金240万元外，未按约与甲公司结算收费款项，甲公司提出因乙公司和丙公司的原因无法按约派驻财务人员收款，无法了解市场经营状况，为此，双方发生争议。甲公司在签署了少量的三方租赁协议后，拒绝签署后续租赁协议，同时，甲公司移交的房屋及设备部分出现问题，有双方多份函件往来为证，客观上对乙公司和丙公司的经营管理造成不利影响。因此，一审法院认定各方在合同履行过程中均存在违约行为，应各自承担相应的违约责任，并无不当。

《聘请经营管理合同》和《补充协议》明确约定，乙公司和丙公司每年支付甲公司的保底费用不得低于1,600万元，超出部分按67%和33%分成，其中33%作为甲公司支付乙公司和丙公司的报酬（管理费用），乙公司和丙公司若不能完成规定的指标，甲公司有权提前终止协议。上述内容是合同双方的真实意思表示，对各方当事人均具有法律约束力，乙公司和丙公司作为受托经营方理应知晓其经营风险。一审法院将上述条款作为判定乙公司和丙公司支付甲公司费用的依据并无不当。鉴于各方当事人在合同履行中均存在违约行为，致使乙公司和丙公司至2013年8月21日实收租金和管理费共计8,896,407.50元，远低于合同约定的保底收费额，按照法律规定，应当按照各自违约的过错程度调整乙公司和丙公司应支付甲公司的费用金额。上述保底费用是在乙公司和丙公司发生经营成本和费用的情况下所作的约定，在法院大幅调整乙公司和丙公司应支付的费用后，乙公司和丙公司再提出甲公司赔偿其经营亏损，不能成立。由于乙公司和丙公司的已付款金额低于应付款金额，其要求甲公司赔偿已付款利息损失的请求，也不能成立。

关于大楼装修费用分摊一节，甲公司提供的《花市装修费用协议》由乙公司签字盖章，甲公司虽然未在该协议上签章，但已经委托第三人装修、审计，并支付了全部装修费用，一审法院以甲公司已经实际履行了该协议为由认定该协议成立并生效，并无不当。尽管甲公司和乙公司签署的《合作意向书》约定的合作期为15年，而后签订的《聘请经营管理合同》约定的合作期为5年，但双方之后签订的《补充协议》仍然约定乙公司按约应承担的装修费用由甲公司代为支付，乙公司以租金的形式返还，说明合作期限变更之后双方有关分摊大楼装修费用的约定并没有改变，故乙公司和丙公司主张分摊大楼装修费用须以合作期限15年为条件，不能成立。按照《花市装修费用协议》的约定，至5年合同期满，乙公司和丙公司应承担的装修费用为3,366,537元。现5年合同期限即将届满，乙公司和丙公司实际使用该大楼至今，应承担相应的装修费用。另外，根据《补充协议》的约定，8号小楼在同等条件下优先由乙公司租赁管理，乙公司和丙公司据此对8号小楼进行了装修并实际使用了2年，一审法院综合双方的证据酌情支持了其部分装修损失，乙公司和丙公司要求全部支持，依据不足，也不能成立。

【二审法院判决】

综上所述，一审法院根据各方当事人的履约行为，兼顾各方的违约过错以及实际损失等因素，将甲公司主张的应付费用、逾期付款违约金、应分摊装修费用，与乙公司和丙公司主张装修损失等冲抵后，判决乙公司和丙公司还应支付甲公司500万元，尚属合理。乙公司和丙公司的上诉请求不能成立，二审法院不予支持。一审法院认定事实清楚，所作判决并无不当。依照《中华人民共和国民事诉讼法》第一百七十条第一款第（一）项之规定，判决如下：驳回上诉人乙公司、丙公司的上诉，维持原判。二审案件受理费人民币90,089元，由上诉人乙公司、丙公司负担。本判决为终审判决。

【律师评析】

本案是一起因房地产公司委托经营管理地产项目而引起的委托合同纠纷。在本案中，甲公司将"某国际花艺家饰博览中心"委托给乙公司和丙公司进行经营管理，约定双方应各自承担的工作和费用，合作近四年，最终却因双方均出现违约行为而导致项目无法经营，从而合同解除，双方对簿公堂。从本案一审的审理情况来看，一审法院就此案归纳了6个审理焦点，主要涉及了合同的成立与生效、违约行为的认定、违约责任的承担这三个合同纠纷中常见的问题。鉴于本案一、二审法院在审理中多次对甲公司、乙公司和丙公司签订多份合同和文件的成立与生效问题进行了论证，故本文也对这一问题稍做分析。

本案涉及的甲公司、乙公司和丙公司签订的合同与文件主要有《聘请经营管理合同》《补充协议》与《花市装修费用协议》。上述合同与文件均存在一定的形式上的瑕疵。

对于《聘请经营管理合同》和《补充协议》，这两份合同均采用书面形式订立，约定甲公司、乙公司和丙公司均为合同的当事人，但由于合同签订时丙公司尚未注册成立，故又约定由丙公司注册成立后补回签字与盖章。最终，丙公司并未在上述两份合同上签字盖章。合同未经丙公司签字盖章，是否可以对丙公司产生合同的约束效力？法院的答案是肯定的。对此，法院认为：第一，丙公司其实早已于2011年7月11日即已注册成立，而上述合同是在其后的7月28日才签署，故丙公司未依约在其上签章，存在不合情理之处；第二，乙公司与丙公司实为关联企业，法定代表人都是同一个人，上述合同也在乙公司处留存，故丙公司对合同查阅、盖章的便利条件已经具备，理应知道合同的内容；第三，从合同的履行情况来看，丙公司确为经营管理系争大楼的主体，实际履行了合同约定的义务。根据我国《合同法》第37条的规定："采用合同书形式订立合同，在签字或者盖章之前，当事人一方已经履行主要义务，对方接受的，该合同成立。"据此，法院认定《聘请经营管理合同》和《补充协议》均对甲公司、乙公司和丙公司发生法律效力。

对于《花市装修费用协议》，该合同采取书面形式订立，却仅有乙公司的签字盖章，没有甲公司的签字盖章。本合同的情况实际上与上述《聘请经营管理合同》和《补充协议》的情况类似。甲公司虽然未在本合同上签章，但已经委托第三人装修、审计，并支付了全部装修费用。故乙公司认为本合同因没有甲公司的签章而未成立，法院对此不予以支持。

由上述分析可以看出，合同当事人约定采用书面合同却未在书面合同上签字盖章的，不一定会影响合同的成立。合同是否成立，应当看合同当事人之间是否达成了合意。当事人虽未在合同上签字盖章的，但已用实际行动履行合同约定的主要义务，就可反映出当事人已就合同的内容达成了合意，合同就此成立。

【律师建议】

对于会展企业而言，可从本案中得到的启示有：第一，企业应当建立完善的合同管理制度，谨慎对待合同的磋商、签订与保管流程。从本案可看出，合同并不一定会因一方未签字盖章而不成立，故企业在签订合同时应当更加谨慎。第二，在合同磋商阶段，企业应当对其中的经营风险与收益作出衡量，对合同条款进行相应的调整。在本案中，乙公司与丙公司未对合同项目、交易对手的情况进行深入的调查，盲目签下保底条款，最终导致项目无法取得预期收益，即便法院针对双方均有违约的事实酌定减少了保底款项，但乙公司与丙公司还是付出了不少的代价。因此，对于企业重大项目，特别是涉及保底条款的，企业更应当谨慎地调查项目的状况与项目所有人的情况，在合同中增加对保底条款的约束条款，约定项目所有人的违约责任，从而更好地维护企业自身的权益，平衡实施项目的风险与收益。

【精选案例 13】

未签订书面展览合同，因举证不能起诉被法院驳回

【引言】

展览合同纠纷是会展业最为常见的纠纷类型之一。本案原告 S 国际广告展览有限公司一审、二审均败诉。其败诉的原因在于原告向法庭提交的用于证明其与被告之间存在展览合同关系的证据未能获得法院的采信。

【案由】

展览合同纠纷。

【诉讼地位】

原告、上诉人。

【案例来源】

S 国际广告展览有限公司（以下简称广告公司）与 B 工艺品贸易（上海）有限公司（以下简称 B 公司）展览合同纠纷二审民事裁定书。

【原告诉请】

1. B 公司立即支付广告公司拖欠的参展费用 35,022 欧元，折合人民币 281,301 元；2. B 公司承担本案诉讼费、保全费。

【一审法院认定】

2012 年 5 月 25 日，M·B 发送给 D·P 一封邮件，内容为"P，现在的发票信息如下，百鹤高画廊，比利时克诺克－海斯特市×××号××胡同大街 XXX 号，预定 74 平方米展位，展位费 51,800 欧元，广告费 1,000 欧元，参展商名录费用 1,080 欧元，合计 53,880 欧元。"2012 年 6 月 15 日，广告公司发给 W·B 一封邮件，内容为"尊敬的 W·B 女士，非常感谢您确认贵画廊在 2012 年某国际艺术精品展览会参展的场地。我们更高兴能欢迎贵画廊来参展。谨确认展位预定，请见附件发票，不知您是否能按照发票上的详细说明安排定金预付呢？感谢您的合作，祝好。"邮件抬头为 W·B，BHG 画廊总经理，克诺克－海斯特市×××号××胡同大街×××号。发票中显示的公司名称为 BHG 画廊，地址为比利时克诺克－海斯特市×××号海岸胡同大街×××号，合计参展费用 53,880 欧元，已到期应付款为总金额的 35%即 18,858 欧元。2012 年 6 月 27 日，

广告公司再次发邮件，内容为"尊敬的W·B女士，谨确认你参与2012年上海国际艺术精品展览会，我确信您现在已经收到了发票。我只是想跟您核对下现在已经到期了的18,858欧元的预付定金。若您能确定安排付款的时间，我们将非常感谢。"2012年7月，B公司支付广告公司人民币152,160元，付款用途显示为货款。2012年11月3日至11月11日，广告公司在上海展览中心举办了2012上海国际精品艺术展览会（SFJAF），展出内容为书画、珠宝、奢侈品和古董。2012年10月10日，比利时BHG画廊托运了16副油画供展览并销售，收货人为保昌国际货运代理（上海）有限公司。2012年10月22日，该批货物从比利时至香港至浦东。2012年11月26日，广告公司通过保昌国际货运代理（上海）有限公司申报16幅画出口报关，其中8幅画运至比利时，8幅画运至香港，备注显示先进后出。经广告公司多次催告，B公司未支付剩余65％的参展费用。

【一审法院认为】

本案无书面的参展合同，原告广告公司出具的参展费发票，发票抬头为比利时BHG画廊；即便按照广告公司所述发票是根据B公司要求开具的，但从双方往来邮件来看，广告公司于2012年6月15日的邮件中确认的是BHG画廊参展，广告公司与之联系的人员W·B，其身份为比利时BHG画廊总经理，广告公司于2012年6月27日的催款邮件亦是发送给W·B的；广告公司提交的展会现场照片、展会会刊，同样介绍的是BHG画廊。B公司提供了比利时BHG画廊为参加此次展出从比利时托运16幅画参展，参展结束以后再托运送回的证据，广告公司虽予以否认，但对具体参展画的数量不清楚，对于参展的画并非托运的16幅画也没有提供证据。即使被告B公司有代付部分参展费的行为，但并不能就此认定B公司就是展览合同的相对方；广告公司虽提供了预付款的增值税发票，但没有证据证明B公司收到了该发票并进行了抵扣的事实。再者，广告公司虽提出上海BHG画廊的经营地与B公司一致，上海BHG画廊是B公司开办，但根据广告公司提供BHG画廊的介绍资料和B公司的工商登记信息显示，上海BHG画廊是2008年在上海开设的，B公司是2010年才成立。现广告公司仅依据B公司支付预付款的行为便认定广告公司、B公司间存在展览合同关系依据不足。

【一审法院判决】

驳回广告公司起诉。一审案件受理费人民币5,519.50元，退还广告公司；财产保全费人民币1,926.50元，由广告公司承担。

【原告上诉】

B公司实际是PATRICK HECTOR CHARLES BERKO夫妻创办，并由其子M·B负责经营。该公司在上海成立B公司，也由M·B实际负责经营，M·B通过广告公司首席运营官向广告公司预订参展展位，并明确发票开具给其国外总部，所定展位面积及各项展位费用明细，B公司实际支付了预付款义务，按约享受参展权利，收取广告公司开具的购货单位名称为B公司的增值税发票入账，故广告公司与B公司参展合同关系清楚，B公司是作为被告的适格主体，广告公司并未与B公司的国外总部建立过参展合同关系。一审法院将本案裁定驳回起诉属适用法律错误。广告公司请求撤销原裁定，将本案发回一审法院继续审理。

【被上诉人答辩】

被上诉人B公司答辩称：其与广告公司并不存在参展合同关系，与广告公司存在合同关系的是比利时艺术馆，广告公司所举证据也都指向该艺术馆，参展的画也来自比利时并于展后运回，B公司并未实际参展。M·B并非其工作人员，而是另与广告公司签订了协议的合作伙伴。B公司只是基于在比利时的私人关系而受托代付预付款，并未收到广告公司开具的增值税发票，故一审法院作所裁定并未适用法律错误，B公司请求驳回上诉，维持原裁定。

【二审法院认为】

广告公司与B公司并未签订过书面参展合同，亦无证据显示参展作品来自B公司，或B公司实际参展的事实。而现有证据证明广告公司所主张的参展费，无论广告公司关于预订展位的来往邮件、参展作品的进出渠道，还是广告公司所开具发票的对象均指向比利时的BHG画廊。同时，B公司系作为香港企业的B有限公司于2010年投资设立，广告公司提供的相关介绍资料里所显示上海BHG画廊成立于2008年，且并无证据证明M·B是B有限公司或B公司的实际经营者，以及M·B向广告公司预订展位的行为系代表B公司作出。可见，广告公司认为B公司是参展合同相对方的上诉意见，并无事实和法律依据，二审法院不予采信。另，广告公司于2012年6月即开具相关参展费用发票给BHG画廊，却在本案一审中又提供了两张开票日期为2012年12月26日、购货单位为B公司、金额对应的参展费增值税发票，并在一审中称因通知B公司领取上述发票被拒而邮寄交付，二审中又称系当面交付给B公司的工作人员。对此，B于本案的一、二审期间均明确表示从未收到过上述发票，但广告公司既未提供B是否对上述发票予以抵扣的证明，亦未对上述发票是否经抵扣提出查证申请，可见，广告公司关于向B公司开具并交付参展费增值税发票的陈述矛盾，就同一项业务在不同时间向不同对象分别开具发票不合常理，故二审法院对其此项上诉意见亦不予采信。综上所述，一审认定事实清楚，适用法律正确，所作裁定并无不当。

【二审法院判决】

二审法院依照《中华人民共和国民事诉讼法》第一百七十条第一款第（一）项之规定，判决如下：驳回上诉，维持原裁定。本裁定为终审裁定。

【律师评析】

展览合同纠纷是指一方与他方约定，由一方提供美术作品、摄影（图片）、书法碑帖、篆刻、古代和传统服饰、艺术收藏品、专题性文化艺术，以及产品、物品、技术或者服务等，他方负责布展、展品运输、安全保卫以及其他具体展览事项并取得报酬的合同引发的争议。展览合同纠纷是会展业最为常见的纠纷类型之一。

本案原告S国际广告展览有限公司一审、二审均败诉。其败诉的原因在于原告向法庭提交的用于证明与被告之间存在展览合同关系的证据未能获得法院的采信，从而承担了举证不能的法律后果。

本案例涉及民事诉讼的举证责任问题。所谓举证责任，是指当事人应当对自己主张的事实举证，不能举证的一方当事人承担主张的事实不能成立的后果甚至败诉后果（即举证不能的法律后果）。民事诉讼遵循"谁主张，谁举证"的原则。《民事诉讼法》第六十四条规定:"当事人对自己提出的主张,有责任提供证据。"根据此条的规定,当事人在民事诉讼中对自己所主张的事实,有提供证据加以证明的责任。

本案中,原告与被告之间没有展览合同,但原告主张与被告存在展览合同关系。为证明双方虽没有书面的展览合同但存在事实的展览合同关系,原告提交了发票、记录发票的邮件、催款邮件及被告支付35%展览费用的凭证。对于原告的举证,被告认为发票、记录发票的邮件、催款邮件等证据仅能证明原告与M·B有关系,并不能证明与B公司有关系,B公司没有参展,所支付的款项是代付。再加上原告开具的发票对象指向比利时的BHG画廊而非B公司。最终法院以原告所举证据不能证明与被告存在展览合同关系驳回原告的起诉。

【律师建议】

对原告而言,本案的教训是:一是没有与对方签订书面的展览合同。也许,对会议展览业而言,没有签订书面的展览合同是司空见惯的事。但是,当双方合作出现纠纷时,书面合同则是诉讼当事人制胜的法宝。如果本案原告与对方签订了书面合同,就不会出现合同主体(合同相对人)不明的问题,对方也就不会有机会以M·B、B公司进行抗辩了。会展业同仁应该谨记,完备的书面合同对于保证交易安全及维系与客户之间的长久关系十分重要。建议尽可能与客户签订一式多份的书面展览合同,保持多份合同内容的完全一致并妥善保存。二是证据瑕疵明显。原告不能证明M·B与其邮件往来系代表B公司;开具的发票对象也不是B公司,且"就同一项业务在不同时间向不同对象分别开具发票",极不符合常理;虽能证明收到B公司支付的款项,但B公司主张是代付,付款内容是"货款"而非展览费。因此,会展企业在进行交易的过程中,应当注重交易流程的规范性,注意保存相关联系人的名片、往来邮件、聊天记录等书面或电子证据,以防范纠纷的发生。

【精选案例14】

开发出售的国际采购中心房屋交付条件存争议，展览公司被告支付预期交楼违约金

【引言】

某市甲贸易有限公司向法院起诉称，其与某市乙展览有限公司签订的购买某国际采购中心A-1栋2层×××房《某市商品房（一手现房）买卖合同》，乙公司未按约定期限交付涉案房屋，构成违约，应按购房总价款的日0.01%标准向其支付违约金。其实，案涉房屋已经办理了房地产权证，但甲公司认为乙公司不能提供"竣工验收备案表"且房产所在的公共区域没有安装公共手扶电梯，不符合交付条件，故主张乙公司应按合同约定支付逾期交楼违约金。

【案由】

房屋买卖合同纠纷。

【诉讼地位】

被告、被上诉人。

【案例来源】

某市甲贸易有限公司与某市乙展览有限公司房屋买卖合同纠纷一案。

【原告诉请】

甲公司于2016年5月19日向一审法院提起本案诉讼称，我方与乙公司签订了《广州市商品房（一手现房）买卖合同》，根据合同第十二条的约定，乙公司应当在2016年1月1日前向我方交付涉案房屋，但时至今日，乙公司并未将涉案房屋交付给我方，已经构成违约，根据合同第十一条的约定，乙公司应当按照购房总价款的日0.01%的标准向我方支付违约金。同时，根据相关法律规定及生效判决书，房屋的交付不仅应当符合双方合同约定的交付标准，还应当取得竣工验收备案表。竣工验收备案表为房屋竣工验收的法定必备条件，所以涉案房屋不仅不符合双方合同约定的交付标准，更没有取得竣工验收备案表，不符合交付条件，至今没有实际交付，已经构成违约，理应承担逾期交房的违约责任。请求：1. 判令乙公司立即向我方交付房屋，并按照购房总价款的日0.01%的标准从2016年1月1日起至将取得竣工验收备案表的房屋实际交付给我方之

日止的违约金，暂计至起诉之日为12,687.10元；2. 判令乙公司承担诉讼费用。

【被告答辩】

乙公司一审辩称：不同意甲公司的诉讼请求。涉案房产已符合合同约定的全部交楼条件，并且已经办理了房产证，房产证已交付给甲公司。甲公司所称的竣工验收备案表，并不是双方合同约定的内容，现行的法律法规中也没有明确不具备竣工验收备案表不能交楼。我方按照合同约定的时间向甲公司寄出收楼通知书，甲公司无正当理由拒不收楼，故我方不构成违约。另甲公司提出的手扶梯等公共设施尚未完备的问题，不属于合同约定的交楼条件，但我方也在努力促成该公共设施的完善。综上，不同意甲公司的全部诉讼请求。

【一审法院认定】

一审法院经审理查明，甲公司于2013年8月8日与乙公司签订了编号为××××的某市商品房买卖合同，约定购买某国际采购中心A－1栋2层××××房。合同的第十四条约定：甲乙双方进行房屋验收交接时，甲方应当向乙方提供有关该商品房的下列资料，供乙方查证：（一）规划部门出具的《建设工程规划验收合格证》。（二）建设单位出具的《建设工程竣工验收报告》。（三）消防部门出具的《建设工程消防验收合格意见书》或备案凭证。（四）供水、供气、供电、通邮的永久使用证明材料。（五）人防、环保部门出具的认可文件或准许使用文件。（六）《房地产（住宅）质量保证书》。（七）《房地产（住宅）使用说明书》。（八）《临时管理规约》或《管理规约》。上述文件中，（一）至（五）项应出示原件并向甲方提供加盖乙方公章的复印件；（六）、（七）项应载明水电等设施配置说明、有关设备安装预留位置说明、装修注意事项和建筑节能等有关内容，乙方应提供加盖公章的原件；（八）项应交由甲方填写或签署。上诉文件不全的，视为不符合交付标准，甲方有权拒绝收楼，由此产生的逾期交付责任由乙方承担。甲方应当向乙方提供交存首期物业专项维修资金有效凭证的复印件，并提供原件核对。

一审另查明，甲公司已取得涉案房产的房产证，涉案房产已具备永久水电、排污口。

甲公司一审提交的证据有：某市商品（一手现房）房买卖合同、购房发票、民事判决书、妥投证明、拒绝收楼的函件、《某省房屋建筑工程和市政基础设施施工工程竣工验收及备案管理实施细则（试行）》、《关于商品房买卖合同中商品房交付使用条件有关问题的复函》、媒体报道资料等。

乙公司一审提交的证据有：关于某展览公司跨国采购中心项目永久水电等问题的函；人防工程专项竣工验收备案意见书、人防工程设计专项审查意见书；关于某跨国采购中心建设项目竣工环保验收的函；某国际采购中心住宅使用说明书、住宅质量保证书；初始登记告知书；申请门牌批复通知书、门牌编列示意图；某市排水设施设计条件咨询意见；某市政排接意见排水接驳核准意见书；永久水表安装完毕报告表；关于某跨国际采购中心东区建筑及内部装修工程消防验收合格的意见；展厅、办公楼工程质量监督报告；工程竣工验收报告（建筑工程）；某市建设工程规划验收合格证；临时管理规约。

【一审法院认为】

一审法院认为，甲公司、乙公司于2013年8月8日签订的商品房买卖合同是双方当事人真实意思表示，该合同合法有效。按照合同的约定，甲公司、乙公司双方在房屋交付时，乙公司需交付《建设工程规划验收合格证》等八项资料，文件不全的，视为不符合交付标准。现乙公司已举证证明已将合同中约定的交楼对应交付的资料已全部提交，一审法院予以采信，乙公司交付的有关资料已全部符合甲公司、乙公司双方合同中关于交楼的相关约定。甲公司提出"竣工验收备案表"是房屋交付标准的法定必备条件，乙公司不提供则违反相关规定，并以此作为拒绝收楼的意见，经查，甲公司已取得了涉案房产的房地产权证，是该房屋的所有权人，同时涉案房产亦已具备永久水电、排污功能，证明涉案房产能正常使用，涉案房屋所在的楼盘是否进行竣工验收备案，并取得"竣工验收备案表"，不会影响到甲公司对涉案房产的权利行使。另甲公司提出涉案房产所在的公共区域没有安装公共手扶电梯，不符合交付条件的意见，经查，公共手扶电梯的配备不属于甲公司、乙公司双方合同约定的收楼条件，甲公司的此项主张可通过其他途径解决。综上所述，甲公司拒绝收楼，要求乙公司支付违约金的主张理由不充分，一审法院不予支持。

【一审法院判决】

一审法院依照《中华人民共和国合同法》第四十四条、第六十条、第一百三十六条之规定，作出如下判决：驳回原告某市甲贸易有限公司的全部诉讼请求。本案受理费117元，由原告某贸易有限公司负担。

【原告上诉】

上诉人甲公司上诉请求：1. 撤销一审判决，支持我方的全部诉讼请求；2. 本案一审、二审诉讼费用由乙公司承担。事实和理由：

一、一审法院违反《建设工程质量管理条例》等法律规定，将未在当地建设行政主管部门办理工程竣工验收备案手续的涉案房屋认定为已经竣工验收合格，符合交楼条件，是错误的。1. 根据某省建设厅颁发《房屋建筑工程和市政基础设施施工工程竣工验收及备案管理实施细则》第十二条、第七条、第十六条的规定，涉案房产应当办理竣工验收备案手续，认定合格才能交付使用，而乙公司根本没有按规定对涉案房产办理竣工验收备案手续，更没有获得备案机关对所谓验收合格的认定。但一审法院违反上述规定，支持涉案房产违规交付使用，显然是错误和不公平的。2. 根据某省建设厅"关于商品房买卖合同中商品房交付使用条件有关问题的复函"，已明确"商品房经验收合格，是指该商品房已在当地建设行政主管部门办理了工程竣工验收备案手续"。综上两点，涉案房屋竣工验收合格的标志，是取得竣工验收备案表，没有竣工验收备案表，即视为房屋不符合交楼条件。竣工验收备案手续显然为乙公司的法定义务，也是确定涉案房屋竣工验收合格的标志。而乙公司在诉讼中所提交的竣工验收报告是一份未按国家规定接受监督检查并取得备案机关收讫确认的报告，一审以此作为有效依据是错误的。

二、涉案房屋不仅不符合法律法规规定的交楼条件，更不符合合同约定的交楼条件。1. 一审认定涉案房屋已经取得了合同约定的相关交楼文件是认定事实错误。乙公司提交的一系列的交楼文件均发生在2010年前，此交楼文件并不适用于本案涉案的房屋，即使乙公司提交了相关的交楼文件，也不能证明涉案房屋竣工验收合格，因为本案涉案的房屋是在某国际采购中心东区一、二楼将近2万平方米商场的基础上，从2010年起二次调整规划、报建、分割、建设的一个个几平方米的"格子铺"（该调整规划事实可依职权在建设规划部门查核），所以针对再次分割、建设的"格子铺"，也就是涉案房屋，应取得二次消防验收、规划、竣工验收等相应的交楼条件。所以其提供的交楼文件对涉案房产没有关联性。2. 涉案房屋一、二楼之间至今没有公共扶手电梯，安装公共扶手电梯是乙公司的合同义务，在《商品房买卖合同》附件中有明确标注，合同附件与合同正文具有同等法律效力，同时，安装公共扶手电梯是涉案房屋公共设施部分不可分割的，是能否正常交付使用的必备条件。特别是针对商场，如果一、二楼之间没有公共扶手电梯显然不便于正常经营，更不符合商场惯例，且涉案房屋为二楼，如果没有公共扶手电梯将直接影响到我方的正常生产、经营活动，而非一审认定不影响正常使用，显然是错误的，且没有常识的。

三、一审法院以涉案房屋已经办理了房产证，不影响其房产权益来推论涉案房屋符合交楼条件，严重错误。1. 涉案房屋办理房产证和交付房屋均是乙公司义务，两者没有直接的关联，涉案房屋办理房产证不能免除乙公司交付符合国家规定的交楼条件的义务，更不应导致不符合交楼条件的涉案房屋符合了合同约定及法定的交楼标准。2. 乙公司为我方办理房产证在2013年8月份，而交楼时间在2016年1月1日，显然乙公司办理房产证的义务在先，交楼义务在后，不可能办理了房产证就意味着涉案房屋符合交楼条件。3. 实际上乙公司为我方办理房产证的义务是基于2013年乙公司与案外人陈某签订的诉讼《和解协议》的约定，而非《商品房买卖合同》的约定，所以办理房产证和交付房屋没有任何关系。

四、一审法院就同一涉案楼盘，相同案情的交楼标准，已经多次在判决书或裁定书中认定：房屋验收合格的标志是取得"竣工验收备案表"，所以在没有新的法律法规或司法解释的前提下，同一法院对同一事实理应适用相同的认定标准。在二审庭审中，甲公司补充上诉意见：我方取得的涉案房屋是基于乙公司与案外人陈某签订的和解协议和诉讼和解备忘录，详见我方二审提交的证据，其中备忘录中明确了涉案房屋的交楼标准为取得"竣工验收备案表"，适用于我方和乙公司之间的房屋买卖合同诉讼，在和解协议中明确了乙公司办理房产证的义务与付款方式，所以办理房产证和交楼条件没有任何关系。

被上诉人乙公司经二审法院依法传唤未到庭应诉，亦未提交书面答辩意见。

【二审法院认定】

在二审庭审中，甲公司提交了如下证据：证据1.《诉讼和解备忘录》，证明该备忘录第1.2条明确了乙公司交楼时不仅要取得《工程竣工验收报告》还要有"工程验收备案表"。证据2.《和解协议》，证明涉案房屋在2016年1月1日交付前办妥了房产证，是基于该《和解协议》的履行，而非根据《商品房买卖合同》的约定履行的，所以涉案房屋取得房产证和涉案房屋是否符合交楼条件以及是否视为已经交楼没有直接的关联。证据3.《执行裁定书》，证明：①一审同一法院对于同一涉案楼盘，相同案情的交楼标准，认定为"房屋验收合格的标志是取得竣工验收备案表"；②同一法院就确定竣工验收备案表才是房屋验收合格的标准是有明确的法律依据：如《房屋建筑和市政基础设施工程竣工验收备案管理办法》《建设工程质量管理条例》。

经二审审理查明，一审查明事实无误，二审法院予以确认。另查明：1. 甲公司二审提交的证据中，《诉讼和解备忘录》是由乙公司的代表杨某与案外人陈某于2013年7月25日签订的，没有加盖乙公司的公章；《和解协议》是由乙公司的代表杨某与案外人陈某于2013年7月29日签订的，加盖了乙公司的公章。2. 甲公司于2013年8月8日与乙公司签订的某市商品房买卖合同除了一审查明事实中列举的约定条款外，还约定：第十一条房屋交付，乙公司应当在2016年1月1日前将房屋交付甲公司使用。第十二条延期交房的违约责任，乙公司如未能按本合同规定的期限交房，本合同继续履行，乙公司应自本合同第十三条约定的交房日期的次日起至实际交付之日止，每日按总房款0.01%的标准向甲公司支付违约金。附件七本合同补充协议：第十二条、本合同第九条变更为：乙公司应当在收到甲公司提供的完税证明之日起40日内到房地产登记机构为甲公司办妥《房地产权证》。3. 甲公司与乙公司在一审中均确认：2013年8月19日，甲公司提供了完税证明给乙公司，乙公司于同月为甲公司办妥了《房地产权证》。

【二审法院认为】

二审法院认为：根据最高人民法院《关于适用〈中华人民共和国民事诉讼法〉的解释》第三百二十三条"第二审人民法院应当围绕当事人的上诉请求进行审理。当事人没有提出请求的，不予审理，但一审判决违反法律禁止性规定，或者损害国家利益、社会公共利益、他人合法权益的除外"的规定，本案二审仅对上诉人提出的上诉进行审查。

甲公司、乙公司于2013年8月8日签订的商品房买卖合同是双方当事人真实意思表示，该合同合法有效。

甲公司二审提交的证据符合证据规则的相关规定，可以作为甲公司的证据。审查其中的《诉讼和解备忘录》《和解协议》均为针对就涉案房屋的买卖事宜先后进行约定，《诉讼和解备忘录》在前，没有加盖乙公司的公章，双方在该备忘录中约定"达成初步谅解备忘事项"，《和解协议》在后，双方在该协议中约定"双方经友好协商，达成如下协议"，而该协议中并无约定除该协议约定外的其他事项按备忘录约定的执行。因此，应视为双方就涉案房屋的买卖事宜的约定以在后的《和解协议》为准。该和解协议虽然约定乙公司为甲公司办理房地产权证在前、交付房屋在后，但根据乙公司已为甲公司办妥房地产权证的事实看，相关行政主管部门已经审查并核准涉案房屋在内的楼宇已经符合交付、使用条件，能正常使用。而甲公司、乙公司双方在房屋交付时，乙公司已取得了合同约定的交付条件的文件并将应交付的资料已全部提交给甲公司，在涉案房屋已取得房地产权证的情况下，涉案房屋所在的楼宇是否取得"竣工验收备案表"，不会影响涉案房产的正常使用。在涉案房屋已取得房地产权证后，甲公司认为乙公司交付的房屋仍要取得"竣工验收备案表"才符合交付条件，理由不充分，其该主张二审法院不予采纳。另甲公司提出涉案房屋所在的公共区域没有安装公共手扶电梯，不符合交付条件的意见，经查，公共手扶电梯的配备不属于甲公司、乙公司双方合同约定的收楼条件，甲公司该理由也不成立，二审法院不予支持。因此，甲公司拒绝收楼，要求乙公司支付违约金的主张理由不充分，二审法院不予支持，一审判决处理并无不当。

乙公司经二审法院依法传唤，无正当理由拒不到庭应诉，二审法院依法进行缺席审理。

【二审法院判决】

综上所述，经审查，一审判决查明事实清楚，处理并无不当，二审法院予以维持。甲公司上诉理由不成立，其上诉请求，二审法院予以驳回。依照《中华人民共和国民事诉讼法》第一百七十条第一款第（一）项的规定，判决如下：驳回上诉，维持原判。本案二审受理费117元，由上诉人某市甲贸易有限公司负担。本判决为终审判决。

【律师评析】

本案是一起房屋买卖合同纠纷。本案的被告乙公司与案外人陈某于2013年签订诉讼《和解协议》，本案的原告甲公司基于该协议取得涉案房屋，由此与乙公司签订《商品房买卖合同》。在合同履行过程中，甲公司因认为乙公司交付房屋不符合合同约定的交付条件，故诉至法院。本案涉及《诉讼和解备忘录》《和解协议》和《商品房买卖合同》，法院在审理中针对房屋的交付应符合哪一份文件的交付条件进行了审理。

经审查，法院认为，双方就涉案房屋的买卖事宜的约定应当以《和解协议》与《商品房买卖合同》为准。法院分析，一方面，就《诉讼和解备忘录》与《和解协议》来看，两个文件均是由乙公司与案外人陈某签订的，均就涉案房屋的买卖事宜先后进行约定，《诉讼和解备忘录》在前，没有加盖乙公司的公章，双方在该备忘录中约定"达成初步谅解备忘事项"，《和解协议》在后，双方在该协议中约定"双方经友好协商，达成如下协议"，而该协议中并无约定"除该协议约定外的其他事项按备忘录约定的执行"。而另一方面，《商品房买卖合同》是原告甲公司和被告乙公司签订的，对双方均由约束力。因此，法院针对《和解协议》与《商品房买卖合同》两个合同的交付条件的约定，认为乙公司已按照合同约定交付涉案房屋，不构成违约。对于甲公司认为乙公司必须取得"竣工验收备案表"才符合交付条件的主张，法院认为交付"竣工验收备案表"不是合同约定的房屋交付条件，故对该主张不予支持，驳回了甲公司的诉讼请求。

【律师建议】

本案中乙公司胜诉的关键在于：其在诉讼中提交了竣工验收备案意见书、竣工环保验收函、住宅使用说明书、住宅质量保证书等文件，用充分的证据证明己方已经按照合同约定在交付房屋时向甲公司出示了合同约定的所有文件。对于展览公司而言，在履行合同时，应当严格按照合同约定的方式与时间履行义务，为防止发生纠纷，最好要求合同相对方签收或验收，同时，公司也应当就合同履行中的所有重要文件做好保管工作，为未来可能出现的纠纷做好准备。

【精选案例 15】

展览公司作为承兑申请人未能偿付到期银行承兑汇票，银行诉请要求支付垫款本息及律师费

【引言】

Z公司作为申请人与恒丰银行杭州分行作为承兑人先后签订二份《开立银行承兑汇票合同》，恒丰银行杭州分行依约向其开立出票金额分别为1,000万元、1,400万元的银行承兑汇票。Z公司以房产提供抵押及以存单提供质押，并由C实业有限公司、任某、傅某作为保证人提供担保。银行承兑汇票到期，因Z公司未将票款足额交存银行，导致银行垫款。银行起诉追讨垫款本金、利息及律师费。

【案由】

票据纠纷。

【诉讼地位】

被告、上诉人。

【案例来源】

Z展览股份有限公司与恒丰银行股份有限公司杭州分行、C实业有限公司、任某、傅某丽票据纠纷一案。

【一审法院认定】

一审法院审理查明：一、2013年9月26日，Z公司作为申请人与恒丰银行杭州分行作为承兑人签订《开立银行承兑汇票合同》1份，约定：本合同项下申请人向承兑人申请承兑的为纸质银行承兑汇票，出票人为Z公司，开户银行为恒丰银行杭州分行；汇票出票日为2013年9月26日，到期日为2014年3月25日；总金额为10,000,000元；在任何情况下，申请人应将依本合同开立的任一汇票项下票款于汇票到期日前足额交存承兑人处；申请人授权承兑人直接扣划保证金及申请人在承兑人处开立的任一账户中的款项用于向持票人付款，扣划不足部分将由承兑人垫付；自承兑人垫付票款之日起，申请人应立即向承兑人偿还垫款并按每日万分之五的利率支付利息；申请人未按时足额偿还垫款、支付利息的，应当承担承兑人为实现本合同项下债权而支付的催收费、诉讼费（或仲裁费）、保全费、公告费、执行费、律师费、差旅费及其他相关费用等。

同日，恒丰银行杭州分行依约向 Z 公司开立出票金额为 10,000,000 元的银行承兑汇票。2013 年 9 月 26 日，Z 公司作为申请人与恒丰银行杭州分行作为承兑人签订《开立银行承兑汇票合同》1 份，约定：汇票出票日为 2013 年 9 月 26 日，到期日为 2014 年 3 月 26 日；总金额为 14,000,000 元。其他合同约定与上述编号一致。同日，恒丰银行杭州分行依约向 Z 公司开立出票金额为 14,000,000 元的银行承兑汇票。

二、2013 年 9 月 11 日，Z 公司作为抵押人与恒丰银行杭州分行作为抵押权人签订《最高额抵押合同》1 份，约定：鉴于抵押权人已经或将要向债务人 Z 公司提供一系列授信，为保障抵押权人基于该等授信而对债务人享有的债权的实现，抵押人愿意以其有权处分的财产设定提供最高额抵押担保；抵押物为 Z 公司所有的一系列房地产；抵押人为抵押权人与债务人在 2013 年 9 月 11 日至 2015 年 9 月 11 日期间因本外币借款、拆借、贸易融资、承兑、贴现等融资业务而订立的全部授信业务合同项下的债权提供最高额抵押担保，抵押担保的最高债权本金额为 30,000,000 元；担保范围为主合同项下发生的所有主债权本金及利息、复利、罚息、违约金、损害赔偿金和实现债权及抵押权的费用等等。同年 9 月 17 日，上述合同所涉抵押物即坐落于市某路×××号的一系列房地产办理了抵押登记，并领取登记证明号为×××的房地产登记证明一本，抵押权人为恒丰银行杭州分行，登记的债权为 2013 年 9 月 11 日至 2015 年 9 月 11 日期间发生的最高债权限额 30,000,000 元。

三、2013 年 9 月 11 日，C 公司作为保证人与恒丰银行杭州分行作为债权人签订《最高额保证合同》1 份，约定：债权人已经或将要向债务人 Z 公司提供一系列授信，为保障债权人基于该等授信而对债务人享有的债权的实现，保证人愿意提供最高额保证担保；保证人为债权人与债务人在 2013 年 9 月 11 日至 2015 年 9 月 11 日期间因本外币借款、拆借、贸易融资、承兑、贴现等融资业务而订立的全部授信业务合同项下的债权提供最高额保证担保；担保的最高债权本金额为 30,000,000 元；保证范围为主合同项下本金及利息、复利、罚息、违约金、损害赔偿金和实现债权的费用；保证方式为连带责任保证；保证期间为自主合同约定的债务履行期限届满之日（或债权人垫付款项之日）起计至全部主合同中最后到期的主合同约定的债务履行期限届满之日（或债权人垫付款项之日）后两年止；当主合同同时受债务人或第三方提供的物的担保时，保证人同意债权人有权自行决定行使权利的顺序，债权人有权在不先行使担保物权的情况下要求保证人立即支付债务人的全部到期应付款项，债权人放弃或变更担保物权或其权利顺位的，保证人不免除任何责任，保证人仍按该合同约定承担保证责任等。同日，任某、傅某丽作为保证人与恒丰银行杭州分行作为债权人签订《最高额保证合同》1 份。

四、2013 年 9 月 25 日，Z 公司作为出质人与恒丰银行杭州分行作为质权人签订《存单质押合同》1 份，约定：鉴于 Z 公司和质权人签订了编号为×××号《开立银行承兑汇票合同》，为保障主合同项下债权的实现，出质人愿意以其有权处分的存款银行为恒丰银行杭州分行，编号为×××、存款账号为×××、存款金额为 5,000,000 元、存款到期日为 2014 年 3 月 25 日的定期存单作质押；担保的主债权为主合同项下的本金 10,000,000 元；担保范围为主合同项下本金及利息、复利、复息、违约金、损害赔偿金、质权人实现债权和质权的费用等；主合同项下全部或部分债务本金或利息履行期限届满，质权人未受清偿的，质权人有权将存单兑现，并以所得价款优先受偿等。同年9月26日，Z公司作为出质人与恒丰银行杭州分行作为质权人签订《存单质押合同》1份，约定：鉴于Z公司和质权人签订了编号为2013年×××号《开立银行承兑汇票合同》，为保障主合同项下债权的实现，出质人愿意以其有权处分的编号为×××、存款账号为×××、存款金额为7,000,000元、存款到期日为2014年3月26日的定期存单作质押；担保的主债权为主合同项下的本金14,000,000元。其他合同约定与上述编号为2013年×××号《存单质押合同》一致。

五、2014年3月25日，出票金额为10,000,000元的银行承兑汇票到期，因Z公司未将票款足额交存恒丰银行杭州分行处，恒丰银行杭州分行在扣除Z公司质押的存款金额为5,000,000元、存款到期日为2014年3月25日的定期存单本息后垫款4,916,907.72元。2014年3月26日，出票金额为14,000,000元的银行承兑汇票到期，因Z公司未将票款足额交存恒丰银行杭州分行处，恒丰银行杭州分行在扣除Z公司质押的存款金额为7,000,000元、存款到期日为2014年3月26日的定期存单本息后垫款6,893,250元。

六、为实现本案债权，恒丰银行杭州分行委托浙江某律师事务所代理本案，并支付律师费70,000元。

【一审法院认为】

一审法院审理认为：恒丰银行杭州分行与Z公司签订的《开立银行承兑汇票合同》《存单质押合同》《最高额抵押合同》以及分别与被告C公司、任某、傅某丽签订的《最高额保证合同》均系各方当事人的真实意思表示，内容不违反法律、行政法规的强制性规定，一审法院依法确认有效，各方均应恪守约定，履行各自义务。案涉两张银行承兑汇票到期后，恒丰银行杭州分行已经实际垫款，根据庭审查明的事实，一审法院确认扣除Z公司质押的两张定期存单本息后，恒丰银行杭州分行共垫款11,810,157.72元。但Z公司作为承兑申请人未能偿付，恒丰银行杭州分行要求其支付垫款本息，具有事实和法律依据，一审法院予以支持。恒丰银行杭州分行主张的律师费，符合双方约定及相关规定，一审法院予以支持。Z公司自愿为其债务提供抵押担保，且案涉房地产已依法办理了抵押登记手续，故在其未能归还债务的情况下，恒丰银行杭州分行作为抵押权人有权对抵押物享有优先受偿权。C公司、任某、傅某丽自愿提供了最高额保证担保，虽然本案中同时存在主债务人自行提供的物的担保，但双方已约定"当主合同同时受债务人或第三方提供的物的担保时，保证人同意债权人有权自行决定行使权利的顺序，债权人有权在不先行使担保物权的情况下要求保证人立即支付债务人的全部到期应付款项，债权人放弃或变更担保物权或其权利顺位的"，故C公司、任某、傅某丽均应依约承担保证责任，并在承担相应的责任后，有权向Z公司追偿。Z公司、C公司、任某、傅某丽经一审法院合法传唤未到庭应诉，不影响本案的审理。

【一审法院判决】

综上，依照《中华人民共和国民事诉讼法》第一百四十四条，《中华人民共和国合同法》第一百零七条，《中华人民共和国物权法》第一百七十六条、第一百七十九条、第一百八十七条、第一百九十五条，《中华人民共和国担保法》第十八条、第二十一条、

第三十一条之规定,判决:一、Z公司于判决生效后十日内支付恒丰银行杭州分行垫款本金11,810,157.72元;二、Z公司于判决生效后十日内支付恒丰银行杭州分行利息575,251.11元(暂计至2014年6月30日,此后按每日万分之五的利率计算至判决确定的履行之日止);三、Z公司于判决生效后十日内支付恒丰银行杭州分行律师费70,000元;四、若Z公司不履行上述第一至三项债务,恒丰银行杭州分行有权对Z公司抵押的坐落于某市某路×××号等一系列房地产(即编号为×××的房地产登记证明项下抵押物)进行折价或变卖、拍卖所得的价款优先受偿;五、C公司、任某、傅某丽对Z公司的上述第一至三项债务承担连带清偿责任,并在承担相应的责任后,有权向债务人Z公司追偿。如果未按判决指定的期间履行给付金钱义务,应当依照《中华人民共和国民事诉讼法》第二百五十三条之规定,加倍支付迟延履行期间的债务利息。案件受理费96,112元,财产保全申请费5,000元,合计101,112元,由Z公司负担,C公司、任某、傅某丽承担连带责任。

【被告上诉】

宣判后,Z公司不服一审法院上述民事判决,向二审法院提起上诉称:恒丰银行杭州分行所主张的70,000元律师费不符合双方合同约定及有关收费标准,故请求二审法院撤销一审判决第三项即关于70,000元律师费部分,本案诉讼费用由恒丰银行杭州分行负担。

【被上诉人答辩】

恒丰银行杭州分行向二审法院提交书面答辩称:一、一审法院认定本案律师费的金额事实清楚、证据充分,应予维持。Z公司与恒丰银行杭州分行签订的2013年×××字第×××号、2013年×××字第×××号《开立银行承兑汇票合同》第九条违约条款的9.4中明确约定Z公司如发生逾期还款事项,导致恒丰银行杭州分行为实现债权支出的律师费等各项费用应由Z公司承担。本案一审中恒丰银行杭州分行起诉要求Z公司归还的逾期本息为12,385,408.83元,为实现上述债权支出的律师费用为7万元,低于浙价服(2011)212号规定的浙江省律师服务收费标准(29万-41万)。因此Z公司主张一审律师费不符合双方合同约定及收费标准的上诉理由显然不成立。

二、Z公司上诉目的是拖延还款时间,属于浪费司法资源行为,应遏止。本案是一起普通的票据纠纷案件,案件事实清楚、证据充分,可以通过调解等多种方式来进行高效、对各方有益的处理。但一审中Z公司及Z公司的法定代表人任某,在一审中提出管辖异议等手段来延长审理时间,且在一审开庭拒不到庭,却又无理无据就律师费提出上诉,企图用最小成本钻司法程序的空子。综上,请求二审法院驳回Z公司的上诉请求,维持原判。

【二审法院认定】

二审期间,各方均未向二审法院提交新的证据材料。

二审法院二审查明的事实与一审法院查明的事实一致,予以确认。

【二审法院认为】

二审法院认为,Z公司与恒丰银行杭州分行签订的《开立银行承兑汇票合同》第9.3条约定,Z公司未按时足额偿还垫款、支付利息的,应当承担恒丰银行杭州分行为实现本合同项下债权而支付的催收费、诉讼费、保全费、公告费、执行费、律师费、差旅费及其他相关费用。本案中,恒丰银行杭州分行共垫款 11,810,157.72 元,但 Z 公司作为承兑申请人未能偿付,故根据上述合同约定,Z 公司应当承担恒丰银行杭州分行为实现债权而支付的律师费用。因恒丰银行杭州分行主张的律师代理费用并未过高,故一审法院予以支持正确。

【二审法院判决】

综上,一审判决认定事实清楚,程序合法,Z 公司的上诉理由不能成立,二审法院对其上诉请求不予支持。依照《中华人民共和国民事诉讼法》第一百七十条第一款第(一)项、第一百七十五条之规定,判决如下:驳回上诉,维持原判。二审案件受理费 1,550 元,由 Z 公司负担。本判决为终审判决。

【律师评析】

本案是一起法律关系比较简单的票据纠纷。本案中,被告 Z 公司向恒丰银行杭州分行申请开立出票金额分别为 1,000 万元、1,400 万元的银行承兑汇票,并以房产、车位、两份存单分别抵押和出质给恒丰银行杭州分行以担保债权的实现。C 公司、任某、傅某某也作为保证人与恒丰银行杭州分行签订保证合同。汇票到期后,Z 公司未能依约向恒丰银行杭州分行足额缴存票款,恒丰银行杭州分行在扣除了 Z 公司的两份存单中的存款后,为其垫付 1,180 万余元。为此,恒丰银行杭州分行诉至法院,要求 Z 公司偿还借款并支付利息。

法院认为,恒丰银行杭州分行与 Z 公司签订的《开立银行承兑汇票合同》《存单质押合同》《最高额抵押合同》等合同均系各方当事人的真实意思表示,内容不违反法律、行政法规的强制性规定,合法有效,各方均应恪守约定,履行各自义务。故法院判决 Z 公司与其余保证人应当向恒丰银行杭州分行履行付款义务、承担保证责任和违约责任。

【律师建议】

本案中的汇票是一种结算工具,是一种使用以支付金钱为目的并且可以流通转让的债权凭证,具体来说,是指出票人签发的,委托付款人在见票时或者在指定日期无条件支付确定的金额给收款人或者持票人的票据。汇票分为银行汇票和商业汇票。本案中的汇票即为银行汇票。对于汇票的出票、背书、承兑、付款、追索等法律行为,我国《票据法》均有详细的规定。同时,由于出票人和委托付款人之间是委托合同关系,出票人和担保人之间是担保合同关系,因此出票人、委托付款人和担保人之间的法律关系还会由《合同法》《物权法》等法律来规制。对于展览企业来说,本案的教训是:企业在进行商业活动时应当遵守法律法规,正确评估商业风险,并善意履行合同。

【精选案例 16】

文传公司的展品交付验收单被拒签，
二审法院以"逾期不验收，视为合格"的约定认定交付的展品合格

【引言】

某市 S 房地产开发有限公司为销售其经营的锦绣国际楼盘，与深圳市 W 文化传播有限公司协商一致后拟在锦绣国际举办锦绣国际军事模型展览活动，双方通过电子邮件签订了展览合同。在合同的履行中双方因展品是否符合合同约定产生争议，导致展览活动未正常举行。某市 S 公司起诉请求判令深圳市 W 公司退还已经收取的展品资源费，W 公司反诉请求支付未付费用并请求判令 S 公司承担违约责任。

【案由】

展览合同纠纷。

【诉讼地位】

被告、反诉原告、上诉人。

【案例来源】

深圳市 W 文化传播有限公司与某市 S 房地产开发有限公司展览合同纠纷一案。

【原告诉请】

S 公司诉至一审法院，请求：1. 判令解除 S 公司与 W 公司于 2015 年 6 月 19 日成立并生效的《锦绣国际军事展合同》；2. 判令 W 公司立即退还资源合同款人民币 360,000 元，并按中国人民银行同期同类贷款利率支付自 2015 年 6 月 24 日起至前述款项还清之日止的利息；3. 判令案件诉讼费由 W 公司承担。

【被告反诉】

W 公司提出反诉，请求：1. 判令 S 公司支付 W 公司活动包装费人民币 110,000 元，并按照同期银行贷款利率支付利息至实际结清之日止；2. 判令 S 公司支付 W 公司加展费用人民币 60,000 元，并按照同期银行贷款利率支付利息至实际结清之日止；3. 判令 S 公司赔偿 W 公司损失人民币 18,503 元；4. 判令 S 公司支付 W 公司违约金人民币 94,000 元；5. 判令 S 公司自 2015 年 7 月 25 日起每天按照合同总价款的 0.1% 向 W 公司支付迟延付款违约金直至结清之日止；6. 判令本案诉讼费由 S 公司承担。

【一审法院认定】

一审法院经审理查明：原告 S 公司为销售其经营的锦绣国际楼盘，与被告 W 公司协商一致后拟在锦绣国际举办锦绣国际军事模型展览活动。双方通过邮件形式传送合同文件，2015 年 6 月 2 日，W 公司向 S 公司传送其制作的《锦绣国际军事展方案 0602》（即 W 公司所称《锦绣国际军事展览活动合同 0602》），该方案介绍了展场情况，军事模型展品的军事知识和展品规格。2015 年 6 月 5 日 W 公司向 S 公司传送邮件《锦绣国际军事展览活动报价 0605》《活动合同》（即《锦绣国际军事展活动合同》《锦绣国际军事展合同》）《确认函》《锦绣国际军事报价扫描版 0605》。《活动合同》约定项目名称为锦绣国际军事展活动；项目时间为 2015 年 6 月 20 日－7 月 5 日；合同金额为项目活动服务总费用人民币 470,000 元，其中，资源及资源运输费用为人民币 360,000 元，活动包装费用为人民币 110,000 元；付款方式为合同签订后 2 个工作日由 S 公司向 W 公司支付 50％的资源费用 180,000 元，在资源进场前支付剩余 50％资源费用 180,000 元，活动结束并验收合格后 20 个工作日内支付剩余合同金额 110,000 元。另在合同中载明如下内容："第四条项目内容，乙方（W 公司）为甲方（S 公司）提供如下服务：1. 项目部分的场景布置、道具准备、流程安排、活动执行等工作。2. 活动执行细节、所需物料及相关人员价格详见合同附件 1。3. 合同附件所列的物料配合等辅助性工作；第七条活动验收，乙方在活动筹备完成后，书面通知甲方验收，甲方应在 24 小时内组织验收，如甲方逾期不验收，视为合格。如因甲方逾期验收导致的延误，由甲方负责。第十条违约责任：1. 若因甲方原因造成活动不能按时进行，甲方需要赔偿乙方已发生的一切费用，并向乙方支付相当于本合同总价款的 20％作为违约金。2. 乙方保证活动整体质量，应按照活动计划、活动清单等进行，若单项未能按照计划执行，甲方有权可免付该项目 100％的费用，如因单项或因乙方自身原因而导致整个活动无法正常进行，乙方退回甲方已经支付的费用，并按合同总价款的 20％支付违约金给甲方。3. 如甲方取消活动或单方解除本合同的，乙方已收款项不予退还。如乙方因此受到损失的，甲方应赔偿乙方损失；第十二条通知和送达，甲乙双方发送通知的方法，如用电报、电传、电子邮件通知时，凡涉及双方权利、义务的，应随之以书面形式通知；第十三条附件，本合同所涉及的策划内容、活动安排与进程、活动计划、活动清单、物料清单均为本合同的附件，与本合同具备同等法律效力；第十五条其他，本合同自甲乙双方法人代表或其委托代理人签字并加盖公章后生效，至活动完成，乙方收齐款项后结束。"

在《活动合同》附件《深圳市颂扬文化传播有限公司报价单》（以下简称《报价单》）中载明："活动基础物料价格为 69,250 元，备注'租赁'；现场工作人员价格为 11,000 元，备注'邀请'；展品资源部分（歼－10 战斗机、武直十、99 式主战坦克，展品资源详细列明了长、宽、高、翼展、重量数据）为 260,000 元，备注'租赁'，小型兵器展览，备注'赠送'；其他（物料运输费、遥控航模、太空环、军事展品运输安装费）为 127,600 元，上述活动费用总计 467,850 元，活动执行服务费 23,393 元，vat 税金 37,428 元，税后总计 528,671 元，优惠合作价 470,000 元。"

《确认函》约定，S 公司向 W 公司租赁军事展品资源（含歼－10 战斗机、武直十、99 式主战坦克、小型兵器展览等展品），于 2015 年 6 月 20 日至 7 月 5 日在锦绣国际营销中心举办主体展览活动，资源（含资源运费）合同价为人民币 360,000 元，S 公司须在合同签订后 2 个工作日前支付 180,000 元，于资源进场布置前支付 180,000 元。W 公司在 S 公司审批签署合同过程中，按照约定提前开展各项准备工作并垫付各项费用。在确认函第五条载明："此'合作确认函'与'正式合同'具有同等法律效力。"

S 公司收到 W 公司发送的上述文件后，在与 W 公司协商时，双方均未按合同要求采用书面合同形式并由法定代表人签字盖章形式对合同进行确认。2015 年 6 月 17 日，S 公司向 W 公司账户一次性支付了资源费 360,000 元，W 公司向 S 公司出具了相应的税收发票。W 公司收到款项后，于 2015 年 6 月 19 日前将合同约定展品运抵展场，在向 S 公司交付验收单时，S 公司拒签验收单。此后，S 公司、W 公司达成临时增加歼-15 战机模型展出的口头协议，W 公司向某文化传播有限公司租赁了歼-15 战机模型（租赁合同约定价格 60,000 元，W 公司预付订金 20,000 元），并将该模型于 2015 年 6 月 23 日运抵展场，S 公司向 W 公司出具《确认单》，确认歼-10 战机模型 1 件、昌河武直十模型 1 件、99 式主站坦克模型 1 件、小型军事模型 1 件、太空环 1 台、歼-15 战斗机模型 1 件均已到场。同日，S 公司向 W 公司发出《中止说明》，内容为："锦绣国际家居博览中心军事展活动，从 2015 年 6 月 20 日开展至今，因资源展品（歼-10 战机模型 1 件、昌河武直十模型 1 件、99 式主站坦克模型 1 件、小型军事模型 12 件、太空环 1 台、歼-15 战斗机模型 1 件）与预期效果不符，终止锦绣国际家居博览中心军事展活动。为配合调整，特此授权活动承办方 W 文化传播有限公司即日处理相关撤场事宜，并于撤场前退回已支付资源费用 360,000 元，合计人民币叁拾陆万元整。"W 公司收到《中止说明》后不同意 S 公司要求，与 S 公司发生矛盾。2015 年 8 月 18 日，S 公司向 W 公司发出《关于立即运走军事展展品的通知》，认为 W 公司将展品运抵后经 S 公司验收发现提供的展品与双方约定不符，根本不能达到正面宣传企业及楼盘档次的效果，决定终止该展览活动，并出具了《中止说明》，由于双方无法协商达成一致意见，S 公司限令 W 公司收到通知后 3 日内将展品运走，逾期未运走，S 公司不再负保管展品的管理责任，并向 W 公司收取展品保管管理费用。W 公司收到通知后，于 2015 年 8 月 20 日将展品撤离展场。

【一审法院认为】

一审审理认为：《中华人民共和国合同法》第十条规定："当事人订立合同，有书面形式、口头形式和其他形式。"第三十六条规定："法律、行政法规规定或者当事人约定采用书面形式订立合同，当事人未采用书面形式但一方已经履行主要义务，对方接受的，该合同成立。"第四十四条第一款规定："依法成立的合同，自成立时生效。"原告 S 公司与被告 W 公司为举行锦绣国际军事模型展览活动通过电子邮件形式订立的《活动合同》《确认函》，虽未按要求采用书面合同形式并由法定代表人签字盖章对合同进行确认，但双方已按合同内容履行了付款及提供展品的义务，《活动合同》及《确认函》依法成立并生效，双方均应按合同约定履行合同。

从双方约定的内容来看，《活动合同》附件《报价单》上注明 W 公司所提供的展品资源"备注为租赁"，从 W 公司履行义务的形式来看，锦绣国际军事模型展览活动并不是 W 公司负责全部活动内容，S 公司既不是以活动成果来支付价款，也不是 S 公司、

W公司共担义务,共担风险、共同收益。因此,本案应为租赁合同关系,而非承揽合同或合作合同关系。

《中华人民共和国合同法》第二百一十六条规定:"出租人应当按照约定将租赁物交付承租人,并在租赁期间保持租赁物符合约定的用途。"因此,出租人(即W公司)应当在租赁期间保持租赁物符合约定的用途,使承租人能正常使用并达到合同约定的目的。出租人违反此约定,致使承租人不能按期使用或不能正常使用租赁物的,承租人有权请求出租人承担违约责任。从S公司举办军事模型展活动的目的来看,不说通过此活动达到销售楼盘的目的,而希望通过此活动达到吸引观众参观,从而带动楼盘销售的目的是客观存在的,而不符合约定的展品是不能达到此目的的,S公司也不可能接受;从《活动合同》附件《报价单》来看,对于本案展品,双方约定了展品的长、宽、高、重量,且《活动合同》第七条订立有验收约定,故如W公司提供的展品不符合《报价单》的约定,应视为不符合约定,S公司因此享有解除合同,并按合同要求W公司承担违约责任的权利。反之,如对S公司展品已予以认可,无故终止合同,应对W公司承担违约责任并赔偿损失。基于本案,合同约定的租赁期限为2015年6月20日—7月5日,且W公司实际于2015年8月20日已将展品撤场,双方签订的合同履行期限已届满,现已无解除必要。因此,本案的争议焦点在于W公司所提供的展品资源是否符合约定,由于S公司提供的证据不能说明展品规格与约定不符,展品已被W公司拖回,无法确定展品原状,所以本案还应从双方履行过程,包括展览是否正常展出进行综合判断。首先,从合同来看,展品资源费应该分期支付,S公司在6月17日提前一次性支付360,000元的行为表明S公司是有履行诚意的,非为必要,S公司不会要求终止合同。而按照双方约定,展品在6月19日完全到场后,S公司应该进行验收,庭审中双方确认S公司是拒签验收单,该拒签行为说明S公司对展品的验收结果是不满意的,在6月23日歼-15战机模型到达后,S公司签收《确认单》后即向W公司发出《中止说明》,此行为亦说明S公司对展品的验收结果仍然是不满意的。对于W公司引用合同"甲方应在24小时内组织验收,如甲方逾期不验收,视为合格"的约定作出S公司已经验收,展品已经合格的抗辩。一审法院认为,只有对展品进行验收才能发生拒签行为,S公司拒签验收单行为,不是不验收,而是验收后作出拒签。因此,对于W公司验收合格的抗辩,不予采纳。其次,如果展览活动正常进行,则说明S公司对W公司提供的展品虽然不满意,但还是默许。那么按双方合同约定,W公司应在展出期间负责安排摄影、解说人员。如果展出如期举行,则W公司负责的摄影、解说人员已经进场工作,但庭审中,W公司当庭表示无法提供摄影、解说人员的姓名、地址、食宿、工资发放证据,对此应承担举证不能责任,有理由相信W公司未提供上述人员参加展览及展览活动未正常举行事实。再次,按照S公司出具的《中止说明》来看,该中止说明内容具有终止合同及要求W公司退回资源费用360,000元的意思表示,S公司在此后也未按合同向W公司支付剩余的110,000元,如果展品情况如W公司所述,W公司为何自6月23日至S公司起诉时未表示异议,也未依法维护自己的合法权益,于理不通。

综上所述,一审认为,W公司未按约提供符合合同约定的展品,造成锦绣国际军事模型展览活动未如期正常举行,构成违约,应按法律及双方合同约定承担违约责任,

S 公司要求 W 公司退还资源合同款人民币 360,000 元的请求应予以支持，但利息应从起诉时即 2015 年 10 月 22 日起算。W 公司反诉请求应予以驳回。

【一审法院判决】

一审依照《中华人民共和国合同法》第十条、第三十六条、第四十四条、第一百零七条、第二百一十六条，《最高人民法院关于民事诉讼证据的若干规定》第五条，《最高人民法院关于适用〈中华人民共和国民事诉讼法〉的解释》第九十条之规定，作出如下判决：一、W 公司应退还资源运输费 360,000 元及承担自 2015 年 10 月 22 日起至付清款项止的利息（按中国人民银行同期同类贷款利率计算）给 S 公司，限于自判决生效后五日内付清；二、驳回反诉 S 公司的反诉请求。如果未按判决指定的期间履行给付义务，应当依照《中华人民共和国民事诉讼法》第二百五十三条之规定，加倍支付迟延履行期间的债务利息。案件受理费 6,800 元，减半收取 3,400 元，反诉费 2,769 元，由 W 公司负担。

【被告上诉】

宣判后，W 公司不服，提出上诉称：一、一审法院认定事实错误。在判决书第 10 页第三段审理查明"……展品运抵展场，在向 S 公司交付验收单，S 公司拒签验收单"是错误的。第一，上诉人在 2015 年 6 月 19 日将合同约定的所有展品运抵至项目地点，连同验收单一并交由被上诉人，被上诉人直至展览开始后第五天即 2015 年 6 月 25 日才口头告知要求撤展，其间，被上诉人从未对展品提出任何异议，何来"交付验收单时"拒签之说？第二，被上诉人提出其"当即拒签"，不但没有提供"拒签"且是在"交付验收单时"拒签的证据，反之在其提供的落款日期为 2015 年 6 月 23 日的《中止说明》中亦明确表示"军事展活动从 2015 年 6 月 20 日开展至今，因……与预期效果不符，终止活动"，由此可见，展览活动直到其拟定《中止说明》日期时是如期举行的；第三，双方有"24 小时内组织验收，预期不验收视为合格"的约定，合同法上也明确规定，当事人约定检验期间的，应当在期间内将不符合约定的情形通知另一方，怠于通知的，视为符合约定；第四，上诉人认为被上诉人"拒签"是对被上诉人未按合同约定在 24 小时内组织验收不作为状态的描述，而非认为被上诉人有拒签这一行为；第五，合同有约定，双方发送通知应当以书面形式通知，直到 2015 年 6 月 25 日，被上诉人才口头通知上诉人撤展，而且其理由是"活动与预期效果不符"，此期间从未向上诉人发送过关于展品不合格的任何书面通知。因此，被上诉人没有所谓"拒签"的行为，一审法院查明的"在向 S 公司交付验收单时，S 公司拒签验收单"更是子虚乌有。

二、一审法院适用法律错误。一审法院认为双方是租赁关系并适用合同法中相关法律属适用法律错误。第一，合同报价单备注展品资源租赁，是对于展品来源渠道的备注，意思是展品资源并非上诉人所有，而是需要从其他地方租赁。第二，上诉人按照被上诉人需要开展军事展览活动的要求，通过自己去组织、租赁展品并提供展览期间的配套、包装设施设备和工作完成展览活动。对于上诉人来说，就是要交付"军事展览"这一工作成果给被上诉人，由被上诉人支付上诉人相应费用，因此双方是定作与承揽的关系，而非租赁关系。

三、一审法院推理逻辑混乱，自相矛盾。第一，一审对于展品因被上诉人拒签而认为不合格的推理毫无道理。一审法院认为"拒签行为说明S公司对展品的验收结果不满意"和"只有对展品进行验收才能发生拒签行为,S公司拒签验收单行为,不是不验收,而是验收后作出拒签"这一推理是预先设定在被上诉人是绝对诚实守信的前提之下,是站在被上诉人一方为其开脱之辞,绝对诚实守信之人对验收结果满意当然应当签收,对验收结果不满意当然是拒签。可是如果对于一个并非绝对诚实守信之人来说,则不然。反之,被上诉人不按时验收且不通知上诉人已经说明了被上诉人并非诚实守信。第二,既然一审已经审理查明"W公司收到《中止说明》后不同意S公司要求,与S公司发生矛盾",后又认为"W公司为何自6月23日至S公司起诉时未表示异议,也未依法维护自己的合法权益,于理不通"。矛盾发生后,双方多次协商直到被上诉人起诉之前,难道协商解决问题不是依法维护自己合法权益的一种方式吗?第三,被上诉人提供证据显示自2015年6月20日已经开展,至少至2015年6月23日期间展览是正常进行,只是被上诉人认为"与预期效果不符",而一审法院却通过把展览期间摄影、解说人员的姓名、地址、食宿、工资发放证据的举证责任强加给上诉人,因为负责此项目的某些员工已经早已离职,根本无从联系其聘用的人员情况,从而不能以此举证为理由认为展览活动未正常举行。这一结论明显与被上诉人提供的证据内容相违背。本案中,被上诉人主张上诉人提供的展品不合格,理应承担举证责任,且在其扣押展品长达近两个月的时间里,若其认为展品不合格,完全可以通过公证的方式固定证据证明展品的长、宽、高及重量等不符合合同约定。但被上诉人无一证据证明上诉人提供的展品不符合合同约定,而一审法院通过混淆事实、荒唐推理、自相矛盾的所谓"综合判断"认为上诉人构成违约。反之,上诉人按照被上诉人的要求承揽开展军事展览活动,严格依照合同约定履行义务,而是被上诉人不但未依照合同约定验收展品,在展览过程中随意违约不配合展览活动正常开展,拒绝支付相关费用,且利用其本地优势地位扣押展品达一个月,多次协商未果并发生纠纷,给上诉人造成巨大的经济损失。据此,请求判令:1.依法撤销一审民事判决;2.被上诉人支付上诉人活动包装费人民币110,000元,并按照同期银行贷款利率支付利息至实际结清之日止;3.被上诉人支付上诉人加展费人民币60,000元,并按照同期银行贷款利率支付利息至实际结清之日止;4.被上诉人赔偿上诉人损失人民币18,503.7元;5.被上诉人支付上诉人违约金人民币94,000元;6.被上诉人自2015年7月25日每天按照合同总价款的0.1%向上诉人支付迟延付款违约金。以上合计金额:282,503.7元;7.本案诉讼费由被上诉人承担。

【被上诉人答辩】

S公司答辩称:原判认定事实清楚,处理正确,W公司的上诉理由不足,请求依法予以驳回。

【二审法院认定】

二审期间,W公司提交了39张自称为其工作人员手机拍摄的照片,以证明其对展品进行了相应包装、布展,展品也已实际展出。S公司对W公司提交的39张照片不予认可,认为该39张照片可能是电脑拼凑制作的,并不能反映当时情况。经查,W公司提交的39张照片反映的展品场景,与S公司一审提交的展品照片反映的场景相吻合。

二审法院对一审查明的事实予以确认。二审法院另查:《活动合同》的附件《报价单》显示摄影费用 11,200 元、解说费用 11,000 元。

【二审法院认为】

二审法院认为：本案为展览合同纠纷。一审将本案案由定为租赁合同纠纷不妥，予以纠正。一审认定 S 公司与 W 公司为举行锦绣国际军事模型展览活动通过电子邮件形式订立的《活动合同》《确认函》依法成立并生效，双方亦予认可，故二审法院予以确认。双方均应严格履行合同义务。从当事人上诉及答辩理由看，本案二审争议焦点是：1. S 公司支付的 360,000 元是否应予退回；2. W 公司主张的活动包装费 110,000 元、加展费用 60,000 元、违约金 94,000 元、迟延付款违约金及其他损失 18,503.7 元是否应予支持。

关于 S 公司支付的 360,000 元是否应予退回问题。W 公司上诉称其按照 S 公司的要求承揽开展军事展览活动，严格依照合同约定履行义务，而 S 公司不但未依照合同约定验收展品，在展览过程中随意违约不配合展览活动正常开展，S 公司已支付的 360,000 元不应退回。经查，W 公司于 2015 年 6 月 19 日前将合同约定展品运抵展场，并向 S 公司交付验收单。根据《锦绣国际军事展活动合同》第七条："乙方（W 公司）在活动筹备完成后，书面通知甲方（S 公司）验收，甲方（S 公司）应在 24 小时内组织验收，如甲方（S 公司）逾期不验收，视为合格"的规定，S 公司在展品抵达后，未在 24 小时内验收，视为 W 公司交付的展品合格。此后，双方达成临时增加歼－15 战机模型展出的口头协议。2015 年 6 月 23 日，S 公司向 W 公司出具《确认单》，确认歼－10 战机模型 1 件、昌河武直十模型 1 件、99 式主站坦克模型 1 件、小型军事模型 1 件、太空环 1 台、歼－15 战斗机模型 1 件均已到场。二审期间，W 公司提交了 39 张照片，证明其对展品进行了相应包装、布展。可见，S 公司已接收了展品，W 公司已履行了合同义务。诉讼中，S 公司认为 W 公司交付的展品应该是高仿真、高精密的军事模型，W 公司则称双方只对展品的长宽高及重量进行约定，没有要求达到高仿真、高精密程度。经查，在《活动合同》附件《W 文化传播有限公司报价单》展品资源部分列明歼－10 战斗机、武直十、99 式主战坦克的长、宽、高、翼展、重量，对外观并未约定具体标准。故，对于 S 公司主张的 W 公司提供的是货不对板不合格的展品，二审法院不予认定。因此，S 公司请求判令 W 公司退回 360,000 元，依据不足，二审法院不予支持。一审认定 W 公司未按约定交付展品构成违约，并判令 W 公司退回 360,000 元给 S 公司不当，应予纠正。

关于 W 公司主张的活动包装费 110,000 元、加展费用 60,000 元、违约金 94,000 元、迟延付款违约金及其他损失 18,503.7 元是否应予支持问题。W 公司上诉称其已履行义务，S 公司拒绝支付相关费用，且利用 S 公司本地优势地位扣押展品达一个月，双方多次协商未果，给 W 公司造成巨大的经济损失，请求支持其一审提出的反诉请求。关于活动包装费、加展费问题，经查《活动合同》约定合同金额为项目活动服务总费用 470,000 元，其中资源及资源运输费 360,000 元，活动包装费 110,000 元。故应认定活动包装费 110,000 元属于 S 公司仍需支付的费用。在履行合同过程中，双方达成临时增加歼－15 战机模型展出的协议，故对歼－15 战机模型的展览费 60,000 元，予以确认。《活动合同》的附件《报价单》显示摄影费用 11,200 元、解说费用 11,000 元。W 公司在诉讼中无法提供摄影、解说人员的姓名、地址、食宿、工资发放等情况，视为其未提供摄影、解说。故双方约定的摄影费用11,200元、解说费用11,000元应从总费用中扣减。因此，S公司仍应支付给W公司147,800元（110,000元+60,000元-11,200元-11,000元）。关于违约金问题，《活动合同》约定："若因甲方（S公司）原因造成活动不能按时进行，甲方（S公司）需要赔偿乙方（W公司）已发生的一切费用，并向乙方（W公司）支付相当于本合同总价款的20%作为违约金。"经查，2015年6月23日S公司向W公司出具了《确认单》，确认展品均已到场，展览已进行，不存在因S公司原因造成展览活动不能进行的情况，S公司并未违约，因此W公司请求判令S公司支付94,000元违约金缺乏事实依据，不予支持。关于迟延付款违约金问题，《活动合同》第六条付款方式约定：乙方（W公司）活动结束并验收合格后20个工作日内，甲方（S公司）向乙方（W公司）支付合同剩余金额110,000元，如延迟付款，则每天按照合同总额的1‰向乙方（W公司）支付迟延付款违约金。而S公司于2015年6月23日出具《确认单》，确认展品全部已到场。因2015年6月23日后双方发生矛盾，使展览活动中止，不存在展览活动何时结束问题，因此W公司请求支付迟延付款违约金，依据不足，不予支持。但S公司应支付尚欠款147,800元从W公司2015年12月24日提起反诉之日起的利息。对于W公司主张的其他损失18,503.7元，因该部分费用系W公司为布展等工作应当支出的费用，W公司认为该部分费用应由S公司支付，理由不充分，二审法院不予支持。

【二审法院判决】

综上，W公司的上诉部分有理，二审法院予以支持。原判认定事实基本清楚，但处理不当，应予纠正。依照《中华人民共和国合同法》第一百零七条、《中华人民共和国民事诉讼法》第一百七十条第一款第（二）项之规定，判决如下：一、撤销一审民事判决；二、S房地产开发有限公司应于本判决发生法律效力之日起十日内偿付W文化传播有限公司147,800元，并支付从W文化传播有限公司2015年12月24日提起反诉之日起至付清款项止，以实欠本金数，按中国人民银行同期同类贷款利率计算的利息；三、驳回S房地产开发有限公司的诉讼请求；四、驳回W文化传播有限公司的其他反诉请求。如未按本判决指定期间履行给付金钱义务，应当依照《中华人民共和国民事诉讼法》第二百五十三条之规定加倍支付迟延履行期间的债务利息。一审本诉受理费3,400元，由S房地产开发有限公司负担；反诉费2,769元，由W文化传播有限公司负担1,440元，S房地产开发有限公司负担1,329元。二审案件受理费12,338元，由W文化传播有限公司负担2,880元，S房地产开发有限公司负担9,458元。S房地产开发有限公司未交纳的二审案件受理费9,458元，限于收到本判决书之日起七日内向二审法院缴交。W文化传播有限公司预交二审案件受理费12,338元，由二审法院退回9,458元。本判决为终审判决。

【律师评析】

本案是一起因展品交付验收引起的展览合同纠纷。作为提供展览服务的公司，W公司与S公司签订了《活动合同》，对展览的名称、时间、内容、活动安排、服务价款等内容作了详细的约定。尽管合同双方并未按照《活动合同》上所要求的以书面形式签订合同，但根据我国《合同法》第 36 条规定："法律、行政法规规定或者当事人约定采用书面形式订立合同，当事人未采用书面形式但一方已经履行主要义务，对方接受的，该合同成立"，因 W 公司已实际交付展品，S 公司也实际支付了部分价款，即双方已经实际履行了主要合同义务，故《活动合同》已经成立并生效。

本案的纠纷因展品交付验收而引起，因此 W 公司交付的展品是否经 S 公司验收合格，成为一、二审法院审理的焦点。如果 W 公司交付的展品经 S 公司验收且验收合格，则 S 公司拒付合同余款的行为将构成违约，需要向 W 公司承担违约责任；反之，则 W 公司未按照合同约定按质按量交付展品，需要向 S 公司返还已付的合同款项。

对上述焦点，一、二审法院有截然不同的意见。一审法院认为，从双方提交的证据并不能看出 W 公司交付的展品是否经 S 公司验收合格。但从双方的表现与常理推断，W 公司未按约定交付展品，构成违约，需要承担违约责任。二审法院对证据做了更仔细的审查，提出与一审法院截然不同的意见，并纠正了一审法院的错误。二审法院从《活动合同》的条款、S 公司提供的《确认单》等证据出发，认为 W 公司已实际履行交付展品的义务，且 S 公司未在约定的时间内提出异议，后又在《确认单》中对 W 公司交付的展品进行了确认，故认为 W 公司交付的展品已经 S 公司验收合格，不构成违约。因此，二审判决 S 公司向 W 公司承担支付合同余款、利息等法律责任。

【律师建议】

对于会展企业而言，可从本案中得出的教训有：第一，企业在开展业务时应当签订书面的合同，同时开展业务的往来文件也应当尽量采取书面形式进行固定。本案中的原、被告采取邮件、口头的形式签订合同其实是不规范的，因邮件、口头形式订立的合同无法固定，存在不稳定性，易导致纠纷产生。第二，企业在交付展品、货物等劳动成果时，应当要求产品、服务接收方书面予以签收。即便对方因交付的产品、服务不合格而拒绝签收，企业也应当要求对方在收货单、验收单上注明拒收的原因，并写上落款与日期。在展览合同的履行中，交付产品、提供服务是会展企业应承担的合同主要义务，同时也往往是产品、服务接收方及时支付款项的重要节点，因此，要求产品、服务接收方签收或注明拒收原因，一方面可证明自身已按合同约定履行主要义务，另一方面也为将来可能发生的纠纷保存有力的证据。

【精选案例17】

展厅装修工程是否完成验收存在争议，业主方反诉主张工期延误违约金未获得支持

【引言】

展厅的设计、制作与搭建是展览公司的常规业务。验收合格通常是展览公司与业主方《展览装修合同》约定的付款条件；展厅装修合同中通常会有工期及工期延误违约条款。这两个方面经常成为展览公司与业主方纠纷争议焦点。R建设有限公司与Q展览服务有限公司、J集团有限公司、L（自然人）合同纠纷一案，是否完成验收及工期验收责任在谁，无论是一审程序还是二审程序，均是原被告（上诉人与被上诉人）的争议焦点。而被告提起反诉，主张工期延误违约金，目的在于抵充原告的诉请，但因法院查明工期延误责任在其自身而未胜诉。

【案由】
展厅装修合同纠纷。

【诉讼地位】
原告、反诉被告、被上诉人。

【案例来源】
上诉人R建设有限公司与被上诉人Q展览服务有限公司、一审被告J集团有限公司、L合同纠纷二审民事判决书。

【原告诉请】
Q公司向一审法院起诉称，R公司与J公司系关联公司。2011年8月11日，J公司与Q公司签订一份协议书，委托Q公司进行"J集团新能源汽车高新产业展厅"的设计、制作与搭建事宜。根据该公司的安排，2011年8月16日，Q公司与R公司于2011年8月16日签订《展厅装修合同》，约定金额为36万元，R公司应于Q公司施工完成后七日内进行验收，逾期未验收视为其验收合格。L就前述合同的履行与Q公司进行实际操作。签约后，Q公司收到R公司支付的50%预付款18万元，依约40%余款自Q公司完成施工、R公司验收合格起五个工作日内支付，另10%作为保证金，待一年保修期满后五个工作日内返还Q公司。此后双方确认展厅装修的增补款为44,500

元。Q公司自2011年10月份起，多次催款，于2011年11月7日开具部分尾款（不含保证金）144,000元及增补项目款项44,500元的发票给R公司。但至今R公司以集团资金紧缺为由拒付。现保修期亦已届满。

Q公司请求判令：R公司立即向Q公司支付展厅装修合同尾款及增补款项合计224,500元及逾期付款滞纳金20,797.25元；J公司、L对R公司上述付款承担连带责任。

【被告反诉】

R公司向一审法院提起反诉称，Q公司、R公司签订的《展厅装修合同》，约定施工时间为2011年8月10日至8月31日，由于Q公司原因未按约定工期完工，应按合同金额10%支付违约金。R公司请求判令Q公司支付R公司违约金36,000元。

【一审法院认定】

一审法院查明，R公司与J公司系关联企业。2011年8月11日，Q公司签署一份《协议书》，显示甲方为"J集团"，就委托Q公司进行"J集团新能源汽车高新产业展厅"的设计、制作与搭建事宜达成协议，约定双方签订本协议作为甲方同意Q公司开工的凭证，甲方应于2011年8月17日前与Q公司签订正式合同；甲方落款处署名"朱某"，未加盖甲方公章。2011年8月16日，Q公司与R公司签订一份《展厅装修合同》，约定工程项目"J集团新能源汽车高新产业展厅装修"，工程内容为按照经R公司确认的效果图进行前述项目，工程造价36万元，工期2011年8月10日至8月31日；原则上R公司应于Q公司施工完成后七日内进行验收，逾期未验收视为验收合格；签约后五个工作日内R公司预付造价的50%即18万元给Q公司，工程施工完成且经R公司验收合格起五个工作日内支付工程款的40%即144,000元，余款36,000元作为保证金，待保修期（2011年9月1日至2012年8月31日）满后五个工作日内一次性支付给Q公司，Q公司在R公司付款前向其提供相应的正式发票；R公司逾期付款，须按人民银行颁布的贷款基准利率支付滞纳金；由于Q公司原因，未按本合同规定的工期完工，Q公司应按合同金额10%支付违约金。

2011年8月18日，Q公司就上述项目出具一张发票，载明付款方为R公司，金额为18万元。该张发票由J公司品牌管理中心的职员及案涉项目的经办人L于当日签收。2011年8月26日，R公司转款18万元给Q公司。2011年11月7日，Q公司就上述项目开具两张发票，均载明付款方为R公司，其中一张载明为尾款、金额144,000元，一张载明为增补款、金额44,500元。前述两张发票由L于当日签收。2013年7月16日，Q公司诉至一审法院。法定期间内，R公司提起反诉。庭审中L称上述后两张未付款的发票是其在部门领导的授意下通知Q公司开具的，2011年9月Q公司、R公司对案涉工程进行初步验收，并通知Q公司整改发现的问题；其收到发票后，把案涉工程要如何验收的情况汇报给部门领导后，就未再跟进。R公司称案涉项目初步验收以后，Q公司未再通知进行验收。此外，各方当事人均表示对于案涉工程款无须鉴定。

一审判决查明的以上事实，有Q公司提供的上述《协议书》《展厅装修合同》工程款发票及收据，L的名片及当事人在庭审中的陈述为证。

围绕支付讼争工程款的条件是否成就，以及案涉工程延期完工是否系Q公司原因的争议，Q公司提供：1. 经公证书公证的与L的QQ聊天记录，包括以下内容：（1）2011年8月18日下午，L称"他说以现在的条件可以允许你们进场"；（2）2011年8月24日，Q公司就画面的修改意见敦促L确认；（3）2011年8月31日，L指示Q公司绿色建筑部分的展柜先别做，其在等领导确定；（4）2011年10月14日，L通知Q公司当日下午去验收，并确认验收完就回公司谈结算的事；（5）2011年11月15日，Q公司通知将整改反馈书于当日送给R公司；（6）2011年11月22日以后，Q公司多次催问结算审核情况，L均称领导会签未结束，其中2012年4月17日称要到2012年6月份才能恢复付款。2. 第二份公证书公证的与L的QQ聊天记录，主要内容为2011年11月7日，L通知Q公司按其要求开具上述144,000元及44,500元款项的发票，且注明须说明款项已通过R公司最终审核验收。3. 第三份公证书公证的与L的电子邮件记录，包括以下内容：（1）2011年8月15日，L通知Q公司案涉工程已确定的及待定的施工内容；（2）2011年9月5日，L发给Q公司一张展板中的新到大图。

R公司的质证意见：对前述公证书的表面真实性无异议，其中内容可证明讼争款项须经审核确认，Q公司存在工程逾期的事实。

J公司的质证意见：对前述公证书的表面真实性无异议，对其中的内容无法确认。

L的质证意见：确认前述证据中对于2012年的工程进度记录。另在一审庭审中，Q公司曾提交与上述证据内容相同但未具公证形式的证据，L质证称对涉及的邮箱及QQ号码由其使用均予确认，从2011年8月18日起至2011年9月30日对案涉工程施工过程的记录予以确认，涉及款项的内容无法完全确认，双方确有在QQ上沟通过。

【一审法院认为】

一审法院分析认为，1. 关于支付讼争工程款的条件是否成就的问题。Q公司提交的上述电子证据，其证据来源系以公证形式固定，相对方L亦确认该证据所涉及号码系其使用，且双方确有在QQ上沟通过，以及认可部分内容；再结合L的身份，以及R公司与J公司之间的关联性，足以认定上述证据的证明力。目前虽然没有案涉工程验收的直接证据，但结合合同中"原则上R公司应于Q公司施工完成后七日内进行验收"的约定，以及双方曾于2011年10月14日组织初次验收，且于2011年11月15日Q公司通知将整改反馈书送给R公司后，在较长时间内双方的沟通内容只剩下Q公司催促结算及对方的相应回复等事实。可以据此认定：案涉工程应于双方初次验收前已基本完工，且案涉工程最终未进行正式验收并进行结算的原因在于R公司无正当理由的拖延。根据"逾期未验收视为验收合格"的约定条款，应据此认定案涉工程视为验收合格。再者，Q公司主张的款项，在R公司无理拖延结算，且当庭表示无需进行鉴定的情况下，可按相关发票所载金额作为讼争工程款的确认依据。据此，R公司支付讼争工程款的条件应视为已成就。2. 案涉工程延期完工是否系Q公司原因的问题。虽然双方约定工期为2011年8月10日至8月31日，但根据上述电子证据的记录，其中R公司方于2011年8月18日才同意Q公司进场，且在施工过程中，于8月份多次因R公司的施工方案原因使案涉项目施工受到影响，至9月5日R公司仍在向Q公司发送方案图。可以据此认定案涉工程完工迟延并非出于Q公司原因。

一审法院认为，R公司及J公司虽然系关联企业，但双方缔结并实际履行的合同为

R 公司与 Q 公司签订的《展厅装修合同》，根据合同相对性原则，Q 公司要求 R 公司支付剩余工程款是合法的。根据 R 公司 2011 年 11 月 7 日要求 Q 公司开具案涉两张发票，并同时要求出具说明函，注明款项已通过 R 公司最终审核验收的事实，可以将前述开票时间视为 Q 公司完工并通知验收之日，根据约定的验收及付款条款及被告的迟延情况，2011 年 11 月 15 日为案涉工程视为验收合格日，2011 年 11 月 21 日为讼争款项的逾期付款起算日，此外，按照前述认定的完工时间起计的一年保修期于 2012 年 11 月 12 日届满，依约 2012 年 11 月 18 日为 R 公司逾期支付该款的起算日；且依约 R 公司应按中国人民银行的同期贷款基准利率承担前述款项的滞纳金。

【一审法院判决】

据此，一审法院对 Q 公司的诉求，在前述认定范围内予以支持，超出部分没有依据，不予支持。R 公司的反诉诉求，没有事实依据，不予支持。依照《中华人民共和国合同法》第一百零七条，《中华人民共和国民事诉讼法》第六十四条第一款的规定，判决：一、R 建设有限公司于本判决生效之日起十日内一次性支付给 Q 展览服务有限公司工程价款 224,500 元及滞纳金（其中 188,500 元从 2011 年 11 月 21 日起、36,000 元从 2012 年 11 月 18 日起，均按中国人民银行的同期贷款基准利率计）；二、驳回 Q 展览服务有限公司的其他诉求；三、驳回 R 建设有限公司的诉求。本案本诉案件受理费 2,490 元，由 Q 公司负担 5 元，R 公司负担 2,485 元；反诉案件受理费 350 元，由 R 公司承担。

【被告上诉】

宣判后，R 公司不服，向二审法院提起上诉。上诉人请求撤销民事判决书第一项，改判驳回被上诉人诉讼请求；撤销民事判决书第三项，改判被上诉人支付违约金 36,000 元；本案一、二审诉讼费用由被上诉人承担。

上诉人 R 公司诉称，一、一审法院据以认定讼争工程款支付条件成就的依据不成立。（一）一审法院以双方曾初验及 2011 年 11 月 7 日 L 与被上诉人的 QQ 聊天记录认定 Q 公司已完工并通知验收，依据不足。1. L 多次提到其在涉案工程中的角色是负责设计方案的对接，对于工程方面具体由上诉人相关部门确认。虽然 L 提到其曾参与初步验收，但其强调验收需上诉人成本部、涉案工程长期使用部门、被上诉人项目负责人、施工工人参加。从被上诉人提交的 QQ 聊天记录看，当时所谓的初验只有 L 及被上诉人的 2 名工作人员。结合参与初验人员的身份可知此处初验完全只是双方对于设计方案是否落实于施工的初验而非工程意义上的初验。2. 2011 年 11 月 7 日的 QQ 聊天记录"你要给我给我的东西，（1）发票，抬头……内容：金帝高科技展馆部分尾款……（3）说明函，说明……"，只能说明 L 要求被上诉人在开具涉案发票时须对发票用途进行说明，而不是要求被上诉人提交发票，根本无法推断出被上诉人已完工并通知验收。（二）一审法院以 2011 年 11 月 15 日及以后 L 与被上诉人的 QQ 聊天记录和《展厅装修合同》第一条第 7 款的约定，认定 2011 年 11 月 15 日为涉案工程验收合格日，毫无依据。2011 年 11 月 15 日及以后，上诉人与被上诉人是就设计方案是否落实于施工初步验收后设计方案的整改，而非对于工程的整改，而后双方交涉的是增补款项的问题，而非整个工程的结算事宜。根据《展厅装修合同》第三条"C、甲方应对每个环节接受乙方的要约进行确认工作"的约定,该合同第一条第7款适用的前提是被上诉人的验收通知,然本案被上诉人并未通知上诉人验收,更谈不上验收合格了。(三)结合《展厅装修合同》第二条"工程施工完成且经甲方验收合格起五个工作日内支付工程款的40%……"的约定,讼争工程款支付条件未成就。

二、一审法院以发票所载金额作为讼争工程款的确认依据,事实认定不清。一审法院认可讼争工程未正式验收也未进行结算,在上诉人明确表示对被上诉人主张的讼争工程款有异议的情况下(上诉人预估讼争工程款约为10万元,被上诉人主张讼争工程款达22.45万元),仍然简单地以发票所载金额为讼争工程款,事实认定不清。

三、一审法院以上诉人至9月5日仍在向被上诉人发送方案图为由认定涉案工程迟延并非被上诉人原因,驳回上诉人一审反诉请求,事实认定错误。一审法院的逻辑是只要上诉人有迟延的情况,不管被上诉人是否有迟延的事实,均认为非被上诉人的原因。这种逻辑明显站不住脚。《展厅装修合同》约定工期为2011年8月10日至8月31日,工期的真正意义在于施工的跨度而非施工的起点或终点。涉案工程的施工跨度为22天,假设9月12日上诉人才最终确定好所有方案,被上诉人亦应在10月4日前完工,然而10月4日前被上诉人并没有完工。综上,一审法院在没有证据证明被上诉人依约完工且通知验收的情况下,认定涉案工程验收合格,并在没有结算的情况下简单以发票记载金额作为讼争工程款,认定事实严重错误。

【被上诉人答辩】

被上诉人Q公司答辩称,讼争工程已经完工且通过验收,上诉人根据合同约定应在施工完成后七日内验收,逾期未验收视为验收合格。涉案工程款的金额经上诉人审核确认后通知被上诉人开具相应的发票,上诉人收到发票后并未提出异议。上诉人事实上一直通过各种方式拒绝付款,上诉人对拖欠工程款是抵赖的态度。被上诉人不存在任何违约,有关工程延期问题,上诉人没有任何证据证明。一审查明的事实清楚,证据充分,适用法律正确,请求驳回上诉人诉求。

一审被告J公司答辩称,其对上诉人的上诉请求和事实理由没有答辩意见。一审被告L未做答辩。

【二审法院认定】

经审理查明,上诉人R公司对一审判决查明的事实无异议,但对L陈述所称的"后两张未付款的发票是其在部门领导的授意下通知Q公司开具的"以及"2011年9月Q公司、R公司有对涉案工程进行初步验收"有异议,认为L并未通知Q公司开具发票,而是通知Q公司开具发票时应注意事项及款项用途,工程实际上没有验收过,只是对有无按设计效果图施工进行验收,并未对整个工程的质量进行验收。Q公司对一审判决查明的事实均无异议。J公司对一审判决查明的涉及其公司的事实无异议,对其他事实则不发表意见。L未发表意见。二审法院对各方当事人无异议之事实予以确认。二审中,各当事人均未提交新的证据。

【二审法院认为】

二审法院认为,当事人对自己提出的主张,依法有责任提供证据证明。关于R公司支付讼争工程款的条件是否成就的问题。Q公司提交的QQ聊天记录、发票及签收单等证据可以证明，L 于 2011 年 10 月 14 日通知 Q 公司当天下午去验收，并确认验收完回公司谈结算事宜；L 于 2011 年 11 月 7 日通知 Q 公司开具装修部分尾款及装修增补款项的发票，并于当天签收了发票，同时还要求对方出具说明函对相关款项已通过 R 公司最终审核验收进行说明。故可以认定双方当事人在 2011 年 11 月 7 日已就讼争工程尾款、增补款项金额达成一致意见。R 公司关于工程款项未结算的意见，二审法院不予采纳。结合双方关于"Q 公司在 R 公司付款前向其提供相应的正式发票"的约定，Q 公司应 R 公司要求而向其出具发票，可视为双方已确认工程完工，Q 公司向 R 公司提出付款要求。根据《展厅装修合同》的约定，R 公司应于施工完成后七日内进行验收，逾期未验收视为验收合格，并应在验收合格起的五个工作日内支付工程余款、在 1 年的保修期满后支付保证金。一审法院认定 2011 年 11 月 7 日为视作施工完成日、2011 年 11 月 15 日为视作验收合格日、2011 年 11 月 21 日为逾期支付工程尾款日，并认定 R 公司支付讼争工程款的条件已成就并无不当，可以维持。R 公司主张工程未验收，认为相关初步验收仅是对有否按设计效果图验收而非对工程质量进行验收，但并未提供证据证明，二审法院不予支持。R 公司虽对工程款金额提出异议，但并未提供证据证明其所主张的金额，且其在一审中亦明确表示对工程款无须鉴定，其该项上诉主张缺乏依据，二审法院不予支持。

关于讼争工程未按期完工的责任问题。在案电子证据证明 R 公司于 2011 年 8 月 18 日才同意 Q 公司进场施工，且在施工过程中多次调整施工方案，足以认定工程延期完工系 R 公司造成的。在施工多次方案调整的情况下，R 公司仅根据原定的工期天数主张 Q 公司延误工期，依据不足，其关于 Q 公司应承担未按期完工违约责任的主张，二审法院不予支持。

【二审法院判决】

综上，R 公司的上诉请求缺乏事实和法律依据，二审法院不予支持。一审判决正确，应予维持。依照《中华人民共和国民事诉讼法》第一百四十四条、第一百七十条第一款第（一）项的规定，判决如下：驳回上诉人 R 公司的上诉，维持原判。二审案件受理费 4,980 元，由上诉人 R 建设有限公司负担。本判决为终审判决。

【律师评析】

展厅的设计、制作与搭建是展览公司的常规业务。验收合格通常是展览公司与业主之间《展览装修合同》约定的付款条件；展厅装修合同中通常会有工期及工期延误违约条款。这两个方面经常成为展览公司与业主纠纷争议焦点。R 建设有限公司与 Q 展览服务有限公司、J 集团有限公司、L 合同纠纷一案，是否完成验收及工期延误责任在谁，无论是一审程序还是二审程序，均是原被告（上诉人与被上诉人）的争议焦点。而被告提起反诉，主张工期延误违约金，目的在于抵充原告的诉请，但因法院查明工期延误责任在其自身而未胜诉。

关于是否验收合格的争议焦点。双方在《展览装修合同》约定有"施工完成后七日内进行验收，逾期未验收视为其验收合格"的验收条款及"40％余款自完成施工、验收合格起五个工作日内支付"的支付条件。这两方的约定清楚、明确，没有歧义。但问题出在是否完成验收上。本案中，原告确实没有直接的证据证明工程已经完成验收，充其量只能证明进行了初步验收，而被告主张连初步验收都不是。那么，一审及二审均认定工程已经完成验收，依据是什么呢？要说明这个问题，就得回到证据规则上。关于证据规则，《最高人民法院关于民事诉讼证据的若干规定》第六十六条规定，审判人员对案件的全部证据，应当从各证据与案件事实的关联程度、各证据之间的联系等方面进行综合审查判断。本案一、二审法院法官均是依据该条款规定对QQ聊天记录、发票及签收单等各证据进行综合审查判断而认定案涉工程已经完成验收。由此说明，会展业企业在签订和履行合同的过程中收集并妥善保管发票、送货凭证、汇款凭证、会议记录、信函、数据电文（包括电子邮件、微信、QQ等）是何等重要的事！

关于工期延误责任。如上所说，本案中被告提起反诉主张工期延误违约金，目的在于抵消原告诉请的工程款。但从被告的反诉情况看，其反诉提起十分牵强。《展厅装修合同》约定施工时间为2011年8月10日至8月31日。但本案并无直接证据证明工程的实际完工日，只有原告证据中有关被告工作人员L于2011年10月14日通知验收及2011年11月7日通知开具装修部分尾款及装修增补款项的发票可间接证明2011年10月14日是最早完工日期。如果是这个日期或者这个日期左右完工，显然已经超出8月31日，即工期延误许久。而且，被告并未就其反诉主张（工期延误责任）举证。反而是原告所举证据能够证明，工期延误责任在于业主方。原告证据显示，2011年8月18日被告才同意原告进场，且在施工过程中于8月份多次因被告的施工方案原因使案涉项目施工受到影响，至9月5日被告R公司仍在向原告发送方案图。这个案例原告的胜诉，说明法庭之上，证据为王。同一案件，双方当事人在证据收集、组织及呈现上的"功夫"差异导致完全不同的诉讼结果。

【律师建议】

当事人对自己提出的主张，依法有责任提供证据证明，这就是民事诉讼中遵循的"谁主张，谁举证"的证据规则。会展企业在经营活动中，为避免纠纷发生，或为可能发生的纠纷作准备，应当对项目磋商与签订、开工、修改、完工、验收、付款等各个业务流程中产生的书面、实物或电子证据做好保管和保存。并且，一般来说，在诉讼中，书面证据较其他证据具有较大的证明力。因此，企业应当尽量多使用书面形式对业务各个流程节点进行确认，如送货凭证、验收凭证、发票签收单等。

【精选案例18】

展览公司承租的土地未办手续被政府责令停工并拆除，起诉索赔，土地出租方另案起诉，要求赔偿地面附属物折价款及补偿金

【引言】

K展览服务有限公司于2011年3月7日与李某某签订《土地租赁合同》，约定李某某将其从某市某镇某村第一村民组承包的土地中的20亩出租给K公司。签订《土地租赁合同》后，K公司在承租土地上建设了厂房、办公用房，并按约定向李某某支付了租金800,000元。因涉及农业用地转为建设用地，未办理农业用地转用审批手续，政府部门认定为违法用地，通知停工并责令自行拆除。K公司自行拆除并腾让场地后向法院起诉，请求判令李某某返还租金80万元并赔偿损失758,169元。土地出租方李某某另案起诉要求K公司赔偿地面附属物折款60万元并支付补偿金50万元。

【案由】

土地租赁合同纠纷。

【诉讼地位】

被告、被上诉人。

【案例来源】

K展览服务有限公司与李某某土地租赁合同纠纷一案。

【一审法院认定】

一审法院经审理查明：1998年12月15日，李某某与某镇某村第一村民组签订《机井承包合同》，约定李某某承包本村民组机井一眼，无偿向本村民组群众供生活用水，村民组将本组土地60亩无偿交给李某某承包。该合同经某市公证处公证。

2011年3月7日，出租方李某某与承租方K公司签订一份《土地租赁合同》，约定的主要内容如下：李某某将位于某市某镇某村第一村民组面积为20亩的土地租赁给K公司使用；土地使用权租赁期限为19年，自2011年3月7日至2029年6月30日。K公司应在国家工商、税务等部门取得有效的经营权，在签订的土地租赁合同范围内建设厂房、办公用房；李某某保证K公司在合同期内建设厂房合法经营，并到有关部门办理相应的批准手续，取得批准。土地租赁方式为19年租期一次性买断，面积为20亩，

19年的租金为800,000元；签订合同当天即付定金200,000元，厂房建好K公司验收合格后付清余款600,000元。李某某有权按合同约定向K公司收取租赁土地租金，K公司有义务按合同约定的时间、方式和数额支付租金。任何一方不履行本合同项下的任一义务，均构成违约，应向对方赔偿其违约行为造成的一切损失；若双方均有过错，按双方各自过错大小来承担违约责任。如因李某某非正当原因致使合同无法履行，造成K公司所建厂房等建筑物被强拆，李某某应向K公司双倍返还已经交付的租金，并赔偿建筑物等投入的损失费用600,000元。李某某在合同不能履行之日起3日内一次性支付K公司补偿金500,000元，作为对K公司的间接损失补偿。李某某原地面附属物，K公司将不予赔偿。如因K公司非正当原因致使合同无法履行，K公司应向李某某双倍支付土地租赁费，并赔偿原地面附属物折款600,000元。K公司应在合同无效之日起3日内一次性支付李某某补偿金500,000元，作为对李某某的间接损失补偿。K公司建筑等投入一切损失，李某某将不予赔偿。本合同自双方签字、盖章生效。在《土地租赁合同》上，有出租方李某某的签名，有承租方K公司法定代表人蔡某某的签名及加盖了该公司合同专用章。

某市某镇土地管理所于2011年3月15日出具《某市某镇土地管理所申请回复》，内容为"关于某市某镇某村第一村民组村民李某某代理申请K展览服务有限公司办理二十亩土地用于建设厂房一事，需到我部门办理用地批准手续，经我部门工作人员到工商、税务部门查询，没有查到该公司合法有效文件，不予办理用地批准手续"。2011年4月15日至2012年11月21日期间，李某某、李某红（李某某之妻）、李某伟（李某某妻弟）分十一次共收取K公司建房款265,000元。签订《土地租赁合同》后，K公司在承租土地上建设了厂房、办公用房。2012年5月26日，李某某收到K公司支付的租金800,000元。2013年8月16日，某市某镇人民政府通知K公司，以用地没有经过相关部门审批已构成违法用地，望接通知书后，立即停工，在7日内自行拆除，否则后果自负。同年8月26日，K公司在政府相关部门的监督下，开始自行拆除承租地上建设的厂房、办公用房及机器设备，9月4日全部拆除完毕并腾出承租的土地。

K公司于2014年向该院提起诉讼，请求判令李某某返还租金80万元并赔偿损失758,169元，该院于2014年7月21日作出民事判决，认定李某某与K公司签订的《土地租赁合同》无效，判决李某某返还K公司租金694,676.32元，驳回了K公司要求李某某赔偿损失的诉讼请求，该判决现已生效。

【一审法院认为】

一审法院认为：K公司与李某某签订的《土地租赁合同》约定李某某将其从某市某镇某村第一村民组承包的土地中的20亩出租给K公司，K公司在承租的土地建设厂房、办公用房，涉及农业用地转为建设用地，因未办理农业用地转用审批手续被政府部门认定为违法用地。因此，K公司与李某某签订的《土地租赁合同》因违反法律的强制性规定而属无效。

李某某主张合同无效的，不影响合同中独立存在的有关解决争议方法的条款的效力，并依据《土地租赁合同》中的约定"如因K公司非正当原因致使合同无法履行，K公司应向李某某双倍支付土地租赁费，并赔偿原地面附属物折款600,000元。K公司应在合同无效之日起3日内一次性支付李某某补偿金500,000元,作为对李某某的间接损失补偿"。要求K公司赔偿地面附属物折款60万元,支付补偿金50万元。首先,合同中有关解决争议方法的条款系指仲裁条款、选择管辖法院的条款、选择检验、鉴定机构的条款,法律适用条款等程序性条款,李某某所依据的合同条款系违约条款,是双方实体权利义务的约定,并非有关解决争议方法的条款。

无效的合同自始没有法律约束力。双方的合同关系不再存在,合同中约定的违约责任条款也应归于无效。李某某不能依据无效的合同条款要求K公司承担责任,对其诉讼请求,该院不予支持。

【一审法院判决】

综上所述,《中华人民共和国合同法》第五十六条第一款、第五十七条之规定,判决如下:驳回李某某的诉讼请求。

【原告上诉】

宣判后,李某某不服一审判决,向二审法院提起上诉称:本案合同无效的原因是K公司在涉案承租土地上建设厂房、办公用房,涉及农业用地转化为建设用地,K公司作为经营者和用地者,应当向土地管理部门提出用地申请,K公司未办理农业用地转用审批手续,是造成合同无效的原因,所以造成合同无效的原因在于K公司,不是李某某的原因。李某某在本案合同中的损失110万是客观存在的,双方当事人均无异议且在合同中明示并商定确认直接损失和间接损失分别为60万元和50万元,合计110万元。李某某请求的是K公司的缔约过失责任,该110万元是K公司应赔偿李某某的损失。一审法院故意混淆了促使合同履行的违约责任与缔约过失赔偿责任的区别,导致适用法律错误。故应撤销一审判决,依法改判K公司赔偿李某某各项损失110万元。

【被上诉人答辩】

被上诉人K公司答辩称:造成合同无效的原因是由于李某某违反了土地管理法的强制性规定,K公司不存在缔约过失责任,无论是以违约责任还是缔约过失责任,K公司都不应当赔偿李某某。

【二审法院认定】

二审法院经审理查明的事实与一审法院查明的事实一致。

【二审法院认为】

二审法院认为:李某某与K公司签订的《土地租赁合同》是无效合同,造成合同无效的原因是未办理农业用地转建设用地审批手续,而双方所签合同约定"李某某保证K公司在合同期内建设厂房合法经营,并到有关部门办理相应的批准手续,取得批准",由此可以认定双方签订合同时均知道需要办理农业用地转建设用地审批手续,故对造成合同无效,双方均有过错。《中华人民共和国合同法》第五十八条规定:"合同无效或者被撤销后,因该合同取得的财产,应当予以返还;不能返还或者没有必要返还的,应当折价补偿。有过错的一方应当赔偿对方因此所受到的损失,双方都有过错的,应当各自承担相应的责任。"K公司在政府相关部门的监督下,自行拆除承租地上建设的厂房、办公用房及机器设备,一审法院已发生法律效力的民事判决,驳回了K公司要求李某某赔偿损失的诉讼请求,因此对于李某某要求K公司赔偿损失即地面附属物折价款和合同无效补偿金的诉讼请求,也不应当支持。

【二审法院判决】

综上,一审法院认定事实清楚,适用法律正确,处理结果适当,二审法院依法予以维持。依照《中华人民共和国民事诉讼法》第一百七十条第一款第(一)项之规定,判决如下:驳回上诉,维持原判。二审案件受理费14,700元,由上诉人李某某负担。本判决为终审判决。

【律师评析】

本案是一起农业用地租赁合同纠纷。《土地管理法》第44条规定:"建设占用土地,涉及农用地转为建设用地的,应当办理农用地转用审批手续。"因此,本案中的农用地应当办理农用地转用审批手续,才能出租给K公司用作建设厂房和办公用房。然而,本案的当事人未能成功办理相关手续,法院根据我国《合同法》第52条的规定,认为李某某与K公司签订的《土地租赁合同》因违反法律的强制性规定而无效。如何认定合同无效的法律后果以及处理合同无效后当事人的利益分配问题,成为本案一、二审法院的审理焦点。

合同被认定无效后,合同当事人应当承担什么责任?对此,原告李某某在一审中认为,合同无效不影响合同中独立存在的有关解决争议方法的条款的效力,被告K公司应当根据《土地租赁合同》中的对违约责任约定向其承担违约责任。法院对此不予支持,因为合同中有关解决争议方法的条款系指仲裁条款、选择管辖法院的条款,选择检验、鉴定机构的条款,法律适用条款等程序性条款。违约责任条款显然不属于上述所称的有关解决争议方法的条款。

而在二审中,原告李某某改变了主张,认为被告K公司未办理农业用地转用审批手续,是造成合同无效的原因,故K公司应当向其承担缔约过失责任。缔约过失责任是指在合同订立过程中,一方因违反诚实信用原则所产生的义务,而致另一方的信赖利益损失,所应承担的损害赔偿责任。对此,二审法院也未予支持。法院认为,双方签订合同时均知道需要办理农业用地转建设用地审批手续,故对造成合同无效,双方均有过错,一方无须向对方承担缔约过失责任。最后,法院根据《合同法》第58条的规定:"合同无效或者被撤销后,因该合同取得的财产,应当予以返还;不能返还或者没有必要返还的,应当折价补偿。有过错的一方应当赔偿对方因此所受到的损失,双方都有过错的,应当各自承担相应的责任",判决驳回李某某的诉讼请求。

【律师建议】

在本案中,李某某与K公司签订合同时,就已清楚需要办理农业用地转建设用地审批手续。然而,在得知无法办理农业用地转建设用地审批手续后,双方仍继续按照合同约定履行合同,支付租金并建起厂房,导致最终被政府相关部门认定为违法用地,责令自行拆除,造成双方更大的损失。因此,本案对于会展企业的启示是:在企业签订合同时,应当对合同进行审查,查询相关的政策法规,了解该合同的履行是否需要企业具有相关资质、办理相关行政审批手续,必要时可向政府部门或法律专业人士咨询,如此方可避免合同因违反法律的强制性规定而无效,导致企业的财产损失。

【精选案例 19】

会展中心因承租权与转租权提起执行异议之诉，
三级法院均确认不存在实质租赁关系，不适用买卖不破租赁准则

【引言】

A 经贸会展服务中心基于政府安排取得某市某区江南大道×××号首二房产的"承租权"和"转租权"。案涉房产因抵押权人行使抵押权被人民法院拍卖。A 经贸会展中心依法向执行法院提起执行异议，但被驳回。在执行异议被驳回之后，A 会展服务中心提起执行异议之诉，请求法院确认其对案涉房产的"承租权"和"转租权"。案件历经中院、高院、最高院三级法院审理。三级法院均认定，A 会展服务中心取得的"承租权"和"转租权"实质上是行政部门安排下对涉案房产收益进行内部分配，不存在实质性租赁关系，不适用买卖不破租赁的准则，从而不支持 A 会展服务中心的诉讼请求。

【案由】

执行异议之诉。

【诉讼地位】

原告、上诉人。

【案例来源】

A 经贸会展服务中心与某市农村商业银行股份有限公司 B 支行、某市 C 科技贸易发展公司、某市某区 D 商场执行异议之诉一案。

【原告诉请】

A 经贸会展服务中心（以下简称会展中心）向一审法院起诉称：会展中心与某市 C 科技贸易发展公司（下称 C 公司）于 2003 年 1 月 2 日签订的《房地产租赁合同》（以下简称《租赁合同》）是双方的真实意思表示，内容没有违反法律法规的强制性规定，是有效的合同，应受法律保护。2006 年 4 月 23 日 C 公司与某市某区 D 商场（下称 D 商场）签订《租赁合同》纯粹是为了办理 D 商场的营业执照年审之用，双方均未按该合同约定的租金金额和交付方式履行。并且在签订该合同后，C 公司与会展中心、会展中心与 D 商场分别于 2006 年 5 月 16 日、5 月 30 日签订补充协议，确认了 2003 年 1 月 2 日的《租赁合同》继续有效、会展中心与 D 商场之间的租赁关系继续有效，并延长至

2022年12月31日。该行为已否定了上述《租赁合同》的效力,导致该备案合同已失效。因此,在相关案件执行时评估公司应该以2003年1月2日的《租赁合同》作为评估的依据。中院的执行裁定书裁定驳回会展中心的异议请求,严重侵害了会展中心的合法权益。

为此,起诉请求:1. 确认会展中心与C公司于2003年1月2日签订的《租赁合同》有效,会展中心基于该合同享有对某市某区江南大道×××号共2206.79平方米房屋的承租权和转租权;2. 停止对上述房屋的执行,待本案有了最终生效判决后,根据生效判决结果再作相应的处分;3. 本案诉讼费用由B支行、C公司承担。

【被告答辩】

B支行答辩称:一、C公司与D商场于2006年4月23日签订《房地产出租合同》,并于2006年4月26日在房管部门办理了登记备案,根据"公示公信"原则,该合同在效力上具有优先性。二、在本市某区江南大道×××号房产的租赁关系上,我方作为善意的第三人,仅受已办理登记备案的租赁合同效力约束。其他未办理登记备案的租赁合同仅是租赁双方的私下协议,不得对抗我方以及抵押物的买受人,对我方以及抵押物的买受人不具任何约束力。三、根据本市商业局党委会议纪要〔(2004)3号文〕和市商业局局务会议纪要〔(2004)17号文〕,会展中心和C公司原均为市商业局下属单位,市商业局为了故意模糊某区江南大道×××号房产的权属,将所有权划归C公司,而将管理、使用、收益权划归会展中心,这种以行政手段将房屋产权与使用权、收益权分离的做法明显违反法律规定,本身就是无效的。会展中心与C公司于2003年1月2日签订的所谓《租赁合同》,是为执行市商业局对房产的权利划分,在没有真实租赁关系的情况下虚构的,该合同既不是双方的真实意思表示,也不以"公平合理、等价有偿"原则为交易基础,其约定的每月3万元租金标准远远低于市场正常的租金水平。从上述(2004)17号文记载的内容来看,会展中心等单位已经明确知道该物业会抵押给银行作为借款担保,而且会展中心与C公司还于2004年9月28日签订了《补充协议书》,约定若C公司将来因财务问题无法偿还银行贷款导致物业被拍实,致使会展中心丧失D商场使用权和租金收益权,C公司应赔偿会展中心损失。可见市商业局、C公司以及会展中心在确定该物业权属时,就已经明确了一旦该抵押物被债权人拍卖处置,会展中心不得以内部协议或权属关系对抗债权人,而只能向C公司主张赔偿。在某区江南大道×××号房产的权利关系上,会展中心与C公司存在人格混同、利益混同,两者之间根本不存在真实意义上的租赁关系,故2003年1月2日的《租赁合同》是无效的。综上,应驳回会展中心的全部诉讼请求。

C公司答辩称:一、会展中心的全部诉讼请求均不属案外人执行异议之诉的受理范围,法院应作驳回起诉处理。二、会展中心要求按我公司与其于2003年1月2日所签订的《租赁合同》确认其自2003年1月1日至2022年12月31日享有涉案房产的承租权和转租权,该要求不能支持。理由为:1. 2003年1月2日《租赁合同》已被之后另订的《租赁合同》取代而失效。2. 以2003年1月2日《租赁合同》作评估依据的要求,已被市中级人民法院三次否定。三、我公司与会展中心之间的关系,是名为租赁实为根据行政划转形成的利益分配关系,由此引起的纠纷属于因政府划转国有资产而引起的纠纷,应由政府或所属国有资产管理部门处理,不属于法院管辖范围。四、会展中心主张的管理、使用、收益权,是根据行政指令而获得,该权利不能对抗我司依据不动产权登记的完整物权。综上,会展中心的主张既不属案外人执行异议的受理范围,也不属人民法院的管辖范围,法院应驳回其起诉。

第三人D商场表示:同意会展中心的诉讼请求。

【一审法院认定】

一审法院查明:一、关于案涉房产的执行情况。

依据市南方公证处2008年3月7日出具的(2008)南公证强字第4号《执行证书》,C公司应偿还市农村商业银行股份有限公司B支行(下称B支行)借款3,000万元及利息。2008年3月11日,一审法院根据B支行的申请,已立案执行。执行过程中,一审法院于2008年3月17日查封了C公司名下的某市某区江南大道×××号首层房屋,并于同年5月5日查封了C公司名下的某市某区江南大道×××号二楼及江南大道×××号二楼房屋。上述房产被查封后,会展中心曾以其对案涉房产享有永久使用权、管理权、收益权为由,提出执行异议。一审法院于2008年作出执行裁定书裁定驳回会展中心的异议。

2008年6月,一审法院通过摇珠方式确定委托某房地产与土地评估咨询有限公司(下称评估公司)对上述房产进行评估。同年6月28日,评估公司出具房地产估价报告,载明:上述房产的评估时点为2008年5月29日,某市某区江南大道中×××号首层、×××号二楼及×××号二楼房产的市场价值为51,995,628元,带租约的价值为17,693,774元。该评估报告所依据的租赁合同为2003年1月2日C公司和会展中心签的《租赁合同》,租期自2003年1月1日起至2022年12月31日,租金每月3万元。2008年9月28日,经一审法院委托某经贸拍卖中心有限公司主持拍卖,除某市J贸易发展有限公司以1450万竞得江南大道中路254-270号首层外,其余房产因无人竞拍而流拍。同时,B支行向一审法院提出异议,要求依据经房管部门登记备案的《租赁合同》(C公司与D商场于2006年4月26日签订,租期从1999年1月1日至2012年6月30日,租金为每月18万元)作为评估价值的依据,请求撤销原拍卖。2009年12月9日,一审法院作出号执行裁定书,认定上述标的物在评估时所依据的合同不妥,拍卖依据的评估报告有误,应予以纠正,裁定:重新拍卖被执行人C公司所有的位于某市某区江南大道中路×××号首层(D商场)以清偿债务。

2010年5月20日,评估公司出具房地产评估报告,报告载明:上述房产的评估时点为2010年5月19日,某市某区江南大道中×××号首层、×××号二楼及×××号二楼房产的市场价值为5,695万元,带租约的价值为4,877万元。该评估报告所依据的租赁合同为2006年4月26日某市房管局备案登记的《房地产租赁合同》,合同租期自1999年1月1日起至2012年6月30日,租金每月18万元。

2010年6月7日,会展中心和D商场对执行标的提出异议,认为评估报告所依据的《房地产租赁合同》不是双方实际履行的合同,不能真实反映该房产应有的租赁价值,要求重新评估。2010年10月18日,一审法院作出通知书,书面通知会展中心和D商场,告知两单位提出的请求不属于《中华人民共和国民事诉讼法》第二百零二条规定的执行异议范畴。2011年5月，二审法院以（2011）粤高法执监字第11号执行监督函指令一审法院对会展中心、D商场的异议进行审查。2011年6月，一审法院再次以（2011）穗中法执异议字第156号、157号立案，对会展中心、D商场的异议重新审查。会展中心异议请求：撤销一审法院于2009年12月9日作出的关于重新拍卖涉案房产的（2008）穗中法执字第866号执行裁定书及2010年10月18日作出的（2008）穗中法执字第866号－1通知书；会展中心于2003年1月2日与C公司签订的租期20年的《租赁合同》合法有效，本案应适用2008年6月23日作出的评估报告及相关拍卖程序继续执行。D商场以其是涉案房屋的合法承租人及实际使用人，其与出租人会展中心就涉案房屋的租赁合同的租期于2022年12月31日才到期，要求法院在执行程序中保护其承租期等合法权益为由提出异议，表示同意会展中心提出的异议请求。经审查，一审法院于2012年7月20日作出执行裁定书，裁定：（一）驳回会展中心的异议；（二）驳回D商场的异议。

二、关于涉案房产的产权登记、抵押登记情况。

位于某市某区江南大道中×××号首层及江南大道中×××号二楼房产于1978年建设，原为某市水产总公司的物业，该公司先后于1993年4月9日及1993年8月2日取得房地产权证。2003年2月7日和15日，某市国土房管局依据市政府及市商业局的文件精神，将上述物业的所有权人变更为C公司，给C公司核发了房地产权证。位于某市某区江南大道中×××号二楼房产原也是某市水产总公司1978年建设的房产，但未办理产权证。2004年4月15日，广州市国土房管局向C公司核发了该物业的房地产权证。B支行于2007年对江南大道中×××号首层设定抵押权，广东发展银行股份有限公司于2007年对江南大道中×××号二楼及×××号二楼设定抵押权。

三、关于涉案房产的租赁、使用情况。

1997年1月23日，某市海洋与水产局（下称市水产局）与承租人D商场、承租人担保单位某市某区华侨装修设计工程公司及某市某区蓝天宝装饰设计工程公司签订《租赁合同》，约定：市水产局同意将某市江南大道中×××号首层和前面二楼及×××号的二楼房产租给D商场经营，产权面积2494平方米，租期从1997年7月1日至2012年6月30日止，租金每年216万元（即每月18万元）。此外，D商场向一审法院提交了某市豪兴实业有限公司（下称豪兴公司）与D商场、某市某区华侨装修设计工程公司、某市某区蓝天宝装饰设计工程公司另行签订的内容完全一致的租赁合同，落款时间同为1997年1月23日。对此，D商场解释称，根据市政府的相关文件要求，2002年上述房屋的出租人由市水产局变更为豪兴公司，故有关领导要求以豪兴公司为主体重新签订一份租赁合同，内容、日期等全部不变。

1999年5月18日，市水产局与D商场签订《房地产租赁契约（非住宅）》，约定市水产局将位于某市某区江南大道中×××号首层、二楼部分房产出租给D商场作商场使用，房屋建筑面积2494平方米，租期从1999年1月1日起至2012年6月30日止，每月租金18万元。该合同于签订当日在房管部门办理了备案登记手续。

2001年11月6日，某市人民政府办公厅作出市府会纪（2001）126号《关于原市海洋与水产局机关财产和属下企业行业管理划分问题的会议纪要》，将原市水产局江南大道中××号D商场的商铺划归市商业局管理。2002年2月19日，市商业局作出《关于原市海洋与水产局划归市商业局的网点和财产安排意见的函》，决定将江南大道中×××号房产划归C公司在某市新注册的豪兴公司。

2002年4月18日，市水产局向D商场发出《关于终止合同的通知》，称根据相关文件的精神，双方于1997年1月23日签订的租赁合同于2001年12月31日终止，从2002年1月1日起，D商场与豪兴公司签订新的租赁关系合同。同年5月16日，豪兴公司与D商场签订《补充协议书》，约定原正本租赁合同的租期1997年7月1日至2012年6月30日，现延长5年期至2016年6月30日止。

2002年9月18日，市商业局向市水产进出口企业集团公司作出《关于对原安排给豪兴实业有限公司三个商业网点重新调整安排问题的批复》，载明：鉴于豪兴公司无力承担接受某区江南大道中×××号首层等房产有关税费的实际情况，同意由C公司接收原安排给豪兴公司的上述资产，C公司接收后，该资产仍由豪兴公司使用。

2003年1月2日，C公司与会展中心签订《关于某区江南大道×××号首、二层物业管理及租金收取的协议书》，明确房产所有权归C公司，使用权归会展中心；由会展中心负责出租及管理，所收租金的20%归C公司作为管理费及税费，80%归会展中心。同日，双方签订《租赁合同》，约定：会展中心向C公司承租某市某区江南大道中×××号首、二层楼房，使用面积为2206.79平方米（以新办的房屋所有权证为准），租期自2003年1月1日至2022年12月31日，租金每月3万元。

2003年1月30日，市商业局办公室致函D商场，称根据局领导意见和豪兴公司与会展中心达成的协议，自2002年1月起，将江南大道中×××号首/2层物业使用权，交由会展中心负责出租管理。同年5月9日，会展中心与D商场签订《变更合同协议书》，载明：根据市府会纪（2001）126号文的精神将上述房产划归市商业局管理之决定，再按市商业局通知及市商函（2002）36号文指引，将D商场原与市水产局签订的《租赁合同》甲方改为豪兴公司，并签署合同；2003年1月30日接市商业局通知，自2003年1月起该《租赁合同》出租方改为会展中心，承担原合同的权利义务。2004年9月10日，市商业局党委办作出（2004）3号《会议纪要》，载明：鉴于会展中心组成人员大部分是2001年机关机构改革分流人员，三年后市财政将不再核拨人员和办公经费，决定把上述房产的使用权和出租权再一次明确划转给会展中心，并由该中心与C公司签订相关的协议，共同执行。

2004年9月28日，会展中心与C公司签订《补充协议书》，约定：由于C公司现已将D商场物业向银行作抵押贷款之用，若C公司将来因财务问题无法偿还银行贷款，导致物业被拍卖，致使会展中心在协议期限内丧失D商场使用权及租金收益权，C公司应赔偿会展中心损失，C公司应将拍卖物业所得在扣除银行贷款后，其余的款项全部给付会展中心。2004年11月25日，市商业局作出（2004）17号《会议纪要》，载明：原则同意会展中心与水产进出口集团签订的补充协议，重新明确会展中心对D商场物业的使用、管理和收益权。

2005年8月8日，市机构编制委员会向市经贸委作出市编字（2005）176号《关于原市经委、市商业局所属挂靠单位改变隶属关系等问题的批复》，同意将原市经委、市商业局管理的市商业会展服务中心划归市经贸委管理，并同意市商业会展服务中心更名为市经贸会展服务中心（即本案原告会展中心）。同年12月15日，会展中心向D商场发函称：我商业会展服务中心现更名为经贸会展服务中心，原商业会展服务中心与D商场签署之所有合同、协议书等均由经贸会展服务中心继续履行。

2006年4月18日，C公司和D商场共同向市国土房管局提交《变更、解除、终止租赁合同申请表》，称"根据市政府机构改革及商业局的文件内容，将原（甲方）市水产局变更为（现甲方）C公司，原租赁合同（租赁契字第1628号）终止，现出租方与承租方签署新租赁合同"。同月23日，C公司与D商场重新签订《房地产租赁合同》，约定C公司将某市某区江南大道中×××号首层、二楼部分房产出租给D商场，面积1867.91平方米，租期自1999年1月1日至2012年6月30日，租金每月18万元。同月26日，市国土房管局对该合同进行了备案登记，并对前述1999年5月18日签订的《房地产租赁契约（非住宅）》办理了注销登记备案。庭审中，C公司及D商场陈述双方签订上述备案租赁合同是D商场办理营业执照年审的需要。

2006年5月12日，C公司与经发贸会展有限公司（下称经发贸公司）签订《租赁合同》，约定：经发贸公司向C公司承租上述房产，租期从2006年5月1日至2006年12月31日。同月16日，C公司与会展中心签订《租赁合同补充协议》，约定：双方于2003年1月2日签订租赁合同继续有效，双方同意由会展中心委托经发贸公司具体管理、经营该物业。同月30日，会展中心与D商场签订《D商场租赁合同补充协议》，约定：双方于2003年5月9日签订的《变更合同协议书》继续有效，双方同意将D商场经营期限延长至2022年12月31日，并由会展中心委托经发贸公司具体管理及经营该物业，由经发贸公司收取D商场所应交纳的租金。2007年1月，C公司与经贸发公司签订《租赁合同》，约定：经发贸公司向C公司承租上述房产，租期自2007年1月1日至2007年12月31日，租金每月4.5万元。在一审法庭审中，会展中心确认经发贸公司系代表其与C公司签订合同及支付租金。

一审庭审中，会展中心、D商场陈述：2003年1月至2006年12月，D商场每月向会展中心交纳151,546元；2007年1月至2008年12月每月交纳租金166,666元；2009年1月至2012年2月每月交纳租金220,000元；之后双方经协商减少了租金标准。C公司、会展中心陈述：2003年1月至2006年4月，会展中心每月向C公司交纳租金30,000元；2006年5月至同年12月每月交纳租金40,000元；2007年1月至同年12月每月交纳租金45,000元，之后一直按照每月租金45,000元标准支付。

另查明，某市农村商业银行股份有限公司B支行的原名为某市花都农村信用合作社营业部，2008年7月1日某市农村信用合作联合社经中国银监会批复同意〔银监复（2006）286号文〕，将该社改制更名为某市农村信用合作联社花都信用社。2009年12月21日，经某市工商局核准改制更改为现名。

【一审法院认为】

一审法院认为：本案中，会展中心作为在执行B支行与C公司借款合同纠纷一案的案外人，主张对执行标的物某市某区江南大道中×××号首、二层房屋的承租权等实体权利，根据《中华人民共和国民事诉讼法》第二百二十七条及《最高人民法院关于适用〈中华人民共和国民事诉讼法〉执行程序若干问题的解释》第十五条的规定，会展中心本案主张属于案外人执行异议之诉范畴，对此应予以审查。

因 C 公司欠 B 支行债务，一审法院对 C 公司名下的涉案房产进行了查封，并依法委托了评估和拍卖。在执行过程中，会展中心对评估报告所依据的 C 公司和 D 商场于 2006 年 4 月 23 日签订的《房地产租赁合同》提出异议，要求依据其与 C 公司于 2003 年 1 月 2 日签订的《租赁合同》进行评估拍卖，并对一审法院执行裁定不服而提起本案诉讼。故本案的争议焦点为会展中心对涉案房产是否享有合法的承租权。

C 公司与会展中心于 2003 年 1 月 2 日就涉案房产签订的《租赁合同》，约定的租金标准仅为每月 3 万元，远远低于会展中心转租给 D 商场的每月 18 万元租金标准。结合 2002 年 9 月 18 日市商业局《关于对原安排给豪兴实业有限公司三个商业网点重新调整安排问题的批复》、2004 年 9 月 10 日市商业局党委办（2004）3 号《会议纪要》、2004 年 11 月 25 日市商业局（2004）17 号《会议纪要》等上级主管部门的相关文件来看，会展中心实质上是通过行政指令取得涉案房产的使用权，C 公司仅取得名义上的所有权。此种将不动产所有权与使用权分离的行为缺乏法律依据，也非等价有偿的民事行为。C 公司与会展中心在上述《租赁合同》中约定的每月 3 万元租金标准并非按市场行为支付的对价，该合同实为双方在行政部门安排下对涉案房产收益进行内部分配，非租赁合同法律关系。因此，对于会展中心主张基于该合同享有对涉案房产的承租权和转租权的请求不予支持。

目前涉案房产因债务纠纷被法院拍卖，会展中心基于行政指令所取得的使用收益权不能对抗法院为实现 B 支行债权的执行行为。此外，会展中心与 C 公司曾于 2004 年 9 月 28 日签订《补充协议书》，约定由于 C 公司现已将 D 商场物业向银行作抵押贷款之用，若 C 公司将来因财务问题无法偿还银行贷款，导致物业被拍卖，致使会展中心在协议期限内丧失 D 商场使用权及租金收益权，C 公司应赔偿会展中心损失。由此可见，会展中心对于 C 公司以涉案物业进行抵押的行为可能导致其使用收益权消灭一事已有预见，双方之间并就赔偿问题进行了约定。因此，会展中心就其损失可另循法律途径向 C 公司追偿。

【一审法院判决】

综上，依照《中华人民共和国合同法》第四条、《中华人民共和国民事诉讼法》第二百二十七条、《最高人民法院关于适用〈中华人民共和国民事诉讼法〉执行程序若干问题的解释》第十五条、第十九条的规定，判决：驳回会展中心的全部诉讼请求。案件受理费 100 元由会展中心负担。

【原告上诉】

会展中心不服一审判决，向二审法院提起上诉称：（一）会展中心与 C 公司于 2003 年 1 月 2 日签订的《租赁合同》，是双方的真实意思表示，内容也没有违反法律法规的强制性规定，是合法有效的合同，双方也一直按此合同履行。至于每月 3 万元的租金标准，是双方协商一致的结果，也是双方处分自身权益的自由，为法律所允许。等价有偿只是一个相对的概念，C 公司如认为租金过低，其在签合同时可以不接受该条件。将不动产的所有权和使用权相分离也是法律许可的，租赁合同就是典型的所有权和使用权分离形式。一审判决认定会展中心与C公司是"非租赁合同法律关系"没有法律依据。(二)会展中心与C公司签订《租赁合同》的时间是2003年1月2日,C公司因向B支行借款将本案所涉的房产设置抵押的时间是2007年4月,租赁关系在前,抵押关系在后。根据"买卖不破租赁"的法律原则,本案所涉的房产因还债被拍卖成功后,会展中心的承租权和转租权仍受法律保护。一审判决认定"目前涉案房产因债务纠纷被法院拍卖,会展中心基于行政指令所取得的使用受益权不能对抗法院为实现B支行债权的执行行为"同样没有法律依据。(三)会展中心作为涉案房产的承租人和转租人,无权限制所有权人C公司用涉案房产对外抵押贷款,会展中心为保护自身权益不受影响,于2004年9月28日与C公司签订《补充协议》,对可能出现的风险及相应的救济措施作出约定,是会展中心采取的一项正当而合理的措施。该《补充协议》不能作为一审判决否定会展中心对涉案房产享有承租权和转租权的理由。综上,请求二审法院撤销一审判决,改判支持会展中心在本案中提出的诉讼请求。

【被上诉人答辩】

C公司答辩称:(一)本案所涉的房产通过政府行政行为划转并登记在C公司名下后,C公司与会展中心当时的共同上级主管部门市商业局,为照顾会展中心没有财政经费的困难,将使用权和出租权划归会展中心。在此情况下,双方为了执行市商业局的要求,于2003年1月2日签订了《关于江南大道×××号首、二层物业管理及租金收取协议书》,明确了房产产权归C公司、使用权归会展中心,由会展中心负责出租及管理、收取租金,对房产租金收益扣除应付的相关费用后,按会展中心占80%、C公司占20%进行分配,当时的房产租金为每月18万元扣除相关费用后,C公司所得每月3万元。双方按此标准于同日签订了每月3万元的《租赁合同》,该份合同明显是为了明确利益分配的合同,并非真正的租赁合同。(二)按照市商业局当时要求的利益分配方式,会展中心负责出租管理、收取租金,再按分配比例向C公司支付应分得的款项。会展中心向D商场收取租金的行为,属于对双方利益分配约定的执行,会展中心不享有出租人的身份。实际承租人D商场使用涉案房产的依据是与C公司于2006年4月23日签订的并经备案登记的《租赁合同》。(三)根据法律规定,对于本案这类因政府部门对国有资产划转引起的国有企业之间的纠纷,应由国有资产管理部门处理,不属法院管辖范围。(四)退一步而言,即使会展中心拥有合法的承租权,该承租权也已过期,因为双方于2003年1月2日签订租赁合同后,还于2006年5月12日、2007年1月签订过二份租赁合同,最后一份租赁合同的约定的租赁时间为2007年1月1日至2007年12月31日。租赁期限已于2007年12月31日期满。综上,会展中心的上诉理由不能成立,应予驳回。

B支行、D商场均未作书面答辩。

【二审法院认定】

二审法院经二审审理,对一审法院查明的事实予以确认。

【二审法院认为】

二审法院认为:本案为案外人执行异议之诉。因C公司欠B支行债务,一审法院在执行过程中,裁定查封、拍卖登记在C公司名下的位于某市某区江南大道中×××号首层、二层的房产，用以清偿C公司欠B支行的债务。会展中心对一审法院在执行程序中拍卖评估上述房产价值时，以C公司和D商场于2006年4月23日签订的《房地产租赁合同》为涉案房产租赁关系的评估依据提出异议，要求依据其与C公司于2003年1月2日签订的《租赁合同》进行评估拍卖。一审法院执行裁定驳回会展中心提出的异议后，会展中心提起本案诉讼，要求法院确认其与C公司于2003年1月2日签订的《租赁合同》有效，其基于该合同享有对涉案房产的承租权和转租权。从会展中心所提的诉讼请求及双方当事人的诉辩意见看，本案争议焦点问题是会展中心对本案所涉的执行标的物是否仍然享有按照其与C公司于2003年1月2日签订的《租赁合同》所约定的每月只交3万元而使用至2022年12月31日，并获得转租利益的权利。

本案所涉的房产原为某市水产总公司的物业，原产权单位于1997年1月23日与D商场签订《租赁合同》，将本案所涉的房产共2494平方米出租给D商场使用，约定的租赁期限自1997年7月1日至2012年6月30日，租金每月18万元。D商场依据该租赁合同于1997年7月1日开始承租本案所涉的房产。后因产权单位某市水产总公司被撤销，政府相关部门对涉案房产作出安排，所有权变更登记在C公司名下，使用权和出租权划归会展中心。在此背景下，C公司与会展中心于2003年1月2日签订《关于某区江南大道×××号首层、二层物业管理及租金收取协议书》，明确房产所有权归C公司，使用权归会展中心，由会展中心负责出租与管理，所收租金的20%归C公司作为管理费及税费，80%归会展中心。为进一步落实涉案房产出租收入的分配，C公司与会展中心于同日签订一份《租赁合同》，约定C公司将涉案的房产以每月3万元租金租给会展中心，租期为2003年1月1日至2022年12月31日。上述协议及租赁合同签署后，某市商业局于2003年1月30日致函D商场，要求D商场与原产权单位签订的《租赁合同》的出租方改为会展中心。据此，D商场与会展中心于2003年5月9日签订《变更合同协议》，将其与原产权单位签订的租赁合同的出租方变更为会展中心。从C公司与会展中心于2003年1月2日签订《租赁合同》的背景、过程以及约定的租金标准等内容看，该租赁合同并非按照等价有偿的民事活动原则签订的合同，实际是双方在政府部门的安排下为明确双方对涉案房产的收益分配签订的合同。双方并不存在实质上的租赁关系。会展中心在本案诉讼中要求法院确认其与C公司于2003年1月2日签订的《租赁合同》有效，以达到涉案的房产被法院执行拍卖后，按照"买卖不破租赁"的原则其仍然享有每月只交3万元而使用到2022年12月31日及获得转租利益的目的，缺乏理据，不应支持。

会展中心与C公司于2004年9月28日签订的《补充协议》也已明确约定由于C公司已将D商场物业向银行抵押贷款之用，若C公司将来因财务问题无法偿还银行贷款，导致物业被拍卖，致使会展中心在协议期限内丧失D商场使用权及租金收益权，C公司应赔偿会展中心损失。由此可见，会展中心对C公司以涉案房产进行抵押的行为可能导致其使用收益权消灭一事已有预见，双方就赔偿问题进行了约定。会展中心如认为涉案的房产被执行拍卖用以清偿C公司的债务后造成了其损失应另寻其他途径解决。

【二审法院判决】

综上所述，会展中心的上诉理由不能成立，应予驳回；一审判决认定事实清楚，适

二、经营活动篇

用法律正确,应予维持。依照《中华人民共和国民事诉讼法》第一百七十条第一款第(一)项之规定,判决如下:驳回上诉,维持原判。本案二审案件受理费100元,由会展中心负担。本判决为终审判决。

【原告申请再审】

会展中心申请再审称:一、C公司对涉案房产享有的是所有权,会展中心对该房产享有的是承租权和转租权,虽然均起源于政府部门的安排,但是已通过合法方式,依法取得,应受法律保护。二审判决只看到政府的安排,而未看到政府安排本身的合法性,也没看到行政安排后,会展中心与C公司之间签订的《租赁合同》已发生了受法律保护的民事法律行为的事实,以致作出了错误判决。

一、会展中心与C公司于2003年1月2日签署的《租赁合同》,形式合法,内容没有违反法律、行政法规的强制性规定,是合法有效的合同。而且,过去的11年来会展中心与C公司的权利义务均来源于该合同,双方也一直按合同约定履行,故双方的租赁关系是客观、实质存在的。并且,该合同签订时,涉案房产未设置任何抵押,双方不存在恶意串通损害债权人合法权益的行为。每月3万元的租金标准是双方协商一致的结果,无论高低,都是民事主体自由处分民事权利。《租赁合同》签订在前,B支行的抵押权形成在后,根据"买卖不破租赁"的法律原则,B支行的抵押权不能对抗会展中心的承租权和转租权。

二、本案真正损害B支行利益的是C公司,如果因附带会展中的租赁合同拍卖,不足以抵偿B支行债权的情形下,B支行仍然可以向C公司主张,实现其法律上的救济。

三、2004年9月28日,会展中心与C公司之间签订的《补充协议书》是会展中心保护自身权益的一项措施,客观上该证据不能成为二审判决否定会展中心对争议房产享有承租权和转租权的法律理由。(一)《补充协议书》签订时,B支行对争议房产的抵押权还未形成,协议书不是针对B支行的抵押而签订的。(二)作为涉案房产的承租人和转租人,会展中心无权限制所有权人C公司用涉案房产对外抵押贷款,但C公司对外抵押贷款可能对会展中心的权益带来影响,为充分保障会展中心的权益不受影响,遂与C公司签订《补充协议书》,对可能出现的风险及相应的救济措施作出约定,是会展中心对自身权益采取的一项正当而合理的措施,并没有放弃争议房产的承租权和转租权的意思表示。为此,依据《中华人民共和国民事诉讼法》第二百条第二项、第六项的规定申请再审。

【再审法院认为】

再审法院认为,本案再审审查主要涉及以下问题:一、会展中心与C公司之间是否存在实质房屋租赁关系;二、会展中心与C公司之间签订的《租赁合同》能否作为涉案房产评估、执行的依据;三、二审判决是否以《补充协议书》的约定为由认定会展中心与C公司之间不存在租赁关系。

一、关于C公司与会展中心之间是否存在实质房屋租赁关系问题。

房屋租赁合同是指房屋出租人将房屋提供给承租人使用,承租人定期支付租金,并于合同终止时将房屋归还给出租人的协议。故承租人缔约的目的是取得房屋的使用权,出租人则是为了收取租金。本案中，所涉房产原为某市水产总公司所有，其于1997年1月23日将该房产出租给D商场使用，双方签订了《租赁合同》，租金每月18万元。在租赁合同的履行过程中，由于某市水产总公司被撤销，相关政府部门遂对涉案房产重新划转，所有权变更登记在C公司名下，使用权和出租权则划转给了会展中心。为此，C公司与会展中心于2003年1月2日签订了《关于某区江南大道×××号首层、二层物业管理及租金收取协议书》，明确涉案房产的所有权归C公司，使用权归会展中心，由会展中心负责出租与管理，所收租金的20%归C公司作为管理费及税费，80%归会展中心。双方还于同日签订一份《租赁合同》，约定C公司将涉案房产以每月3万元租金租给会展中心，租期为2003年1月1日至2022年12月31日。2003年1月30日，市商业局致函D商场，要求D商场与原产权单位签订的《租赁合同》出租方改为会展中心。会展中心与D商场于2003年5月9日签订《变更合同协议》，将出租方变更为会展中心。故从C公司与会展中心于2003年1月2日签订《租赁合同》的背景、过程以及约定的租金标准等内容看，C公司与会展中心之间并非按照等价有偿的民事活动原则签订合同，双方实际上是在政府部门的安排下对涉案房产的收益共同进行分配，缔约目的并非由合同一方取得房产使用权，内容确实不符合《中华人民共和国合同法》第二百一十二条关于"租赁合同是出租人将租赁物交付承租人使用、收益，承租人支付租金的合同"的规定。因此，二审判决认定会展中心与C公司之间不存在实质上的租赁合同关系，并无不当。

二、关于会展中心与C公司之间签订的《租赁合同》能否作为涉案房产评估、执行的依据问题。

根据上述分析，会展中心与C公司之间签订的《租赁合同》，名为租赁合同，实为双方对出租涉案房产收益的分配，内容不同于出租方收取租金、承租方获取使用权的房屋租赁合同。二审判决在会展中心与C公司之间不存在实质租赁关系的情形下，对会展中心关于按照"买卖不破租赁"的原则其仍然享有每月只交3万元使用到2022年12月31日及获得转租利益的请求不予支持，并无不当。因此，会展中心申请再审称其与C公司之间签订的《租赁合同》应作为涉案房产评估、执行的依据，理由不能成立。

三、关于二审判决是否以《补充协议书》的约定内容来认定会展中心与C公司之间不存在租赁关系问题。

二审判决根据2004年9月28日会展中心与C公司在《补充协议书》中的约定内容，认为该协议是在会展中心对C公司以涉案房产进行抵押可能导致其使用收益权消灭而致其利益受损的情形下签订的，是双方就赔偿问题进行的约定。可见，二审判决并未以《补充协议书》作为否认会展中心与C公司之间存在租赁合同关系的依据，而是明确会展中心如认为涉案房产被执行拍卖后造成的经济损失应另寻其他途径解决。因此，会展中心申请再审称二审判决根据《补充协议书》的约定，否认会展中心对涉案房产享有承租权和转租权，理由不能成立。

【再审法院判决】

综上，会展中心的再审申请不符合《中华人民共和国民事诉讼法》第二百条第二项、第六项规定的情形。二审法院依照《中华人民共和国民事诉讼法》第二百零四条第一款之规定，裁定如下：驳回会展中心的再审申请。

【律师评析】

本案是一起执行异议之诉。执行异议又称为案外人异议，是指在执行中，案外人对执行标的之全部或一部分主张权利，向执行法院提出的异议。执行异议解决的问题是执行标的权利归属问题，属于实体问题而非执行程序问题。执行异议是案外人维护自己合法民事权益的一种手段或制度，所以执行异议属于执行救济的范畴。《民事诉讼法》第227条规定："执行过程中，案外人对执行标的提出书面异议的，人民法院应当自收到书面异议之日起十五日内审查，理由成立的，裁定中止对该标的的执行；理由不成立的，裁定驳回。案外人、当事人对裁定不服，认为原判决、裁定错误的，依照审判监督程序办理；与原判决、裁定无关的，可以自裁定送达之日起十五日内向人民法院提起诉讼。"本案中，会展中心先向法院提起书面执行异议，法院审查后驳回其异议，会展中心不服裁定，向法院提起诉讼。一审法院认为，会展中心本案主张属于案外人执行异议之诉范畴，对此应予以审查。

本案中，会展中心认为其与C公司之间存在租赁关系，对涉案房产享有租赁权，应当按照"买卖不破租赁"的原则仍然享有每月只交3万元并使用到2022年12月31日及获得转租的利益。买卖不破租赁，是指房屋租赁关系存续期间，出租人转让房屋所有权的，受让人代替出租人取得原租赁关系所产生的权利义务。最高人民法院《关于贯彻执行〈中华人民共和国民法通则〉若干问题的意见》第119条中规定："私有房屋在租赁期内，因买卖、赠与或者继承发生房屋产权转移的，原租赁合同对承租人和新房主继续有效。"对于会展中心的这项主张，一、二审和再审法院均认为，应当审查会展中心与C公司之间是否存在租赁关系。

再审法院通过审查C公司与会展中心于2003年1月2日签订《租赁合同》的背景、过程以及约定的租金标准等内容，认为C公司与会展中心之间并非按照等价有偿的民事活动原则签订合同，双方实际上是在政府部门的安排下对涉案房产的收益共同进行分配，缔约目的并非由合同一方取得房产使用权，故双方之间的关系不符合《合同法》第212条关于"租赁合同是出租人将租赁物交付承租人使用、收益，承租人支付租金的合同"的规定。因此，基于C公司与会展中心之间不存在租赁合同关系，会展中心主张其应当依据"买卖不破租赁"享有的租赁权和转租权就没有法律和事实上的依据。最终，一审、二审和再审法院均判决会展中心败诉。

【律师建议】

在本案中，会展中心失去了涉案房产的租赁权。但幸运的是，会展中心与C公司还签订了《补充协议书》，约定若C公司将来因财务问题无法偿还银行贷款导致物业被拍卖，致使会展中心丧失D商场使用权和租金收益权，C公司应赔偿会展中心损失。对此，法院也在判决书中指出，会展中心如认为涉案的房产被执行拍卖用以清偿C公司的债务后造成了其损失应另寻其他途径解决。因此，本案对会展公司的启示是，在签订合同时，应当对合同履行中可能出现的风险有全面的认识并尽可能预防，把相关预防违约的条款写入合同中，以便风险出现时公司能及时得到救济。

【精选案例 20】

合同解除后展览公司未采取措施防止损失扩大，法院判决退还机票费、接待费等合理费用

【引言】

M 展览公司作为服务方与 C 针织公司签订《商务随团》合同，组织 C 针织公司参展"2012 意大利米兰秋季国际服装面料展"，并为此支付了签证费、机票费、接待费等费用。然而，在赴米兰观展前，C 针织公司发出律师函，以 M 展览公司根本违约为由，通知其解除合同，并在之后起诉 M 展览公司，要求 M 展览公司承担违约责任。因此，在本案的诉讼中，被告 M 展览公司是否有违约行为是本案审理的焦点。

【案由】

服务合同纠纷。

【诉讼地位】

被告、上诉人。

【案例来源】

C 针织贸易有限公司与 M 展览展示有限公司服务合同纠纷一案。

【原告诉请】

C 针织公司一审诉称：2012 年 7 月 23 日，双方签订《商务随团》合同一份，约定黄某参加 M 展览公司组织的 2012 年意大利米兰国际面料展。合同签订后，C 针织公司按约支付了 15,000 元定金及尾款 17,600 元。因 M 展览公司在合同履行中存在欺诈行为，C 针织公司通知 M 展览公司要求解除合同，双倍返还定金 30,000 元及尾款 17,600 元，而 M 展览公司拒绝给付。故诉至法院，请求判令：1. 确认双方于 2012 年 7 月 23 日签订的《商务随团》合同已解除；2. M 展览公司双倍返还定金 13,040 元及返还服务费 26,080 元，合计 39,160 元；3. M 展览公司负担本案全部诉讼费用。

【被告答辩】

M 展览公司一审辩称：黄某是去观展，不是参展，意大利方不提供商务邀请函，故无法办理商务签证，其已将该情况告知，黄某并未提出异议。因黄某不同意随团从北京出发，故单独为黄某预定了上海出发的机票。由于黄某先行到达意大利，故要求黄某

自行打车前往酒店，不单独派车接送，由 M 展览公司报销这段车程费用。但黄某坚决要求派车接送，且不同意承担单独接机的费用。后本着服务客户的原则，M 展览公司同意安排专车接机至酒店，但黄某仍单方中止合同，并无理要求赔偿。案涉合同第五条约定，如参展企业由于自身原因不能如期参加展会，参展企业必须承担所发生费用。现已实际发生的费用有机票 7,948 元、法国段接待费 3,980 元、签证代理费 2,000 元、意大利段接待费 9,500 元，合计 23,428 元，以上费用收款方均不退还。C 针织公司以诉讼为手段，逃避违约责任，造成的损失应由其承担，请求驳回 C 针织公司的诉讼请求。

【一审法院认定】

一审法院经审理查明：2012 年 7 月 23 日，C 针织公司与 M 展览公司签订《商务随团》合同一份，约定 C 针织公司申请参加"2012 意大利米兰秋季国际服装面料展"，随团人数 1 人（黄某），随团时间 7 天；申请单位先付 15,000 元定金。为保证参展、观展工作顺利进行，参展、观展企业有责任按时交纳各项费用；由于自身原因不能如期参展或观展，参展或观展企业须承担所发生的费用等。合同签订当日，C 针织公司支付定金 15,000 元。2012 年 8 月 22 日，M 展览公司人员陪同黄某至法国驻上海领事馆办理了旅游签证。2012 年 8 月 30 日，M 展览公司向 C 针织公司发出通知，称："2012 意大利米兰秋季国际服装面料展"时间为 2012 年 9 月 12 日至 14 日，展会地点意大利米兰；报名费 2,000 元、参展人员费用 21,000 元、行程增加费用 9,600 元（行程延至 9 月 18 日回国）；已收到 C 针织公司定金 15,000 元，现签证已出，请 C 针织公司于 2012 年 8 月 31 日前支付尾款 17,600 元。C 针织公司收到通知后，按时将尾款 17,600 元汇给 M 展览公司。2012 年 9 月 3 日，M 展览公司将展会出团通知发给 C 针织公司，主要内容为：展团将于 2012 年 9 月 10 日出发，意大利米兰国际面料展时间为 2012 年 9 月 12 日至 14 日，法国巴黎国际面料展时间为 9 月 17 日至 19 日；北京出发团队于 9 月 10 日由北京飞米兰，黄某由上海经停香港飞米兰，黄某和团队抵达时间不一致，故请自行打车到酒店，晚间和团队会合，打车费用回国后由 M 展览公司按发票如实报销等。2012 年 9 月 3 日，C 针织公司向 M 展览公司发出律师函一份，主要内容为：M 展览公司在履约过程中存在严重违约行为，合同约定的是商务签证，而 M 展览公司申请的是旅游签证；合同约定的是商务随团，而 M 展览公司竟然要求黄某自行乘机前往米兰，且要求黄某自行打车至酒店与团队会合。以上情况，M 展览公司直至 2012 年 8 月 31 日才告知黄某，如提前告知黄某是绝对不会参展，因此通知 M 展览公司解除上述合同。M 展览公司于 2012 年 9 月 4 日回复称，机票以及参展费用已经支付，无法退回，且同意在米兰机场至酒店安排专车接送，但 C 针织公司坚持解除合同。

另查明，2012 年 8 月 9 日，M 展览公司向北京凯腾航空服务有限公司付款 7,948 元，购买了黄某 2012 年 9 月由上海至欧洲往返机票（国泰航空公司班机）。2012 年 8 月 15 日，M 展览公司向南京申根商务信息咨询有限公司支付黄某赴法国签证费用 2,000 元。2012 年 8 月 30 日，M 展览公司向 Z 广告展览有限公司支付意大利接待款 9,500 元（含酒店、住宿、用车、导游费用）。2012 年 9 月 3 日，M 展览公司向 BLT 展览会展服务（上海）有限公司支付法国接待款 3,980 元（含酒店、住宿、用车、导游费用）。

一审审理中，关于机票退票损失的问题，经一审法院向国泰航空公司询问，答复为：订票后至登机前均可以退票，但收取手续费500元。一审法院于2013年3月8日向M展览公司发出限期举证通知书，要求M展览公司提交上海至欧洲往返机票（7,948元）、意大利段接待费（9,500元）和法国段接待费（3,980元）不能提前退款的原因和证据。但M展览公司未在法院指令的期限内提交。

【一审法院认为】

一审法院认为：C针织公司和M展览公司签订的《商务随团》合同系双方当事人真实意思表示，合法有效。一、C针织公司于2012年9月3日向M展览公司提出解除合同，M展览公司亦未提出异议，故2012年7月23日C针织公司和M展览公司签订的《商务随团》合同已经解除，无须法院再予确认。二、从C针织公司和M展览公司签订的《商务随团》合同和双方QQ对话记录来看，M展览公司为黄某申请签证种类，以及到意大利是否随团、需要专车接送等问题，在《商务随团》合同中均未明确约定，双方仅在QQ中进行了协商。C针织公司对商务签证还是旅游签证并无明确异议，且黄某本人也到有关国家驻华领事馆办理了出境手续，其应当知晓办理的为旅游签证。关于M展览公司在意大利米兰机场专车接送黄某的问题，M展览公司在2012年9月4日已表示可以到意大利米兰机场专车接送黄某，但C针织公司仍不同意继续履行合同而坚持解除合同，故M展览公司的行为不能构成根本违约。根据《担保法》的有关规定，当事人可以约定一方向对方给付定金作为债权的担保；给付定金的一方不履行约定的债务的，无权要求返还定金；当事人约定的定金数额超过主合同标的额百分之二十的，超过的部分，人民法院不予支持。根据本案标的额32,600元计算，符合法律规定的定金数额应为6,520元。本案中，因C针织公司未按约出行，其所交定金15,000元中6,520元无权要求M展览公司返还。综上，C针织公司主张M展览公司双倍返还定金13,040元的诉讼请求，无事实和法律依据，不予采纳。三、从C针织公司2012年9月3日明确提出解除合同至2012年9月10日启程出发的时间尚有7日，M展览公司作为提供服务的一方，应当本着诚实信用的原则，可为C针织公司积极办理退机票、退款等事宜，以防止C针织公司的损失扩大。经查，M展览公司在黄某登机前只要支付退票手续费500元即可办理退票，但其未积极办理机票退费事宜，导致C针织公司的实际损失扩大。故其在扣除退票手续费500元后，应退还给C针织公司剩余机票款7,448元。四、审理中，M展览公司在法院指令的期限内未能提交意大利接待款9,500元和法国接待款3,980元不能退款的证据，故其应当承担举证不利的法律后果，该两笔费用应当由M展览公司退还给C针织公司。五、关于签证办理费2,000元，由于M展览公司已为C针织公司办理完签证事宜，故该笔费用应由C针织公司自行承担。根据以上二、三、四、五项折抵计算（32,600元－6,520元－500元－2,000元＝23,580元），故M展览公司应当退还C针织公司各项费用23,580元。

【一审法院判决】

据此，依照《中华人民共和国合同法》第六条、第六十条，《中华人民共和国担保法》第八十九条、第九十条、第九十一条，《中华人民共和国民事诉讼法》第六十四条、第一百四十二条、第一百四十四条之规定，一审法院判决：一、M展览展示有限公自判决生效之日起十日内一次性退还C针织贸易有限公司23,580元；二、驳回C针织贸易有限公司的其他诉讼请求。如果M展览展示有限公司未按判决指定的期间履行给付义务，应当依照《中华人民共和国民事诉讼法》第二百五十三条之规定，加倍向C针织贸易有限公司支付迟延履行期间的债务利息。一审案件受理费779元，由常熟市C针织贸易有限公司承担139元，由M展览展示有限公司承担640元（鉴于C针织贸易有限公司已预交，M展览展示有限公司自判决生效之日起十日内直接给付C针织贸易有限公司）。

【被告上诉】

C针织公司上诉称：因M展览公司存在根本违约行为致使合同无法继续履行，应由M展览公司承担违约责任，请求二审法院撤销一审判决，改判M展览公司双倍返还定金及服务费共计39,160元，并由M展览公司承担上诉费用。

上诉人C针织公司二审中未提交新的证据。

【被上诉人答辩】

M展览公司答辩称：C针织公司单方解除合同属违约行为，M展览公司一直积极履行合同，不应退还23,580元。

【原告上诉】

M展览公司上诉称：1. 根据惯例，客户如需退团必须提前填写退团申请，并加盖公章。2012年9月3日，M展览公司未收到C针织公司法定代表人黄某取消行程的书面退团申请，故M展览公司认为C针织公司并未要求终止合同。2. M展览公司因无客户书面申请证明，相关款项均已实际支出无法返还。3. 因黄某未按时登机，导致M展览公司在航空公司留有不良记录。综上，请求二审法院驳回C针织公司的诉讼请求，改判C针织公司支付违约金15,000元，并承担上诉费用。

上诉人M展览公司为支持其上诉请求，二审中提交以下新证据：1. 2012年9月3日17：23QQ对话记录，内容为"如果决定退的话请将这个盖章，下面加上日期。我要给航空公司和境外酒店及地接一个交代"，证明M展览公司未收到C针织公司解除合同通知。2. 附件1份，证明目的同上。

【被上诉人答辩】

上诉人C针织公司答辩称：因M展览公司根本违约，故C针织公司依法要求解除合同。

C针织公司对M展览公司二审新证据质证称：该证据不符合证据形式要件，且不属于二审新证据，故不予确认。

【二审法院认定】

二审法院认证意见：M展览公司提交的QQ对话记录系C针织公司一审诉讼中提交的证据，故对证据1的真实性二审法院予以确认，对于该证据的证明力将综合其他证据予以认定；证据2不符合证据的形式要件，故不予确认。

【二审法院认为】

经当事人确认，二审归纳争议焦点为：一、M展览公司是否存在根本违约行为；二、C针织公司是否应返还相关费用及金额的认定。

二审法院认为：C 针织公司和 M 展览公司签订的《商务随团》合同系双方当事人真实意思表示，合法有效。

一、M 展览公司主张因 C 针织公司未提交加盖公章的退团申请，故认为 C 针织公司未要求解除合同。二审法院认为，首先，双方签订的《商务随团》合同中未约定 C 针织公司解除合同时需提交加盖公章的退团申请，M 展览公司亦无证据证明提交书面申请系行业惯例。其次，2012 年 9 月 3 日，C 针织公司除以律师函的形式，还多次在与 M 展览公司工作人员 QQ 交谈中明确提出解除合同，M 展览公司亦未提出异议，故一审判决认定 C 针织公司与 M 展览公司签订的《商务随团》合同已经解除并无不当，应予维持。

关于 C 针织公司主张 M 展览公司存在擅自改变签证种类、无法随团以及无车接送等根本违约行为的问题。二审法院认为，根本违约行为，应是指该行为违反的义务对合同目的的实现十分重要，如一方不履行这种义务，将剥夺另一方当事人根据合同有权期待的利益。本案中，从 C 针织公司和 M 展览公司签订的《商务随团》合同和双方 QQ 对话记录来看，M 展览公司为黄某申请的签证种类，以及到意大利是否随团、是否需要专车接送等问题，在《商务随团》合同中均未明确约定。双方仅在 QQ 中进行了协商，C 针织公司在协商过程中对商务签证还是旅游签证并无明确异议。另黄某本人在办理相关手续时，应当知晓办理的为旅游签证，但其亦未表示异议。关于 M 展览公司在意大利米兰机场专车接送黄某的问题，M 展览公司在 2012 年 9 月 4 日已表示同意到意大利米兰机场专车接送黄某，但 C 针织公司仍不同意继续履行合同而坚持解除合同，故 M 展览公司的行为不能构成根本违约。因 C 针织公司未按约出行，其要求 M 展览公司双倍返还定金 13,040 元的诉讼请求，无事实和法律依据，二审法院不予支持。

二、当事人一方违约后，对方应当采取适当措施防止损失的扩大；没有采取适当措施致使损失扩大的，不得就扩大的损失要求赔偿。从 C 针织公司 2012 年 9 月 3 日明确提出解除合同至 2012 年 9 月 10 日启程出发的时间尚有 7 日，M 展览公司作为提供服务的一方，应当本着诚实信用的原则，为 C 针织公司积极办理退机票、退款等事宜，以防止 C 针织公司的损失扩大。经查，M 展览公司在黄某登机前只要支付退票手续费 500 元即可办理退票，但其未积极办理机票退费事宜，导致 C 针织公司的实际损失扩大。此外，M 展览公司未能提交意大利接待款 9,500 元和法国接待款 3,980 元不能退还的证据，应承担举证不能的法律后果。故一审判决 M 展览公司在扣除退票手续费 500 元后，应退还给 C 针织公司剩余机票款 7,448 元、意大利接待款 9,500 元、法国接待款 3,980 元并无不当，应予维持。关于签证办理费 2,000 元，因 M 展览公司已为 C 针织公司办理完签证事宜，该笔费用已实际支出，应由 C 针织公司自行负担。

根据《担保法》的有关规定，当事人可以约定一方向对方给付定金作为债权的担保；给付定金的一方不履行约定的债务的，无权要求返还定金；当事人约定的定金数额超过主合同标的额百分之二十的，超过的部分，人民法院不予支持。因 C 针织公司未按约出行，其无权要求 M 展览公司返还定金。C 针织公司向 M 展览公司交纳的 15,000 元定金中的 6,520 元符合法律规定，超过的部分，M 展览公司应予退还。

综上，M 展览公司应退还 C 针织公司各项费用 23,580 元（32,600 元－6,520 元－

500元－2,000元＝23,580元）。

关于M展览公司要求C针织公司赔偿15,000元违约金,系当事人二审新增加的反诉请求,不属本案审理范畴,二审法院不予处理。

【二审法院判决】

综上,一审判决认定事实清楚,适用法律正确,应予维持。据此,依据《中华人民共和国民事诉讼法》第一百七十条第一款第（一）项的规定,判决如下：驳回上诉,维持原判决。二审案件受理费779元,由C针织贸易有限公司承担139元,由M展览展示有限公司承担640元。本判决为终审判决。

【律师评析】

本案是一起服务合同纠纷。被告M展览公司作为服务方,组织原告C针织公司观展和参展"2012意大利米兰秋季国际服装面料展"。双方签订《商务随团》合同,约定了各自的权利义务。然而,在赴米兰观展前,原告就发出律师函,以被告根本违约为由,通知被告解除合同。之后原告起诉被告,要求被告承担违约责任。因此,在本案的诉讼中,被告M展览公司是否有违约行为是本案审理的焦点。

对此,一、二审法院均认为,根本违约行为,应是指该行为违反的义务对合同目的的实现十分重要,如一方不履行这种义务,将剥夺另一方当事人根据合同有权期待的利益。从本案双方的协商过程来看,原告对于被告为其办理旅游签证而非商务签证,派专车接送等行为是知情且无异议的,故被告M展览公司的行为并不构成根本违约。

然而,在本案中,法院最终判决被告向原告退还费用2万余元。法院认为,当事人一方违约后,对方应当采取适当措施防止损失的扩大；没有采取适当措施致使损失扩大的,不得就扩大的损失要求赔偿。M展览公司在收到解除通知后,应当积极为C针织公司办理机票退票、接待费退费事宜,以减少损失。M展览公司未积极办理上述事宜,导致C针织公司的实际损失扩大,故法院判决M展览公司向C针织公司退还机票费、接待费等费用。

【律师建议】

通过本案,展览公司可吸取以下教训：一、对于类似的展览服务合同,公司应当在合同中与合同相对方约定详细的合同解除事由、方式和违约责任,以便发生纠纷后,企业要求补偿时有据可循；二、企业在收取定金时,应当按照法律的规定,只能收取不高于合同标的额20％的金额作为定金,否则,多余的部分在企业主张定金罚则时将不受到法院的支持。

【精选案例 21】

签订合同名为合作实为借贷，
法院判决展览公司偿还借款本金和利息

【引言】

H 展览有限公司与 Z 文化集团有限公司签订《合作协议书》，名为合作协议，实为双方之间的民间借贷合同。M 展览有限公司作为担保方，为 Z 文化集团有限公司的债权提供担保。借款到期后，Z 文化集团有限公司起诉 H 展览有限公司与 M 展览有限公司，要求两个公司连带清偿借款本金 800 万元，支付利息 200 万元，支付违约金 120 万元。

【案由】

民间借贷纠纷。

【诉讼地位】

被告、上诉人、再审申请人。

【案例来源】

H 展览有限公司与 Z 文化集团有限公司、M 展览有限公司民间借贷纠纷一案。

【原告诉请】

Z 公司向法院起诉请求：判令 H 公司偿还借款本金 800 万元，支付利息 200 万元，支付违约金 120 万元；M 公司对上述债务承担连带保证责任，诉讼费由 H 公司及 M 公司共同负担。

【一审法院认定】

一审法院认定事实：2013 年 4 月 26 日，H 公司作为甲方与 Z 公司作为乙方签订《合作协议书》，约定：甲乙双方共同投资《清明上河图》（鸟巢展）项目，项目位于国家体育场南路 1 号鸟巢南侧广场处 10000 平方米场地，运营日期为 2013 年 7 月 5 日至 2013 年 10 月 15 日，共计 100 天；乙方对《清明上河图》（鸟巢展）项目进行财务投资，投资金额为 800 万元，投资回报率为 25%，投资回报日期为 2013 年 8 月 31 日；甲方应以收到乙方投资资金的时间为计算起点，即 2013 年 4 月 27 日，在 2013 年 8 月 31 日之前，将投资本金 800 万元和本资金的 25% 的投资回报 200 万元，共计 1,000 万元一次性支付给乙方;甲方指定收款账号为×××,户名为尹某,开户行为中国农业银行某支行;乙方对《清明上河图》(鸟巢展)项目进行财务投资,投资金额为800万元,乙方应在2013年4月27日前,将投资款支付给甲方指定账户,并保证上述投资资金的使用期限直至2013年8月31日;乙方不参与甲方的任何经营性活动及决策,乙方对甲方运营的情况有权进行监督和督促;《清明上河图》(鸟巢展)项目亏损时,乙方不承担任何损失,盈利时,乙方不得以任何方式要求甲方额外支付本合同约定外的任何费用;乙方有权在2013年8月31日,将投资本金800万元和本资金的20%的投资回报200万元,共计1,000万元一次性收回;任何一方违约,每违约一日,每日应向守约方支付应付金额的千分之五作为违约金,乙方违约超过15日,守约方有权书面通知对方解除合同。2013年4月27日,双方再次达成补充条款,将原甲方指定账户变更为×××,户名为尹某,开户行为中国农业银行某支行。上述合同签订后,Z公司向H公司支付800万元,H公司向Z公司出具收据。

2013年4月26日,M公司向Z公司出具担保保证书,载明:根据Z公司与H公司签订的《清明上河图(鸟巢展)合作协议书》,H公司为H公司提供的期限为2013年4月27日至2013年8月31日金额为800万元的投资款,Z公司收取投资收益200万元;M公司愿意以担保保证人身份向Z公司提供连带责任保证担保,担保的投资权益种类为Z公司为H公司提供的金额800万元投资款,Z公司收取投资收益200万元;保证范围包括Z公司提供的投资本金、投资收益、违约金、损害赔偿金以及Z公司实现投资权益的费用(包括但不限于诉讼或仲裁费、财产保全费或证据保全费、强制执行费、评估费、拍卖费、鉴定费、律师费、差旅费、调查取证费等);保证期限为自本担保保证书生效之日起至投资期限届满后两年;保证书不因上述协议书、Z公司与H公司签订的合同的任何修改、补充、删除或无效而受到影响或失效。

2014年5月4日H公司偿还Z公司100万元,2014年6月18日H公司偿还Z公司100万元,2014年8月4日H公司偿还Z公司200万元,2014年9月19日通过尹某账户偿还Z公司50万元,2014年11月17日H公司偿还Z公司100万元,2014年12月24日H公司偿还Z公司50万元。关于上述偿还款项的性质双方并未做约定。

诉讼中,双方表示虽签订的合同名为《合作协议书》,但实际性质为民间借贷。H公司表示上述偿还的所有款项应先用作抵偿本金,Z公司表示因双方对偿还款项的性质未做约定,故应先抵偿利息,同时《合作协议书》中约定的200万元收益的性质应为利息。另外,M公司表示Z公司在保证期限内未向其主张承担保证责任,虽M公司法定代表人尹某曾还款,但这是因为《合作协议书》中约定了尹某作为收款账户,且尹某还款的行为不能视为Z公司主张M公司承担保证责任。Z公司表示其在保证期限内通过电话、短信的方式要求M公司承担保证责任,并提交Z公司财务与尹某短信予以证明。M公司对短信的真实性、合法性、关联性予以认可,但认为其中并未有要求M公司承担保证责任的字样,不能视为Z公司向M公司主张承担保证责任。

【一审法院判决】

法院一审判决:一、H公司于判决生效之日起10日内偿还Z公司借款7,684,021.83元;二、H公司于判决生效之日起10日内支付Z公司违约金120万元;

三、M公司对上述第一、二项H公司应承担的债务向Z公司承担连带保证责任；四、M公司承担连带保证责任后，有权向H公司追偿；五、驳回Z公司其他的诉讼请求。

【被告上诉】

H公司不服一审判决，上诉请求：二审法院撤销一审判决第一、二、五项，依法认定H公司还款600万元属于归还本金，并对一审判决第一、二项进行改判，上诉费用由Z公司承担。

【二审法院认定】

二审法院查明的事实与一审法院查明的事实一致。

【二审法院认为】

二审法院认为，合法的借贷关系受法律保护。当事人应当按照约定全面履行自己的义务。同时，当事人对自己提出的诉讼请求所依据的事实或者反驳对方诉讼请求所依据的事实有责任提供证据加以证明。没有证据或者证据不足以证明当事人的事实主张的，由负有举证责任的当事人承担不利后果。Z公司与H公司之间签订的《合作协议书》可以证明双方之间存在借贷关系，该《合作协议书》不违反法律法规的强制性规定，应属合法有效，双方均应依约履行。

H公司在上诉意见中提出《合作协议书》约定的还款顺序为本金、合作期利息、违约金，但合同内容并未体现出双方就还款顺序进行相应约定，故一审法院认定H公司及尹某共同偿还的600万元应先冲抵利息，后冲抵本金并无不当。

【二审法院判决】

H公司的上诉意见缺乏充分依据支持，法院不予采信。一审法院判决认定事实清楚，适用法律正确，处理并无不当，应予维持。二审法院判决：驳回上诉，维持原判。

【被告申请再审】

H公司申请再审称，一、一审判决对本案关键证据《清明上河图鸟巢展合作协议书》（以下简称《合作协议书》）还款约定的认定错误。1.《合作协议书》第二条第9款和第三条第4款及第4条第1款中，双方已明确约定H公司的还款顺序为：本金、合作期利息、违约金。2.H公司提供的银行还款记录明确表明还款性质为：投资往来款或往来款。3.H公司在一审庭审中反复陈述600万元还款是返还投资（借款）本金。二、一审判决认定事实部分存在断章取义的情况。H公司主张在归还600万元属于归还本金的情况下，愿意继续归还本金200万元、借款期间利息64万元、违约金120万元，合计384万元。但是一审判决在认定事实部分，仅摘取违约金120万元陈述，造成判决结果多计算违约金（利息），存在认定事实错误的情况。三、一审判决适用法律错误。根据《最高人民法院关于审理民间借贷案件适用法律若干问题的规定》第26条、第29条、第30条的规定，本案依法应计算借款利息为396.9万元（包括借款期间和逾期利息），但是一审判决确定的利息和违约金高达688.4万元，多计算291.5万元，未依法计算借款利息。综上，请求：1. 依法撤销一、二审判决；2. 将本案发回一审法院重新审理。

【再审被申请人答辩】

Z公司辩称，一、一审判决认定H公司向Z公司偿还的600万元先冲抵利息、后冲抵本金，于法有据，应予维持。1.《合作协议书》中未对偿还本金、利息和违约金的先后顺序作出约定。2. H公司向Z公司已经偿还的600万元属于偿还借款利息。H公司偿还的每一笔款项均不足以清偿全部借款本息，属于偿还借款利息。二、一审判决计算利息的方法正确，H公司已付利息应按年利率36%计息。1. 借款期限内的利率，依法应按年利率36%计算并予以折抵H公司已付款项。2. Z公司将逾期利率和逾期违约金合并按年利率36%向H公司主张权利，由于H公司已经按年利率36%的标准向Z公司支付了逾期利息和违约金，且没有损害国家、集体和第三人利益。不论借款期限内还是借款逾期后，均应以年利率36%计算利息，任何人不应通过其违约行为而获利，而H公司违约后承担的责任亦不应轻于其正常履约的责任，否则等于鼓励当事人违约。3. H公司支付的利息方面，首先，H公司主张将其已还款项均按先偿还本金后偿还利息的顺序予以折抵明显错误，不符合合同法规定。其次，H公司主张对于逾期后的利息和违约金，H公司按年利率24%计算并折抵已付款项明显错误，应按年利率36%计算并折抵已付款项。综上，一审判决认定事实清楚，适用法律正确，恳请予以维持。

M公司辩称，作为担保方可H公司的意见，希望法院能重新计算。认同H公司的计算方式。

【再审认定的事实】

二审法院再审查明的事实除与一审查明的事实一致外，另查明，Z文化有限公司于2016年9月20日经某市工商行政管理局某分局核准，名称变更为Z文化集团有限公司。

【再审法院认为】

二审法院再审认为，一审法院根据H公司与Z公司签订的《合作协议书》的内容及双方当事人陈述，确认该《合作协议书》的性质为借贷是正确的。该《合作协议书》不违反法律的强制性规定，属合法有效，双方均应依约履行。本案中，Z公司依约向H公司出借款项，H公司应按期偿还借款并支付利息。关于H公司已经偿还的600万元的款项性质，H公司主张双方在《合作协议书》中已明确约定还款顺序，即本金、合作期利息、违约金，故600万元应先冲抵本金。但根据双方约定的合同内容，并未体现出双方就还款顺序进行相应约定，故一审法院认定H公司及尹某共同偿还的600万元应先冲抵利息，后冲抵本金并无不当。本案中，双方当事人均认可《合作协议书》中的"投资金额800万元"即为借款的本金，按照"投资本金800万元的25%的投资回报"即200万元为利息。根据《合作协议书》的约定，H公司应以收到Z公司800万元款项的时间为计算起点，在2013年8月31日前将本金800万元和利息200万元共计1,000万元一次性支付给Z公司。故本案H公司的借款期限为2013年4月27日至2013年8月31日。因《合作协议书》中约定借期内的利率超过年利率36%，二审法院按照年利率36%计算。《合作协议书》中未对预期利率作出约定。Z公司合并主张逾期利息和违约金，二审法院对逾期利息和违约金一并按照年利率24%计算。综上，截至2014年12月24日，将H公司及尹某共同偿还的600万元按照先冲抵利息后冲抵本金之后，H公司未偿还的借款本金为557.6万元。上述552.69万元应还本金截至2015年9月9日Z公司提起本案诉讼，尚需支付逾期利息和违约金96.28万元。另，一审法院判决 M 公司对 H 公司应承担的债务向 Z 公司承担连带保证责任,并在承担保证责任后,向 H 公司追偿并无不当,二审法院再审予以维持。

【再审法院判决】

综上,原判对 H 公司未还借款的本金及逾期利息和违约金计算有误,二审法院再审予以调整。H 公司再审请求部分成立,二审法院予以支持。依照《中华人民共和国民事诉讼法》第二百零七条第一款、第一百七十条第一款第二项的规定,判决如下:一、撤销市第三中级人民法院民终××××号民事判决及区人民法院民(商)初字第×××号民事判决;二、H 展览有限公司偿还 Z 文化集团有限公司借款本金 557.6 万元;三、H 展览有限公司支付 Z 文化集团有限公司逾期利息和违约金 96.28 万元;四、M 展览有限公司对上述第二、三项 H 展览有限公司应承担的债务向 Z 文化集团有限公司承担连带保证责任;五、M 展览有限公司承担连带保证责任后,有权向 H 展览有限公司追偿;六、驳回 Z 文化集团有限公司其他诉讼请求。一审案件受理费 44,500 元,由 H 展览有限公司、M 展览有限公司共同负担 25,810 元(于本判决生效之日起 7 日内交纳),由 Z 文化集团有限公司负担 18.690 元(已交纳);二审案件受理费 73,988 元,由 H 展览有限公司、M 展览有限公司共同负担 42,913.04 元(已交纳),由 Z 文化集团有限公司负担 31,074.96 元(于本判决生效之日起 7 日内交纳)。本判决为终审判决。

【律师评析】

本案是一起民间借贷纠纷。H 公司和 Z 公司签订的《合作协议书》从表面上看是合作协议,但从合同的内容来看,双方约定 Z 公司向 H 公司"投资"800 万元,不参与投资经营决策,不承担项目亏损,"投资"到期后获得"投资回报"200 万元,显然《合作协议书》并不是合作协议,而是 Z 公司向 H 公司贷款 800 万元,约定到期支付利息 200 万元的民间借贷合同。在一审、二审和再审诉讼中,双方也均表示虽签订的合同名为《合作协议书》,但实际性质为民间借贷。一审、二审和再审法院均予以认可。

既然本案被定性为民间借贷纠纷,那么如何计算 H 公司已还和未还本金和利息就成了案件的审理焦点。H 公司主张:双方在《合作协议书》中已明确约定还款顺序,即本金、合作期利息、违约金,故其已还的 600 万元应先冲抵本金。对此,法院认为,双方约定的合同内容并未体现出双方就还款顺序进行相应约定,故法院认定 H 公司及尹某共同偿还的 600 万元应先冲抵利息,后冲抵本金。《最高人民法院关于适用〈中华人民共和国合同法〉若干问题的解释(二)》第 21 条规定:"债务人除主债务之外还应当支付利息和费用,当其给付不足以清偿全部债务时,并且当事人没有约定的,人民法院应当按照下列顺序抵充:(一)实现债权的有关费用;(二)利息;(三)主债务。"因此,在本金和利息的偿还顺序上,H 公司所还的款项应先偿还利息,再偿还本金。

此外,对于利息和逾期利息的计算方式,《最高人民法院关于审理民间借贷案件适用法律若干问题的规定》第 26 条规定:"借贷双方约定的利率未超过年利率 24%,出借人请求借款人按照约定的利率支付利息的,人民法院应予支持。借贷双方约定的利率超过年利率 36%,超过部分的利息约定无效。借款人请求出借人返还已支付的超过年利率 36% 部分的利息的,人民法院应予支持。"第 29 条第 2 款规定:"未约定逾期利率或者约定不明的,人民法院可以区分不同情况处理:……(二)约定了借期内的利率但未约定逾期利率,出借人主张借款人自逾期还款之日起按照借期内的利率支付资金占用期间利息的,人民法院应予支持。"因此,再审法院认为,因《合作协议书》中约定借期内的利率超过年利率36%,故本案的借期内利率应按36%计算;《合作协议书》中未对逾期利率作出约定,故本案的逾期利率按24%计算。

【律师建议】

对于会展企业来说,本案的教训有:一是公司在签订借贷合同时,最好对债务的偿还顺序作出约定。二是公司应当对借款的借期内利息和逾期利息作适当的约定。我国法律规定,借期内超过年利率36%,超过部分的利息约定无效;借贷双方对逾期利率的约定应以不超过年利率24%为限。

三、侵权责任篇

【精选案例 22】

发布的广告图片及照片被剽窃，提起不正当竞争纠纷诉讼，获得经济损失及为制止侵权行为所支付的合理开支赔偿

【引言】

G广告传媒有限公司在网站上使用属于Y会展服务有限公司发布的广告图片及照片，Y公司诉请撤下所有剽窃的用于虚假宣传的图片，并赔偿经济损失人民币30万元及维权所产生的实际费用人民币14,000元（包括律师费、见证费）。法院认定两家公司经营业务范围均包括制作发布各类广告，均属我国反不正当竞争法规定的经营者，双方竞争关系密切。法院认定Y公司对于广告设计图及广告发布方式均不享有著作权，其主张G公司侵犯其著作权并据此要求G公司就著作权侵权的行为向其赔礼道歉、赔偿损失的诉讼请求没有事实和法律依据，不予支持。法院对Y公司诉称的G公司侵犯其商业秘密的主张也不支持。但法院认定G公司的宣传内容与事实不符，足以造成相关公众的误解，其行为违反《中华人民共和国反不正当竞争法》的相关规定，损害Y公司的权益，构成虚假宣传的不正当竞争行为，依法应承担停止侵权、赔偿损失的民事责任。鉴于Y公司因G公司不正当竞争行为遭受的实际损失并无足够的证据证明，G公司因此获利的具体数额也无法确定，法院综合考虑Y公司所制作的广告性质，G公司的经营规模、侵权行为的情节、主观过错程度等因素，酌情确定赔偿的数额为人民币50,000元。

【案由】
不正当竞争纠纷。

【诉讼地位】
原告、被上诉人。

【案例来源】
G广告传媒有限公司、Y会展服务有限公司不正当竞争纠纷二审民事判决书。

【原告诉请】

Y公司向一审法院起诉请求：一、G公司立即停止在网站上使用属于Y公司发布的广告图片及照片的不正当竞争行为，将G公司网站上剽窃属于Y公司发布的广告进行虚假宣传的图片全部撤下，包括但不限于：1. Y公司为AvesAsiaLimited公司制作的第109届广交会酒店穿梭巴车窗车内玻璃喷画广告图片；2. Y公司为某市保利锦汉展览有限公司制作的第109届广交会酒店穿梭巴车体两侧喷画广告图片；3. Y公司为某市光合作用展览有限公司制作的第109届广交会酒店穿梭巴车窗玻璃喷画广告图片；4. Y公司为阿里巴巴（中国）网络技术有限公司制作的第111-112届广交会酒店穿梭巴车体喷画广告图片；5. Y公司为福某电机有限公司制作的第111届广交会酒店穿梭巴车身喷画广告图片；6. Y公司为沙溪国际酒店用品城有限公司制作的广州机场巴士车窗玻璃喷画广告图片；7. Y公司为励展华博展览（深圳）有限公司制作的广州机场巴士车内两侧玻璃喷画广告图片；8. 其他侵犯Y公司著作权的图片。二、G公司、林某某在G公司经营的网站主页及《广州日报》《羊城晚报》《南方都市报》等具有影响力的纸质媒介除中缝以外的版面上刊登《声明》，向Y公司公开赔礼道歉。三、G公司、林某某连带赔偿Y公司经济损失人民币30万元。四、G公司、林某某连带赔偿Y公司维权所产生的实际费用人民币14,000元（包括律师费、见证费）。

【一审法院认定】

一审法院认定事实：Y公司系有限责任公司，该公司成立于2007年1月29日，经营范围为设计、发布、代理国内外各类广告；展览服务；商务信息咨询；计算机网络技术研究、支持开发。Y公司称其主营业务是针对广交会制作户外广告，包括车身喷画、汽车座椅的广告、车载广告等。

2010年至2012年间，Y公司分别与七个案外人签订广告合同，为案外人制作多个广告项目，包括车内外玻璃喷画广告、车体两侧喷画广告等。上述合同均约定由案外人提供喷画设计稿，由Y公司负责制作及安装。合同签订后，Y公司均按照约定登载相应广告。上述广告合同见附件一。

庭审中Y公司明确其主张著作权（包括人身权利和财产权利）的作品为上述广告作品设计图和发布广告的方式。

另查明，G广告传媒有限公司系有限责任公司，该公司成立于2014年1月22日，主营项目类别为商业服务业。

2015年7月21日，Y公司委托某律师事务所蔡某某、陈某某律师见证网站上相关页面显示的内容。当日，在律师事务所办公室内，在蔡某某律师见证下，陈某某律师登陆G公司网站，在该网站首页进行相关操作，分别查看了首页"广交会广告"项下的《广交会酒店巴士广告媒体推介》以及首页"成功案例"项下的《113广交会穿梭巴士广告案例》《113广交会酒店巴士车窗玻璃广告》，上述网页中有多张照片，其中八幅（以下简称涉案图片）内容为大巴车身或车窗玻璃喷画广告，该照片显示的广告内容与Y公司主张由其制作发布的喷画广告相同。律师事务所出具《律师见证书》，称上述打开网址及浏览网页的全程为陈某某律师亲自操作，蔡某某律师亲眼所见，均属实。上述八幅涉案图片见附件二。

G公司当庭确认上述《律师见证书》所载内容属实，称该公司网站确实登载过上述照片，并称该照片所涉及的广告发布项目并非其公司实施，对于照片的来源及拍摄人员均不知情，并称其已将涉案图片全部删除。

Y公司另提交电子文档打印件一份，内容为G公司琶洲广交会广告媒体推介资料，该文档由多幅图片及文字构成，其中包括三幅涉案图片，并配有"G传媒是专业承办广交会馆内外广告的一个国际性广告媒介平台，整合广州各大旅游汽车公司，在广交会酒店穿梭巴士车身、车窗玻璃及座椅背等位置开发广告媒体……"等文字内容。Y公司称该电子资料系Y公司起诉后从G公司索取，拟证明G公司在Y公司起诉后仍未停止侵权行为的事实。G公司确认上述电子文档系该公司制作使用，但辩称其在Y公司起诉后已经停止使用。上述三幅涉案图片见附件三。

另查明，林某某于2013年1月至6月期间在Y公司就职，Y公司称林某某担任设计职务，在日常工作中需要接触客户。林某某确认其在Y公司就职的事实，但辩称Y公司提交的广告合同均签订于林某某就职之前，不属于其工作所能接触到的范围。

庭审中Y公司明确其主张的商业秘密具体内容为Y公司已制作发布的广告项目图片及广告发布单位客户资料（包括客户的名单和联系方式）、合同价格、Y公司与阿里巴巴（中国）网络技术有限公司签订的合同的具体内容，并称林某某在Y公司工作期间获取上述商业秘密后向G公司透露，导致G公司与阿里巴巴（中国）网络技术有限公司签订协议，G公司、林某某共同侵害Y公司的商业秘密。

又查明，2015年5月18日，Y公司与K律师事务所签订《民事委托代理合同》，并签署《签署诉讼、仲裁委托合同告知书》，委托K律师事务所代理其与G公司知识产权侵权一案，并支付一审律师费8,000元，K律师事务所开具发票。2015年7月17日，Y公司与T律师事务所签订《律师见证委托合同》，委托T律师事务所见证侵权网页内容，并支付律师见证费6,000元，T律师事务所开具发票。

以上事实，有Y公司提供的广告合同、《律师见证书》、民事委托代理合同、发票、社保缴费历史明细表、《广告媒体推介资料》等证据，以及双方当事人的陈述在案佐证。

【一审法院认为】

一审法院认为，根据《中华人民共和国反不正当竞争法》规定，经营者是指从事商品经营或者营利性服务（以下所称商品包括服务）的法人、其他经济组织和个人。Y公司和G公司均属我国反不正当竞争法规定的经营者。Y公司当庭自认其公司业务主要是做针对广交会为主的广告，主要是以户外广告为主，G公司的网站及对外宣传资料中亦明确显示"果视传媒是广州最具影响力的户外广告媒介运营商"等内容，两者经营业务范围均包括制作发布各类广告，足以认定双方竞争关系密切。

根据《中华人民共和国反不正当竞争法》及最高人民法院《关于审理不正当竞争民事案件应用法律若干问题的解释》的规定，经营者不得利用广告或者其他方法，对商品的质量、制作成分、性能、用途、生产者、有效期限、产地等作引人误解的虚假宣传。G公司在庭审中确认涉案图片所显示的广告项目均非该公司实施，但其在公司的网站及对外宣传资料中将涉案图片作为"成功案例"公开展示，足以导致相关公众误以为涉案图片中所显示的广告项目均由G公司实施完成。G公司的宣传内容与事实不符，足以造成相关公众的误解,其行为已经违反了《中华人民共和国反不正当竞争法》的相关规定,损害了Y公司的权益,构成虚假宣传的不正当竞争行为,依法应承担停止侵权、赔偿损失的民事责任。Y公司未能举证证明林某某的不正当竞争行为,故对其要求林某某连带赔偿的诉讼请求不予支持。G公司称其已将涉案图片全部删除,Y公司庭后亦予以确认,故Y公司要求G公司撤下其网站上属于Y公司发布的涉案图片的诉讼请求已实际得到满足,一审法院对Y公司的该项诉请不再支持。

关于Y公司主张广告设计图及发布广告的方式的著作权,一审法院认为,根据著作权法的规定,作品包括以文字作品、口述作品等形式创作的文学、艺术和自然科学、社会科学、工程技术等作品。本案中Y公司与案外人签订的广告合同中均已明确约定了喷画设计稿由案外人提供,其仅负责制作及安装,故Y公司并非广告设计图的作者,Y公司亦无证据证明其已经作者授权取得该设计图的著作权,故Y公司对作品设计图不享有著作权。至于Y公司所称的广告发布方式,一审法院认为,涉案广告系Y公司将现有广告设计图制作成喷绘实物印制在汽车或其车窗玻璃上,该发布方式是广告设计图作品的直接展示和宣传行为,这种行为是一种普遍而常见的广告发布方式,本身不能体现智慧成果,不属于著作权法上的作品范畴,并不能构成著作权法意义上的权利客体。Y公司就这种发布方式主张著作权没有事实和法律依据,一审法院不予支持。综上,Y公司对于广告设计图及广告发布方式均不享有著作权,其主张G公司侵犯其著作权并据此要求G公司和林某某就著作权侵权的行为向其赔礼道歉、赔偿损失的诉讼请求没有事实和法律依据,一审法院对此不予支持。

关于Y公司主张G公司和林某某侵犯其商业秘密的问题。Y公司称其商业秘密包括广告项目图片、Y公司所提交的广告发布合同中登载的客户名单和联系方式、合同价格以及Y公司与阿里巴巴(中国)网络技术有限公司签订的合同内容。对此一审法院认为,首先,商业秘密是指不为公众所知悉、能为权利人带来经济利益、具有实用性并经权利人采取保密措施的技术信息和经营信息。技术信息或经营信息要成为受到法律所保护的商业秘密必须同时具备特殊的秘密性和实用性,商业秘密的持有人应当为维护商业秘密而采取合理的保护措施。本案中Y公司所称的广告项目图片均已在各类广告载体上公开展示和宣传,并不存在秘密性,故该类信息并不属于商业秘密范畴。关于Y公司所称客户资料、合同价格及Y公司与阿里巴巴(中国)网络技术有限公司签订的合同内容,虽然该类信息不属于公众知悉的公开信息,但经一审法院询问,Y公司称其为保护该商业秘密所采取保密措施仅为与客户签订的保密条款。一审法院认为,Y公司所称的保密条款仅针对合同双方,对于合同外的第三人并无约束力。Y公司此外并无任何相关内容的泄露,也没有与林某某约定任何竞业禁止义务,其为维护客户资料及合同价格信息所采取的保密措施未达到合理的程度,故该类信息亦不能构成商业秘密。因此,Y公司所称的广告项目、客户资料及合同价格均不属于反不正当竞争法规定的商业秘密范畴。

其次,根据反不正当竞争法的规定,侵犯商业秘密的行为包括:1. 以盗窃、利诱、胁迫或以其他不正当手段获取权利人的商业秘密;2. 披露、使用或者允许他人使用以前项手段获取的权利人的商业秘密;3. 违反约定或者违反权利人有关保守商业秘密的要求，披露、使用或者允许他人使用其所掌握的商业秘密。Y 公司当庭确认林某某在其公司担任设计职务，该职务与 Y 公司对外签订的各类合同均无必然联系，故在林某某否认其曾经接触该合同内容的情况下，Y 公司应当对于 G 公司、林某某以不正当手段获取并使用商业秘密的事实承担举证责任，Y 公司对此未能举证证明，故一审法院对于 Y 公司的相关主张亦不予采信。

综上，因 Y 公司未能明确其主张的商业秘密的秘密点所在及其为维护商业秘密所采取的合理保密措施，亦未能举证证明 G 公司、林某某以不正当手段侵犯其商业秘密的事实，故一审法院对于 Y 公司称 G 公司、林某某侵犯其商业秘密主张不予确认，对 Y 公司据此提出要求 G 公司、林某某予以赔偿的诉讼请求不予支持。

鉴于 Y 公司因 G 公司不正当竞争行为遭受的实际损失并无足够的证据证明，G 公司因此获利的具体数额也无法确定，Y 广告主张的经济损失数额过高，不予全额支持，一审法院综合考虑 Y 公司所制作的广告性质，G 公司的经营规模、侵权行为的情节、主观过错程度等因素，酌情确定赔偿的数额。至于合理费用的律师见证费 6,000 元和律师费 8,000 元，Y 公司已提交了委托合同及发票为证，一审法院亦予以支持，由 G 公司一并赔付。

【一审法院判决】

综上，依照《中华人民共和国反不正当竞争法》第二条、第九条第一款、第十条第三款、第二十条，最高人民法院《关于审理不正当竞争民事案件应用法律若干问题的解释》第八条、第十一条，《中华人民共和国民事诉讼法》第六十四条第一款之规定，一审法院判决如下：一、G 公司于该判决发生法律效力之日起十日内赔偿 Y 公司经济损失及为制止侵权行为所支付的合理开支共计人民币 50,000 元；二、驳回 Y 公司的其他诉讼请求。如果未按该判决指定的期间履行给付金钱义务，应当依照《中华人民共和国民事诉讼法》第二百五十三条之规定，加倍支付迟延履行期间的债务利息。一审案件受理费 3,005 元，由 Y 公司负担 1,955 元，G 公司负担 1,050 元（G 公司于本判决发生法律效力之日起七日内向一审法院交纳该费用）。

【被告上诉】

G 公司上诉请求：撤销一审判决，改判驳回 Y 公司全部诉讼请求；一、二审诉讼费用由 Y 公司负担。事实与理由如下：（一）一审认定事实不清。Y 公司未举证证明其为涉案图片的原制作者与发布者，包括既未证明 Y 公司已按约定登载涉案广告，亦未证明涉案图片与 Y 公司制作发布的广告图片相同；Y 公司未提供部分涉案图片的设计效果图。一审法院在未确认 Y 公司是否为直接被侵权人的前提下，不应认定 G 公司的行为导致 Y 公司利益受损。（二）Y 公司未举证证明 G 公司发布涉案图片的行为致使 Y 公司经济利益受损。G 公司既未夸大自身优势，亦未贬损同行竞争者，且在应诉时已撤下所有涉案图片。一审法院认定 G 公司应当对 Y 公司的经济损失承担赔偿责任无法律依据。

【被上诉人答辩】

Y 公司答辩称：（一）Y 公司已提供涉案广告合同及广告效果图，且广告效果图与涉案图片一致，足以证明 G 公司为涉案图片中广告的制作者与发布者。其中涉案合同

四、六、七的广告设计效果图被原设计人员离职时带走,故无法提交;但是合同四是 Y 公司与某电机有限公司签订的,G 公司使用的图片有该公司的名称;合同六是 G 公司与某国际酒店用品城有限公司签订的,G 公司使用的图片有该公司的名称;合同七是 Y 公司与励展华博展览深圳有限公司签订的,由于该公司要求以英文发布广告,故涉案图片七中显示的企业名称与励展华博展览深圳有限公司有所差别。(二)一审被告林某某在 Y 公司就职期间,利用工作便利,获取 Y 公司包括涉案图片及发布细节、来往客户、投标价格等信息并向 G 公司予以披露,G 公司利用该信息进行虚假宣传,抢占 Y 公司客户,致使 Y 公司遭受重大经济损失。(三)Y 公司于一审所提供证据,以证明 G 公司为涉案图片中广告的发布者,符合民事诉讼法高度盖然性的证明标准。(四)一审法院综合考虑涉案图片内容、G 公司的侵权情节等因素酌定判赔有理有据。请求驳回 G 公司的上诉请求。

林某某同意 G 公司的上诉意见。

【二审法院认定】

二审法院经审理查明,一审法院认定的事实除二审法院另查明内容外基本属实,二审法院予以确认。

另查明,Y 公司未提交以下合同所涉的广告设计效果图,包括 Y 公司分别与某电机有限公司、某国际酒店用品城有限公司及励展华博展览(深圳)有限公司签订的三份广告发布合同。关于 Y 公司与 AvesAsiaLimited、某市保利锦汉展览有限公司、某市光合作用展览有限公司、阿里巴巴(中国)网络技术有限公司签订的另外四份涉案合同,Y 公司均提交了相对应的广告设计效果图,经比对与被诉侵权图片中对应的广告一致。

【二审法院认定】

二审法院认为,本案为不正当竞争纠纷。结合 G 公司的上诉请求、事实及理由以及 Y 公司的答辩意见,二审争议焦点归纳为:Y 公司是否是涉案广告的制作发布者;G 公司是否构成虚假宣传的不正当竞争行为,应向 Y 公司承担损害赔偿责任。

关于 Y 公司是否是涉案广告的制作发布者的问题。根据本案查明的事实,Y 公司与案外人签订了七份涉案广告合同,Y 公司根据委托将广告设计图制作后印制在汽车或其车窗玻璃上,这是一种典型的广告发布方式,Y 公司属于涉案广告的制作发布者。其中,Y 公司与某电机有限公司、某国际酒店用品城有限公司、励展华博展览(深圳)有限公司签订的三份广告合同,Y 公司没有提交相应的广告设计效果图或其他证明权属的图片,Y 公司未能举证证明此三份广告合同中所涉广告图片的具体内容。因此,对于此三份广告合同所涉广告而言,一审法院基于 Y 公司享有广告制作发布者权益的前提,认定 G 公司的行为损害其权益,构成虚假宣传的不正当竞争行为,认定有误,二审法院予以纠正。但是,Y 公司提交了包括与 Aves Asia Limited、某市保利锦汉展览有限公司、某市光合作用展览有限公司、阿里巴巴(中国)网络技术有限公司签订的四份合同所附的广告设计效果图,足以证明 Y 公司是该四份广告合同中所涉广告的制作发布者。并且以上广告设计效果图与被诉侵权图片中对应的广告一致,因此针对该部分广告而言,一审法院认定 G 公司损害了 Y 公司的权益,构成虚假宣传的不正当竞争行为,认定准确,二审法院予以维持。

关于 G 公司是否应向 Y 公司承担损害赔偿责任的问题。根据《中华人民共和国反不正当竞争法》第二十条的规定，经营者违反本法规定，给被侵害的经营者造成损害的，应当承担损害赔偿责任，被侵害的经营者的损失难以计算的，赔偿额为侵权人在侵权期间因侵权所获得的利润；并应当承担被侵害的经营者因调查该经营者侵害其合法权益的不正当竞争行为所支付的合理费用。因 G 公司的行为对 Y 公司构成虚假宣传的不正当竞争，致 Y 公司经济利益受损，应当对其承担相应的赔偿责任。虽然对于 Y 公司主张的七份广告合同所涉广告，二审法院认定 Y 公司只享有其中四份广告合同所涉广告的制作发布者权益，并认定 G 公司仅针对该部分广告构成虚假宣传的不正当竞争行为，但综合考虑 Y 公司制作发布的涉案广告内容、G 公司的经营规模、侵权情节以及 Y 公司为维权所支付的合理开支并提供相应单据等因素，一审所确定的 G 公司向 Y 公司赔偿经济损失及合理开支共 50,000 元的金额，合法恰当，二审法院予以维持。

【二审法院判决】

综上所述，G 公司的上诉理由部分成立，一审判决认定事实虽有瑕疵，二审法院在纠正瑕疵后，考虑到酌定的赔偿数额仍属恰当，予以维持。依照《中华人民共和国民事诉讼法》第三百三十四条的规定，判决如下：驳回上诉，维持原判。二审案件受理费 1,050 元，由上诉人 G 广告传媒有限公司负担。本判决为终审判决。

【律师评析】

本案是一起由于商业竞争对手盗用广告图片和照片进行宣传所引起的不正当竞争纠纷。依照《反不正当竞争法》第 1 条第 1 款的定义，不正当竞争，指经营者违反法律规定，损害其他经营者的合法权益，扰乱社会经济秩序的行为。欺诈性交易（如仿冒他人注册商标、擅自使用知名商品的名称、包装、装潢等）、商业贿赂、虚假广告、侵犯商业秘密等行为都是我国《反不正当竞争法》明令禁止的企业经营中的不正当竞争行为。本案就是因 G 公司实施虚假宣传行为，导致竞争对手 Y 公司受遭损失而引起的不正当竞争纠纷。经一、二审法院审理，G 公司为其虚假宣传行为付出了赔偿 Y 公司经济损失 5 万元的代价。

不正当竞争是一种发生在竞争领域的特殊侵权形态。也就是说，经营者实施的不正当竞争行为，实际上是一种侵权行为，被侵权人即是与其具有直接竞争关系的经营者。如何认定两个经营者之间具有直接竞争关系，本案的一审法院采用了同类产品和服务判断法。法院先判断 Y 公司的业务范围主要是做针对广交会为主的广告，且主要是户外广告，又从 G 公司的网站及对外宣传资料中显示的"G 传媒是广州最具影响力的户外广告媒介运营商"等内容判断 G 公司的经营业务范围与 Y 公司相同，足以认定双方竞争关系密切。

经营者实施的虚假宣传不正当竞争行为，应当是一种足以引起公众误解的行为。具体来说有以下两种类型：一是针对虚假事实的宣传行为，即通过捏造事实的方式对产品或服务进行宣传；二是针对真实事件的虚假宣传行为，如对商品做片面的宣传或者对比，将科学上未定论的观点、现象等当作定论的事实用于商品宣传，以歧义性语言对商品进行宣传等。本案中的 G 公司将不是其承接的项目罗列在其网站有关栏目下进行宣传，易使相关公众产生误解，其违反诚实信用的行为构成了针对虚假事实的宣传行为。

对于本案中的Y公司而言，其胜诉的重要原因，是在起诉前对G公司的网站中的侵权内容进行了律师见证。由于该网络内容的发布者是G公司，若Y公司在起诉前不及时进行证据保全，一旦起诉，G公司可能采取删除发布内容的措施，导致Y公司的主张没有相应证据的支持。因此，Y公司在诉前对证据进行保全的举措是本案的关键一步。然而，在本次诉讼中，Y公司由于未能妥善保管公司的合同，导致G公司的其中三个虚假宣传行为未能得到法院的认定，所幸的是，二审法院并未因此降低对G公司的赔偿数额的认定。

【律师建议】

会展企业在发布广告时，应当遵守《广告法》《反不正当竞争法》的相关规定，遵守诚实信用原则，不得利用广告或者其他方法，对商品的质量、制作成分、性能、用途、生产者、有效期限、产地等作引人误解的虚假宣传。在遭遇竞争对手的不正当竞争行为时，企业应当及时采取证据保全的措施，积极通过协商交涉、诉讼等方式维护自己的权利。在企业的经营中，企业应当制订并采取严格的合同管理、公章管理制度，与接触公司涉密信息的员工签订保密协议，避免发生员工泄露公司商业秘密，导致公司利益受损等事件。

【精选案例23】

公司宣传是否构成虚假宣传的不正当竞争行为，两家会展公司两次对簿公堂

【引言】

A公司、B公司经营范围相近似，均经营承办展会业务，二者之间存在市场竞争关系。2012年，A公司诉B公司构成虚假宣传的不正当竞争行为，法院判令B公司赔偿A公司损失5万元。同年，B公司诉A公司构成虚假宣传的不正当竞争行为，法院判令A公司停止侵权行为及赔偿B公司损失3万元。两家公司2013年分别举办的"2013深圳国际小电机及电机工业、磁性材料展览会""CWIEMECHINA2013中国（广州）国际绕线设备与技术展览会"的展览内容相近似，展会的地点均在广东省。由此，2013年双方又因同样案由走进法庭。A公司指控B公司所实施宣传行为构成虚假宣传不正当竞争行为，但一审、二审法院均认定证据不足，对A公司全部诉讼请求均不予支持。

【案由】
虚假宣传纠纷。

【诉讼地位】
互为原告、被告，互为上诉人、被上诉人。

【案例来源】
A展览有限公司因与B展览有限公司虚假宣传纠纷一案二审判决书。

【原告诉请】
A公司以B公司在"2013中国（广州）国际绕线设备与技术展览会"的宣传中存在虚假宣传的不正当竞争行为，给A公司造成商业机会、预期利益的丧失和巨大财产损失为由，向一审法院提起诉讼，请求判令：1. B公司停止以"CWIEMECHINA2013中国（广州）国际绕线设备与技术展览会"为名称的虚假宣传；2. B公司停止"源自德国的国际品牌展""作为CWIEME全球展的中国站——2013中国（广州）国际绕线设备与技术展/CWIEMECHINA2013""作为全球绕线行业专业展的CWIEME的中国站""全球公认权威性的品牌展览""全球最领先展商"等内容的虚假宣传；3. B公司停止以"国际绕线展览有限公司CWI（CI）Ltd""中国国际贸易促进委员会广州市委

员会"为主办单位,"中国国际贸易促进委员会"为批准单位,"中国国际贸易促进委员会电子信息行业分会"为支持单位的虚假宣传;4. B公司删除其网站上涉及上述虚假宣传的内容;5. B公司赔偿A公司损失150,000元;6. B公司赔偿A公司因制止侵权支付的律师费15,000元;7. B公司承担本案全部诉讼费用。

【一审法院认定】

一审法院经审理查明,A公司于2000年3月22日成立,注册资本人民币100万元,公司的经营范围是"策划、承办商品展销会(具体另办登记证)及礼仪服务,商贸信息咨询;销售百货、工艺美术品(不含金饰)"。B公司于2001年2月20日成立,注册资本为35万美元,经营范围为"在中国境内主办、承办各类经济技术展览会和会议;在境外举办会议;提供各种展务会议服务;商务咨询;企业管理咨询"。

2012年,A公司向某市某区人民法院起诉B公司,指控B公司于2012年3月在深圳会展中心内举办的"2012中国(深圳)国际绕线设备展览会"存在虚假宣传行为。某市某区人民法院民事判决认定B公司使用"2012中国(深圳)国际绕线设备展览会"名称及宣传其展会"英国CWIEME展览公司为主办单位""亚洲规模最大的绕线机、线圈、磁材、绝缘材料、电机制造展"构成虚假宣传的不正当竞争行为,判令B公司赔偿A公司损失5万元。同年,B公司向某市某区人民法院起诉A公司,指控A公司于2012年3月在深圳会展中心内举办的"第一届深圳国际绕线设备展览会"存在虚假宣传行为。某市某区人民法院民事判决认定A公司有关"宣称其相关展会为'华南地区唯一专业展会''中国唯一的电磁线、绝缘材料专业展会',以及A公司有关'众多相关展会同期举办,展出面积超七万平方''展会规模达8000平方米'"的宣传行为构成虚假宣传的不正当竞争行为,判令A公司停止侵权行为及赔偿B公司损失3万元。上述两案件的判决书均已生效。

B公司(甲方)与中国国际贸易促进委员会电子信息行业分会(乙方)于2012年8月28日签订《关于"中国(广州)国际绕线设备与技术展览会"的补充合作协议书》,就"2013中国(广州)国际绕线设备与技术展览会"的有关合作事项达成如下协议:展会名称为2013中国(广州)国际绕线设备与技术展览会(CWIEMEChina2013),时间2013年5月8—10日,地点广州保利世贸博览馆,主办单位:中国国际贸易促进委员会广州市委员会、国际绕线展览有限公司CWI(CI)Ltd、B公司,支持单位中国国际贸易促进委员会电子信息行业分会。

2013年4月22日,广东省外经贸厅以粤外经贸发字(2013)25号文件向A公司发出《广东省外经贸厅关于举办2013深圳国际小电机及电机工业、磁性材料展览会的批复》,基本内容如下:你司《关于举办国际展览会的申请报告》悉,同意你司作为主承办单位举办"2013深圳国际小电机及电机工业、磁性材料展览会",举办时间为2013年6月26—28日,展览内容为"各类中小电机、微特电机及设备、配件材料;电机制造设备、绕线机,零部件及配套产品;各类磁性材料、生产设备及应用技术;各种线圈制造设备、漆包线及设备、绝缘材料等",举办地点为深圳会展中心,面积为5000平方米,境外参展企业占20%以上。展览会的招商招展必须由主办单位负责,不得以组委会或筹委会名义进行,广告、会刊等宣传资料必须真实可靠,不得任意增减主办单位。

2012年10月26日，中国国际贸易促进委员会以贸促展管审（2012）35015号文件向贸促会广州市委员会作出《关于中国（广州）国际绕线设备与技术展览会计划的批复》，基本内容如下：穗贸促发（2012）52号文收悉，同意你单位与国际绕线展览有限公司和B公司合作举办展览会，展览会名称为中国（广州）国际绕线设备与技术展览会，展出时间为2013年5月，展出面积为12000平方米，主办单位为贸促会广州市委员会，展出地点为广州保利世贸博览馆，展出内容为"绕线设备、材料、磁性材料、其他加工材料及制品和配件"。展览会招商招展必须由主办单位负责，不得以组委会或筹委会名义进行。

一审诉讼中A公司提供来自某网站的网页打印件。本案一审庭审过程中，A公司登录某网站，该网站的网页内容与A公司提供的网页打印件一致。B公司在其管理的网站的"展会介绍"栏目上通过"展会信息""展会亮点""主办单位""展会动态"四部分内容进行以下宣传：展会信息："CWIEMEChina2013中国（广州）国际绕线设备与技术展览会——绕线机、线圈、磁材、绝缘材料、电机制造"，展会将于2013年5月8日－10日在广州保利世贸博览馆举办展览会，该展会源于1996年在德国柏林首次召开的CWIEME国际绕线展，由英国CWIEME展览公司创办，至今已举行了17届，每年均由来自欧美、中东、东南亚等40个国际和地区的数百家制造企业参展，同时，吸引了来自欧美、亚洲、非洲、中东、澳洲等80多个国家和地区的数万人次专业观众参观和采购，是全球公认的权威性电磁线圈、电机、电气绝缘材料和制造设备的品牌专业展会。目前在美国、印度、中国都已设立分展。作为CWIEME全球展的中国站——2013中国（广州）国际绕线设备与技术展览会/CWIEMEChina2013，将于2013年5月8日－10日在广州保利世贸博览馆再度拉开帷幕，规模达到12000平方米，届时将吸引10000名专业观众到场参观，成为整个绕线行业企业及专业人士不可缺的年度盛会。展会亮点：源于1996年在德国柏林首次召开的CWIEME国际绕线展至今已举行了17届，是全球公认权威性的绕线设备、磁性材料、绝缘材料、电机制造的专业展会。作为贯穿整个线圈行业的绕线机、线圈、磁材、绝缘材料、电机制造展会，CWIEMEChina2012在中国的首次亮相取得了巨大的成功，吸引了来自30个国家的7141名优质专业买家到会参观。来访买家集中于变压器、线圈、电机制造、汽车电子、磁性材料、电力电源、绝缘材料、数控机床等行业。源自德国的国际品牌展。主办单位：国际绕线展览有限公司CWI（CI）Ltd，B公司，中国国际贸易促进委员会广州市分会。英国国际绕线展览有限公司CWI（CI）Ltd（www.coilwindingexpo.com）自1996年创办德国柏林国际绕线设备展（CWIEME）以来，凭借其在线圈、绝缘材料及电气制造工业领域几十年的国际专业组展经验，已将该展扩展到了美国芝加哥和印度班加罗尔。随着其将该展进驻中国并率领海外企业团和买家团进入中国，国际绕线展览有限公司CWI（CI）Ltd将名副其实地成为全球最具权威性的线圈与电气制造专业展览公司。B公司，VNU是国际著名的专业展览组织机构之一，总部位于欧洲荷兰。作为VNU在中国的合资公司，B公司在国内和海外组织的国际性展会已达15个，其中亚洲规模最大的国际地面材料及铺装技术展，以及其主办的建筑节能与遮阳展、世界客车博览亚洲展览会等大型国际工业展已取得引领行业发展的主导地位。B公司拥有20余年的专业展览运作经验,全球专业观众组织能力和海外网络资源,这些将有力保证CWIEME展会的国际品质与持久发展。展会动态:标题为"CWIEMEChina2013中国(广州)国际绕线设备与技术展览会正式启动",2012-10-22,作为全球绕线行业专业展CWIEME中国站——CWIEMEChina2013中国(广州)国际绕线设备与技术展览,于2013年5月8日-10日在广州保利世贸博览馆再度拉开帷幕,成为整个绕线行业及专业人士不可缺的年度盛会。此次展会由英国CWIEME公司(CWIEMELtd),B公司和中国国际贸易促进委员会广州市委员会联手合作。源于1996年在德国柏林首次召开的CWIEME国际绕线展至今已举行了17届,是全球公认权威性的绕线设备、磁性材料、绝缘材料、电机制造的专业展会。

B公司在VNU官网发布以下宣传信息:标题为"中国(广州)国际绕线设备与技术展览会"的内容如下:"展会背景:源于1996年在德国柏林首次召开的CWIEME国际绕线展,由英国CWIEME展览公司创办,至今已举行了17届,每年均由来自欧美、中东、东南亚等40个国际和地区的数百家制造企业参展,同时,吸引了来自欧美、亚洲、非洲、中东、澳洲等80多个国家和地区的数万人次专业观众参观和采购,是全球公认的权威性电磁线圈、电机、电气绝缘材料和制造设备的品牌专业展会。目前在美国、印度、中国都已设立分展。作为CWIEME全球展的中国站——2013中国(广州)国际绕线设备与技术展览会/CWIEMEChina2013,将于2013年5月8日-10日在广州保利世贸博览馆再度拉开帷幕,规模达到12000平方米,届时将吸引10000名专业观众到场参观,成为整个绕线行业企业及专业人士不可缺的年度盛会。展会有来自全球最领先的展商,引进欧美、日本及中国台湾地区先进技术理念,促进中国绕线设备、线圈、磁材和绝缘材料、电机电气制造行业产业升级。"标题"CWIEMECHINA的前世与今生——海外品牌展的本土商道"的内容如下:"作为CWIEME在中国分展——CWIEMEChina,2012在中国深圳的首次亮相,即取得巨大的成功,展出净面积7500平方米,展商128家,国际展商21家,展商整体满意率达到75%,展会效果超出预期。展会期间一共吸引了来自30个国家的7141名优质专业买家到会参观,其中海外买家为1325名。仔细翻看CWIEMEChina的参展商名录中不难发现,有不少企业都是柏林CWIEME展的展商,有些企业甚至参加了德国、美国、印度等全部的CWIEME系列展,其在行业内的号召力可见一斑。CWIEMEChina的中方主办单位——B展览有限公司(VNUAsia)是荷兰老牌展览主办机构VNUExhibitionsEurope与企龙展览服务(上海)有限公司在2001年成立的合资企业……(2013.3.6)"《重要声明》内容以下:"我司B展览有限公司是由VNUExhibitionsEurope和B展览服务(上海)有限公司合资成立的外商投资企业……公司和国际知名展览主办机构合作,成功把多个国际展览品牌移植中国市场,包括DOMOTEX(德国,汉诺威)、R+T(德国,斯图加特)等,CWIEME也是我们合作引入的国际展会知名品牌。CWIEME国际绕线展于1996年在德国柏林首次召开,由英国CWIEME展览公司创办,至今已举行了17届,每年均由来自欧美、中东、东南亚等40个国际和地区的数百家制造企业参展,同时,吸引了来自欧美、亚洲、非洲、中东、澳洲等80多个国家和地区的数万人次专业观众参观和采购,是全球公认的权威性电磁线圈、电机、电气绝缘材料和制造设备的品牌专业展会。

目前在美国、印度都已设立分展。2011年我司与英国CWIEME展览公司达成合作,将CWIEME引入中国市场,2012年在深圳举办首届CWIEMECHINA,取得巨大成功……(2013.3.6)"。

一审诉讼中,A公司提供B公司用于宣传其于2013年5月8日-10日举办的2013中国(广州)国际绕线设备与技术展览会的"宣传册""商务邀请"单张各1份。"宣传册"内容如下:封面印有"CWIEMEChina2013""2013中国(广州)国际绕线设备与技术展览会——绕线机、线圈、磁材、绝缘材料、电机制造""2013年5月8-10日""广州保利世贸博览馆""www.cwiemechina.com""批准单位中国国际贸易促进委员会","支持单位中国国际贸易促进委员会电子信息行业分会","主办单位中国国际贸易促进委员会广州市委员会、国际绕线展览有限公司CWI(CI)Ltd、B展览有限公司"。"宣传册"第1页中"参展理由"的第1条为"源自德国的国际品牌展"。"宣传册"第3页印有"CWIEMEChina2012展后回顾。继柏林、芝加哥、印度之后CWIEMEChina2012年首次登陆中国。该展贯穿整个线圈产业链,吸引全行业高度关注。在CWIEMEChina2012展上,绕线行业及其相关产业高端品牌悉数亮相,7141名专业买家到场参观,其中国际观众1325名。展会现场,人头攒动,洽谈与成交十分火热。CWIEMEChina的首次亮相获得巨大成功。2013年CWI(CI)Ltd与万耀企龙再次强强联手,展会将继续立足中国市场,引领行业的转型发展。""商务邀请"正面印有"2013中国(广州)国际绕线设备与技术展览会CWIEMEChina——绕线机、线圈、磁材、绝缘材料、电机制造、2013年5月8-10日、广州保利世贸博览馆、www.cwiemechina.com",反面印有"源自德国的国际品牌展——在美国、印度、中国都已经设立分展、全球公认权威性的品牌展览——电磁线圈、电机电气、磁材绝缘材料和制造设备领域专业展"。

B公司为宣传"2013中国(广州)国际绕线设备与技术展览会展会"在《微电机》杂志2013年第3期、《中国电机》杂志2012年第6期、《环球磁电》杂志2013年1月及4月刊登了内容为"2013中国(广州)国际绕线设备与技术展览会——绕线机、线圈、磁材、绝缘材料、电机制造,2013年5月8-10日,广州保利世贸博览馆,www.cwiemechina.com,主办单位中国国际贸易促进委员会广州市委员会、国际绕线展览有限公司CWI(CI)Ltd、B展览有限公司,批准单位中国国际贸易促进委员会,支持单位中国国际贸易促进委员会电子信息行业分会"。《微电机》杂志2013年第3期内有一篇《CWIEMECHINA的前世与今生——海外品牌展的本土商道》文章,主要内容如下:CWIEME(Coil Winding, Insulations & Electrical Manufacturing Exhibition的缩写)系列展源于1996年英国CWI(CI)Ltd在德国柏林首次召开的CWIEME国际绕线展,至今已举行了17届,每年均由来自欧美、中东、东南亚等40个国际和地区的数百家制造企业参展,同时,吸引了来自欧美、亚洲、非洲、中东、澳洲等80多个国家和地区的数万人次专业观众参观和采购,是全球公认的权威性专业展会。每年来自40个国家和地区的近700家制造企业参展,吸引了来自80多个国家和地区的数万人次专业观众参观和采购。目前,除了在德国柏林母展,CWIEME在美国、印度、中国都已设立分展。作为CWIEME中国站-CWIENIEChina2012在中国深圳的首次亮相即取得了巨大的成功，展出净面积7500平方米，展商128家，国际展商21家，展商整体满意率达到75%，展会效果超出预期。CWIEMEChina2013中国（广州）国际绕线设备与技术展会，将于2013年5月8日－10日在广州保利世贸博览馆再度拉开帷幕。CWIENIE China 的中方主办单位B展览有限公司是荷兰老牌展览主办机构VNU Exhibitions Europe和B展览服务有限公司合资企业，是国内最早的合资的展览主办机构之一，在中国市场主办展览会已经超过20年……《中国电机》杂志2012年第6期第44、45页有1篇《CWIEMEChina2013中国（广州）国际绕线设备与技术展览会——绕线机、线圈、磁材、绝缘材料、电机制造》的文章，主要内容如下："展会时间：2013年5月8日到10日，展会地点：广州保利世贸博览馆。作为全球绕线行业专业展CWIEME中国站——CWIEMEChina2013中国（广州）国际绕线设备与技术展览会，将于2013年5月8日－10日在广州保利世贸博览馆再度拉开帷幕，成为整个绕线行业及专业人士不可缺的年度盛会。此次展会由英国CWIEME公司（CWIEME Ltd），B展览有限公司（VNU Asia）和中国国际贸易促进委员会广州市委员会联手合作。目前CWIEMEChina2013招展工作已火热进行中，上届展商积极续展，并纷纷扩大展台面积。源于1996年在德国柏林首次召开的CWIEME国际绕线展至今已举行了17届，是全球公认的权威性的绕线设备、磁性材料、绝缘材料、电机制造的专业展会。每年来自欧美、中东、东南亚等40个国家和地区的近700家制造企业参展，同时，吸引了来自欧美、亚洲、非洲、中东、澳洲等80多个国家和地区的数万人次专业观众参观和采购……"《环球磁电》杂志2013年1月第57页刊登1篇宣传文章，主要内容如下：CWIEME China展会精彩内容抢先看。据悉，CWIEMEChina2013中国（广州）国际绕线设备与技术展筹备工作进行顺利。作为德国线圈行业权威展会的中国分展，CWIEME China汇集中外制造业巨擘，聚线圈制造，磁性材料，绝缘材料，电机制造四大行业精英于一堂，主办方将全力为您呈现一场绕线设备与线圈行业的饕餮盛宴……《环球磁电》杂志2013年4月第54页刊登1篇宣传文章，主要内容如下：CWIEME中国绕线展：绕线行业巨擘汇聚广州，绝缘磁材众星拱月，CWIEME China。经过一年的紧张筹备，由B展览公司举办的CWIEMEChina2013中国（广州）绕线技术与设备展展位即将售罄……

一审诉讼中，B公司提供《Joint Venture Agreement》（中文《合作协议》，附翻译件）及《Joint Venture Supplementary Agreement》（中文《补充合作协议》，附翻译件）各1份。《合作协议》的签订方为B公司（甲方）和CWIEMELTD.〔乙方，一家注册地位于Motivo House，Bluebell Road，Alvington，Yeovil，Somerset，BA202FG，Great Britain的公司，代表人为TimHouse先生（首席执行官）〕，协议主要内容如下：双方将共同组织一场名为CWIEMESHENZHEN的展会（以下称展会）。CWIEMESHENZHEN2012将于2012年3月首次举办。展会名称为CWIEMESHENZHEN2012（中文名称待定），主题为"线圈和变压器制造、绝缘材料、层压制品和铁芯、电磁线、电磁和磁化设备"，地点为深圳，时间为3月份，每年一次，持续3天。协议上有B公司印章和乙方首席执行官TimHouse的签名。《补充合作协议》的签约方为B公司（甲方）、CWI（CI）Ltd.〔一家注册地位于

POBox550,6BritanniaPlace,BathStreet, St. Helier, GreatBritan 的公司,代表人为 TimHouse 先生（首席执行官）、英国 CWIEMELTD〔丙方,一家注册地位于 MotivoHouse, BluebellRoad, Alvington, Yeovil, Somerset, BA202FG, GreatBritain 的公司,代表人为 TimHouse 先生（首席执行官）〕,主要内容如下：甲方和丙方于（2010 年 12 月 27 日）订立了一份合作协议,乙方和丙方认为,该合作协议应当由甲方和乙方订立,因为乙方已执行了合作协议下丙方的义务,而甲方同意,认为情况确实如此,并且当事人都希望记录此情况,甲方在中国组织和管理展会并且提供相应服务,乙方组织和管理展会并且提供相应服务,甲乙双方欲根据在本协议作变动的合作协议中的条款共同组织 CWIEMECHINA 展会；甲方、乙方和丙方同意,合作协议应当由甲方和乙方订立,并承认乙方已经执行了合作协议下丙方的义务。各方还同意,他们将视该合作协议在各方面均系甲方和乙方之间的协议,并在必要的情况下丙方将其在合作协议中的全部权利、所有权、权益和利益转让给乙方；甲方和乙方将于本协议签署之日共同组织一场名为 CWIEMECHINA 的展会（以下称为展会）,第二次 CWIEMECHINA2013 将于 2013 年 5 月举办,2013 年展会的名称为 CWIEMECHINA,主题为"线圈和变压器制造、绝缘材料、层压制品和铁芯、电磁线、电磁、磁化设备、发动机和变压器",类型为专业展会,持续时间为 3 天等。《补充合作协议》上有 B 公司印章以及 CWI（CI）Ltd（乙方）、CWIEMELTD（丙方）的代表人 TimHouse 的签名。一审庭审中,A 公司对上述两份协议的真实性不予确认,认为 CWI（CI）Ltd、CWIEMELTD 两公司的主体资格无法确定。

2013 年 6 月 25 日,B 公司委托代理人周某某在上海市某公证处,在公证员谢某与公证人员娄某某的面前,打开计算机,运行 IE 浏览器进入某网页；弹出网页后点击页面上"来华展"链接,进入下一页面；弹出页面后点击页面上"过往展会"链接,进入下一页面；点击页面上"2013 年德国柏林国际线圈、电机、绝缘材料及电器制造展（CWIEME）"链接,进入下一页面；将上述操作过程中的相关截屏页面内容保存至电脑桌面上"网页.doc"文档中,后一并打印；同时使用屏幕录像专家软件录制相关网页浏览过程的实时电脑屏幕显示,录制得到"录像 1.exe"文件；将电脑中保存的"网页.doc"文档和"录像 1.exe"文件刻录制成光盘一式三张。上海市某公证处公证员谢某与公证人员娄某某见证了上述证据保全过程,并于 2013 年 6 月 25 日出具《公证书》。《公证书》内容显示,中国国际贸易促进委员会电子信息行业分会在其官方网站上发布公告称"受工业和信息化部的委托,我会将继续组织国内企业参加 2013 年 6 月 4-6 日在德国柏林举办的国际线圈、电机、绝缘材料及电器制造展（CWIEME）。柏林线圈展 1996 年首次在德国举办,每年举办一次,至今已有 17 年历史。目前已经发展成为全球最大的电磁线圈、电机、变压器制造和重绕及电气绝缘专业性展览会"。

一审诉讼中,B 公司为证明网站 www.ccpitecc.com 为中国国际贸易促进委员会电子信息行业分会的官方网站,提供了工业和信息化部的"ICP/IP 地址/域名信息备案管理系统"的备案查询结果的网页打印件。证据显示 ICP 备案主体信息主要内容如下：主办单位名称为"中国国际贸易促进委员会电子信息行业分会",主办单位性质为"个人",备案/许可证号为"京 ICP 备 05031269 号",审核通过时间为"2005 年 7 月 4

日";ICP备案网站信息主要内容如下:网站名称"ccpitecc",网站首页网址为"www.ccpitecc.com",网站域名为"ccpitecc.com",网站负责人姓名为"杜某某",网站备案/许可证号为"京ICP备05031269号-1"。

B公司提供中国国际贸易促进委员会电子信息行业分会于2011年9月16日出具的《关于参加2012德国柏林国际线圈、电机、绝缘材料及电器制造展(CWIEME)的通知》[贸促电字(2011)090号]的复印件。该通知中称"柏林线圈展1996年首次在德国举办,每年举办一次,至今已有16年的历史,目前已发展成为全球最大的电磁线圈、电机、变压器制造和重绕及电气绝缘专业性展览会"。通知上盖有中国国际贸易促进委员会电子信息行业分会展览部的公章。

一审诉讼中A公司为证明其维权开支,举证了其委托代理人所在的广东某律师事务所律师费15000元的发票1张。

【一审法院认为】

一审法院认为,根据《中华人民共和国反不正当竞争法》的规定,经营者在市场交易中,应当遵循自愿、平等、公平、诚实信用的原则,遵守公认的商业道德;经营者不得利用广告或其他方法,对商品的质量、制作成分、性能、用途、生产者、有效期限、产地等作引人误解的虚假宣传。同时,我国《反不正当竞争》法明确规定,该法中的经营者是指从事商品经营或者营利性服务的法人、其他经济组织和个人。本案中的A公司、B公司经营范围相近似,即均经营承办展会业务,且A公司举办的"2013深圳国际小电机及电机工业、磁性材料展览会"与B公司举办的"CWIEMECHINA2013中国(广州)国际绕线设备与技术展览会"的展览内容相近似,二者举办展会的地点均在广东省,二者之间存在市场竞争关系,应适用我国《反不正当竞争法》的规定。诉讼中B公司对其实施了被控宣传行为没有异议,故本案的焦点是:B公司有关展会宣传内容是否真实,是否足以造成公众误解,构成《中华人民共和国反不正当竞争法》意义上的虚假宣传。一审法院对于A公司指控B公司的虚假宣传行为能否成立,分述如下:

关于B公司使用与政府部门批复内容不一致的展会名称进行宣传是否构成虚假宣传的问题。中国国际贸易促进委员会以批复文件同意中国国际贸易促进委员会广州市委员会与B公司、国际绕线展览有限公司合作举办名称为"中国(广州)国际绕线设备与技术展览会"的展览会,而B公司在实际宣传诉争展会过程中使用"CWIEMECHINA2013中国(广州)国际绕线设备与技术展览会"名称进行宣传。B公司在经审批举办诉争展会之前与中国国际贸易促进委员会电子信息行业分会签订的《关于"中国(广州)国际绕线设备与技术展览会"的补充合作协议书》约定的诉争展会名称为"2013中国(广州)国际绕线设备与技术展览会(CWIEMEChina2013)",主办单位为B公司及中国国际贸易促进委员会广州市委员会、国际绕线展览有限公司CWI(CI)Ltd。虽然B公司没有举证国际绕线展览有限公司CWI(CI)Ltd授权TimHouse签署《合作协议》《补充合作协议》的授权文件,但《合作协议》及《补充合作协议》显示B公司与国际绕线展览有限公司CWI(CI)Ltd合作举办展会,与中国国际贸易促进委员会批复国际绕线展览有限公司为诉争展会的主办方相符,A公司并未举证证明《合作协议》及《补充合作协议》是虚假的,因此B公司在所批复的展会名称上添加了"CWIEMECHINA2013"并不会导致相关公众对诉争展会主办单位的误认。对A公司指控B公司使用"CWIEMECHINA2013中国（广州）国际绕线设备与技术展览会"名称进行宣传构成虚假宣传，一审法院不予支持。

关于B公司宣传展会时是否虚构"中国国际贸易促进委员会广州市委员会、国际绕线展览有限公司CWI（CI）Ltd"为主办单位、"中国国际贸易促进委员会"为批准单位、"中国国际贸易促进委员会电子信息行业分会"为支持单位，是否构成虚假宣传问题。中国国际贸易促进委员会作出的《关于中国（广州）国际绕线设备与技术展览会计划的批复》是同意中国国际贸易促进委员会广州市委员会作为主办单位与国际绕线展览有限公司及B公司合作举办诉争展会，故B公司、国际绕线展览有限公司、中国国际贸易促进委员会广州市委员会三者是合作开办展会关系，B公司将三者共同列为主办单位及将中国国际贸易促进委员会列为批准单位符合该批复的批准内容，不构成虚假宣传行为。B公司与中国国际贸易促进委员会电子信息行业分会签订的《关于"中国（广州）国际绕线设备与技术展览会"的补充合作协议书》约定"2013中国（广州）国际绕线设备与技术展览会"支持单位为中国国际贸易促进委员会电子信息行业分会，B公司宣传诉争展会时将"中国国际贸易促进委员会电子信息行业分会"列为支持单位有其与该电子信息行业分会所签的《关于"中国（广州）国际绕线设备与技术展览会"的补充合作协议书》作为依据，A公司并未举证证明该协议书是虚假的，也未能举证证明中国国际贸易促进委员会电子信息行业分会不同意作为诉争展会的支持单位。因此，B公司将中国国际贸易促进委员会电子信息行业分会列为诉争展会的支持单位进行宣传的行为不构成虚假宣传。

关于B公司以"源自德国的国际品牌展""作为CWIEME全球展的中国站——2013中国（广州）国际绕线设备与技术展/CWIEMECHINA2013""作为全球绕线行业专业展的CWIEME的中国站""全球公认权威性的品牌展览""全球最领先展商"等内容为诉争展会做宣传是否构成虚假宣传问题。A公司并未举证证明上述宣传的内容与事实不符，一审法院对A公司主张B公司上述宣传行为构成虚假宣传行为不予支持。

【一审法院判决】

综上所述，A公司指控B公司所实施宣传行为构成虚假宣传不正当竞争行为，证据不足，一审法院不予认定，对A公司全部诉讼请求均不予支持。一审法院依照《中华人民共和国反不正当竞争法》第九条，《最高人民法院关于民事诉讼证据的若干规定》第二条之规定，判决：驳回A公司全部诉讼请求。案件受理费3,600元由A公司负担。

【原告上诉】

上诉人A公司不服一审法院上述判决，向二审法院提起上诉称：一、关于被上诉人使用虚假名称进行宣传的问题，一审判决认为上诉人并未举证证明《合作协议》及《补充合作协议》是虚假的，该认定违反事实认定的证据规则。被上诉人并未举证"CWI（CI）Ltd"是否实际存在，"TimHouse"是否存在及是否取得"CWI（CI）Ltd"授权签署合同，被上诉人应当对其证据的真实性负举证责任。即便"CWI（CI）Ltd"公司实际存在，并取得批复同意举办展览会，但批复名称和宣传名称明显不符，批复名称为"中国（广州）国际绕线设备与技术展览会"，被上诉人宣传名称为

"CWIEMECHINA2013中国（广州）国际绕线设备与技术展览会"。对外宣传名称上添加"CWIEMECHINA"为被上诉人虚构，构成虚假宣传。《关于重申和明确在境内举办对外经济技术展览会有关管理规定的通知》第五条规定："对外经济技术展览会的招商招展及其他宣传材料必须真实可信，与审批部门出具的批文内容严格一致。"被上诉人对外宣传的内容与批文内容不一致，其本身并未取得合法主办"2013中国（广州）国际绕线设备与技术展览会"的批复。二、关于被上诉人虚构主办单位、批准单位、协办单位的虚假宣传的问题，上述通知第五条还规定："（一）对外经济技术展览会的会刊等宣传材料中必须详细列明主办单位，并不得任意增减。（二）未经有关部门书面许可，不得将其列为对外经济技术展览会的支持或协办单位。"被上诉人对外宣传中随意增加主办单位，自创所谓的批准单位和支持单位，意在利用公众对所增加单位的信赖提高自身竞争优势。被上诉人主张其增加的主办、批准、支持单位均不是虚假宣传，应当由被上诉人举证证明其合法取得授权。一审法院将举证责任分配给上诉人违反证据规则。三、关于被上诉人以"源自德国的国际品牌展""作为CWIEME全球展的中国站——2013中国（广州）国际绕线设备与技术展/CWIEMECHINA2013""作为全球绕线行业专业展的CWIEME的中国站""全球公认权威性的品牌展览""全球最领先展商"虚假宣传的问题，被上诉人宣传时主张其展会系"源自德国""全球公认权威性的品牌展览""全球最领先展商"，应当由其举证证明，而不是由上诉人证明。被上诉人在缺乏权威部门认定结论和没有事实根据的情况下，将其主办的相关展会做上述宣传，由于不准确原因，足以导致相关公众对被上诉人举办展会产生错误认识，被上诉人由此得到竞争优势，违反了诚实信用原则，亦构成了引人误解的虚假宣传的不正当竞争行为。综上，一审判决认定事实错误，适用法律错误，举证责任分配错误。请求撤销一审判决，改判支持上诉人全部诉讼请求。

【被上诉人答辩】

被上诉人B公司答辩称：一、一审关于举证责任的分配是完全正确的。被上诉人不但提交了中国国际贸易促进委员会关于展会的批复文件，而且提交了被上诉人与案外公司CWIEMELTD签署的合作协议及与CWIEMELTD、国际绕线展览有限公司CWI（CI）LTD签署的补充合作协议，补充合作协议已明确提及此次展会的名称将使用CWIEMECHINA2013作为英文名称，因此被上诉人提交的证据已经足以证明其所使用的英文名称是具有合法来源的，被上诉人已经完成了举证责任。反而上诉人却没有证据证明被上诉人使用该名称构成虚假宣传，并且会引起消费者或者公众的误解。本案的焦点应当是被上诉人宣传的名称是否具有虚假性，宣传的内容是否会引起公众的误解，而关于展会的一些部门性规定，不能作为虚假宣传与否的法律依据。二、关于主办单位、批准单位、协办单位是否构成虚假宣传的问题。被上诉人举办该展会取得了中国国际贸易促进委员会的批准，批复中显示同意中国国际贸易促进委员会广州市委员会、国际绕线展览有限公司以及被上诉人共同主办该次展览，因此，此次展会的宣传材料中的主办单位和批准单位都是有合法依据的。至于协办单位，根据被上诉人提交的与中国国际贸易促进委员会电子信息行业分会签订的补充合作协议，该分会作为此次展会的支持单位是得到其书面确认的。三、关于被上诉人宣传资料中所称的源自德国的品牌展等5项内容，被上诉人认为按照"谁主张、谁举证"的举证分配原则，上诉人应举证此宣传内容与事实不符，但上诉人没有提供任何证据予以证明。而从被上诉人提交的证据反而可以看出被上诉人在此次展会宣传的5项内容都有相应的事实依据，并不构成虚假宣传。综上所述，被上诉人整个宣传的内容都是真实的宣传，不会引人误解，上诉人的上诉请求不能成立，请求维持一审判决。

【二审法院认定】

经审理查明，上诉人A公司和被上诉人B公司对一审法院查明的事实均无异议，二审法院对一审法院查明的事实予以确认。

【二审法院认为】

二审法院认为，《中华人民共和国民事诉讼法》第六十四条第一款规定："当事人对自己提出的主张，有责任提供证据。"《最高人民法院关于民事诉讼证据的若干规定》第二条第一款规定："当事人对自己提出的诉讼请求所依据的事实或者反驳对方诉讼请求所依据的事实有责任提供证据加以证明。"本案中，作为与被上诉人B公司有市场竞争关系的上诉人A公司，主张被上诉人B公司在举办"中国（广州）国际绕线设备与技术展览会"（以下称涉案展会）时存在虚假宣传的不正当竞争行为，向一审法院提起诉讼，一审法院认为应由上诉人A公司承担举证责任，符合上述法律规定。上诉人A公司称一审判决举证责任分配错误的上诉理由不成立，二审法院不予采纳。

上诉人A公司主张被上诉人B公司对涉案展会名称及主办、批准、协办单位的宣传构成虚假宣传的不正当竞争行为，其提供的被上诉人B公司的宣传资料显示被上诉人B公司对涉案展会名称的宣传为"CWIEMECHINA2013中国（广州）国际绕线设备与技术展览会"，相关单位的宣传为"主办单位中国国际贸易促进委员会广州市委员会、国际绕线展览有限公司CWI（CI）Ltd、B展览有限公司，批准单位中国国际贸易促进委员会，支持单位中国国际贸易促进委员会电子信息行业分会"。依照《中华人民共和国反不正当竞争法》第九条第一款的规定，引人误解的虚假宣传构成不正当竞争行为；依照《最高人民法院关于审理不正当竞争民事案件应用法律若干问题的解释》第八条的规定，上述"引人误解"是指足以造成相关公众误解。为此，判断被上诉人B公司的上述宣传是否构成引人误解的虚假宣传行为，应视上述宣传是否与涉案展会批准文件的内容相符以及是否足以造成相关公众误解。被上诉人B公司对涉案展会宣传的名称与中国国际贸易促进委员会批准举办涉案展会的名称不一致，区别在于前者较后者多了"CWIEMECHINA2013"。而该用词反映的是涉案展会的展出内容、举办者、展出地及展出时间，与中国国际贸易促进委员会批准举办涉案展会的批复文件反映的相关内容相符，并不足以造成相关公众对涉案展会举办单位的误解，故不构成引人误解的虚假宣传行为。至于被上诉人B公司所指使用与被批准名称不一致的展会名称的不规范行为，属于行政管理法律、法规调整的范围，不属于民事案件调处范围。涉案展会由中国国际贸易促进委员会批准举办，其批复文件反映中国国际贸易促进委员会广州市委员会作为主办单位与国际绕线展览有限公司和被上诉人B公司合作举办涉案展会，故被上诉人B公司对涉案展会批准单位和主办单位的宣传与涉案展会的批复文件反映的相关内容相符，不构成虚假宣传行为。涉案展会的批复文件虽未有支持单位的内容，但被上诉人B

公司与中国国际贸易促进委员会电子信息行业分会签订的《关于"中国（广州）国际绕线设备与技术展览会"的补充合作协议书》约定涉案展会的支持单位为中国国际贸易促进委员会电子信息行业分会，故被上诉人B公司对涉案展会支持单位的宣传不构成虚假宣传行为。至于被上诉人B公司在涉案展会批复文件未列出支持单位的情况下宣传涉案展会的支持单位的行为是否违规，亦属于行政管理法律、法规调整的范围，不属于民事案件调处范围。

上诉人A公司提供的被上诉人B公司的宣传资料显示被上诉人B公司对涉案展会有"源自德国的国际品牌展""作为CWIEME全球展的中国站——2013中国（广州）国际绕线设备与技术展/CWIEMECHINA2013" "作为全球绕线行业专业展的CWIEME的中国站"的宣传内容。该宣传内容有被上诉人B公司提供的中国国际贸易促进委员会电子信息行业分会网站对在德国举办的国际线圈、电机、绝缘材料及电器制造展（CWIEME）的介绍资料，以及涉案展会批复文件关于展出内容、举办者、展出地及展出时间等内容为依据。上诉人A公司主张该宣传内容构成虚假宣传行为，未能提供相反证据证明。上诉人A公司提供的被上诉人B公司为涉案展会印制的《商务邀请》中有"全球公认权威性的品牌展览"的宣传内容、被上诉人B公司在网站中有涉案展会"有来自全球最领先的展商"的宣传内容。对此，被上诉人B公司未提供"全球公认权威性""全球最领先"用语的判定依据。但从被上诉人B公司有依据的其他宣传内容看，该用语属于宣传中的夸张用词，不足以造成相关公众对涉案展会在行业中的权威性及涉案展会参展商的情况的误解。因此，被上诉人B公司所作的上述宣传不构成虚假宣传行为。

被上诉人B公司在涉案展会的宣传中存在的不规范、夸张的情形，虽不构成虚假宣传的不正当竞争行为，但却是引起本案纠纷的原因之一，被上诉人B公司在今后的市场经营中应予以纠正，避免产生新的纠纷。

【二审法院判决】

综上所述，上诉人A公司称被上诉人B公司存在虚假宣传的不正当竞争行为的上诉理由不成立，其上诉请求二审法院不予支持。一审判决认定事实清楚，适用法律正确。依照《中华人民共和国民事诉讼法》第一百七十条第一款第（一）项的规定，判决如下：驳回上诉，维持原判。二审案件受理费3,600元由上诉人A展览有限公司负担。本判决为终审判决。

【律师评析】

本案是一起发生在两家具有直接竞争关系的会展企业之间的不正当竞争纠纷。从本案的判决书可看出，在2012年，两家企业已因同时承办同一类型的展览而互相起诉对方实施了虚假宣传的不正当竞争行为，双方均获得胜诉并赔偿对方一定经济损失。时隔一年，两家企业又在同一时期相继举办同一类型的展览。这一次A公司主动出击，再次以B公司存在虚假宣传的不正当竞争行为的理由起诉。然而，一审和二审法院均认为B公司的宣传行为不构成虚假宣传，判决A公司败诉。那么法院是如何认定企业的行为构成虚假宣传的不正当竞争行为？对此作出以下的分析：

首先，不正当竞争行为是发生在两家具有直接竞争关系的企业之间的。在本案中，法院认为 A 公司和 B 公司在经营范围上相近似，举办的展览内容相近似，展览的举办地点均在同一省，故两家企业之间存在市场竞争关系。

其次，对于 B 公司是否实施了虚假宣传行为，法院的判断标准是该宣传行为是否足以造成相关公众的误解。法院认为，虽然 B 公司使用的展会名称比其受批准使用的展会名称多了"CWIEMECHINA2013"的字样，但该字样并不足以造成相关公众对涉案展会举办单位的误解，故不构成引人误解的虚假宣传行为。而针对 B 公司对支持单位的宣传以及在宣传资料、邀请函上的宣传字样，由于 A 公司未能举证证明上述宣传具有虚假成分，故上述宣传既非虚假宣传，也不足以引起相关公众对涉案展会造成误解。

综合上述两点，法院最终判定，B 公司对涉案展会的宣传行为不构成虚假宣传的不正当竞争行为。但是，法院认为即使 B 公司不构成虚假宣传的不正当竞争行为，但其宣传行为仍存在不规范的情况。因此，在判决书的最后，针对 B 公司的不规范宣传行为，法院仍对其进行了一番教育。

【律师建议】

《最高人民法院关于审理不正当竞争民事案件应用法律若干问题的解释》第八条规定："经营者具有下列行为之一，足以造成相关公众误解的，可以认定为反不正当竞争法第九条第一款规定的引人误解的虚假宣传行为：（一）对商品作片面的宣传或者对比的；（二）将科学上未定论的观点、现象等当作定论的事实用于商品宣传的；（三）以歧义性语言或者其他引人误解的方式进行商品宣传的。以明显的夸张方式宣传商品，不足以造成相关公众误解的，不属于引人误解的虚假宣传行为。人民法院应当根据日常生活经验、相关公众一般注意力、发生误解的事实和被宣传对象的实际情况等因素，对引人误解的虚假宣传行为进行认定。"

根据该条的解释，《反不正当竞争法》规定的引人误解的虚假宣传行为不一定是内容虚假的宣传行为，内容真实的宣传行为也可能因为"引人误解"而构成虚假宣传的不正当竞争行为。引人误解的虚假宣传并不一定要在市场交易中已经实际造成消费者误解，只要有可能造成消费者对商品的情况等内容产生错误理解，即可构成引人误解虚假宣传。因此，企业在进行广告宣传时，应当遵守法律法规的规定，规范地实施宣传行为，避免因不规范宣传而侵犯他人的权利，从而导致企业的损失。

【精选案例 24】

会展公司注册大量商标并转让牟利，
上海高级人民法院以判决说"NO"

【引言】

甲会展服务有限公司、乙企业管理咨询服务有限公司两原告系"U"注册商标的共有人。该注册商标的核定使用商品为第 25 类。根据一审法院查明，两原告分别持有注册商标共计 2,600 余个。

被告丙公司与案外人丁商贸有限公司系某国的公司在中国设立的子公司，共同经营"优衣库"品牌。系"UNIQLO"注册商标、"UNIQLO"注册商标、"优衣库"注册商标的专用权人，核定使用商品均为第 25 类。

2014 年 3 月，原告甲公司委托律师事务所向被告丙公司、案外人丁公司发出律师函，称在"天猫商城"及各地经营的"优衣库"专卖店销售的涉案商品突出使用"U ULTRA LIGHT DOWN"标识，侵犯了其享有的涉案注册商标专用权，要求丙公司、丁公司立即停止侵权并作出合理赔偿。之后，两原告以被告丙公司及其下属分公司，案外人丁公司及其下属分公司侵害两原告涉案注册商标专用权为由，分别向全国多家法院提起诉讼。

【案由】
侵害商标权纠纷。

【诉讼地位】
原告、上诉人。

【案例来源】
甲会展服务有限公司、乙企业管理咨询服务有限公司诉丙（中国）商贸有限公司、丙（中国）商贸有限公司某购物中心店侵害商标权纠一案。

【原告诉请】

两原告共同诉称：其系"U"注册商标（以下简称涉案注册商标）的共有人，共同享有注册商标专用权。该商标核定使用商品为第 25 类的服装、鞋、帽等，使用期限自 2013 年 6 月 21 日至 2023 年 6 月 20 日。2013 年秋，两原告发现被告友谊西郊店内销售的高级轻型羽绒系列服装上多处突出使用"凵"标识。两原告认为，被告友谊西郊店系被告丙公司的分公司，两被告未经两原告许可，在相同商品上及相关网络推广宣传中使用与涉案注册商标相同的标识，侵犯了两原告享有的注册商标专用权，故诉至法院，请求判令两被告：1. 立即停止侵犯两原告注册商标专用权的行为；2. 共同赔偿两原告经济损失人民币15万元（以下币种相同）以及为制止侵权所支付的合理费用12,199元，共计162,199元；3. 共同在《上海日报》上就商标侵权行为刊登声明及连续30日在被告友谊西郊店入口处显著位置张贴启事，排除妨碍、消除影响。

【一审法院认定】

一审法院经审理查明：原告甲公司成立于2004年7月20日，注册资本人民币50万元（以下币种同），经营范围包括：展览活动策划、设计、室内装饰设计、文化交流活动策划、展具租赁、电脑平面设计、批发和零售贸易。

原告乙公司成立于2005年4月27日，注册资本50万元，经营范围包括：企业管理咨询、企业形象设计、商标代理、展览策划、商品信息咨询、投资咨询、财务咨询、货物进出口。该公司股东为林某某、黄某某。

两原告系"凵"注册商标的共有人。该注册商标的核定使用商品为第25类，包括：游泳衣、足球鞋、鞋、童装、帽、袜、服装、皮带（服饰用）、婚纱、领带。商标注册有效期自2013年6月21日至2023年6月20日止。

被告丙公司成立于2006年12月21日，其股东为株式会社丙，注册资本为2,000万美元，从事服装、配件、装饰品等的经营。被告丙西郊店成立于2006年12月22日，系其分公司。该店正门上方、左右侧等均使用"UNIQLO"、"UNIQLO"、"优衣库"商标。

被告丙公司与案外人丁有限公司系株式会社丙在中国设立的子公司，共同经营"优衣库"品牌。两者均采用SPA（自有品牌服饰专业零售商）的经营模式，分别在中国各地设有专营店。

株式会社丙系"UNIQLO"注册商标、"UNIQLO"注册商标、"优衣库"注册商标的专用权人，核定使用商品均为第25类。

2012年11月3日，株式会社丙向国家工商行政管理总局商标局（以下简称国家商标局）申请G1133303号"凵"商标领土延伸（该商标的优先权日期为2012年8月2日，专用期限为2012年8月13日至2022年8月13日），申请注册商品为第25类。该商标领土延伸申请于2014年4月15日被国家商标局驳回复审。

2014年3月31日，丙公司向国家工商行政管理总局商标评审委员会（以下简称商标评审委员会）提出撤销两原告"凵"商标在第25类全部核定商品上的注册。目前该案尚在审理中。

2014年1月14日，原告委托代理人与公证员一同前往被告丙西郊店购买女装高级轻型羽绒背心一件，并当场取得发票、银行签购单、收银条各一张。公证员对购买的店铺、服装、发票、银行签购单、收银条进行了拍照。上海市某公证处对上述公证过程出具公证书。上述公证所得服装在衣领标签、成分标签、品名、价格吊牌上均有"UNIQLO"商标，该吊牌背面记载经销商为丙公司；在一塑料透明标牌上同时标有"UNIQLO"商标及

"U"标识,其中"UNIQLO"商标明显小于"U"标识;在纸质吊牌上标有"U"标识,且该标识下方有关于衣服面料、特点等中文说明。发票记载收款单位为被告丙公司,金额199元。

人人网"UNIQLO优衣库——公共主页"上名为"UNIQLO[优衣库]发布最新高级轻型羽绒系列"的文章中显示有高级轻型便携式羽绒夹克、高级轻型便携式羽绒背心、高级轻型羽绒背心(印花)的商品价格,相关收纳袋上印有"U"标识。

2014年3月,原告甲公司委托某律师事务所向被告丙公司、案外人丁公司发出律师函,称在"天猫商城"及各地经营的"优衣库"专卖店销售的涉案商品突出使用"U"标识,侵犯了其享有的"U"注册商标专用权,要求丙公司、丁公司立即停止侵权并作出合理赔偿。之后,两原告以被告丙公司及其下属分公司,案外人丁公司及其下属分公司侵害两原告涉案注册商标专用权为由,分别向全国多家法院提起诉讼。

一审原告甲公司为本案一审诉讼支付律师费10,000元,公证费2,000元,购买费199元。

一审法院另查明:根据国家商标局网站查询记录,两原告分别持有注册商标共计2,600余个。

2013年10月13日的网页截屏资料显示,H商标转让网曾出现转让涉案注册商标的相关信息。H商标转让网的主办单位为北京H环球国际知识产权代理有限公司。黄某某为该公司法定代表人、股东及该网站负责人。

(2013)沪徐证经字第9620号公证书显示,www.××××.com、黄页88等网站对原告乙公司的介绍称:"H商标转让网是香港易普燊集团有限公司、北京H环球国际知识产权代理有限公司、乙公司设立的行业门户网站。H公司是商标行业知名的企业,全国较早成立的商标代理机构,特别是在商标转让领域,盘活闲置商标几千例,所拥有的待转让商标资源全国第一、商标交易量全国第一,是全国最大最全的商标转让网……"相关网站信息中,原告乙公司的联系地址为某市某区体育西路XXX号某中心29层(全层)。

(2013)沪徐证经字第9621号公证书显示,H商标转让网称:"H商标转让网是由H环球(武汉)科技有限公司、H环球国际设立的行业门户,旗下H知识产权、乙企业是商标行业知名的企业,全国较早成立的商标代理机构,特别是在商标转让领域,盘活闲置商标几千例。目前,H商标所拥有的待转让商标资源全国第一、商标交易量全国第一,是全国最大最全的商标转让网……"该网站信息显示,H商标转让网广州联系地址为某市某区体育西路XXX号某中心29层(全层)。

2013年12月17日、18日,上海市某律师事务所代理人柯某某与某市黄浦公证处公证员共同前往某市某区体育西路XXX号某中心29楼北京H环球国际知识产权代理有限公司、原告乙公司经营场所,与乙公司的黄某某、王某某洽谈涉案商标转让事宜。上海市某公证处对上述洽谈过程出具(2013)沪黄证经字第14546号公证书。该公证书显示:在洽谈过程中,柯某某询问涉案注册商标从原来商定的8万元提高到800万元的原因。黄某某表示转让价格不能低于800万元,其目标是要将该商标作为某日方企业的附属品牌,卖给该企业。该商标适合日方企业和投资者,不适合一般的使用者。之后,王某某带柯某某参观了上述日方企业位于某市某区天河路XXX号太古汇商场的"优衣库"专卖店。参观完后,黄某某表示上述日方企业即是"优衣库"的经营者。

一审庭审中,两原告确认其曾将持有的多个注册商标转让他人。

【一审法院认为】

一审法院认为,根据《最高人民法院关于商标法修改决定施行后商标案件管辖和法律适用问题的解释》第九条的规定,商标法修改决定施行后人民法院受理的商标民事案件,涉及该决定施行前发生的行为的,适用修改前商标法的规定;涉及该决定施行前发生,持续到该决定施行后的行为的,适用修改后商标法的规定。现两原告主张两被告使用被控侵权标识的行为均发生于2013年修正的《中华人民共和国商标法》实施前,且两原告无证据证明两被告的侵权行为持续到该法实施之后,故本案应适用2001年修正的《中华人民共和国商标法》[以下简称《商标法》(2001年修正)]的规定。根据《商标法》(2001年修正)的规定,两原告系涉案商标的注册商标专用权人,对该注册商标享有的合法权利应受商标法的保护。

一审中,双方当事人的争议焦点集中在两个方面:一、两被告使用"⊔"标识是否侵犯两原告"⊔"商标专用权;二、如果构成侵权,两被告应承担怎样的民事责任。

一、两被告使用"⊔"标识是否侵犯两原告商标专用权。

根据原、被告的诉辩意见,这一争议焦点又可分为两个部分来分析。

1. 两被告使用相关标识是否系对商品性质的描述性使用。

两原告主张,两被告在服装吊牌、网络宣传中使用"⊔"标识系商标使用。

两被告辩称,其使用的是"⊔"标识,旨在说明涉案商品具有"超轻羽绒"的特性,系对商品性质的描述性使用,并非商标使用。

一审法院认为,首先,"描述性使用"是指使用标识直接表示商品的质量、主要原料、功能、用途、重量、数量及其他特点等。本案中,两被告使用的"⊔"标识由左右两部分组成,左侧为"⊔",右侧为"LIGHT"。右侧"LIGHT"又由"ULTRA""LIGHT""DOWN"三个英文单词组成,在文意上具有"超轻羽绒"的含义,使用在羽绒服上系对该羽绒特性的直接描述。一审法院注意到,"⊔"标识左侧的"⊔"较其右侧"LIGHT"文字明显采用了加粗、加大、加深的字体,以中国境内相关公众的一般认知能力和认知习惯,必然会将"⊔"与涉案商品相关联,并以此对相关商品进行区分识别。因此,该标识在客观上已经具有了商标的区分功能。

其次,尽管两被告辩称"⊔"系"LIGHT"的首字母缩写,但一审法院注意到"LIGHT"的首字母缩写应为"U、L、D"三个字母的组合,而且"⊔"标识并不是英文字母"U"和"L"的简单组合,而是将其重叠后形成的一个具有图形效果的字母组合,故两被告的该辩解不具有合理性,"⊔"标识不是对超轻羽绒服的描述。

再次，两被告母公司株式会社丙于 2012 年 11 月 3 日向国家商标局申请 "凵" 商标的领土延伸，用于第 25 类商品上。该行为表明株式会社丙将 "凵LIGHT" 中的 "凵" 作为一个标识。因此，可以合理推定被告在主观上将 "凵" 作为商标在使用。

根据《商标法》的相关规定，商标的使用是指将商标用于商品、商品包装或者容器以及商品交易文书上，或者将商标用于广告宣传、展览以及其他商业活动中，用于识别商品来源的行为。因此，被告使用的 "凵" 标识已经具有了区分商品来源的功能，应属于商标使用。两被告关于描述性使用的主张于法无据，一审法院不予采信。

2. 两被告使用 "凵" 标识是否会导致相关公众混淆

两原告主张，两被告未经其许可，在同一种商品上使用与其商标 "凵" 相同的 "凵" 标识，构成商标侵权。

两被告辩称，其使用的系 "凵" 标识，从整体比对的角度看，"凵" 标识与 "凵" 注册商标既不相同，也不近似。由于涉案商品上还标有两被告母公司株式会社丙自有的 "uniqlo" 注册商标，且涉案商品系在 SPA 经营模式下进行市场销售，相关消费者对该商品的来源不会产生混淆，故不构成侵权。

一审法院认为，如前所述，"凵" 已单独构成商标，具有区分商品来源的功能，故应以 "凵" 作为商标相同或近似的比对对象。根据《最高人民法院关于审理商标民事纠纷案件适用法律若干问题的解释》（以下简称《商标法律问题解释》）第九条第一款、第十条第（一）项、第（二）项的规定，商标相同是指被控侵权的商标与原告的注册商标相比较，二者在视觉上基本无差别；商标比对应当以相关公众的一般注意力为标准，进行隔离比对。本案中，将 "凵" 标识与两原告注册商标 "凵" 进行隔离比对，两者在视觉效果上基本无差别，应当认定两者相同。由于 "凵" 注册商标的核定使用商品为第 25 类的服装等，而被控侵权标识亦使用于服装上，与涉案注册商标核定使用商品相同，故相关公众对于使用在相同商品上的相同商标必然产生混淆可能性。两被告关于被控侵权标识与涉案注册商标既不相同也不近似，不会造成相关公众混淆的辩解，于法无据，一审法院不予支持。

综上所述，两被告未经两原告许可，在互联网宣传中使用了与原告注册商标相同的被控侵权标识，并销售带有该标识的商品，其行为均属于侵害两原告注册商标专用权的行为，依法应承担相应的民事责任。

二、如果构成侵权，两被告应承担怎样的民事责任。

两原告主张，两被告应当承担停止侵权、赔偿损失、排除妨碍、消除影响的民事责任。

一审法院认为，被告的行为属于侵害注册商标专用权的行为，对其侵权行为依法应当立即予以停止，故两原告要求被告停止侵犯涉案注册商标专用权的行为的主张，于法有据，一审法院予以支持。

本案当事人的主要争议在于两被告是否应当承担赔偿损失、排除妨碍、消除影响的责任。

1. 关于两被告应否承担赔偿损失的责任。

首先,一审法院认为,根据《商标法》(2001 年修正)第四条的规定,自然人、法人或者其他组织对其生产、制造、加工、拣选或者经销的商品,需要取得商标专用权的,应当向商标局申请商品商标注册。因此,申请商标注册系以使用为基本目的。

本案中,两原告是策划、设计或管理咨询类公司,注册有 2,600 多个商标。其中,原告乙公司实际经营的 H 商标转让网曾发布多个转让商标的信息,并实际转让商标与他人。可见,原告注册商标并非为了使用,而是以商标注册并转让为其经营模式。

其次,具体到"凵"注册商标,两原告的经营范围均不涉及服装,而其却在第 25 类服装商品上申请该商标。在 2013 年 6 月 21 日获得"凵"商标专用权后,时隔四个月就在原告乙公司实际经营的 H 商标转让网上发布转让该商标的信息。两个月后,原告乙公司法定代表人黄某某在洽谈该商标转让过程中,更是提出了 800 万元的巨额转让费用,意图将该商标转让与被告。

再次,两原告未能成功转让"凵"商标,即分别以被告丙公司、案外人丁公司及其各自门店侵害该商标专用权为由,就基本相同的事实展开系列诉讼。值得注意的是,两原告在每个案件中均以丙公司或丁公司及作为其门店的一家分公司作为共同被告起诉,利用丙公司或丁公司门店众多的特点,形成全国范围内的批量诉讼。原告所采用的诉讼方式使案件数量、诉讼成本均明显上升。此举是正当维权还是期望通过诉讼达到将该商标高价转让的目的则不无疑问。

综上所述,两原告的前述行为明显不符合鼓励商标使用、激活商标资源的原则,而系利用注册商标不正当获利,将商标作为索赔的工具。鉴于两原告的商标并未实际使用,该商标并不产生商品来源的区分功能,亦未产生相应的市场价值,故两原告并无商标使用价值的损失,其要求被告承担赔偿经济损失的诉讼请求,无事实和法律依据,一审法院不予支持。

2. 关于两被告应否承担排除妨碍的责任。

一审法院认为,排除妨碍是侵权行为人虽未直接侵害他人权利,但其行为妨碍权利人正常行使权利时,法律提供的一种救济方式。该责任承担方式的实质是排除权利行使上的障碍。本案中,两原告系"凵"注册商标专用权人,任何人无正当理由均不能阻止其实施商标权。对于两被告的侵权行为,一审法院判令其停止侵权,两原告在商标禁用权方面所获得的救济,同时也意味着其商标专用权恢复到了圆满状态。因此,两原告商标专用权的行使不存在任何现实发生的或预期产生的障碍,故其要求两被告承担排除妨碍的民事责任,于法无据,一审法院不予支持。

3. 关于两被告应否承担消除影响的责任。

消除影响通常是指侵权行为人侵害他人的人格权时,法律提供的一种救济方式。它常常与恢复名誉有着紧密联系,核心是对侵权行为导致的受害人社会评价的降低进行纠正。就商标而言,它既有商品来源的区分功能,又有商誉的表彰功能,尽管法人的商誉与名誉尚有差异,但均涉及法人的社会评价,故有考虑适用消除影响的余地。然而,本案两原告提出该请求,尚缺乏事实和法律依据,不能获得一审法院支持,理由如下:

首先,未使用商标与使用商标的保护强度应有所区别。根据《商标法》(2001 年修正）的规定，注册商标连续三年不使用的，可以撤销该商标。显然，法律鼓励注册商标的实际使用，以便激活商标资源，注册商标在三年内获得的是商标使用的预留空间。基于此立法目的，该期间内法律救济的核心在于维护商标注册人今后使用商标的预留空间，此点应与商标实际使用遭受损害而可获得的各种救济有所区别。

其次，消除影响所消除的应该是业已发生的影响。如同损害赔偿责任是针对业已发生的损害所提供的救济一样，消除影响责任是针对业已发生的评价进行纠正。现有证据表明两原告并没有实际使用"凵"商标，故该商标并未承载只有因使用才能形成的商业信誉或商品声誉。既然社会公众尚未对此形成社会评价，那么对该评价的纠正也就无从谈起。

再次，消除影响所消除的应该是对社会评价的不利影响。两原告认为，两被告的侵权行为对其今后自行使用"凵"商标会有影响，但即便本案应考虑适用消除影响，也还必须考虑两被告的行为是否造成了对两原告的不利影响。两原告的商标原处于睡眠状态，两被告的侵权使用在客观上激活了该商标资源。该使用行为被禁止后，两原告今后如果自行使用该商标，两被告前期依托其商誉对该商标所做的激活，究竟会否给两原告带来社会评价上的不利影响尚未可知。就此而言，两原告主张消除影响也缺乏事实依据。

综上所述，两原告请求判令两被告承担消除影响的民事责任，没有事实和法律依据，一审法院不予支持。

此外，被告丙西郊店系被告丙公司的分公司，根据《中华人民共和国公司法》第十四条第一款的规定，分公司不具有法人资格，其民事责任应由公司承担。鉴于被告丙西郊店不具有责任能力，故相应的民事责任应由作为独立法人的被告丙公司承担。

【一审法院判决】

据此，一审法院依照《中华人民共和国民法通则》第一百一十八条，《中华人民共和国公司法》第十四条第一款，《中华人民共和国商标法》（2001年修正）第五十二条第（一）项、第（二）项，《最高人民法院关于审理商标民事纠纷案件适用法律若干问题的解释》第九条第一款、第十条第（一）项、第（二）项的规定，判决：一、被告丙公司于判决生效之日起立即停止侵害原告甲公司、乙公司享有的第XXXXXXX号"凵"注册商标，专用权；二、驳回原告甲公司、乙公司的其余诉讼请求。本案一审案件受理费人民币3,543.98元，由原告甲公司、乙公司共同负担人民币1,771.99元，由被告丙公司负担人民币1,771.99元。

【原告上诉】

一审判决后，甲公司、乙公司、丙公司均不服，向二审法院提起上诉。

甲公司、乙公司共同提起上诉，请求撤销原判，改判支持其一审诉请或发回重审，本案一、二审诉讼费用由丙公司、丙西郊店承担。其主要上诉理由为：一审法院认定事实错误。（一）丙西郊店不是本案上诉人，上诉状的落款没有加盖其公章。（二）丙公司、丙西郊店应当共同承担包括合理维权费用在内的损害赔偿责任。首先，一审法院对商标使用标准把握过严，甲公司已经实际使用了"凵"注册商标开始生产销售产品并进行广告宣传，且有强烈的使用意图；甲公司、乙公司在法律规定的可撤销商标的三年期限内使用了商标,即使侵权时间发生在权利人使用行为之前,侵权人亦应承担赔偿责任。其次,一审法院认定甲公司、乙公司欲通过诉讼或商标转让获得高额利润的事实错误,持有大量商标是国内外企业的通行商标战略,未违反法律规定,甲公司、乙公司进行诉讼的目的是正当维权,因此有权要求侵权方支付相应的合理维权费用;丙公司、丙西郊店明知原告为涉案商标的权利人,仍利用市场优势地位恶意侵权。因此丙公司、丙西郊店应共同停止侵权,依法赔偿包括合理费用在内的损失共计162,199元,并且承担本案全部诉讼费用。(三)丙公司、丙西郊店应共同承担排除妨碍、消除影响的责任。本案侵权行为使得涉案商标与丙公司产生联系,应消除上述联系,使甲公司、乙公司今后能依法正常使用涉案商标。

【被告上诉】

丙公司亦不服原判,提起上诉,请求撤销一审判决第一项,改判驳回甲公司、乙公司全部诉讼请求,本案一、二审诉讼费用由甲公司、乙公司共同承担。其主要上诉理由为:一审法院认定事实、适用法律错误。(一)一审判决将丙公司、丙西郊店用于表明产品特性的"凵"文字说明认定为识别商品来源之商标,属认定事实错误,与客观事实不符,丙公司、丙西郊店一贯整体使用,从未刻意突出任何部分,该标识属于描述产品特征,不具有商品来源的指向性和识别性。(二)"凵"与"凵"注册商标既不相同也不近似,一审法院认定为相同不符合《商标法》(2001年修正)关于商标相同或近似的判断标准,违背了整体比对原则。甲公司、乙公司未实际使用"凵"注册商标,故不存在造成相关消费者混淆的事实和可能性。(三)一审法院没有支持甲公司、乙公司的损害赔偿请求,因此本案诉讼费用应当由甲公司、乙公司一并承担。

【各被上诉人答辩】

对甲公司、乙公司的上诉请求和理由,丙公司、丙西郊店共同答辩认为:(一)针对丙西郊店的诉讼地位,丙西郊店系丙公司分公司,没有自己的公章,一直使用丙公司的公章,且本案上诉的诉讼费用由丙公司和丙西郊店共同缴纳,丙西郊店系本案上诉人。(二)丙公司、丙西郊店对涉案标识的使用不构成侵权,因涉案行为属于对商品进行文字说明,被控侵权商标与涉案商标的比对应当整体观察,两者不相同。甲公司、乙公司目前持有2,600多件商标,显非经营所需,其一贯有注册商标高价转让的行为,并无实际使用的意图和实际使用的行为;由于甲公司、乙公司对涉案商标并未进行过实际使用,相关公众不会发生混淆,因此不会产生实际损失,无须赔偿;甲公司、乙公司恶意注册权利商标,违背《商标法》(2001年修正)根本宗旨,无权要求包括合理费用在内的损害赔偿。(三)本案中不存在使用消除妨碍责任承担方式的事实基础,权利商标未产生任何声誉,甲公司、乙公司有关要求消除影响、排除妨碍的民事责任不应获得支持。

丙西郊店对丙公司的上诉请求及理由不持异议。

对丙公司的上诉请求及理由,甲公司、乙公司答辩认为:(一)一审判决认定"凵"标识的使用属商标使用正确,丙公司、丙西郊店使用的标识在商标评审委员会的优先权登记来看,其实际使用意图就是商标性使用。(二)侵权认定应将"凵"

与"凵"注册商标进行比对，甲公司、乙公司起诉的就是丙公司、丙西郊店使用"凵"标识构成侵权，从未主张过右边"ULTRA LIGHT DOWN"标识侵权；且经隔离比对，比对的核心是变形的 U 和 L 两个字母，变形后的商标完全相同，且都用在第 25 类服装上，因此一审法院认定两者相同符合客观实际。

【二审法院认定】

甲公司、乙公司在二审中提交了如下新的证据材料：1. 丙公司申请"凵"商标的过程材料，欲证明丙公司明知该商标由甲公司、乙公司持有，仍恶意侵权。2. A 纺织品有限公司销售发票，欲证明 A 公司对外使用"凵"注册商标。3. A 公司宣传册、A 公司网页打印件，欲证明涉案"凵"注册商标使用情况。4. 甲公司经营情况，欲证明甲公司是合法经营的企业。5. 乙公司经营情况，欲证明乙公司是某财富投资有限公司下辖公司。6. 丙公司母公司日本株式会社丙在中国的商标申请情况，欲证明丙公司大量拥有商标。7. 本田技研工业株式会社、丰田汽车公司等日本企业在中国的商标申请情况、广州市香江实业有限总公司商标申请情况，欲证明大量申请商标是各企业的通行战略。8. 国内商标代理机构资质情况，欲证明乙公司获得商标代理资质仅为方便维权。9. 甲公司使用或推广"凵"注册商标的广告合同、广告发票以及"凵"注册商标服饰制作的合同和发票等，欲证明甲公司持续使用"凵"注册商标的情况。10. 相关媒体对"凵"注册商标服饰的报道、"凵"注册商标服饰官网截屏，欲证明甲公司持续使用"凵"注册商标的情况。11. 淘宝销售情况及快递单，欲证明甲公司持续使用"凵"注册商标的情况。12. "凵"注册商标服饰 VI 设计方案，证明"凵"注册商标是甲公司全球独创理念。13. "凵"注册商标服饰照片及实物，证明甲公司使用"凵"注册商标的曲折道路。

丙公司、丙西郊店对上述证据材料质证认为：一、上述证据材料如均在本案一审起诉之前即已存在，那其在一审举证期限之内即应提交，故不符合二审新证据条件。二、对于证据材料 1，认可其真实性，但与一审提交材料内容重复，并且涉及的商标非本案涉案商标，故与本案没有关联性；对于证据材料 2—13 的真实性、合法性、关联性均不认可：其中，证据材料 2，发票出具日晚于本案起诉时间，无法证明权利商标在起诉前的使用状态；证据材料 3 均为甲公司单方制作，没有制作时间，不能证明相关内容已公开发行；证据材料 4 和 5，甲公司、乙公司的经营状况与本案无关联性，且从该份证据看，甲公司从事的是会展业；证据材料 6、7、8 之内容与本案事实无关联；证据材料 9 的形成时间均在 2015 年 7 月之后，且合同与发票非一一对应，无法证明权利商标在起诉前的使用状态；证据材料 10 显示的报道时间在 2015 年 8 月之后，与本案无关联性，至于 UL 网站，丙公司在一审中已经提交证据证明网站内容与涉案商标无关联性，且一审法院认定其内容存在为诉讼而制作的嫌疑；证据材料 11，淘宝店铺主体与甲公司、乙公司不具备关联性，网页内容无法证明销售情况和时间，且快递单形成时间在 2015 年 8 月；证据材料 12，仅是甲公司单方面制作，不能证明权利商标产品进入市场情况；证据材料 13，由于甲公司、乙公司庭审中提交的实物非照片中的实物，故对该证据材料不认可。

对于甲公司、乙公司在二审中提交的新证据,二审法院认为:证据材料1,仅能证明日本株式会社丙曾申请"凵"标识作为注册商标,且该节事实已被一审法院认定,因此该证据没有必要作为二审新证据采纳;证据材料2,不能显示A公司所销售产品与本案涉案商标有关,与本案的关联性不足;证据材料3,仅能证明A公司将"凵"注册商标用于宣传材料,但无法证明在侵权行为发生前"凵"注册商标已实际用于产品之上并对外散发;证据材料4、5,可以证明甲公司、乙公司是合法开展经营的企业,对此各方当事人及一审法院均未否认,但该节事实与本案争议的侵权事实无关联;证据材料6、7、8,不能证明本案争议事实,与本案并无关联;证据材料9-11、13,都不能证明"凵"注册商标在侵权行为发生前已用于宣传或已实际用于产品之上并进入市场的事实;证据材料12,形成时间不明,无法证明"凵"注册商标在侵权行为发生前已进入相关市场。综上,对于甲公司、乙公司在二审中提交的新证据材料,二审法院均不予采纳。

二审中,丙公司、丙西郊店未向二审法院提交新的证据材料。

二审法院经审理查明,一审法院查明的事实属实。

【二审法院认为】

二审法院认为,本案主要有以下争议焦点:一、丙西郊店在二审中的诉讼地位;二、丙公司、丙西郊店使用"ULLIGHT DOWN"标识的行为是否对"凵"注册商标专用权构成侵害。三、如侵权成立,丙公司、丙西郊店应承担何种民事责任。

一、丙西郊店的二审诉讼地位。

丙西郊店系丙公司的分公司,非独立法人,其民事责任应由丙公司承担。丙西郊店在上诉状上使用丙公司公章之行为并不被法律所禁止;且一审判决并未判令丙西郊店承担法律责任,故丙西郊店在二审期间申请撤回其上诉,二审法院依法予以准许。因甲公司、乙公司在二审中坚持要求法院支持其一审诉请判决由丙公司、丙西郊店共同承担侵权责任,故二审法院依法将丙西郊店在二审中的诉讼地位列为被上诉人。

二、丙公司、丙西郊店使用"ULLIGHT DOWN"标识的行为是否对"凵"注册商标专用权构成侵害。

根据《商标法》(2001年修正)第五十二条第(一)项规定,未经商标注册人的许可,在同一种商品或者类似商品上使用与其注册商标相同或者近似的商标的行为,属于侵犯注册商标专用权。丙公司、丙西郊店使用"ULLIGHT DOWN"标识的行为是否构成侵犯"凵"注册商标专用权,需判断丙公司、丙西郊店是否商标性使用被控侵权标识以及被控侵权标识与"凵"注册商标是否构成相同或近似两个问题。

(一)关于丙公司、丙西郊店是否商标性使用被控侵权标识。

二审法院认为,商标的使用是指商标用于商品、商品包装或者容器以及商品交易文书上,或者将商标用于广告宣传、展览以及其他商业活动中,用于识别商品来源的商标使用行为。因此,应根据主客观表现形态来判断丙公司、丙西郊店是否商标性使用被控侵权标识。1.从客观使用行为来看:首先,"ULLIGHT DOWN"标识分为各自独立的左右两部分,其中左侧"凵"文字较右侧"LIGHT DOWN"文字字体明显加大、加深、加粗,因而

"⋃"标识相对"ULTRA LIGHT DOWN"标识而言,以服装类消费者的一般注意力出发更为醒目突出,因此"⋃"标识可以作为独立的标识进行使用。其次,"⋃"文字为臆造词,无具体含义,并非通常的文字说明。虽然丙公司、丙西郊店辩称"⋃"文字系"ULTRA LIGHT DOWN"的首字母缩写,但因缺少字母"D"而使得"⋃"字样无法与"ULTRA LIGHT DOWN"中的"ULTRALIGHTDOWN"(超轻羽绒)文字中三个单词首字母形成一一对应的关系,无法证明"⋃"字样说明了产品"超轻羽绒"之特性。虽然丙公司、丙西郊店辩称一直整体使用"ULTRA LIGHT DOWN"标识,但由于该标识中"⋃"文字系突出独立使用,足以使相关消费者将"⋃"标识与所售服装类商品产生密切联系,从而在客观上起到指示、识别商品来源的商标作用。因此,本案中丙公司、丙西郊店对"⋃"标识的使用系单独作为商标使用且并非对商品特性的描述性使用。2. 从主观意图角度来分析:"⋃"标识已被丙公司、丙西郊店出于商业目的广泛标附于各类涉案商品及相关广告宣传中,且丙公司、丙西郊店的母公司株式会社丙意图在中国注册"⋃"标识作为商标,从上述客观行为可推定丙公司、丙西郊店在使用"⋃"标识时亦存在将"⋃"标识作为商标使用的主观意图。

综上,一审法院关于丙公司、丙西郊店系商标性使用"⋃"标识且"⋃"标识在客观上具有商标的区分功能的认定,二审法院予以认同。

(二)关于丙公司、丙西郊店所使用的"⋃"标识与涉案"⋃"注册商标是否相同或近似。

根据《商标法》(2001年修正)等法律规定,认定商标相同或者近似的比对原则是以相关公众的一般注意力为标准,既要进行对商标的整体比对,又要进行对商标主要部分的比对,比对应当在比对对象隔离的状态下分别进行。丙公司、丙西郊店所使用的"⋃"标识与涉案"⋃"注册商标相比,除字体略有粗细差别外,文字、结构均相同。两者在隔离状态下,以注册商标核定使用第25类服装商品的相关消费者的一般注意力为标准,整体视觉效果基本无差别。因此,一审法院认定丙公司、丙西郊店所使用的"⋃"标识与涉案"⋃"注册商标相同,并无不妥。由于本案涉及在相同商品上使用相同商标的情形,因此必然导致相关公众对两者标识产生混淆之可能性,故丙公司、丙西郊店以甲公司、乙公司未实际使用涉案注册商标为由主张不存在混淆之主张,于法无据,二审法院不予支持。

综上,丙公司、丙西郊店在服装类商品上使用"⋃"标识的行为,构成未经涉案"⋃"注册商标权利人的许可,在同一种商品上使用相同商标的侵犯注册商标专用权之侵权行为。

三、如侵权成立,丙公司、丙西郊店应承担的民事责任。

根据各方当事人二审期间的诉辩意见,这一争议焦点可分为两个问题:

(一)关于甲公司、乙公司在被控侵权行为发生时是否已实际使用了"⋃"注册商标。

针对上诉人甲公司、乙公司认为其有使用"⊔"注册商标的意图，且在侵权行为发生前签订了商标权许可使用合同应认定为商标使用之主张，二审法院认为，设立注册商标专用权制度的立法目的在于鼓励注册商标的使用，激活商标资源，故应充分发挥注册商标通过具体的使用行为，从而对商品或服务的来源起到指示的功能。使用注册商标，除了具有真实的使用意图之外，还须有将注册商标使用在具体商品或服务上的实际使用行为。根据本案一、二审查明事实，甲公司、乙公司提供的有关其实际使用行为的证据材料均未被法院所采信，无法证明被控侵权行为发生前甲公司、乙公司具有使用"⊔"注册商标的真实意图以及该商标已被实际使用之事实。因此，一审法院依法认定甲公司、乙公司未实际使用"⊔"注册商标，具有事实和法律依据。

（二）丙公司、丙西郊店是否要承担停止侵害、赔偿损失、排除妨碍、消除影响之民事责任。

本案中，丙公司、丙西郊店使用"⊔"标识的行为构成未经注册商标权利人甲公司、乙公司的许可，在同一种商品上使用与其"⊔"注册商标相同商标的侵权行为，依法应承担相应的民事责任。下文二审法院将根据甲公司、乙公司的具体诉请逐项予以论述。

1. 停止侵害。

作为涉案注册商标的权利人，甲公司、乙公司享有禁止他人未经许可在同种商品上使用与其注册商标相同标识的权利，故依法有权要求本案侵权人丙公司、丙西郊店停止侵害注册商标专用权之具体行为。由于丙西郊店作为丙公司的分公司，不具有独立法人资格，其民事责任应由丙公司承担，故一审法院判决由丙公司承担停止侵害的民事责任，于法有据，二审法院予以支持。

2. 赔偿损失。

侵权损害赔偿责任的承担，主要是为了弥补业已发生的侵权行为对权利人所造成的经济损失。除原判对丙公司、丙西郊店不应承担赔偿损失之民事责任的相关理由外，二审法院还认为，鉴于甲公司、乙公司未实际使用"⊔"注册商标，被控侵权行为未产生侵占其商品市场份额的损害后果，因此甲公司、乙公司并不存在因被控侵权行为所产生的实际经济损失，故一审法院对甲公司、乙公司要求丙公司、丙西郊店承担损害赔偿责任之请求未予支持，具有事实和法律依据。

至于甲公司、乙公司因本案支出的相关费用，二审法院认为，虽然企业注册多个商标之行为不被法律所禁止，但根据一审查明的事实，已足以证明作为会展、咨询类公司的甲公司、乙公司大量注册商标之目的并非为了自身使用，而是意图通过大量注册商标并转让之行为进行牟利。同时，在完全可以通过向丙公司或丁公司主张权利即能达到维权目的之情况下，甲公司、乙公司却选择以丙公司或丁公司及其不具有独立法人资格的各门店作为共同被告的方式，就相同事实在全国各地法院提起批量诉讼，明显具有通过利用注册商标批量诉讼以获取多重赔偿之意图。在已有另案生效判决判令相同侵权事实之侵权人丙公司承担甲公司、乙公司相关维权合理费用之前提下，该种因批量诉讼策略所产生的律师费、公证费、购买产品费用之诉讼成本均系重复支出，并非《商标法》

（2001年修正）所保障之权利人因侵权行为所必须支出的合理费用范畴。同时，基于本案注册商标权利人诉讼目的之非正当性，从引导社会公众诚信诉讼、节约司法资源的角度出发，法院亦不应责令侵权人承担权利人因重复诉讼而支出之费用，以避免产生鼓励此种诉讼策略的司法效果。因此，甲公司、乙公司在本案中支出的律师费、公证费、购买产品费用，应自行承担。

此外，甲公司、乙公司另主张，只要其在法律规定的三年内使用了商标，即使侵权时间发生在使用行为之前，侵权人都应承担赔偿责任。二审法院认为，根据《商标法》（2001年修正），商标注册后连续三年停止使用的，可由国家商标局撤销该注册商标，该规定系考量注册商标是否应被依法撤销的情形，而本案是侵权之诉，根据侵权行为发生时所施行之商标法的相关规定，权利人在商标注册后三年内是否使用并非侵权索赔的法律依据，故甲公司、乙公司该主张，二审法院不予支持。

此外，针对本案一审诉讼费用承担比例问题，根据国务院颁布的《诉讼费交纳办法》第二十九条第二款对诉讼费负担的规定，部分胜诉、部分败诉的，人民法院根据案情的具体情况决定当事人各自负担的诉讼费用数额。因此，一审法院依职权对于诉讼费用数额进行分配，属于自由裁量权范围，与法不悖。

3. 排除妨碍。

甲公司、乙公司认为，因被控侵权行为使得涉案商标与丙公司等产生联系，故要求丙公司、丙西郊店承担排除妨碍的民事责任。二审法院认为，排除妨碍的民事责任是在有妨碍权利人行使权利的情况下才能适用，本案中，在甲公司、乙公司未实际使用涉案注册商标的情况下，一审法院判令丙公司承担停止侵害的民事责任后，"凵"注册商标已经恢复到被侵权前的状态，权利人甲公司、乙公司正常实施该商标权已不存在任何障碍，因此其再行要求丙公司承担排除妨碍之民事责任，缺乏事实依据，不应予以支持。

4. 消除影响。

消除影响通常是适用于人格权受到侵害时，被侵权人因侵权行为导致社会评价降低而适用的法律救济措施。由于商标可以承载商业信誉，故当商标之声誉因侵权行为遭受损害时，即该标识在相关公众中的社会评价被降低，权利人可以要求侵权人承担消除影响之法律责任以恢复其商标原有声誉。

然而本案中，由于甲公司、乙公司未实际使用涉案注册商标，故权利商标未承载因使用行为而在相关公众中形成的商誉。同时，一、二审中甲公司、乙公司也未能提交证据证明因本案侵权行为降低了涉案"凵"注册商标的社会评价，故甲公司、乙公司要求消除影响的主张缺少需恢复的社会评价作为基础，即缺乏所需恢复的被贬损的商标声誉。因此，一审法院未支持甲公司、乙公司要求丙公司、丙西郊店承担消除影响之民事责任的主张，并无不妥。

【二审法院判决】

综上，上诉人甲公司、乙公司、丙公司的上诉请求均缺乏事实和法律依据，应予驳回。依照《中华人民共和国民事诉讼法》第一百七十条第一款第（一）项之规定，判决如下：

驳回上诉，维持原判。

本案二审案件受理费人民币 3,543.98 元，由上诉人甲会展服务有限公司、乙企业管理咨询服务有限公司共同负担人民币 2,891.29 元，上诉人丙（中国）商贸有限公司负担人民币 652.69 元。本判决为终审判决。

【律师评析】

本案是一起既普通又特别的商标侵权纠纷。普通之处在于，本案是注册商标所有人起诉商标侵权人而引起的纠纷，与其他一般商标侵权纠纷无甚区别；特别之处在于，本案原告对于被告实施了商标侵权行为的主张得到了法院的支持，最终却未能取得任何经济赔偿。一审、二审法院是如何审理本案的，又为何不支持原告要求被告赔偿经济损失的主张？对此作出简要的分析：

一般来说，对于商标侵权类案件，法院的审理焦点有两点：一是被诉侵权人使用涉案标识的行为侵犯了原告的注册商标专用权；二是若侵权行为成立，被诉侵权人应当承担何种法律责任。

对于第一个焦点问题，法院先从主客观形态上分析比对了被控侵权标识的外观、内涵、使用方式和使用意图，认为被告在使用被控侵权标识时将其当作商标性标识来使用，在客观上具有商标的区分功能。之后，法院从外观、所用于的商品等方面比对被控侵权标识与涉案注册商标，认为被控侵权标识与涉案注册商标相同，所用于的商品相同，将导致相关公众对两者标识产生混淆之可能性，故被诉侵权人使用涉案标识的行为是否侵犯了原告的注册商标专用权。

对于第二个焦点问题，法院认为，设立注册商标专用权制度的立法目的在于鼓励注册商标的使用，激活商标资源，故应充分发挥注册商标通过具体的使用行为，从而对商品或服务的来源起到指示的功能。因此，判断被告应当向原告承担何种侵权责任，应当看原告是否已有将注册商标使用在具体商品或服务上的实际使用行为。根据我国《商标法》和《侵权责任法》的规定，侵犯他人注册商标专用权的，应当承担的法律责任有停止侵害、赔偿损失、排除妨碍、消除影响等。由于本案的原告并未实际将注册商标使用在具体商品或服务上，未能举证证明其所受有的损失，故法院认为，判令被告承担停止侵害的民事责任，足以使其注册商标恢复到被侵权前的状态。

【律师建议】

从本案一、二审法院的态度可看出，对于那些商标注册人或者商标受让人并无实际使用意图，仅将注册商标作为索赔工具的赔偿请求的，不符合我国法律鼓励商标使用、激活商标资源的原则。也就是说，自身不实际使用、专业从事商标运营的企业，要想在侵权诉讼中获得金钱赔偿，又未能举证证明其所受损失的，法院倾向于不支持其索赔的请求。从我国民事法律遵循公平原则、诚实信用原则的角度来看，此类"正当地"谋取不正当利益的行为，将越来越难得到法律的支持。

【精选案例 25】

"泰山国际马拉松赛"作为赛事名称可否由个人或者单位独占？山东省高级人民法院作出终审判决说"不能"

【引言】

泰安市 S 会展有限公司向法院起诉请求判令 T 传媒集团有限公司停止使用"泰山国际马拉松"网站名称并注销其注册登记的"www.×××.org.cn"计算机网络域名及"泰山国际马拉松"微信公众号等。T 传媒集团有限公司提起反诉，请求判令 S 会展公司停止使用"第三届泰山国际马拉松赛"进行对外宣传，关闭其"泰山国际马拉松"网站、微博、微信；或删除其网站、微博、微信中泰山国际马拉松赛图案标识 LOGO、2014 年和 2015 年泰山国际马拉松赛的赛事活动照片和相关历史资料等宣传资料以及以泰山国际马拉松赛组委会名称发布的相关内容。

"泰山国际马拉松赛"作为赛事名称可否由个人或者单位独占？这个问题成为本案纷争的焦点问题之一。对此，山东省高级人民法院认为，泰山国际马拉松赛中的"泰山"表明的是赛事活动举办地，"国际"表明参赛人员的广泛性，"马拉松"表明了赛事的内容和性质。因此，泰山国际马拉松赛作为一项赛事具有强烈的地理标志性，作为赛事名称具有客观描述性，其赛事名称不应由任何个人或单位独占，只要是该赛事的主办方或者承办方为组织，宣传该赛事均可以使用该赛事名称。

【案由】

计算机网络域名及不正当竞争纠纷。

【诉讼地位】

原告、反诉被告、上诉人、被上诉人。

【案例来源】

泰安市 S 会展有限公司与 T 传媒集团有限公司计算机网络域名及不正当竞争纠纷二审民事判决书。

【原告诉请】

S 会展公司向一审法院起诉请求判令 T 传媒集团：1. 立即停止侵权，立即停止使用"泰山国际马拉松"网站名称，并注销其注册登记的"www.×××.org.cn"计算机网络域名及"泰山国际马拉松"微信公众号；2. 不得在网络服务中使用与"泰山国际马拉松"名称及域名相同或近似的网站和微信公众号；3. 公开赔礼道歉，并在《齐鲁晚报》上刊登道歉声明以消除影响；4. 赔偿因域名侵权及不正当竞争给S会展公司造成的经济损失100万元；5. 承担本案诉讼费用、公证费用及律师费。一审诉讼过程中，S会展公司增加诉讼请求：判令T传媒集团停止利用网站或其他媒体等方式进行赛事宣传的不正当竞争行为。二审中，S会展公司放弃上述第一项请求中关于注销"泰山国际马拉松"微信公众号的诉讼请求，明确仅主张T传媒集团停止使用该微信公众号的中文名称"泰山国际马拉松"即可。

【被告反诉】

T传媒集团向一审法院反诉请求判令S会展公司：1. 停止使用"第三届泰山国际马拉松赛"进行对外宣传，关闭其"泰山国际马拉松"网站、微博、微信；或删除其网站、微博、微信中泰山国际马拉松赛图案标识LOGO、2014年和2015年泰山国际马拉松赛的赛事活动照片和相关历史资料等宣传资料以及以泰山国际马拉松赛组委会名称发布的相关内容；2. 停止恶意诋毁T传媒集团的行为，删除网站、微博、微信刊登的《致泰安市市委书记李洪峰和市长王云鹏的公开信》和《对一个无耻的（郑重声明）的严正敬告》，并在泰安电视台、泰安日报、齐鲁晚报等媒体公开赔礼道歉，澄清事实；3. 赔偿给T传媒集团造成的经济损失200万元；4. 承担诉讼费用。

【一审法院认定】

一审法院认定事实：2014年1月27日，泰安市体育总会作出泰体总字〔2014〕1号文件，即关于同意举办"2014年泰山马拉松邀请赛"的批复函，同意2014年9月7日在泰安市举办"2014年泰山马拉松邀请赛"，由泰安市体育总会举办，S会展公司承办。2014年1月28日，泰安市体育总会作出泰体总字〔2014〕2号文件，全权委托S会展公司为"2014年泰山马拉松邀请赛"独家广告代理商。2014年1月29日，泰安市体育总会与S会展公司为办好"2014年泰山马拉松邀请赛"签订一份协议书，约定了双方的权利义务。2014年2月17日，泰安市体育总会作出泰体总字〔2014〕3号文件，即2014年泰山马拉松筹备委员会相关事宜，确定组织机构人员组成及工作职责分工。后来原定于2014年9月7日在泰安市举办"2014年泰山马拉松邀请赛"的赛事并未实际举办。

泰安泰报广告传媒有限公司（以下简称泰报广告公司）系T传媒集团开办的全资子公司，T传媒集团授权泰报广告公司在2014年和2015年泰山国际马拉松赛招商合作、签约泰山国际马拉松形象代言人及与S会展公司签订泰山国际马拉松赛合作协议等事宜。

2014年6月3日，S会展公司（甲方）与泰报广告公司（乙方）签订一份合作协议，协议主要内容如下：一、双方共同合作举办泰山国际马拉松邀请赛，T传媒集团、泰安市体育总会为主办单位，泰山晚报、中华泰山网、S会展公司为承办单位。二、甲方负责参赛运动员的报名，志愿者的招募，裁判的组织，路线测定，赛程、规程的制定及全部赛程组织……三、甲方承担协议前的费用支出（7万元），网站制作及费用3万元，体育局相关费用5万元，计时设备设施的购置及费用13万元。四、乙方为"2014

年泰山国际马拉松邀请赛"的独家广告代理运营商,全部广告收入归乙方所有。五、乙方支付甲方人民币 30 万元作为赛事承办费用,并于协议签订后首付 15 万元,活动结束后 10 个工作日内付清剩余 15 万元。六、乙方负责组织构成、举办时间、地点等方面的组合和调整。七、乙方负责运动员奖金、装备、保险、彩虹门搭建、工作人员服装、奖杯、奖牌、工作餐、安保等全部赛事中除甲方承担的工作外,其他各项工作及费用。但乙方对赛事过程中发生的伤亡事故和财产损失不承担责任。八、由甲方经办的广告收入,乙方按 5% 比例给予甲方提成。九、甲乙任何一方违约,违约方需向守约方支付违约金 10 万元,且守约方有权解除合同。违约金不足以弥补损失的,违约方应当补足等。

2014 年 10 月 16 日,泰安市体育局作出泰体函字〔2014〕36 号文件,即《关于同意举办 2014 年泰山国际马拉松赛的批复》,同意 T 传媒集团举办 2014 泰山国际马拉松赛。该批复主要内容如下:一、赛事名称:2014 泰山国际马拉松赛,时间地点:2014 年 11 月 9 日在泰山艺术中心举行。二、主办单位:泰安市对外友好协会、泰安市体育总会、T 传媒集团。三、承办单位:泰山晚报、中华泰山网、泰安市传媒体育协会、S 会展公司。五、职责:T 传媒集团负责赛事总策划和招商工作;市人民对外友好协会负责国外运动员招募工作;市体育总会负责赛事组织工作;市公安局、市交通局、市卫生局负责赛事安保、救护工作;泰山区政府、岱岳区政府负责所属区域赛场氛围宣传;市电视台、泰安日报等媒体负责赛事宣传工作。

2014 年 11 月 9 日,泰安市对外友好协会、泰安市体育总会、T 传媒集团作为主办单位在泰安市举办了"泰山温泉杯"2014 年泰山国际马拉松赛,共有来自俄罗斯、英国、德国、肯尼亚等 10 多个国家及我国 30 个省、市、自治区及港、台地区的 13000 多名马拉松选手参加了比赛。在该赛事活动中,制作了秩序册、参赛指南。《泰安日报》发行《天下泰安泰山国际马拉松特刊》,泰安市政府网站、《泰山晚报》对"2014 年泰山国际马拉松赛"活动进行了宣传。

2015 年 1 月 22 日,泰安市体育局给 T 传媒集团复函即《关于同意举办 2015 年泰山国际马拉松赛的函》,同意泰安市体育总会、T 传媒集团等作为主办单位,举办 2015 年泰山国际马拉松赛。

2015 年 4 月 30 日,S 会展公司(甲方)与泰报广告公司(乙方)签订《2015 泰山国际马拉松赛合作协议》。协议主要内容如下:一、合作内容:1. 双方协定关于"2015 泰山国际马拉松赛"的相关分工,T 传媒集团、泰安市体育总会、泰安市对外友好协会为主办单位;泰安市传媒体育协会、T 传媒体育有限公司、S 会展公司、吴敏(北京)体育文化推广有限责任公司为承办单位,合作期限为 2015 年 4 月 30 日至 2015 年 12 月 30 日。2. 甲方负责"2015 泰山国际马拉松赛"参赛运动员的招募与报名……。3. 甲方负责"2015 泰山国际马拉松赛"赛事前期的组织承办,甲方需参与比赛组织、路线测定、赛程、规程的制定等事务,且甲方需在赛前十个工作日内向乙方通报所有赛程准备工作情况。4. 经双方协商,"2015 泰山国际马拉松赛"举办期间同时筹备举办"泰山国际体育用品博览会"(下称体博会)。甲方作为承办方主要负责体博会的招展工作且参与体博会的全程策划和各个环节的技术支持……。6. 乙方为"2015 泰山国际马拉松赛"独家商业活动及广告运营商,全部收入归乙方所有。7. 乙方全面负责赛事组织、申请、举办时间、地点等方面的具体确定与调整；……甲方所从事的任何与马拉松相关的活动及业务都要经乙方许可批准方可执行。8. 乙方负责"马拉松赛事"及"体博会"费用和除甲方承担的工作外的其他各项工作。9. 甲方之前运作的"2015泰山国际马拉松赛"官方网站，自合同签订之日起由双方共同参与管理运营工作，乙方在管理上占主导地位，整体把握宣传和舆论方向正确性，甲乙双方使用同一官方网站和微信平台，统一报名口径。10. 甲方负责组织泰山马拉松赛报名工作……二、费用及付款方式：1. 参赛运动员报名费由甲方进行收取，甲方所收取参赛运动员报名费用需对乙方进行账目公开……甲乙双方对报名费进行分成，甲方分成报名费的80%，乙方分成报名费的20%……2. 乙方向甲方支付承办费用10万元，用于体博会和赛事的前期运作和筹备，在合同签订后30日内支付5万元，赛事活动结束后结清剩余5万元。三、违约处理：未经乙方许可，甲方擅自操作、举办与马拉松相关的活动，或在乙方不知情的情况下，甲方与第三方签订任何协议，协议涉及条款乙方均不予认可，并视该情况为甲方违约，违约责任由甲方承担……

2015年7月17日，T传媒集团（甲方）与吴敏（北京）体育文化推广有限责任公司（乙方）签订一份泰山国际马拉松赛合作协议，约定T传媒集团邀请吴敏（北京）体育文化推广有限责任公司法定代表人吴敏作为"泰山国际马拉松赛"唯一指定形象代言人，时间为2015年7月至2017年7月。双方在合同期限内，甲方有权要求乙方积极参与、配合甲方所举办与马拉松赛相关的业务及推广活动，并参与冠名企业的商业活动一次。甲方形象使用方式：甲方有权在合同期内在所有媒介以各种形式，在内容上使用乙方形象广告及相关素材。所有媒介包括但不限于：电视、录像、广播、电影、网络、广告牌、海报、印刷品、标贴、报纸、杂志等。双方还对其他事项进行了约定。2014年泰安市体育总会、泰安市对外友好协会、T传媒集团作为主办单位印制发行了印有吴敏形象的明信片，该明信片印有2014首届泰山马拉松赛及承办单位S会展公司字样。

2015年9月29日，泰山国际马拉松赛组委会作出泰马字［2015］01号文件即2015泰山国际马拉松赛实施方案，该方案称为确保2015第二届泰山国际马拉松赛顺利进行，在市领导小组领导下，成立泰山国际马拉松赛组委会，并确定赛事名称为2015"森隆·卧龙大观"杯泰山国际马拉松赛。泰安市体育总会、泰安市人民对外友好协会、T传媒集团制定了2015第二届泰山国际马拉松赛全国招商方案及企业方阵征集方案。

2015年10月18日，泰安市对外友好协会、泰安市体育总会、T传媒集团作为主办单位在泰安市举办了"2015泰山国际马拉松赛"，共有来自法国、德国、肯尼亚等18个国家和地区的1.5万余名马拉松选手报名参加比赛。在该赛事活动中，制作了秩序册、参赛指南。《人民日报》《人民网》《中国青年报》及2015年第10期《T传媒》对"2015泰山国际马拉松赛"进行了宣传报道。

2014年T传媒集团安排其单位工作人员赵某某设计了泰山国际马拉松LOGO标识。在2014年和2015年泰山国际马拉松赛的秩序册、参赛指南、招商方案、赛事活动以及宣传中使用了泰山国际马拉松LOGO标识。

2014年1月17日，S会展公司注册了www.×××.com网站域名，并已在国际顶级域名数据库中记录，该域名到期日为2017年1月17日。在工业和信息化部的网站备案许可证号为鲁 ICP 备 14007×××号-1，网站名称泰山国际马拉松，网站首页网址 www.×××.com，审核时间为 2016 年 2 月 15 日。

2016 年 1 月 8 日，T 传媒集团注册了 www.×××.org.cn 的网站域名，并在国内顶级域名数据库中备案，到期时间为 2017 年 1 月 8 日。在工业和信息化部的网站备案许可证号为鲁 ICP 备 14011×××号-15，网站名称为泰山国际马拉松，网站首页网址 www.×××.org.cn，审核时间为 2016 年 5 月 20 日。

2014 年和 2015 年泰山国际马拉松赛使用 S 会展公司的网站进行报名及赛事宣传，并使用 S 会展公司注册的"泰山马拉松"微信公众号进行宣传。2016 年 S 会展公司在其"泰山马拉松"的微信名称（微信号：×××）和微博中仍使用了泰山国际马拉松 LOGO 标识。S 会展公司认可在其公司 2016 年泰山国际马拉松赛事的宣传中使用了 T 传媒集团参与主办的 2014 年和 2015 年泰山国际马拉松赛赛事的相关照片。

2016 年 1 月 22 日，泰安市人民政府作出《关于举办"2016 年泰山国际马拉松赛"的批复》，同意泰安市体育总会、泰安市人民对外友好协会、T 传媒集团于 2016 年 10 月 30 日在泰山国际会展中心举办"2016 年泰山国际马拉松赛"，相关经费自行解决。中国田径协会对该马拉松赛事予以注册。2016 年 T 传媒集团的泰山国际马拉松网站网页显示：在网页的左上方有泰山国际马拉松赛事官方网站字样及泰山国际马拉松 LOGO 标识，上方中间有泰山国际马拉松赛中英文字样及主办单位：泰安市体育总会、泰安市对外友好协会、T 传媒集团字样，T 传媒集团在其网站发布 2016 第三届泰山国际马拉松赛是经中国田径协会注册认证的泰安市唯一的马拉松赛事，赛事将于 10 月 30 日如期举行。赛事相关内容均以泰山国际马拉松官方网站发布为准。T 传媒集团公布其官方网址为：www.×××.org.cn，官方微信：×××，该微信的账号主体是泰安日报社，微信名称是泰山国际马拉松。

2015 年 12 月 22 日，泰安市体育总会、泰安市对外友好协会、T 传媒集团在《泰山晚报》和泰山国际马拉松的微信平台中发布"关于 2016 泰山国际马拉松赛春季半程赛"的声明，声明主要内容如下：2014 和 2015 两届泰山国际马拉松赛均是将 S 会展公司早先运营的泰山国际马拉松赛网站作为赛事的官方网站，并非泰安市体育总会、泰安市对外友好协会、T 传媒集团定于每年秋季（原则上为每年 10 月份）主办的泰山国际马拉松赛的常设固定官方网站，2016 泰山国际马拉松赛将另行组建新的官方网站。泰安市体育总会、泰安市对外友好协会、T 传媒集团未参与 2016 泰山国际马拉松春季半程赛，与 2014 和 2015 泰山国际马拉松赛无关联，其赛事组织、报名及运营与我等单位无关，请广大跑友和全国马拉松跑步组织、协会等注意区分。2016 泰山国际马拉松赛相关组织报名工作目前尚未开展，泰山国际马拉松官方微信平台为泰山国际马拉松（×××）。2016 年 2 月 23 日，泰安市体育总会、泰安市对外友好协会、T 传媒集团以泰山国际马拉松赛组委会名义在《泰山晚报》及泰山国际马拉松微信平台中再次发布"2016 泰山国际马拉松赛春季半程赛"与其无关的声明。

2016 年 5 月 23 日，S 会展公司在其泰山国际马拉松网站发布公告，S 会展公司于 2016 年 9 月 25 日举办 2016 第三届泰山国际马拉松赛，报名工作正在进行。该网站网页左上方有泰山国际马拉松赛事官方网站字样及泰山国际马拉松 LOGO 标识，网页上方中间有泰山国际马拉松赛中英文字样。在右上方有"距第三届泰山国际马拉松"的倒计时牌。S会展公司原定于2016年9月25日举办2016第三届泰山国际马拉松赛未经中国田径协会注册，亦未如期举办。

2016年5月3日，S会展公司在其网站、微博中发布《致泰安市市委书记李洪峰和市长王云鹏的公开信》（以下简称《公开信》），该《公开信》称"两届赛事后，报社……萌生独霸市场的念头，并且立刻付诸行动。他们利用手中掌握的报纸及其他媒体资源，连篇累牍发表声明……利用其政府背景和资源优势多次去国家田径协会进行所谓的申诉，不择手段地将由泰安市S会展公司在田协备案注册的有关泰山国际马拉松的注册信息全部换成报社自己的（见附件），并扬言只有报社才有泰山国际马拉松赛名称的使用权，并利用各种见不得人的手段在全国各地诋毁山水公司并不断给山水公司施加压力，其欺行霸市的黑道行为暴露无遗。报社对泰安市山水公司不择手段的打压，其根本目的就是把泰安市山水公司排挤出泰山国际马拉松赛，以达到其独占市场、独享其成之目的……党报掌握在如此见钱忘义、利令智昏、豪夺强取的人手里，是一件多么可怕的事情……"S会展公司认可该公开信所针对的系T传媒集团。一审庭审中，T传媒集团认可该《公开信》在S会展公司的网站上已经删除。

2016年5月23日，S会展公司在其网站、微博、微信发布对一个无耻的《郑重声明》的严正敬告，敬告主要内容如下：5月21日，《泰安日报社》在其所谓的"泰马"官网发布了一条"郑重声明"，其内容完全应该是我们要声明的，其贼喊捉贼的"黑道"手法又一次暴露无遗。我们严正敬告泰安日报社，不要仗势欺人、颠倒黑白，你们投巨资在百度上恶意推广所谓的唯一指定官网也改变不了真正"泰山马拉松官网"的事实……

2016年8月，泰安市体育总会、泰安市人民对外友好协会、T传媒集团出具一份联合声明，该联合声明称，泰山国际马拉松赛的赛事推广与运营、赛事组织与保障等事务均由T传媒集团负责，赛事品牌与权益由T传媒集团所有，泰安市体育总会、泰安市人民对外友好协会不参与本案诉讼，放弃诉讼权利。

S会展公司主张为本案支出律师费2万元，公证费2000元。

S会展公司成立于2011年4月29日，注册资本10万元。经营范围：会议及展览服务；大型活动策划、组织服务。

T传媒集团成立于2013年4月23日，注册资本贰仟万元整。经营范围：设计、制作、代理、发布国内各类广告；企业形象策划；电脑、图文设计；文化艺术交流等。T传媒集团刻制了印章，在其主办的泰山国际马拉松赛中以T传媒集团的简称开展了赛事活动的宣传与推广，签订部分合同文件，并声明以T传媒集团简称开展的赛事宣传与推广及签署的书面文件均由其承担法律责任。

【一审法院认为】

一审法院认为，关于S会展公司的本诉部分争议的焦点问题有四个：一是T传媒集团是否应注销其www.×××.org.cn计算机网络域名；二是T传媒集团的行为是否构成不正当竞争，是否应停止使用"泰山国际马拉松"网站名称并注销"泰山国际马拉松"微信公众号；三是T传媒集团是否应赔偿S会展公司经济损失100万元及因本案支出的公证费及律师费；四是T传媒集团是否应在《齐鲁晚报》上公开赔礼道歉以消除影响。

关于第一个争议的焦点问题，《最高人民法院关于审理涉及计算机网络域名民事纠纷案件适用法律若干问题的解释》第四条规定，人民法院审理域名纠纷案件，对符合以下各项条件的，应当认定被告注册、使用域名等行为构成侵权或者不正当竞争：（一）原告请求保护的民事权益合法有效；（二）被告域名或其主要部分构成对原告驰名商标的复制、模仿、翻译或音译；或者与原告的注册商标、域名等相同或近似，足以造成相关公众的误认；（三）被告对该域名或其主要部分不享有权益，也无注册、使用该域名的正当理由；（四）被告对该域名的注册、使用具有恶意。第五条规定，被告的行为被证明具有下列情形之一的，人民法院应当认定其具有恶意：为商业目的注册、使用与原告的注册商标、域名等相同或近似的域名，故意造成与原告提供的产品、服务或者原告网站的混淆，误导网络用户访问其网站或其他在线站点的。根据该司法解释第四条的规定，在审理域名纠纷案件中，如果具备上述四个构成要件，应当认定被告注册、使用域名等行为构成侵权或者不正当竞争。本案中，S会展公司于2014年1月17日注册了www.×××.com网站域名并开始运营该网站，其系该域名的注册人，享有相关的权利。T传媒集团于2016年1月8日注册了www.×××.org.cn的网站域名，该域名中具有标识作用的×××部分与S会展公司的计算机域名中的主要部分×××完全相同，T传媒集团的www.×××.org.cn计算机域名与S会展公司的www.×××.com计算机域名整体上构成近似。根据双方的陈述，"×××"中的"ts"代表泰山，"marathon"是马拉松的英文单词，从这些字母指代的意义来看，泰山系中国名山的称谓，马拉松系一项体育运动名称，因此双方对该域名的主要部分×××即所指代的"泰山""马拉松"均不享有权益，T传媒集团参与主办的泰山国际马拉松赛的赛事名称与×××亦不能形成一一对应关系，而且S会展公司已先于T传媒集团两年注册并使用了www.×××.com域名，T传媒集团对此是明知的，因此，不能认定T传媒集团注册www.×××.org.cn有正当理由，T传媒集团注册、使用www.×××.org.cn域名，容易使相关网络用户引起混淆和误认，其行为损害了S会展公司的相关权益，构成不正当竞争。T传媒集团应停止使用并注销www.×××.org.cn计算机网络域名。

关于第二个争议的焦点问题，2014年、2015年泰山国际马拉松赛的主办方均系T传媒集团、泰安市体育总会和泰安市人民对外友好协会，S会展公司系承办方之一，S会展公司主要负责运动员的报名，志愿者的招募，路线测定，赛程、规程的制定等工作。2016年泰山国际马拉松赛经泰安市人民政府批准，主办方为T传媒集团、泰安市体育总会、泰安市人民对外友好协会。根据体育赛事的惯例，T传媒集团作为泰山国际马拉松赛的主办方，有权使用泰山国际马拉松赛这一赛事名称进行赛事的组织及宣传，而且T传媒集团"泰山国际马拉松"网站名称已在国家工业和信息化部的网站备案，因此，T传媒集团将其中文网站名称定为"泰山国际马拉松"有正当理由，不能认定T传媒集团使用该网站名称具有恶意。虽然在2014年和2015年泰山国际马拉松赛使用S会展公司的网站进行报名及宣传等工作，但是通过这两年泰山国际马拉松赛的举办及相关新闻媒体的报道和T传媒集团等主办单位制作的全国招商方案、秩序册、参赛指南等赛事材料，相关公众特别是马拉松爱好者已经将泰山国际马拉松赛与 T 传媒集团等主办单位建立了稳定的联系，而且 2016 年 T 传媒集团在其"泰山国际马拉松"网站明确标明主办单位为泰安市体育总会、泰安市对外友好协会、T 传媒集团。对于马拉松爱好者来讲，马拉松赛事主办方的组织能力是马拉松爱好者选择报名与否的一个重要考量因素，即马拉松赛事的主办方人选在某种程度上影响着马拉松爱好者对马拉松赛的选择。因此，T 传媒集团使用"泰山国际马拉松"网站名称不会导致相关公众对泰山国际马拉松赛的举办主体即服务提供者产生混淆和误认，故 T 传媒集团使用"泰山国际马拉松"网站名称对赛事进行宣传对 S 会展公司不构成不正当竞争。《中国境内马拉松及相关运动赛事管理办法》第八条规定，凡举办马拉松及相关运动赛事应在中国田协进行赛事注册。第九条规定，所有注册的赛事均将纳入中国境内马拉松及相关运动赛事日历，中国田协将在其官方网站定期公布赛事日历。本案中，T 传媒集团 2016 泰山国际马拉松赛经过中国田径协会注册，并在中国田径协会官方网站公布了该赛事日历，而 S 会展公司原定于 2016 年 9 月 25 日举办的 2016 泰山国际马拉松赛并未经中国田径协会注册，因此，T 传媒集团在其网站发布 2016 第三届泰山国际马拉松赛是经中国田径协会注册认证的泰安市唯一的马拉松赛事是如实宣传，不会误导相关公众。关于 2015 年 12 月 22 日及 2016 年 2 月 23 日，泰安市体育总会、泰安市对外友好协会、T 传媒集团两次发布的"关于 2016 泰山国际马拉松赛春季半程赛"的声明，该声明主要内容如下：2014 和 2015 两届泰山国际马拉松赛均是将泰安市 S 会展有限公司早先运营的泰山国际马拉松赛网站作为赛事的官方网站，并非泰安市体育总会、泰安市对外友好协会、T 传媒集团定于每年秋季（原则上为每年 10 月份）主办的泰山国际马拉松赛的常设固定官方网站，2016 泰山国际马拉松赛将另行组建新的官方网站。泰安市体育总会、泰安市对外友好协会、T 传媒集团未参与 2016 泰山国际马拉松春季半程赛，与 2014 和 2015 泰山国际马拉松赛无关联，其赛事组织、报名及运营与我等单位无关……通过上述声明内容可以看出，该声明仅是告知相关人员，T 传媒集团等并未参与 2016 泰山国际马拉松赛春季半程赛的举办，该春季半程赛与 T 传媒集团等主办的 2014 和 2015 两届泰山国际马拉松赛无关，从该声明内容及一审法院查明的事实来看，该声明是在如实陈述事实，并没有歪曲事实，不构成虚假宣传，不会误导相关公众，也没有对 S 会展公司进行商业诋毁，不构成不正当竞争。综上，S 会展公司主张 T 传媒集团使用"泰山国际马拉松"网站进行赛事宣传构成不正当竞争的诉讼请求不能成立，其要求 T 传媒集团停止使用"泰山国际马拉松"网站名称并不得在网络服务中使用与"泰山国际马拉松"名称相同或近似的网站的诉讼请求，一审法院不予支持。

关于微信公众号的问题，泰安日报社注册了×××的微信号，微信名称是泰山国际马拉松，T 传媒集团在 2016 年泰山国际马拉松赛期间将该微信号作为其官方微信进行赛事宣传等工作。S 会展公司的微信号是×××，微信名称为"泰山马拉松"。泰安日报社的微信号×××与 S 会展公司的微信号×××既不近似更不相同，T 传媒集团使用该微信号进行泰山国际马拉松赛进行宣传不会对相关公众造成混淆和误认。如前所述，T 传媒集团作为 2016 泰山国际马拉松赛的主办方之一，有权利使用"泰山国际马拉松"微信名称进行赛事宣传，且相关公众特别是马拉松爱好者已经将泰山国际马拉松赛与 T

传媒集团等主办单位建立了一定的联系，因此，T传媒集团使用泰安日报社的"泰山国际马拉松"微信名称不会与S会展公司的"泰山马拉松"微信名称造成混淆与误认。S会展公司认为T传媒集团使用该微信平台进行泰山国际马拉松赛事宣传构成不正当竞争的理由不能成立。因"泰山国际马拉松"的微信账号主体系泰安日报社，因此，S会展公司要求T传媒集团注销该微信号没有事实依据和法律依据，一审法院不予支持。

关于第三个争议的焦点问题，由于S会展公司未能提供证据证明其在域名侵权期间因被侵权所受到的损失，及T传媒集团在侵权期间因侵权所获得的利益，一审法院综合考虑S会展公司www.×××.com域名的注册时间、辐射范围及为本案支出的公证费、律师费等因素，根据法律规定，酌情予以确定4万元。

关于第四个争议的焦点问题，因S会展公司未提供证据证实其声誉受到损害，且判决T传媒集团停止侵权并赔偿经济损失足以弥补对S会展公司因侵权行为造成的损害，故其请求在《齐鲁晚报》上公开消除影响的诉讼请求，一审法院不再予以支持。

一审法院认为，泰安市体育总会、泰安市人民对外友好协会已明确表明泰山国际马拉松赛的赛事品牌与权益由T传媒集团所有，泰安市体育总会、泰安市人民对外友好协会不参加本案诉讼，放弃本案诉讼权利。因此，T传媒集团有权提起反诉。

关于T传媒集团的反诉部分争议的焦点问题有三个：一是S会展公司的行为是否构成不正当竞争；二是S会展公司是否应在《泰安电视台》《泰安日报》《齐鲁晚报》上公开赔礼道歉；三是S会展公司是否应赔偿T传媒集团经济损失200万元。

关于第一个争议的焦点问题，我国《民法通则》第四条规定，民事活动应当遵循自愿、公平、等价有偿、诚实信用的原则。《反不正当竞争法》第二条第一款规定，经营者在市场交易中，应当遵循自愿、平等、公平、诚实信用的原则，遵守公认的商业道德。本案一审庭审查明，在2014年和2015年泰山国际马拉松赛赛事期间，曾分别以首届和第二届泰山国际马拉松赛名义进行对外宣传，2016年的泰山国际马拉松赛主办方仍是泰安市体育总会、泰安市对外友好协会和T传媒集团。一审法院认为，根据体育赛事的惯例，T传媒集团等主办的2016年第三届泰山国际马拉松赛应是前两届泰山国际马拉松赛的延续。而S会展公司在2014和2015年泰山国际马拉松赛仅是承办单位，其并未作为主办单位举办过泰山国际马拉松赛，因此S会展公司在其网站上公告称其于2016年9月25日举办2016第三届泰山国际马拉松赛及"距第三届泰山国际马拉松"的倒计时牌进行宣传，以及在其网站、微信和微博中使用泰山国际马拉松LOGO标识和T传媒集团参与主办的2014年和2015年泰山国际马拉松赛赛事的相关照片进行宣传的行为，容易使相关公众产生混淆和误认，即误认为S会展公司的2016年泰山国际马拉松赛与T传媒集团的2016泰山国际马拉松赛有关联。因此，S会展公司的上述行为违反了诚实信用的原则，其行为构成不正当竞争。

关于S会展公司在其网站、微博中发布《公开信》的行为，我国《反不正当竞争法》第十四条规定，经营者不得捏造、散布虚伪事实，损害竞争对手的商业信誉、商品声誉。本案中，S会展公司和T传媒集团均有权利举办马拉松比赛，而且双方均计划在2016年举办泰山国际马拉松比赛，双方在某种程度上属于同业竞争者。S会展公司在《公开信》中对T传媒集团使用了"不择手段""其欺行霸市的黑道行为暴露无遗""如此见钱忘义、利令智昏、豪夺强取的人"等含有贬低性的词语,在一定程度上使T传媒集团的商誉受到贬损,S会展公司的行为对T传媒集团构成损害商业信誉的不正当竞争行为。

关于S会展公司在其网站、微博、微信发布对一个无耻的《郑重声明》的严正敬告的行为,通过该声明内容可以看出,该敬告是针对《泰安日报社》,与T传媒集团无关,因此,T传媒集团主张S会展公司的该行为属于恶意诋毁竞争对手,构成对其不正当竞争的主张与事实不符,一审法院不予支持。

关于第二个争议的焦点问题,因S会展公司发布的《公开信》对T传媒集团的商誉造成一定的负面影响,因此,S会展公司应向T传媒集团赔礼道歉。判令S会展公司在《泰安日报》上刊登道歉声明,足以消除影响,故对T传媒集团要求S会展公司在《泰安电视台》《齐鲁晚报》上赔礼道歉的诉讼请求,一审法院认为不予支持。

关于第三个争议的焦点问题,因T传媒集团未提供充分证据证明因S会展公司的不正当竞争行为给其造成的损失,亦未提供S会展公司因侵权获利情况的证据,而且S会展公司原定于2016年9月25日举办的泰山国际马拉松比赛并未如期举行,并未给T传媒集团造成较大损失,因此,一审法院酌定赔偿数额1万元。

【一审法院判决】

一审法院判决:一、T传媒集团于判决生效之日起三十日内注销www.×××.org.cn域名;二、T传媒集团于判决生效之日起十日内赔偿S会展公司经济损失及合理开支共计4万元;三、驳回S会展公司的其他诉讼请求;四、S会展公司于判决生效之日起立即停止不正当竞争行为;五、S会展公司于判决生效之日起三十日内,在《泰安日报》上刊登道歉声明,道歉声明内容须经法院审核。六、S会展公司于判决生效之日起十日内赔偿T传媒集团经济损失1万元。七、驳回T传媒集团的其他诉讼请求。如果未按判决指定的期间履行给付金钱义务,应当依照《中华人民共和国民事诉讼法》第二百五十三条之规定,加倍支付迟延履行期间的债务利息。一审本诉案件受理费13,800元,由S会展公司负担6,348元,T传媒集团负担7,452元。反诉案件受理费11,400元,由T传媒集团负担5,643元,S会展公司负担5,757元。

【原告上诉】

S会展公司上诉请求:撤销一审判决第二、三、四、五、六项,依法改判支持S会展公司一审全部诉讼请求并驳回T传媒集团全部反诉请求或发回重审,一、二审案件受理费由T传媒集团负担。事实和理由:一、一审法院认定事实错误。1. T传媒集团不是泰山国际马拉松赛事的主办方,该赛事并未与T传媒集团建立稳定的联系。S会展公司系泰山国际马拉松赛的发起人,亦是"泰山国际马拉松"网站的权利人,该网站名称为特有名称,具有显著性和识别力,并且该网站经过大量的使用和持续的宣传而形成一定的知名度,能够使相关公众识别不同的网站或服务来源,T传媒集团使用"泰山国际马拉松"网站名称构成不正当竞争,应停止使用该网站名称。2. "泰山国际马拉松"作为赛事名称及网站名称因S会展公司的在先使用及宣传和推广,在相关公众中具有了一定的知名度,T传媒集团将"泰山国际马拉松"作为其微信的名称会造成相关公众的混淆和误认,构成不正当竞争,应停止使用该微信名称。3. T传媒集团恶意诋毁S会展公司的商业信誉构成不正当竞争。二审庭审中，S会展公司放弃该项主张。4. T传媒集团采用其他不正当方式损害S会展公司的利益构成不正当竞争。二、T传媒集团应为其不正当竞争行为赔偿S会展公司的经济损失并公开赔礼道歉。一审中，S会展公司主张的100万元的损失既包括因网络域名侵权也包括不正当竞争两部分，一审法院仅支持了网络域名侵权造成的损失，并未支持不正当竞争的损失，请求二审法院支持该请求。而T传媒集团恶意诋毁S会展公司的商业信誉，应公开赔礼道歉消除影响。三、S会展公司的行为不构成不正当竞争，不应赔偿T传媒集团的经济损失并赔礼道歉。1. S会展公司是泰山国际马拉松赛的发起人，S会展公司使用该赛事的logo是经过T传媒集团的允许和认可的，是合理使用，不构成不正当竞争。2. S会展公司与T传媒集团以合作关系举办了2014年和2015年的泰山国际马拉松赛，故S会展公司使用前两届赛事照片不构成不正当竞争。3. S会展公司在网站、微博中发布《公开信》属于对事实的客观陈述，不构成损害商誉的不正当竞争行为。4. S会展公司不构成不正当竞争，不应承担赔偿经济损失及赔礼道歉的法律责任。

【被告上诉答辩】

T传媒集团答辩称，请求二审法院驳回S会展公司的上诉请求。事实和理由：一、S会展公司从未主办过泰山国际马拉松赛，该赛事成为知名赛事是T传媒集团辛勤付出的结果，与S会展公司无关。二、T传媒集团使用"泰山国际马拉松"网站名称和使用的微信公众号合法正当，且从未有过诋毁S会展公司商业信誉的行为，不构成不正当竞争。1. T传媒集团是泰山国际马拉松赛的主办方，而且马拉松爱好者已经将泰山国际马拉松赛与T传媒集团建立起稳定的联系，T传媒集团将该赛事的推广报名网站命名为"泰山国际马拉松"属正当命名，不存在侵权行为。2. S会展公司对"泰山国际马拉松"网站名称不享有专有使用权，没有权利排除T传媒集团使用相同名称。"泰山国际马拉松"是网站中文名称，并非网站域名，不适用网络域名规则。且T传媒集团使用具有正当性，不构成不正当竞争。3. T传媒集团作为2016年泰山国际马拉松赛的主办方之一，有权使用"泰山国际马拉松"微信名称进行赛事宣传，不存在不正当竞争行为。4. T传媒集团也不存在恶意诋毁S会展公司商业信誉的行为。三、S会展公司违反诚实信用原则，虚假宣传、恶意诋毁T传媒集团，构成不正当竞争。

【被告上诉】

上诉人T传媒集团上诉请求：撤销一审判决第一、二、六、七项，改判驳回S会展公司的全部诉讼请求以及判令S会展公司赔偿T传媒集团经济损失200万元，一、二审案件受理费由S会展公司负担。事实和理由：一、一审法院认定T传媒集团注册、使用www.×××.org.cn域名构成不正当竞争错误。1. T传媒集团注册、使用www.×××.org.cn域名有正当理由。T传媒集团系2014年、2015年泰山国际马拉松赛的主办方，T传媒集团主办的2016年第三届泰山国际马拉松赛是前两届赛事的延续，T传媒集团为主办的泰山国际马拉松赛注册www.×××.org.cn域名是按照马拉松赛的域名惯例起名，不具有主观恶意。2. T传媒集团注册的域名与S会展公司的域名具有明显的区别，不会引起用户的混淆误认。一是二者域名类型不同，二是域名后缀不同表示网站性质不同，三是域名组织结构不同，四是T传媒集团在网站中表明赛事的主办方身份,不会误导社会公众。3. 一审法院适用法律错误。根据《最高人民法院关于审理计算机网络域名民事纠纷案件适用法律若干问题的解释》第五条规定,当事人必须具有"故意"混淆域名的主观性才能认定为具有恶意,而本案中,T传媒集团对涉案域名注册使用有正当性,并不具有主观恶意,因此,一审法院适用法律错误,导致判决结果错误。二、T传媒集团注册域名的行为合法正当,不构成不正当竞争,一审法院判令赔偿S会展公司经济损失于法无据。T传媒集团作为泰山国际马拉松赛事的主办方,并不构成不正当竞争,反而是S会展公司的虚假宣传误导公众的不正当竞争行为给T传媒集团造成了损失。三、一审法院判令S会展公司赔偿1万元数额过低。S会展公司的不正当竞争行为影响了泰山国际马拉松赛的报名及推广,给T传媒集团造成了巨大经济损失。此外,为调查S会展公司的不正当竞争行为,T传媒集团也支出了律师费、公证费等必要费用。

【原告上诉答辩】

被上诉人S会展公司答辩称,请求二审法院驳回T传媒集团的上诉请求。事实和理由:一、一审法院认定T传媒集团注册、使用www.×××.org.cn域名构成不正当竞争认定事实清楚、适用法律正确。1. T传媒集团没有注册、使用该域名的正当理由。T传媒集团在S会展公司在先使用www.×××.com域名的情况下注册使用涉案域名具有主观恶意,一审法院认定T传媒集团具有主观恶意适用法律正确。2. T传媒集团使用涉案域名的行为已经造成相关公众的混淆误认。相关公众区分不同的网络域名主要看域名中具有标识作用的部分,而不是其他。T传媒集团使用的域名中含有与S会展公司域名相同识别作用的×××部分,足以造成相关公众的混淆误认。二、T传媒集团的不正当竞争行为给S会展公司造成了巨大经济损失,一审法院判令T传媒集团赔偿S会展公司经济损失正确。三、一审法院判令S会展公司赔偿T传媒集团经济损失于法无据。

【二审法院认定】

二审法院二审期间,当事人围绕诉讼请求依法提交了证据,二审法院组织当事人进行了证据交换和质证。S会展公司为证明其主张,向二审法院提交以下证据:证据1. S会展公司163邮箱截图16份、QQ截图20份、新浪微博截图8份,其他网络截图12份。拟证明"泰山国际马拉松"网站名称是知名服务的特有名称,T传媒集团使用被诉网站的行为造成了相关公众的混淆误认。证据2. 泰山网及齐鲁网网络截图12份。拟证明S会展公司的"泰山国际马拉松"网站具有较高的知名度。证据3. 163邮箱截图2份。拟证明S会展公司使用赛事logo具有正当性。证据4. 赛事丈量证书一份、S会展公司163邮箱截图一份。拟证明S会展公司系泰山国际马拉松赛事主办方。证据5. 泰山国际马拉松在中国马拉松网站注册信息、S会展公司在中国马拉松网站赛事认证信息、泰山国际马拉松赛在中国马拉松注册信息、2016年中国田径协会全国马拉松相关运动赛事日历各一份。拟证明T传媒集团通过不正当手段篡改了山水公司的注册信息,构成不正当竞争。T传媒集团发表质证意见称,因S会展公司提供的证据1系复印件,对其真实性有异议;对证据2的真实性无异议,该证据虽能证明赛事的知名度,但该知名度并非S会展公司网站的知名度;对证据3的真实性无异议,但S会展公司接到T

传媒集团反诉后仍使用的行为构成不正当竞争;对证据4的真实性无异议,但不能证明S会展公司的主张;对证据5的真实性有异议。

二审法院认为,因证据1系S会展公司单方提供的打印件,T传媒集团对其真实性不予认可,二审法院对该证据真实性不予确认。证据2仅能证明涉案赛事具有知名度,并不能证明S会展公司的网站具有知名度;证据3不能证明S会展公司在2016年使用赛事logo具有正当性,故二审法院对该两份证据不予采信。证据4丈量证书系针对泰山国际马拉松赛事颁发的,并非颁发给S会展公司,因此,不能证明S会展公司系该赛事主办方。对证据5,因S会展公司一审并未提出相关主张,二审法院二审不予审查。

二审法院二审查明的事实与一审法院一致。另查明:S会展公司及T传媒集团二审均认可S会展公司宣传的"2016年第三届泰山国际马拉松赛事"与T传媒集团公司宣传的"2016年第三届泰山国际马拉松赛事"已产生实际混淆。

【二审法院认为】

二审法院认为,根据当事人诉辩主张,本案争议焦点为:一、T传媒集团是否实施了不正当竞争行为,如何承担责任;二、S会展公司是否实施了不正当竞争行为,如何承担责任。

一、关于T传媒集团是否实施了不正当竞争行为、如何承担责任的问题。本案二审中,S会展公司主张T传媒集团实施了以下四种不正当竞争行为:1. 注册、使用被诉域名;2. 将"泰山国际马拉松"作为网站及微信中文名称使用;3. 利用网站或其他媒体等方式进行赛事宣传构成虚假宣传;4. 采用不正当手段篡改S会展公司在田协的注册信息,损害了S会展公司的利益。对第4种行为,二审法院认为,S会展公司一审中并未单独提出该项主张,因T传媒集团不同意二审法院二审一并审理,根据《最高人民法院关于适用〈中华人民共和国民事诉讼法〉的解释》第三百二十八条之规定,二审法院二审对该主张不予审查,S会展公司可另行提起诉讼。二审法院针对S会展公司主张的T传媒集团的第1、2、3种行为是否构成不正当竞争,分别阐述如下:

1. 关于T传媒集团注册、使用被诉域名的行为是否构成不正当竞争的问题。

《最高人民法院关于审理涉及计算机网络域名民事纠纷案件适用法律若干问题的解释》第四条规定,人民法院审理域名纠纷案件,对符合以下各项条件的,应当认定被告注册、使用域名等行为构成侵权或者不正当竞争:(一)原告请求保护的民事权益合法有效;(二)被告域名或其主要部分构成对原告驰名商标的复制、模仿、翻译或音译;或者与原告的注册商标、域名等相同或近似,足以造成相关公众的误认;(三)被告对该域名或其主要部分不享有权益,也无注册、使用该域名的正当理由;(四)被告对该域名的注册、使用具有恶意。根据该规定,二审法院认为,T传媒集团构成不正当竞争,主要理由如下:

第一,S会展公司于2014年1月17日注册并使用www.×××.com网站域名,享有在先的权利。

第二,T传媒集团注册并使用被诉域名的行为没有正当理由。根据法院查明的事实,泰山国际马拉松赛事在T传媒集团的主办下,通过使用S会展公司涉案网站宣传和推广,已经在马拉松爱好者中具有了一定的知名度,相关公众看到涉案域名会想到泰山国际马拉松赛事,涉案域名已经与泰山国际马拉松赛事建立起了联系。2014年、2015年泰山国际马拉松赛事系由T传媒集团与S会展公司合作举办,并使用S会展公司在先注册的域名进行报名、宣传,T传媒集团对S会展公司的域名以及该域名与赛事建立起的联系是明知的。在2016年泰山国际马拉松赛事仍由T传媒集团主办,而其在不与S会展公司合作的情况下,应尽到合理的避让义务,注册使用的域名应与S会展公司的域名作出适当区分,避免相关公众的混淆误认。且考虑到"marathon"虽是马拉松的英文名称,但"泰山"并不仅仅能用中文拼音首字母"ts"来指代,故T传媒集团注册使用被诉域名没有尽到合理的避让义务,其在后注册并使用被诉域名难言正当。

第三,T传媒集团的行为会造成相关公众混淆误认。T传媒集团注册使用的域名中起识别作用的是"×××",该部分与S会展公司域名中起识别作用的部分完全相同,T传媒集团的被诉域名与S会展公司要求保护的涉案域名整体上构成近似。经2014年、2015泰山国际马拉松赛事的成功举办,相关公众已将S会展公司的域名与泰山国际马拉松赛事建立起联系。因被诉域名的识别部分与S会展公司在先域名的识别部分相同,故T传媒集团注册被诉域名宣传报道2016年泰山国际马拉松赛事的行为,会导致相关公众产生混淆,误认为两个网站之间存在关联关系及T传媒集团宣传的赛事与S会展公司宣传的赛事只是宣传口径不同的同一赛事,从而造成马拉松爱好者在选择、报名过程中无法对相关网站作出正确的识别。

综上,T传媒集团公司在后注册并使用www.×××.org.cn域名的行为不具有正当性,会造成相关公众的混淆误认,构成不正当竞争。

2. 关于T传媒集团使用网站和微信中文名称"泰山国际马拉松"的行为是否构成不正当竞争。对此,二审法院认为,泰山国际马拉松赛中的"泰山"表明的是赛事活动举办地,"国际"表明参赛人员的广泛性,"马拉松"表明了赛事的内容和性质。因此,泰山国际马拉松赛作为一项赛事具有强烈的地理标志性,作为赛事名称具有客观描述性,其赛事名称不应由任何个人或单位独占,只要是该赛事的主办方或者承办方为组织、宣传该赛事均可以使用该赛事名称。本案中,S会展公司使用该赛事名称作为网站和微信中文名称,一方面是因为其系2014、2015年赛事的承办方,另一方面是T传媒集团与S会展公司双方协议的结果。S会展公司二审中虽主张其系2014、2015年泰山国际马拉松赛事的主办方,但其并未提供有效的证据证明其主张,且根据T传媒集团提供的相关政府机关的批文,T传媒集团均是该两届赛事主办方,故对S会展公司关于其是赛事活动主办方的主张不予采信。根据T传媒集团与S会展公司签订的合作协议,该两届赛事使用S会展公司的网站、微信等进行宣传推广,协议同时明确,宣传行为由T传媒集团负责,涉案网站由T传媒集团与S会展公司共同参与管理运营工作,T传媒集团占主导地位。因此,S会展公司在系2014、2015年赛事承办方使用赛事名称作为其网站和微信中文名称的情况下,并不享有该赛事名称的独占使用权,不能将该赛事的特有名称认定为S会展公司网站和微信的特有名称,他人在作为主办方或者承办方组织和宣传该赛事的情况下亦可以将该赛事名称作为网站和微信的中文名称来使用。且S会展公司的微信中文名称为"泰山马拉松",与其主张保护的中文名称并不相同。因此,在T传媒集团作为2016年"泰山国际马拉松"赛事主办方之一的情况下,有权使用该赛事名称组织和宣传该赛事，其将"泰山国际马拉松"作为网站和微信的中文名称宣传该赛事并无不当。此外，S会展公司虽主张T传媒集团将该网站中文名称进行百度推广构成不正当竞争，但并未提供证据证明T传媒集团存在百度推广的行为，二审法院对其该主张不予采信。综上，二审法院认为，S会展公司并不享有网站和微信中文名称"泰山国际马拉松"的相关权益，T传媒集团为宣传"泰山国际马拉松赛"而将该赛事名称作为网站和微信中文名称理由正当，不构成不正当竞争。

3. 关于T传媒集团是否存在利用网站或其他媒体等方式进行虚假宣传的不正当竞争行为的问题。二审法院认为，T传媒集团系2016年泰山国际马拉松赛的主办方，其主办的赛事经过中国田径协会注册，赛事日历也在中国田径协会官方网站公布，故其在网站发布"2016第三届泰山国际马拉松赛是经中国田径协会注册认证的泰安市唯一的马拉松赛事"是对客观事实的描述，不会误导相关公众，不构成虚假宣传。而T传媒集团利用媒体发布的"关于2016泰山国际马拉松赛春季半程赛"的声明，亦是对客观事实的陈述，也不构成虚假宣传。故T传媒集团利用网站或其他媒体等方式对其主办的赛事进行宣传的行为不构成不正当竞争，一审法院对此认定正确，二审法院予以维持。

4. 关于如何承担责任的问题。《最高人民法院关于审理涉及计算机网络域名民事纠纷案件适用法律若干问题的解释》第八条规定，人民法院认定域名注册、使用等行为构成侵权或者不正当竞争的，可以判令被告停止侵权、注销域名；给权利人造成实际损害的，可以判令被告赔偿损失。因T传媒集团注册并使用涉案域名的行为构成不正当竞争，应承担停止侵权行为即注销涉案域名、赔偿损失的民事责任。S会展公司还主张T传媒集团应承担消除影响的责任，但并未提供证据证明T传媒集团的行为给其商誉造成了损害，故一审法院对其该主张不予支持并无不当。关于赔偿数额，因S会展公司并未提供证据证明因T传媒集团侵权受到的损失，亦未提供证据证明T传媒集团因侵权行为获得的利益，一审法院依据法律规定综合考虑S会展公司域名注册时间、辐射范围及为本案支出的公证费、律师费等因素，确定相应的赔偿数额并无不当。

二、关于S会展公司是否实施了不正当竞争行为的问题。对该焦点问题，二审法院亦针对当事人的主张阐述如下：

1. 关于S会展公司是否实施了虚假宣传行为的问题。《中华人民共和国反不正当竞争法》第九条规定，经营者不得利用广告或者其他方法，对商品的质量、制作成分、性能、用途、生产者、有效期限、产地等作引人误解的虚假宣传。二审法院认为，泰山国际马拉松赛作为在泰山举办的一项赛事，作为主办方或承办方可以使用该赛事名称对赛事进行宣传，但应把自己主办或承办的赛事与以前他人主办或承办的赛事作出适当的区分说明，避免相关公众的混淆误认。本案中，S会展公司作为2014年、2015年泰山国际马拉松赛事活动的承办方，经与主办方T传媒集团协议，其在承办该两届赛事期间有权使用该两届赛事的logo、形象代言人形象进行宣传以及赛事报道。在2016年不与T传媒集团合作的情况下，S会展公司可以作为主办方或承办方自行主办或承办泰山国际马拉松赛事，但在组织和宣传时应当与T传媒集团主办的第一、二届赛事作出适当的区分。而S会展公司却在其网站与泰山国际马拉松赛事建立起联系的情况下，利用涉案网站是其所有,微信、微博由其掌握的便利条件,在其网站上宣传2016年第三届泰山国际马拉松赛,并在网站、微信和微博中使用泰山国际马拉松赛事logo、形象代言人形象以及前两届泰山国际马拉松赛事的报道进行宣传,其行为容易使相关公众误认为S会展公司宣传的第三届泰山国际马拉松赛是2014年、2015年T传媒集团主办的前两届泰山国际马拉松赛事的延续,并已造成实际混淆。且在T传媒集团针对S会展公司的宣传发表澄清声明后,S会展公司又以"泰山国际马拉松赛组委会"的名义对外发布公告,但其并未在网站、微信、微博中告知相关公众该组委会与前两届组委会不同,亦未明确告知相关公众其宣传的赛事的主办方和承办方主体身份,表明其宣传行为具有造成相关公众混淆的主观意图。因此,S会展公司的行为构成虚假宣传。

2. 关于S会展公司是否实施了损害T传媒集团商业信誉行为的问题。《中华人民共和国反不正当竞争法》第十四条规定,经营者不得捏造、散布虚伪事实,损害竞争对手的商业信誉、商品声誉。本案中,S会展公司在其网站、微博中发布的《公开信》中对T传媒集团使用了"不择手段""其欺行霸市的黑道行为暴露无遗""如此见钱忘义、利令智昏、豪夺强取的人"等含有诋毁性的词语,S会展公司二审中主张上述词汇均是客观真实描述,但并未提供证据证明T传媒集团存在上述行为,因此,其行为系捏造散布虚伪事实的行为,会损害T传媒集团的商誉,该行为构成损害T传媒集团商业信誉的不正当竞争行为。

3. 关于如何承担责任的问题。二审法院认为,本案中,正是由于S会展公司具有混淆意图的虚假宣传行为才造成相关公众将其宣传的赛事与T传媒集团2016年主办的赛事产生了混淆,因此,S会展公司不仅应停止造成混淆的宣传行为,即应删除其网站、微博、微信中泰山国际马拉松赛图案标识LOGO、2014年和2015年泰山国际马拉松赛的赛事活动照片和相关历史资料等宣传资料以及以泰山国际马拉松赛组委会名称发布的相关内容,还应在以后的宣传中作出适当区分,避免再次产生混淆。又因S会展公司实施了损害T传媒集团商业信誉的不正当竞争行为,应承担停止侵权、赔礼道歉及赔偿经济损失的民事责任。关于赔偿数额的确定问题。根据《最高人民法院关于审理不正当竞争民事案件应用法律若干问题的解释》第十七条"确定反不正当竞争法第五条、第九条、第十四条规定的不正当竞争行为的损害赔偿额,可以参照确定侵犯注册商标专用权的损害赔偿额的方法进行"及《中华人民共和国商标法》第六十三条第一、三款"侵犯商标专用权的赔偿数额,按照权利人因被侵权所受到的实际损失确定;实际损失难以确定的,可以按照侵权人因侵权所获得的利益确定;权利人的损失或者侵权人获得的利益难以确定的,参照该商标许可使用费的倍数合理确定。对恶意侵犯商标专用权,情节严重的,可以在按照上述方法确定数额的一倍以上三倍以下确定赔偿数额。赔偿数额应当包括权利人为制止侵权行为所支付的合理开支。权利人因被侵权所受到的实际损失、侵权人因侵权所获得的利益、注册商标许可使用费难以确定的,由人民法院根据侵权行为的情节判决给予三百万元以下的赔偿"的规定,本案中,因T传媒集团并未提供证据证明因S会展公司侵权受到的损失,亦未提供证据证明S会展公司因侵权行为的获利,一审法院依据法律规定确定相应的赔偿数额并无不当。虽然T传媒集团对一审法院确定的赔偿数额有异议,但未提交新的证据证明其主张,故二审法院不予支持。T

传媒集团虽二审主张为维权支出了律师费、公证费等合理费用，但其一审中并未主张合理开支，故二审法院对该主张不予审查，其可以另行提起诉讼。

【二审法院判决】

S会展公司、T传媒集团的上诉请求均不能成立，应予驳回。一审判决认定事实清楚、适用法律正确，应予维持。依据《中华人民共和国民事诉讼法》第一百七十条第一款第（一）项之规定，判决如下：驳回上诉，维持原判。二审案件受理费25,200元，由T传媒集团有限公司负担16,800元，泰安市S会展有限公司负担8,400元。本判决为终审判决。

【律师评析】

本案是一起因举办泰山国际马拉松比赛而引起的计算机网络域名及不正当竞争纠纷。案件的当事人T传媒集团和S会展公司曾经分别以主办单位和承办单位的名义合作举办过2014年和2015年的泰山国际马拉松比赛。到2016年，双方不再合作举办2016年的泰山国际马拉松比赛，而是由T传媒集团取得泰安市人民政府、泰安市体育总会的许可，与泰安市体育总会等组织一同作为主办单位举办2016年的赛事。与此同时，S会展公司也准备举办2016第三届泰山国际马拉松赛，但该赛事未经中国田径协会注册。因双方拟举办的比赛相似、举办时间相近，双方展开了激烈的商业竞争，均认为对方作出不正当竞争的行为，侵犯了自身的权益。

为此，S会展公司向法院起诉，认为T传媒集团使用涉案计算机网络域名、微信公众号名称，以及利用网站或其他媒体等方式进行宣传等行为构成不正当竞争；另一方面，T传媒集团也提起反诉，认为S会展公司利用网站或其他媒体进行宣传、发布《公开信》的行为构成不正当竞争。一审和二审法院对上述诉讼请求和理由均进行了仔细的审理，认为双方的行为均成立不正当竞争。本案的审理焦点涉及不正当竞争中的混淆行为、虚假宣传行为、诋毁商誉行为、计算机网络域名侵权的认定以及不正当竞争赔偿数额的认定。本文仅就其中如何认定计算机网络域名侵权或不正当竞争的法律问题进行评述。

计算机网络域名是指互联网络上识别和定位计算机的层次结构式的字符标识。由于域名具有识别性，有显著的区别功能，网络中的访问者可以凭借域名的识别性来区分信息服务的提供者，域名日益成为企业在互联网上的重要标志，因此往往被用作商业标识符号。企业往往尽可能使用其商标或商号作为域名的实质部分，使访问者可以通过域名识别网站创立人的信息和服务。

在本案中，一、二审法均依照《最高人民法院关于审理涉及计算机网络域名民事纠纷案件适用法律若干问题的解释》（以下简称《解释》）第四条和第五条的规定，认定T传媒集团注册与S会展公司所注册的域名相近的域名的行为构成计算机网络域名不正当竞争。

《解释》第四条规定："人民法院审理域名纠纷案件，对符合以下各项条件的，应当认定被告注册、使用域名等行为构成侵权或者不正当竞争：（一）原告请求保护的民事权益合法有效；（二）被告域名或其主要部分构成对原告驰名商标的复制、模仿、翻译或音译；或者与原告的注册商标、域名等相同或近似，足以造成相关公众的误认；（三）

被告对该域名或其主要部分不享有权益,也无注册、使用该域名的正当理由;(四)被告对该域名的注册、使用具有恶意。"

对于第四条第四项中的"恶意"的认定,《解释》第五条第一款做出了规定:"被告的行为被证明具有下列情形之一的,人民法院应当认定其具有恶意:(一)为商业目的将他人驰名商标注册为域名的;(二)为商业目的注册、使用与原告的注册商标、域名等相同或近似的域名,故意造成与原告提供的产品、服务或者原告网站的混淆,误导网络用户访问其网站或其他在线站点的;(三)曾要约高价出售、出租或者以其他方式转让该域名获取不正当利益的;(四)注册域名后自己并不使用也未准备使用,而有意阻止权利人注册该域名的;(五)具有其他恶意情形的。"据此,法院从T传媒集团注册涉案域名的行为、目的和使用方法等放方面来综合考量,最终认定其行为符合《解释》第四条和第五条第一款第二项的规定,构成不正当竞争。

【律师建议】

尽管本案中S会展公司在计算机网络域名的竞争中取得了胜利,但其也因不当使用涉案网站、微信、微博对自己举办的赛事进行宣传,以及公开发文诋毁竞争对手的行为而被法院认定构成不正当竞争。因此,对于会展企业而言,本案的教训在于:一方面,企业要勇于维护自己的权益,对于侵犯企业权益的行为,要积极地予以维权;另一方面,企业也应当遵守诚实信用原则,在商业竞争中采取善意、良性的竞争方式,不能采取故意混淆、诋毁商誉等恶性竞争的方式来损害竞争对手的合法权益,否则,将会受到法律的惩罚,最终损害的仍旧是自身的利益。

【精选案例 26】

展台设计方案的著作权保护

【引言】

我国会展业快速发展的同时，会展知识产权侵权现象日益严重。其中原因之一在于有些展览公司在遭遇侵权时选择忍气吞声、息事宁人。本案中，C 国际会展有限公司在展台设计方案遭受抄袭后，没有忍气吞声，没有息事宁人，而是拿起法律武器维权，提起侵害著作权纠纷的诉讼，最终取得胜诉。

【案由】

侵害著作权纠纷。

【诉讼地位】

原告、被上诉人。

【案例来源】

某市服装商会等与 C 国际会展有限公司著作权权属、侵权纠纷二审民事判决书。

【原告诉请】

C 公司是一家从事会议及展览服务的公司，服务内容包括设计、制作、代理、发布广告等。2013 年年初，某市 H 服饰有限公司找到 C 公司要求对其即将于 2013 年 3 月 26 日至 29 日在北京国际展览中心参展的服装展台进行包装设计并负责后期展台搭建等施工工作。起初是由 H 公司的经理陈某负责与 C 公司进行磋商具体展台设计细节。C 公司一共为 H 公司出了两套设计方案并提供了报价单。H 公司对 C 公司的设计相当满意。但是，H 公司在掌握 C 公司设计方案后，C 公司多次与 H 公司联系合作事宜，H 公司都对 C 公司置之不理。因此，C 公司与 H 公司之间并未最终签订合作协议。

2013 年 3 月 26 日至 29 日，C 公司也参加了这一次展会。C 公司发现，涉案展台的设计剽窃了 C 公司出具的设计方案，总体外观设计及展台形状和 C 公司出具的设计方案图如出一辙。C 公司找 H 公司陈某交涉此事，但是陈某一直避而不谈。在电话中，陈某说后来一起把设计方案转给了服装商会，因为 H 公司要和其他服装公司（同是服装商会会员）一起以汉派服装的名义在展台布展，具体组织工作由服装商会来负责。陈某告知 C 公司应该和服装商会交涉关于盗用 C 公司设计方案事宜。之后，C 公司便在展会现场与服装商会秘书长李某某进行交涉。

在未经 C 公司同意的情况下，H 公司擅自将 C 公司设计成果转交给服装商会。服装商会在进行展台布展设计上完全盗用 C 公司设计成果的行为是一种侵害 C 公司著作权的违法行为。而且，服装商会秘书长李某某对服装商会擅自使用 C 公司设计图纸及方案的事实予以承认。李某某表示：本着诚意合作的态度，服装商会愿意给予 C 公司 3000 元的经济补偿。C 公司感觉对方毫无悔改诚意且该赔偿金额实在难以弥补 C 公司因此所遭受的经济损失。根据《中华人民共和国著作权法》的相关规定，服装商会与 H 公司已经共同侵犯了 C 公司的著作权，应依法承担相应的法律责任。

C 公司的诉讼请求：1. 判令服装商会与 H 公司立即停止侵权行为；2. 判令服装商会与 H 公司消除影响并公开向 C 公司赔礼道歉；3. 判令服装商会与 H 公司赔偿 C 公司经济损失 12.48 万元；4. 判令服装商会与 H 公司承担 C 公司的合理费用 5000 元；5. 判令服装商会与 H 公司承担本案诉讼费。

诉讼过程中，服装商会以其参展的展台设计方案全部由 D 公司提供，相关法律责任亦应由 D 公司承担为由，申请追加 D 公司为一审被告；C 公司撤回了对 H 公司的起诉，亦以服装商会提出涉案展台是由 D 公司自行设计，故 D 公司与本案具有直接的法律上的利害关系且应该依法由法院追加为被告为由申请追加 D 公司作为一审被告参加诉讼，并要求 D 公司与服装商会共同承担连带责任。根据本案案情并依服装商会及 C 公司的申请，一审法院依法追加 D 公司为一审被告。

【被告辩称】

服装商会一审辩称：服装商会与 D 公司签订合同，将展台设计、制作、搭建、撤展全部交给该公司负责，为此服装商会并未侵犯 C 公司的著作权；陈某是以个人名义与 C 公司联系，并无服装商会的授权。因此，陈某的个人行为与服装商会无关；服装商会秘书长李某某并未承认侵犯 C 公司著作权。因此，服装商会并非本案适格被告，请求法院裁定驳回 C 公司对服装商会的起诉。

D 公司一审辩称：D 公司向服装商会提交的设计方案为 D 公司独立完成，D 公司享有该设计方案独立完整的著作权，该著作权的形成时间早于 C 公司，不存在侵犯 C 公司著作权的可能；D 公司从未可能或实质性接触过 C 公司的设计方案，且 D 公司设计方案与 C 公司设计方案存在明显差别，不具有实质性相似；C 公司的设计方案不具有独创性，该设计方案在展台展览等商业活动中广泛使用；C 公司起诉赔偿经济损失及合理费用，没有事实和法律依据。综上所述，请求法院驳回 C 公司的诉讼请求。

【一审法院认定】

服装商会为组织其会员 H 公司等八家企业参加第二十一届中国国际服装服饰博览会，与 C 公司等多家公司洽谈了展台的设计、搭建等事宜。

2013 年 1 月至 2 月期间，C 公司的项目经理曹某某通过×××（×××号码为×××）与"服装展汪先生"（×××号码为×××）、"艾斯德尼 ASDN"（×××号码为×××）就展台的设计、价款等进行了协商。其中与"服装展汪先生"的联系时间分别为 2013 年 1 月 11、15、18、21、29 日，与"艾思德尼 ASDN"的联系时间分别为 2013 年 2 月 4、5、6、18、21 日。与"服装展汪先生"的聊天记录显示"服装展汪先生"于

2013年1月11日向C公司发送了展设计要求，1月15日提供了联系电话139XXXXXXXX，C公司于2013年1月21向"服装展汪先生"发送了北京和展－汉派服装展团设计方案.ppsx，1月29日发送了汉派服装展团展台制作报价单，另双方对设计初稿时间、报价单的出具等进行了协商；与"艾思德尼ASDN"的聊天记录显示，C公司于2013年2月4日称方案已发到"艾思德尼ASDN"的×××邮箱，"艾思德尼ASDN"于2013年2月6日回复称："方案我看过了，等过了年我们讨论决定哪一家，你的报价也可以再做一个过来。"2013年2月4日曹某某通过×××邮箱向"艾思德尼ASDN"发送了和展－汉派服装展团设计方案2.ppsx。

2013年2月1日，陈某用手机号码138XXXXXXXX分两次向曹某某发送了短信。第一次的短信内容为：曹先生，我是某展团负责人陈某，想找你谈一下你们出的设计方案，有空请回电。我已加你的×××号了。第二次的短信内容为：1.展台外观造型参照某火车站拱起9波浪造型改一下，要灯光效果；2.门口没有迎宾台；3.各个单位连排的位置隔断不能太长，不能隔成一个档一个档要有整体效果；4.T台能否转到左上角变情景背景展示和走秀，8家位置调整一下；5.你们报价比其他家明显高很多，不具性价比，请给明细材料报价。

诉讼中，C公司在一审庭审中用其电脑展示了两套设计方案及两套设计方案的制作时间和修改时间。其中方案一显示的创建时间为2013年1月20日21：16：21，修改时间为2013年1月21日7：45：42；方案二的创建时间为2013年2月3日1：38：20，修改时间为2013年2月4日12：15：58。

经勘验，"服装展汪先生"于2013年1月11日向C公司发送的参展设计要求、C公司于2013年1月21向"服装展汪先生"发送的C－汉派服装展团设计方案.ppsx不能从聊天记录页面打开，参展设计要求可以从C公司电脑的另一存储路径打开，其中显示的参展企业与服装商会组织的参展企业相同，1月29日发送的汉派服装展团展台制作报价单可以打开，内容与C公司向一审法院提交的证据汉派服装展团展台制作项目预算书一致。曹某某于2013年2月4日通过×××邮箱向"艾思德尼ASDN"发送的C－汉派服装展团设计方案2.ppsx与其向一审法院提交并展示的设计方案二一致。

诉讼中，C公司称，"服装展汪先生"及"艾思德尼ASDN"均为H公司的工作人员，"艾思德尼ASDN"为陈某，汪先生只是提了一些前期的工作要求，后由陈某接手，不知道汪先生的姓名；服装商会认可其委托H公司的陈某联系了大约8、9家展览公司并洽谈合作，其中包括C公司。

诉讼中，C公司认为其提交的上述×××聊天记录等证据可以证实服装商会及D公司具有接触C公司设计方案的事实。服装商会及D公司否认曾接触C公司的设计方案，并以×××号码不具有唯一性与实名认定性，数据存在于第三方服务器上，无法证实真实性，发送手机短信的陈某不能证明是H公司的陈某等为由认为C公司不能达到其证明目的。

另，2013年3月14日，服装商会与D公司签订了一份合同书（D公司在合同上签字时间为2013年3月12日）。合同约定：服装商会委托D公司，就服装商会第二十一届中国国际服装服饰博览会中展台设计与承建事宜，根据国家有关法律规定，经双方友好协商，特签订本合同；展会时间为 2013 年 3 月 26 日至 3 月 29 日。展台面积为 21×19＝399 平方米；合作事项为服装商会在第二十一届中国国际服装服饰博览会的展台制作、展台搭建、展台撤展的工作由 D 公司负责；工程质量及工期，其中，工程质量要求为按照效果图施工。工程制作工期为制作 20 个工作日，布展 3 个工作日。进馆时间为 2013 年 3 月 23 日，撤馆时间为 2013 年 3 月 29 日。交付使用时间为 2013 年 3 月 26 日；服装商会协助和配合 D 公司工作，按时提供相关资料（如公司 LOGO、喷绘图片及企业标准文字的材质以及颜色），以确认展会活动期间使用。D 公司应对该等资料保密；服装商会确定设计方案、项目报价单及效果图，监督 D 公司实施过程。D 公司展台制作的设计方案，需报服装商会书面确认，设计方案验收不合格的，D 公司应按服装商会要求进行修改；合同总金额为 555000 元（该价格不含税金，含第三方报馆费用）；服装商会应在本合同签订之日起的 2 个工作日内，向 D 公司支付项目总费用的 70% 计 388500 元。尾款 30% 计 166500 元于展会开展验收合格后，即 2013 年 3 月 26 日开展当天付清；款项以现金或转账形式支付。合同签订后，D 公司按合同约定完成了涉案展台的搭建、撤展等工作；服装商会于 2013 年 3 月 15 日给付 D 公司 35 万元，于 2013 年 4 月 1 日给付 D 公司 20.5 万元。

2013 年 3 月 26 日至 3 月 29 日，服装商会组织 H 公司等 8 家会员单位参加第 21 届中国国际服装服饰博览会期间，C 公司认为涉案展台设计剽窃了其出具的两套设计方案。C 公司拍摄了涉案展台现场照片，并就此问题及经济补偿问题与服装商会秘书长李某某等人进行了协商，但未能达成一致意见。为此，C 公司诉至一审法院。C 公司并因委托律师处理此纠纷支付律师服务费 5000 元。

诉讼中，D 公司称与服装商会合作是其工作人员主动联系的服装商会的秘书长李某某，其分别于 2013 年 1 月中旬和 2 月份以快递方式向李某某交付了两套设计方案及效果图，合同价款是通过电话与李某某协商，通过合同具体体现的，没有报价单。服装商会对 D 公司的上述陈述没有异议，称陈某与若干家展览公司联系，D 公司知道后主动与服装商会联系，双方经过多次洽谈后进行了合作。D 公司寄送的材料都收到了，但其没有保存。D 公司并称其保存涉案展台设计方案的电脑中了病毒，故本案中已无法通过电脑查看涉案展台设计方案的创建时间。服装商会及 D 公司就其主张的 D 公司向服装商会邮寄设计方案未能提交证据予以证明。

经一审法院调查，服装商会秘书长李某某证实：因 H 公司也参展，服装商会就让 H 公司的陈某和汪先生处理参展事宜，联系布展事项，与 D 公司签订合同也是由陈某和汪先生处理、签订的；经一审法院向中国移动通信集团湖北有限公司核实，手机号码 138XXXXXXXX 的用户名称为陈某、139XXXXXXXX 的用户名称为汪某某。

诉讼中，D 公司称其向服装商会提交的设计方案为其依据 2012 年 12 月 30 日前向某市 Y 时装有限公司提交的设计方案略加修改独立完成，D 公司享有该设计方案独立完整的著作权，该著作权的形成时间早于 C 公司。为证实其主张，D 公司向一审法院提交了以下证据：1. 公证书。该公证书对 D 公司提供的电脑中保存的"零典衣典"方案的存储状况进行了公证。该公证书显示"零典衣典"方案的创建时间及修改时间均为 2012 年 12 月 30 日，访问时间为 2013 年 10 月 28 日；2. 盖有 Y 公司公章的证明、情况说明。其中证明内容为：兹有阳之晨公司因参加 2013 年第 21 届中国国际服装服饰博览会，与 D 公司进行展台方案设计接洽，由 D 公司出具设计方案、图片和效果图，D 公司于 2012 年 12 月 30 日前向我方提交了相关设计方案、图片和效果图，经比对，确系公证书中所附的内容。上述情况完全属实，特此证明；3. Y 展台创意设计方案（即"零典衣典"方案）；4. 某服装展团设计方案。C 公司经质证对公证书公证内容的真实性及盖有阳之晨公司公章的证明及情况说明的真实性不予认可，并认为"零典衣典"方案与涉案展台实际使用的设计方案没有相似性。对某服装展团设计方案，C 公司认可确实是涉案展台实际使用的设计方案。

将 D 公司的某服装展团设计方案与"零典衣典"方案比较，两方案在吊顶结构、LED 发光带、LED 屏幕、入口接待台、外部吊灯的设计上相似。将 C 公司的设计方案与 D 公司的某服装展团设计方案及涉案展台现场照片相比较，两者在吊顶结构、出入口位置、8 家参展单位位置、是否设置入口接待台等设计上存在不同之处，但两者在展台的整体形状、舞台的形状及舞台与 LED 电视、舞台两旁立柱装饰的组合设计、模特与立柱的组合设计等展台的主要构造设计上构成相似。

C 公司制作的汉派服装展团展台制作项目预算书包括八项费用（共计 691,585.1 元），未注明设计费用。诉讼中，C 公司称其要求赔偿的经济损失数额是按照汉派服装展团展台制作项目预算书前 6 项价款之和 624,135 元乘以 20％得出的毛利率，并称设计费大概为 3 万元。服装商会及 D 公司对 C 公司主张的毛利率及设计费数额不予认可，D 公司并称其虽承揽了涉案展台的设计等工作，但其并不清楚合同价款含多少设计费用。

诉讼中，C 公司称服装商会曾承认侵权事实，但未提交有效证据予以证明；C 公司放弃了第一、第二项诉讼请求。

上述事实，有 C 公司提交的×××聊天记录、电子邮件、手机短信、设计方案、汉派服装展团展台制作项目预算书、现场照片；服装商会提交的合同书、中国工商银行业务委托书回执；D 公司提交的公证书、证明及情况说明、"零典衣典"方案、某服装展团设计方案、合同书、平安银行业务回单及二审法院庭审笔录、调查笔录等在案佐证。

【一审法院认为】

本案中，服装商会认可其委托 H 公司的陈某针对第 21 届中国国际服装服饰博览会布展事宜联系了包括 C 公司在内的多家公司洽谈合作，服装商会的秘书长李某某证实服装商会委托 H 公司的陈某及汪先生处理参展事宜等，因此陈某及汪先生与 C 公司针对涉案展台的洽商过程应为受服装商会的委托并代表服装商会，服装商会应为陈某、汪先生的行为后果承担民事责任。经一审法院调查，手机号码 138XXXXXXXX 的用户名称为陈某，结合一审法院查明的其他事实，可以认定该陈某为 H 公司的陈某。陈某于 2013 年 2 月 1 日向 C 公司工作人员曹某某发送的手机短信内容，可以证实陈某收到了 C 公司一套设计方案及报价单，手机短信内容与×××聊天记录显示的曹某某向"服装展汪先生"发送设计方案、"艾斯德尼 ASDN"表示方案已看过，电子邮件显示的曹某某向"艾斯德尼 ASDN"×××邮箱发送设计方案，从时间到内容上相互印证，亦与 C 公司展示的两套设计方案创建时间相互印证，故一审法院认定 C 公司向一审法院提交的证据形成了证据链,结合当事人的陈述及一审法院查明的事实,可以证实C公司向服装商会提供了两套设计方案。服装商会获得C公司的设计方案后,D公司有机会接触C公司的设计方案,故D公司关于其没有可能接触C公司设计方案的辩解意见一审法院不予采信。

C公司主张享有著作权的两套设计方案,系C公司与服装商会洽商合作过程中按服装商会的要求创作完成,在没有相反证据的情况下,C公司享有该两套设计方案的著作权,他人未经许可不得使用。D公司关于C公司的设计方案不具有独创性的辩解意见一审法院不予采信。

服装商会在参加第21届中国国际服装服饰博览会期间使用的D公司的某服装展团设计方案与C公司的设计方案比较,虽然存在展台顶部设计不同等不同之处,但两者在展台的整体形状,舞台的形状及舞台与LED电视、舞台两旁立柱装饰的组合设计等展台的主要构造设计上构成相似。如前所述,D公司有机会接触C公司的设计方案,且D公司未能举证证明其针对涉案展台的设计时间在C公司的设计方案之前,故可以认定D公司的某服装展团设计方案抄袭了C公司的设计方案,构成了著作权法意义上的复制行为。因此,即使"零典衣典"方案确实在2012年12月30日之前即已存在,D公司的某服装展团设计方案与"零典衣典"方案存在相似之处,亦不能否定D公司抄袭C公司设计方案的事实。故D公司关于其不存在侵权行为的辩解意见一审法院亦不予采信。

服装商会作为涉案展台的实际使用者,在未与C公司协商一致的情况下擅自向他人披露在磋商阶段收到的C公司涉案展台设计方案,D公司在承揽涉案展台的设计搭建等工作后,在展台的设计上抄袭C公司设计成果,系未经许可使用他人作品的行为,侵犯了C公司的复制权、署名权,依法应承担赔偿损失的法律责任。关于赔偿经济损失的数额,根据我国《著作权法》第四十九条的规定,侵权人应当按照权利人的实际损失给予赔偿;实际损失难以计算的,可以按照侵权人的违法所得给予赔偿;二者均不能确定的,可以根据侵权情节酌情判处;赔偿数额还应当包括权利人为制止侵权行为所支付的合理开支。C公司以其前六项报价为基数按20%计算的毛利率主张赔偿,无事实及法律依据,一审法院不予支持。C公司主张的设计费数额较为合理,一审法院同时根据服装商会及D公司的过错程度,因侵权的获利等因素,酌情确定C公司的经济损失为2万元。关于C公司为本案支付的律师代理费,确属合理支出,一审法院予以支持。

【一审法院判决】

一审法院依法判决:一、服装商会、D公司赔偿C公司经济损失二万元,并互负连带责任,于判决生效之日起七日内执行;二、服装商会、D公司赔偿C公司合理费用五千元,并互负连带责任,于判决生效之日起七日内执行;三、驳回C公司的其他诉讼请求。

【被告上诉】

判决后,D公司、服装商会均不服,上诉至二审法院,请求驳回C公司全部诉讼请求。D公司和服装商会的上诉理由为:一、C公司提供的联系案外人×××聊天记录、电子邮件等电子证据效力不足,一审法院以此作为认定事实的证据明显错误。二、一审法院违反法律程序代当事人赴外地调查取证，违反最高人民法院《关于民事诉讼证据的若干规定》第十五条之规定。三、无证据显示C公司将其设计方案递交给了H公司，而H公司又转交了服装商会，D公司使用了该方案。四、服装商会使用的设计方案与C公司方案不构成实质性相似。五、C公司请求赔偿，无事实和法律依据。

【二审法院认定】

二审法院经审理查明的事实与一审法院查明的事实基本一致。上述事实，有C公司提交的×××聊天记录、电子邮件、手机短信、设计方案、汉派服装展团展台制作项目预算书、现场照片、服装商会提交的合同书、中国工商银行业务委托书回执、公证书、证明及情况说明、"零典衣典"方案、某服装展团设计方案、合同书、平安银行业务回单、一审法院调查笔录及当事人当庭陈述等证据在案佐证。

【二审法院认为】

根据D公司的上诉请求及理由，本案有如下焦点问题：

首先，关于D公司认为一审法院违反法律程序主动调查取证一节。依据《中华人民共和国民事诉讼法》第六十四条第二款规定，当事人及其诉讼代理人因客观原因不能自行收集的证据，或者人民法院认为审理案件需要的证据，人民法院应当调查收集。《最高人民法院关于适用〈中华人民共和国民事诉讼法〉若干问题的意见》第73条规定，依照民事诉讼法第六十四条第二款规定，由人民法院负责调查收集的证据包括：（1）当事人及其诉讼代理人因客观原因不能自行收集的；（2）人民法院认为需要鉴定、勘验的；（3）当事人提供的证据互相矛盾、无法认定的；（4）人民法院认为应当由自己收集的其他证据。一审法院为查明本案关键事实，赴中国移动通信集团湖北有限公司、H公司调取的电信信息和"陈某""汪先生"的身份证据，是一审原告及其诉讼代理人因客观原因不能自行收集的。而且调取的"陈某"和"汪先生"的身份证据，是一审原告已经提供了初步证据而一审被告不予认可但未提供有效反证的重要证据。为保障当事人的合法权益，查清本案重要事实，一审法院决定主动调查取证，并未违反相关法律规定。对D公司该上诉理由，二审法院不予采纳。

其次，C公司提供的联系案外人×××聊天记录、电子邮件等电子证据内容是否应该采信的问题。《中华人民共和国民事诉讼法》明确规定，证据包括电子数据。由于电子证据的形成、取得有一定的特殊性，对于电子证据的认定，人民法院应当采取谨慎的态度。一审法院将×××聊天记录、电子邮件等证据的内容与其他证据相结合，认定了电子证据的真实性，且在权衡了双方提供证据的效力后，采信了电子证据的内容，并无不妥，二审法院予以支持。在上诉人没有反证予以推翻一审认定事实的前提下，对上诉人主张否认本案电子证据证明的内容，二审法院不予采纳。

第三，C公司方案是否有独创性，以及D公司使用的设计方案与C公司方案是否构成实质性相似。D公司主张C公司设计方案与其在先设计雷同无独创性，但未提供充分有效证据予以佐证，二审法院不予支持。C公司涉案两个方案在整体外观、主体结构上基本相同，只是出口和T台走向不同。D公司使用的设计方案虽与C公司方案在局部细节上存在差异，但在整体外观、主体结构、T台设计等方面相近似，从直观视觉效果看，构成了对C公司方案的再现。因此，一审法院认定D公司使用的设计方案与

C公司方案构成实质性相似,并无不妥。

第四,关于D公司是否接触了C公司方案的问题。服装商会认可其委托陈某联系布展事宜,理应对陈某联系C公司设计展台的洽商结果负责。通过当事人提供的×××聊天记录、电子邮件以及一审法院调查取得的证据,可以认定服装商会通过陈某获得了C公司的设计方案。D公司在案件审理过程中,未能向人民法院提供设计草图、创作记录等能够证明其独立完成涉案设计方案的相关证据,仅辩称其没有接触可能,一审法院对此未予采纳,并无不妥。综合现有证据,一审法院认定D公司有机会通过服装商会接触C公司的设计方案,二审法院不持异议。

第五,关于C公司请求赔偿的事实和法律依据。依据《中华人民共和国著作权法》第四十九条之规定,侵犯著作权或者与著作权有关的权利的,侵权人应当按照权利人的实际损失给予赔偿;实际损失难以计算的,可以按照侵权人的违法所得给予赔偿。赔偿数额还应当包括权利人为制止侵权行为所支付的合理开支。权利人的实际损失或者侵权人的违法所得不能确定的,由人民法院根据侵权行为的情节,判决给予五十万元以下的赔偿。本案中,虽然C公司不能提供实际损失的证明,但不影响人民法院根据服装商会、D公司的合同利益、过错程度、侵权行为情节等,酌情认定赔偿数额,对权利人施与救济。一审法院判决服装商会、D公司承担连带赔偿责任,于法有据。对D公司该上诉主张,二审法院不予支持。

【二审法院判决】

综上,D公司的上诉请求无事实和法律依据,二审法院不予支持。一审判决认定事实清楚,适用法律正确,二审法院依法予以维持。依据依照《中华人民共和国著作权法》第四十八条第(一)项、第四十九条,《中华人民共和国侵权责任法》第八条,《中华人民共和国民事诉讼法》第一百七十条第一款第(一)项的规定,判决如下:驳回上诉,维持原判。一审案件受理费2,896元,由C国际会展有限公司负担896元(已交纳),由某市服装商会、D国际展览有限公司负担2,000元(于本判决生效之日起7日内交纳)。二审案件受理费425元,由某市服装商会、D国际展览有限公司负担(已交纳)。本判决为终审判决。

【律师评析】

根据《中华人民共和国著作权法》的规定,对工程设计图、产品设计图、地图、示意图等图形作品和模型作品,作者享有著作权,受法律保护。据此,设计方案(含设计图纸等)是《著作权法》的保护对象;剽窃(含抄袭)他人的,属于侵害著作权的行为,侵权人应当赔偿权利人的损失。但是,由于实践中当事人对侵权人的侵权行为的取证十分困难,对是否构成"剽窃"的界定也很不容易,所以此类案件的诉讼成本很高,成功率不高。因此,很多展览公司虽深受其害,大多选择忍气吞声、息事宁人。而本案中,C国际会展有限公司在展台设计方案遭受抄袭后,没有忍气吞声,没有息事宁人,而是拿起法律武器维权,提起侵害著作权纠纷的诉讼,并最终取得胜诉。C公司的维权行动非常值得赞赏,其成功经验值得同行借鉴。

本案中,在侵权事实的认定上,一审法院及二审法院均采信了原告C公司提交的聊天记录、电子邮件、手机短信等电子证据。因此,电子证据对原告的胜诉功不可没。

原告提交的电子证据内容是否应该采信的问题，是本案二审的一个重要争议焦点。某市服装商会、D国际展览有限公司作为侵权人，在上诉中主张这些电子证据的证明力不足，不能采信。对此，二审法院认为，一审法院将电子证据的内容与其他证据相结合，认定了电子证据的真实性，且在权衡了双方提供证据的效力后，采信了电子证据的内容，并无不妥；在上诉人没有反证予以推翻一审认定事实的前提下，对上诉人否认本案电子证据证明的内容的主张，二审法院不予支持。

关于电子证据，2015年2月4日最高人民法院发布并实施的《关于适用〈中华人民共和国民事诉讼法〉的解释》第一百一十六条详细规定了作为民事证据类型的电子证据，并将电子证据明确区分为电子数据和视听资料。其中，视听资料包括录音资料和影像资料，电子数据包括网上聊天记录、博客、微博客、手机短信、电子签名、域名等形成或者存储在电子介质中的信息。从本案法院对电子证据的采信中，我们知道在诉讼中当事人电子证据的举证非常重要。而当事人能够举证，前提在于电子证据的收集。聊天记录、手机短信、QQ聊天记录、微信等要成为电子证据还必须要满足证据规则"三性"（真实性、合法性、关联性）的要求，而首先必须要真实可靠，保证不被破坏，能证明完整性。因此，建议在收集证据的时候可以直接进行第三方电子数据保全，如证据保全公证。

【律师建议】

在知识产权保护领域，任何的事后救济都比不上事前防范。诉讼属于"事后救济"，而任何诉讼都存在诉讼风险，且需要成本。本案中，原告为了证明展会使用的设计方案与自己的设计方案相同，以及为了证明谁是侵权人，耗费了不少工夫。因此，展览企业在经营中应增强事前保护的意识，注重展台、展会设计方案等著作权的事前保护，防患于未然。有关事前保护是一篇大文章，大到企业知识产权战略的制定，小到合同履行的每一个环节、每一个细节。但核心是要有具体的保护措施，且落实到位。如本案，在设计方案交付前，C公司如果与某市服装商会先签订一个保密协议，可能就无须日后遭受诉累了，而即便是还需通过诉讼方式维权，在举证方面也可以减少很多麻烦。

【精选案例 27】

顾客车辆被会馆建筑物上坠落的冰雪砸坏，
会展中心作为会馆房屋所有人和管理人对车辆损害承担赔偿责任

【引言】

某国际会展体育中心有限公司将其所有的综合训练馆租赁给某市 A 羽毛球会馆经营羽毛球俱乐部。某日，高某到 A 会馆打羽毛球，将马自达轿车停放在院内，被建筑物上坠落的冰雪砸坏。高某诉至法院请求判令会展中心赔偿其经济损失共计 51,407 元，请求判令 A 会馆负连带赔偿责任。

【案由】

财产损害赔偿纠纷。

【诉讼地位】

被告、上诉人。

【案例来源】

某国际会展体育中心有限公司与高某、某市 A 羽毛球会馆财产损害赔偿纠纷一案。

【原告诉请】

高某在一审法院诉称：2013 年 1 月 31 日，高某到 A 会馆打羽毛球，将自驾的马自达轿车停放在院内，被会展中心院内建筑物上坠落的冰雪砸坏。高某为此修车花费 47,557 元，同时被砸坏的还有车上的价值 3,850 元的车用行李架，双方多次协商未果，故高某诉至法院请求：会展中心赔偿其经济损失共计 51,407 元，A 会馆应负连带责任。

【被告答辩】

会展中心在一审辩称：高某所述其自驾车在会展中心的院内被砸坏的事实属实，但会展中心在此事件中无过错无责任，因此会展中心不应承担责任。进入冬季后，会展中心曾多次发文通知 A 会馆制止所有车辆进入本案发生事故的区域内，如果发生事故，由 A 会馆承担责任。会展中心也在发生事故区域内挂警示牌制止所有车辆进入，而且事发后会展中心曾经向 A 会馆询问为什么未遵守会展中心的通告，A 会馆明确告知会展中心已告诉过所有会员门前不允许停车，但高某不听劝告。因此，发生意外事故，不应由会展中心承担责任。在会展中心与 A 会馆签订的租赁合同中也有发生任何事故由

A 会馆承担责任的约定。会展中心从未向任何社会车辆收取过停车费用，会展中心因而对所有进入会展中心的车辆没有保障安全的义务。因此，会展中心对此次事故没有责任，不应承担赔偿责任。

【第三人辩称】

A 会馆在一审辩称：高某所述其自驾车在会展中心的院内被砸坏的事实属实，但与 A 会馆无关。高某停车的位置不是第三人负责管理的地方，会展中心下达的文件其也遵守，而且也摆放了路障，并对客人进行过提醒。所以，A 会馆对此次事故无责任。

【一审法院认定】

一审法院判决认定：2012 年 11 月初，会展中心将其所有的综合训练馆租赁给 A 会馆经营羽毛球俱乐部。2013 年 1 月 31 日，高某到 A 会馆打羽毛球，将自驾的马自达轿车停放在院内，被会展中心院内建筑物上坠落的冰雪砸坏。高某为此修车花费 47,557 元，同时被砸坏的还有高某放置在车上的价值 3,850 元的车用行李架。

【一审法院认为】

一审法院认为：会展中心与 A 会馆的租赁合同合法有效。高某自驾车到 A 会馆处打球，A 会馆已提示高某院内禁停车辆，高某仍坚持停放，因此高某车辆损坏其应承担次要责任，会展中心将场地租给 A 会馆使用，应承担保证承租人安全使用房屋的义务。会展中心与 A 会馆的协议中约定会展中心对出租房屋的公共区域的防火、卫生、安全负有责任。会展中心的房屋坠落的冰块将高某车辆砸坏，根据《民法通则》第一百二十六条"建筑物或者其他设施以及建筑物上搁置物、悬挂物发生倒塌、脱落、坠落造成他人损害，它的所有人或者管理人应当承担民事责任，但能够证明自己没有过错的除外"的规定，会展中心为房屋的所有人和管理人，故对高某车辆损害应负主要赔偿责任。

【一审法院判决】

综上，依据《中华人民共和国民法通则》第一百二十六条、第一百三十一条，《中华人民共和国侵权责任法》第八十五条之规定，判决如下：一、被告某国际会展体育中心有限公司于本判决生效后十日内向原告高某赔偿 46,266.30 元；二、驳回原告高某的其他诉讼请求。案件受理费 1,085 元，由会展中心负担 1,035 元，高某自负 50 元。

【被告上诉】

宣判后，会展中心不服上述判决，向二审法院提起上诉，请求：撤销一审判决，依法改判。理由：会展中心在此次事件中无过错责任。首先，会展中心曾多次发文通知 A 会馆制止所有车辆进入本案发生事故的区域内。如果发生事故，由 A 会馆承担责任。同时，会展中心在事发区域内悬挂警示标志制止车辆进入，但高某不听劝告坚持停放车辆，致使车辆被砸。会展中心认为 A 会馆虽履行告知义务，但由于管理不当才导致损失发生，应承担赔偿责任，高某不听劝阻坚持停放，导致车辆被砸，应承担主要赔偿责任。会展中心与 A 会馆签订的租赁合同也有发生事故由 A 会馆承担责任的约定，因此会展中心对此次事故不应承担赔偿责任。一审法院判决，认定事实不清，请求二审法院支持会展中心的上诉请求。

【被上诉人答辩】

高某在法定期限内未提交书面答辩状,在二审庭审时称:同意一审法院判决。

A会馆在法定期限内未提交书面答辩状,在二审庭审时称:一审判决认定事实清楚,适用法律正确,请求维持一审判决。

【二审法院认定】

二审庭审期间,各方当事人均未提供新的证据。

二审法院查明的事实与一审法院认定的事实一致。

【二审法院认定】

双方当事人诉争焦点问题为:高某车辆被冰雪砸坏的损失,会展中心及A会馆是否应承担赔偿责任。

二审法院认为:依据法律规定,损害国家、集体的财产或者他人财产的,应当恢复原状或者折价赔偿。会展中心将部分房屋租给A会馆经营羽毛球俱乐部,一审法院认定双方租赁合同合法有效正确。依据法律规定,出租人应承担保证承租人安全使用房屋的义务。

关于高某车辆被冰雪砸坏的损失,会展中心及A会馆是否应承担赔偿责任的问题。高某驾车到A会馆打球,将车停在会展中心院内,由于会展中心房顶的积雪坠落将高某停放的汽车砸坏。依据《中华人民共和国民法通则》第一百二十六条规定:建筑物或者其他设施以及建筑物上搁置物、悬挂物发生倒塌、脱落、坠落造成他人损害的,它的所有人或者管理人应当承担民事责任,但能够证明自己没有过错的除外,会展中心为房屋的所有人和管理人,应保证房屋设施的安全性,并负有管理和维修义务。会展中心未及时清除屋顶冰雪造成冰雪坠落将高某车辆砸坏的损害后果,会展中心应承担赔偿责任。高某未按指定地点停车,并且在A会馆工作人员提示禁止停车的情况下,仍将车停在危险区域其也应当承担部分责任。一审法院判令会展中心对此次损害承担主要赔偿责任,高某负次要责任并无不当,二审法院予以确认。A会馆在此次损害事故中尽到提示义务,依据A会馆与会展中心签订的租赁协议,会展中心对出租房屋的公共区域的防火、卫生、安全负有责任,一审认定A会馆不承担责任正确,二审法院予以支持。会展中心主张A会馆虽履行告知义务,但由于管理不当才导致损失发生,应承担赔偿责任的上诉理由没有事实及法律依据,二审法院不予支持。

【二审法院判决】

综上,一审法院认定事实清楚,适用法律正确。依照《中华人民共和国民事诉讼法》第一百七十条第一款第(一)项之规定,判决如下:驳回上诉,维持原判。二审案件受理费1,035元,由上诉人会展中心承担。本判决为终审判决。

【律师评析】

本案是一起财产损害赔偿纠纷,属于侵权责任纠纷的一种。侵权责任,是指民事主体因实施侵权行为而应承担的民事法律后果。本案的原告高某将车停放在会展中心所有的院子内,车辆却被会展中心院内建筑物上坠落的冰雪砸坏。由此原告起诉被告,要求被告会展中心承担侵权责任。

对于原告的主张,法院予以了支持。法院认为,本案适用我国《民法通则》第126

条"建筑物或者其他设施以及建筑物上的搁置物、悬挂物发生倒塌、脱落、坠落造成他人损害的,它的所有人或者管理人应当承担民事责任,但能够证明自己没有过错的除外",以及《侵权责任法》第85条"建筑物、构筑物或者其他设施及其搁置物、悬挂物发生脱落、坠落造成他人损害,所有人、管理人或者使用人不能证明自己没有过错的,应当承担侵权责任。所有人、管理人或者使用人赔偿后,有其他责任人的,有权向其他责任人追偿"的规定。会展中心为房屋的所有人和管理人,应保证房屋设施的安全性,并负有管理和维修义务。会展中心未及时清除屋顶冰雪造成冰雪坠落将高某车辆砸坏的损害后果,会展中心应承担赔偿责任。

对于建筑物或其他设施以及建筑物上的搁置物、悬挂物发生倒塌、脱落、坠落致人损害的侵权诉讼,我国《侵权责任法》实行过错推定责任。也就是说,在过错推定的情形下,被侵权人只要对损害后果、因果关系、行为的违法性三个要件进行举证,法院即可推定行为人有过错,除非行为人能举证证明其主观上没有过错;否则,推定的过错成立,行为人因此必须承担侵权责任。在本案中,会展中心未能举证证明自己对冰雪坠落造成车辆损坏的后果没有过错,故法院未支持其答辩意见。

【律师建议】

对于会展企业来说,本案的教训是:企业应当对自己所有或管理的场所和场地尽到管理和修缮责任。当建筑物或其他设施以及建筑物上的搁置物、悬挂物发生倒塌、脱落、坠落致他人人身或财产损害时,企业一般很难举证证明自己没有过错,也就很难避免承担法律责任。对此,企业应当主动负担起安全保障义务,对于企业所管理的建筑物和场所,企业应当对潜在的风险适时超前进行规范、协调,设置相应的安全警示,定期进行维护和修缮,以预防风险的发生。

四、行政纠纷篇

【精选案例 28】

税务局认定展览公司虚开发票和偷税处以罚款，展览公司不服提起诉讼，一审败诉，二审胜诉

【引言】

某市某区国家税务局稽查局认定 Z 国际展览有限公司虚开发票和偷税，处以罚款 365,517.09 元；展览公司不服提起诉讼，一审败诉，二审胜诉。一审法院认定国税稽查局在对 Z 公司作出税务行政处罚的过程中履行了立案、调查、审批、告知权利、决定及送达的程序，符合《行政处罚法》和相关税收法律、法规的规定，程序合法。二审法院则认定，根据《中华人民共和国行政诉讼法》第三十四条规定，某区国税稽查局作为被告应对作出的行政行为负有举证责任，被诉处罚决定书主要证据不足。

【案由】

税务行政处罚纠纷。

【诉讼地位】

原告、上诉人。

【案例来源】

Z 国际展览有限公司与某市某区国家税务局稽查局税务行政处罚一案二审判决书。

【原告诉请】

2015 年 11 月 27 日，某区国税稽查局作出行政处罚决定书，认定 Z 公司在 2013 年 6 月至 9 月经营期间，让他人为自己开具与实际经营业务不符的增值税专用发票 20 份，金额共计 1,855,982.91 元，税额共计 315,517.09 元，已于当期申报抵扣，造成少缴增值税 315,517.09 元，属于虚开发票和偷税的违法行为。根据《中华人民共和国税收征收管理法》(以下简称《税收征管法》)第六十三条、《国家税务总局关于纳税人虚开增值税专用发票征补税款问题的公告》(以下简称《公告》)的规定，决定对 Z 公司偷税的违法行为处以偷税数额一倍罚款，共计 315,517.09 元。根据《中华人民共和国发票管理办法》(以下简称《发票管理办法》)第二十二条第二款、第三十七条及《公告》的规定，决定对 Z 公司虚开发票的行为处以罚款 50,000 元。以上应缴罚款共计 365,517.09 元。Z 公司不服上述行政行为，诉至一审法院，请求判决予以撤销。

【一审法院认定】

一审法院经审理查明,2015年1月16日,某区国税稽查局决定对Z公司涉嫌税收违法事项立案检查,同年1月21日和2月3日向Z公司送达了《税务检查通知书》和《税务事项通知书》,对Z公司进行了调查核实,制作了询问笔录;2月6日、5月20日和6月4日,某区国税稽查局向中国工商银行股份有限公司某支行送达《检查存款账户许可证明》,查询了Z公司银行资金的收付明细情况;6月15日,某区国税稽查局向Z公司送达了《税务行政处罚事项告知书》,告知其听证的权利;Z公司于6月17日提出听证申请;6月26日,国税稽查局向Z公司送达《税务行政处罚听证通知书》,并于7月2日举行了听证;某区国税稽查局最终认定,Z公司于2013年6月至9月期间,取得北京×1商贸有限公司、北京×2商贸有限公司及北京×3商贸有限公司开具的增值税专用发票共计20份,金额共计1,855,982.91元,造成少缴增值税共计315,517.09元,并已申报抵扣进项税,造成少缴增值税315,517.09元,Z公司的行为违反了《税收征管法》和《发票管理办法》的规定,构成偷税和虚开发票的行为,于11月27日作出以偷税数额一倍罚款315,517.09元和罚款50,000元的税务行政处罚决定,并于12月1日送达给Z公司;2016年1月5日,Z公司缴纳了上述罚款。Z公司不服诉至法院,要求撤销被诉处罚决定书。

【一审法院认为】

一审法院经审理认为:《税收征管法》第十四条、《中华人民共和国税收征收管理法实施细则》(以下简称《税收征管法实施细则》)第九条规定,按照国务院规定设立的并向社会公告的税务机构,是指省以下税务局的稽查局。稽查局专司偷税、逃避追缴欠税、骗税、抗税案件的查处。《发票管理办法》第四条规定,国务院税务主管部门统一负责全国的发票管理工作。省、自治区、直辖市国家税务局和地方税务局依据各自的职责,共同做好本行政区域内的发票管理工作。依据上述规定,某区国税稽查局作为区一级税务机构,具有对本行政区域内的税务违法行为进行查处的法定职权。依据《税收征管法》第六十三条第一款的规定,纳税人伪造、变造、隐匿、擅自销毁账簿、记账凭证,或者在账簿上多列支出或者不列、少列收入,或者经税务机关通知申报而拒不申报或者进行虚假的纳税申报,不缴或者少缴应纳税款的,是偷税。对纳税人偷税的,由税务机关追缴其不缴或者少缴的税款、滞纳金,并处不缴或者少缴的税款百分之五十以上五倍以下的罚款。本案中,某区国税稽查局认定Z公司取得北京×1商贸有限公司、北京×2商贸有限公司及北京×3商贸有限公司开具的增值税专用发票共计20份,在办理纳税申报时作为进项税进行了抵扣,但Z公司与上述三家公司之间未发生真实交易,Z公司已构成偷税行为,并对Z公司处以偷税数额一倍的罚款,该认定事实清楚、证据确凿,适用法律恰当,处罚额度适当。同时,依据《发票管理办法》第二十二条第二款第(二)项、第三十七条第一款的规定,让他人为自己开具与实际经营业务情况不符的发票,属于虚开发票的行为;虚开金额超过1万元的,处5万元以上50万元以下的罚款。本案中,某区国税稽查局认定Z公司从他人手中开具没有真实交易的发票并支付相应费用的行为,已构成虚开发票的行为,并据此对Z公司处以5万元的罚款,该认定事实清楚、证据确凿,适用法律恰当,处罚额度适当。此外,某区国税稽查局在对Z

公司作出税务行政处罚的过程中，履行了立案、调查、审批、告知权利、决定及送达的程序，符合《中华人民共和国行政处罚法》（以下简称《行政处罚法》）和相关税收法律、法规的规定，程序合法。Z 公司主张其与某工程公司之间存在实际经营行为，并由该工程公司为其提供涉案增值税发票，但未提供相关证据证明其主张，缺乏事实和法律依据，不予支持。

【一审法院判决】

综上，依据《中华人民共和国行政诉讼法》第六十九之规定，判决驳回 Z 公司的诉讼请求。

【原告上诉】

Z 公司不服一审判决，上诉提出：被上诉人于 2015 年 1 月 20 日至 5 月 28 日对上诉人 2013 年 1 月 1 日至 2014 年 12 月 31 日发票使用和纳税情况进行了检查，认为上诉人 2013 年 6 月至 9 月经营期间存在虚开发票和偷税的违法行为。被上诉人只依据上诉人公司负责人的公安机关的笔录和银行支出票据与开票单位不一致这些简单事项，就认定上诉人有让人代开增值税发票行为是没有事实根据的。上诉人此次项目是由外地承包人承包，把所有票据送回上诉人，上诉人用现金支付。上诉人没有专职会计，由他人代理记账，会计只是根据上诉人提供的发票和银行对账单做账报税，并不会对会计进行管理，所以有很多票据开具单位和付款单位不一致的情况。被上诉人在没有查明几个出票单位是否虚开、上诉人是否从不正当渠道获取发票的情况下，简单认定上诉人有虚开行为并加以行政处罚和经济处罚。听证过程中，上诉人询问处罚依据，始终没有得到明确回复。综上，被上诉人未查清事实就轻率作出被诉处罚决定书，请求二审法院纠正错误的一审判决，依法撤销一审判决；撤销被诉处罚决定书；判令被上诉人承担全部诉讼费用。

【被上诉人答辩】

某区国税稽查局同意并请求维持一审判决。

【二审法院认定】

Z 公司向一审法院提交如下证据：

1. 被诉处罚决定书，证明 Z 公司受到处罚；
2. 中国工商银行电子缴税付款凭证，证明 Z 公司已经缴纳罚款。

法定期限内，某区国税稽查局向一审法院提交以下证据：

第一组，程序证据：

1.《税务稽查立案审批表》、税务检查通知书及送达回证，证明某区国税稽查局决定对 Z 公司进行立案、检查，程序合法；

2. 税务事项通知书及送达回证，证明某区国税稽查局要求 Z 公司在限期内提供会计记账凭证、会计账簿、全部开户银行账号及开户银行名称、地址及增值税专用发票（进项税金）认证清单等纳税资料；

3.《税务行政执法审批表》（2015 年 2 月 3 日）、《检查存款账户许可证明》及送达回证，证明某区国税稽查局依法对 Z 公司的银行存款资金收付情况进行检查；

4. 税务稽查案件提请审理书（2015 年 3 月 19 日）、《关于 Z 国际展览有限公司一案的补正或者补充调查通知》（2015 年 3 月 30 日）、税务稽查案件提请审理书（2015 年 4 月 29 日）、《关于 Z 国际展览有限公司一案的补正或者补充调查通知》（2015 年 4 月 29 日）、《税务行政执法审批表》（2015 年 5 月 19 日）、《检查存款账户许可证明》（2015 年 5 月 19 日）及送达回证（2015 年 5 月 20 日）、税务稽查案件提请审理书（2015 年 5 月 28 日）、《延长税收违法案件审理时限审批表》（2015 年 5 月 28 日）、《税务行政执法审批表》（2015 年 6 月 2 日）、《检查存款账户许可证明》（2015 年 6 月 2 日）及送达回证（2015 年 6 月 4 日），证明某区国税稽查局在法定期限内实施了检查、审理、退回补充调查及重新提请审理等执法程序；

5. 税务行政处罚事项告知书及送达回证、听证申请、1 号行政处罚听证通知书及送达回证、听证笔录、《延长税收违法案件审理时限审批表》，证明：第一，某区国税稽查局作出并送达税务行政处罚事项告知书，告知 Z 公司税务行政处罚的事实及法律依据、拟作出的处罚内容与 Z 公司享有的听证等各项权利，并依法召开了听证会；第二，某区国税稽查局在听证程序结束后，经依法审批，对审理期限进行了延长；

6. 《重大税务案件审理提请书》（2015 年 8 月 4 日）、《受理通知书》《补正材料（补充调查）通知书》（2015 年 8 月 18 日）、《重大税务案件审理提请书》（2015 年 9 月 14 日）、《延长重大税务案件审理时限审批表》（2015 年 9 月 30 日）、《补正材料（补充调查）通知书》（2015 年 10 月 13 日）、《重大税务案件审理提请书》（2015 年 10 月 28 日）、《某区国家税务局重大税务案件审理委员会审理意见书》，证明某区国税稽查局依法将本案提交某区国家税务局重大税务案件审理委员会审理，在经过受理、退回补充调查及审理延期后，某区国税局在法定期限内作出了审理意见；

7. 《税务处理决定书》及送达回证、被诉处罚决定书的送达回证，证明某区国税稽查局作出并送达《税务处理决定书》与被诉处罚决定书；

第二组，事实证据：

8. 增值税专用发票二张（含记账联及抵扣联共四页）、记账凭证二页、中国工商银行转账支票存根十七份、应付账款明细账三页，证明：第一，Z 公司取得北京×1 商贸有限公司虚开的金额为 168,500 元的二张发票；第二，Z 公司在财务账册上将虚开发票金额记为应付账款，但 Z 公司未向开票公司支付过任何款项，而是将该款项支付给其他个人；

9. 增值税专用发票十一张（含记账联及抵扣联共二十二页）、记账凭证二页、中国工商银行汇款凭证三页、应付账款明细账三页，证明：第一，Z 公司取得北京×2 商贸有限公司虚开的金额为 1,208,000 元的十一张发票；第二，Z 公司在财务账册上将虚开发票金额记为应付账款，但 Z 公司未向开票公司支付过任何款项，而是连同应付给另外两个公司的款项一并支付给赵×个人；

10. 增值税专用发票七张（含记账联及抵扣联共十四页）、记账凭证一页、中国工商银行转账支票存根二页、应付账款明细账三页，证明：第一，Z 公司取得北京×3 商贸有限公司虚开的金额为 795,000 元的七张发票；第二，根据 Z 公司财务账册记载，Z 公司已通过银行存款向开票公司以外的个人支付了交易价款中的 42,740 元，对交易价款的余款项 752,260 元，Z 公司记为应付账款，但 Z 公司未向开票公司支付过任何

款项;

11. 主营业务成本明细账、库存商品明细账,证明 Z 公司将涉案的 20 张发票所记载的经营支出已结转经营成本;

12. 银行存款日记账、银行对账单及支票复印件,证明 Z 公司未通过存款账户或银行转账等形式直接向开票公司支付过任何款项,第三方个人从 Z 公司处领取的支票最终被入账至开票单位以外的第三方,因此,Z 公司与开票公司之间不存在支付关系;

13. 认证结果清单、增值税纳税申报表、记账凭证及缴税汇款凭证,证明目的:

第一,Z 公司已将涉案的 20 张增值税专用发票进行认证、申报,并作为进项税额进行抵扣,造成少缴税款的违法后果;第二,Z 公司的业务负责人被公安机关采取强制措施后,Z 公司将利用虚开发票而抵扣的进项税额转出并补缴税款,表明 Z 公司确认自身确有让他人虚开发票的违法行为;

14. 询问(调查)笔录三份(2015 年 2 月 9 日、2015 年 4 月 16 日、2015 年 8 月 21 日),证明 Z 公司与三家开票单位没有业务关系,Z 公司具有让他人虚开发票的行为;

15. 公安机关的讯问笔录三份(2015 年 9 月 20 日),证明 Z 公司自认有向第三方支付开票费并让他人虚开发票行为。

某区国税稽查局提交以下法律法规作为其依法作出行政处罚的法律依据:

1. 《税收征管法》第五条、第十四条,《税收征管法实施细则》第九条,《国家税务总局关于印发〈税务稽查工作规程〉的通知》(以下简称《通知》)第十条,《税务登记管理办法》第五条,证明某区国税稽查局具有执法主体资格;

2. 《税收征管法》第十九条、第六十三条,《中华人民共和国增值税暂行条例》(以下简称《增值税暂行条例》)第一条,《发票管理办法》第二十二条、第三十七条,《公告》第一段,证明某区国税稽查局作出被诉处罚决定书的法律依据;

3. 《税收征管法》第五十四条、第五十七条,《行政处罚法》第三十二条、第四十二条、第五十一条第一项,《通知》第十九条、第二十一条、第二十二条、第三十三条、第四十三条、第四十六条、第四十八条、第五十条、第五十一条,《重大税务案件审理办法》第十一条、第十七条、第十八条、第二十五条,证明某区国税稽查局作出被诉处罚决定书的程序合法。

一审法院已将上述证据材料随案移送二审法院。经审查,二审法院认为 Z 公司提交的证据 1 系被诉行政行为,不能作为证据使用;Z 公司提交的证据 2 真实、合法与本案有关联,予以采纳。某区国税稽查局提交的证据符合《最高人民法院关于行政诉讼证据若干问题的规定》有关证据形式的规定,与本案有关联,但不足以证明 Z 公司让他人为自己开具与实际经营业务不符的增值税专用发票这一事实。

经审查,二审法院对一审法院经审理查明的事实予以确认。

【二审法院认为】

二审法院认为,根据《税收征管法》第十四条及《税收征管法实施细则》第九条第一款规定,按照国务院规定设立的并向社会公告的税务机构,是指省以下税务局的稽查局。稽查局专司偷税、逃避追缴欠税、骗税、抗税案件的查处。因此,某区国税稽查局具有对其行政区域内的税务违法行为进行查处的法定职权。以事实为依据，以法律为准绳既是人民法院审理案件所必须遵守的原则，也是行政执法的一条基本原则。根据《行政处罚法》第四条第二款和第三十条的规定，行政机关给予公民、法人或者其他组织行政处罚，必须查明事实，实施行政处罚必须以事实为依据。《税务稽查工作规程》第三条第一款亦明确税务稽查应当以事实为根据，以法律为准绳。因此，税务行政处罚过程中，税务稽查机关应通过对证据的收集、审查、判断，查明案件事实，以确保作出的行政处罚决定事实清楚、证据确凿、充分。本案中，某区国税稽查局作出被诉处罚决定书认定的违法事实是Z公司在2013年6月至9月经营期间，让他人为自己开具与实际经营业务不符的增值税专用发票20份，已于当期申报抵扣，造成少缴增值税，根据《发票管理办法》第二十二条及《税收征管法》第六十三条的规定，构成虚开发票和偷税。因偷税的违法行为系基于虚开发票，故某区国税稽查局应就Z公司让他人为自己开具与实际经营业务不符的增值税专用发票这一争议事实提供确凿、充分的证据予以证明。

就本案而言，某区国税稽查局提交证明争议违法事实的证据主要包括涉案增值税专用发票、相关记账凭证、中国工商银行转账支票存根、汇款凭证、应付账款明细账以及公安机关对Z公司总经理吴×的讯问笔录等，但以上证据只能证明Z公司未通过存款账户或银行转账等形式向开票公司支付款项，且在税务稽查程序中吴×否认有向第三方支付开票费、让他人为自己虚开增值税专用发票的行为。综合本案的证据材料，虽然Z公司没有提供证据证明自己的主张，但某区国税稽查局对其认定Z公司让他人为自己开具与实际经营业务不符的增值税专用发票的违法事实亦没有提供确凿、充分的证据予以证明，根据《中华人民共和国行政诉讼法》第三十四条被告应对作出的行政行为负有举证责任的规定，应认定被诉处罚决定书主要证据不足。某区国税稽查局作出被诉处罚决定书的程序并未违反有关规定，二审法院对此予以认可。

【二审法院判决】

综上，一审法院判决驳回Z公司的诉讼请求是错误的，二审法院应予纠正。Z公司请求撤销一审判决及被诉处罚决定书的上诉请求，二审法院予以支持。依照《中华人民共和国行政诉讼法》第八十九条第一款第（二）项、第七十条第（一）项之规定，判决如下：一、撤销某市某区人民法院所作行政判决；二、撤销某市某区国家税务局稽查局作出的《税务行政处罚决定书》。一、二审案件受理费各50元，均由某市某区国家税务局稽查局负担（于本判决生效之日起七日内交纳）。本判决为终审判决。

【律师评析】

本案是一起由行政被处罚人不服行政处罚决定而引起的行政处罚纠纷。本案中的Z公司因涉嫌让他人虚开增值税发票从而偷税被某区国税稽查局立案检查并处以行政处罚。Z公司不服某区国税稽查局作出的处罚决定，遂向法院提起行政诉讼，请求法院撤销涉案处罚决定书，。一审法院审理后，认为某区国税稽查局作出的处罚决定符合相关税收法律规定，程序合法，驳回了Z公司的诉讼请求。Z公司不服上诉后，二审法院仔细审查了双方当事人在一审提交的证据，认为某区国税稽查局作出的处罚决定程序合法，但没有充分证据证明Z公司存在违法事实，故判决撤销涉案处罚决定书Z公司由此获得了胜诉。

本案的审理焦点在于：Z公司是否存在让他人虚开增值税发票从而偷税的违法事实。因为，行政机关对行政相对人作出行政处罚必须遵守实体合法和程序合法的原则。我国《行政处罚法》第3条的规定："公民、法人或者其他组织违反行政管理秩序的行为，应当给予行政处罚的，依照本法由法律、法规或者规章规定，并由行政机关依照本法规定的程序实施。没有法定依据或者不遵守法定程序的，行政处罚无效"。因此，本案的某区国税稽查局应当根据《税收征管法》《发票管理办法》等法律法规的相关规定，依法查明Z公司是否存在通过让他人虚开增值税发票偷税的违法事实，再依据合法的程序对其作出行政处罚。

基于上述逻辑，当行政被处罚人不服处罚决定而提起行政诉讼时，也应当由行政机关负担举证责任，证明行政被处罚人具有违法事实。我国《行政诉讼法》第34条规定："被告对作出的行政行为负有举证责任，应当提供作出该行政行为的证据和所依据的规范性文件。被告不提供或者无正当理由逾期提供证据，视为没有相应证据。但是被诉行政行为涉及第三人合法权益，第三人提供证据的除外。"基于此，二审法院对一审提交的证据作了审查，认为某区国税稽查局提交的证据只能证明Z公司未通过存款账户或银行转账等形式向开票公司支付款项，而不能证明Z公司有让他人虚开增值税发票从而偷税的违法事实。

【律师建议】

本案Z公司因未对公司的账目进行规范的会计管理，导致被行政机关稽查处罚，尽管最终胜诉，但还是付出了不少时间和金钱成本。因此，展览企业可以从Z公司经历中得出的教训是：企业应当建立完善的会计管理制度，依法设置真实、完整的会计账簿，依法进行会计核算，并依法办理纳税申报和缴纳税款，从而避免不必要的纠纷，导致企业人力物力的损失。

【精选案例 29】

镇政府超越职权阻止会展公司设置高立柱广告牌，两审法院均判其违法，警示行政机关行使权力不能任性

【引言】

某市 G 会展有限公司在某区某公路红线范围内安装经公路管理处许可的高立柱广告牌过程中被某区某镇政府市政科、综治办阻挠。G 公司诉至法院，要求确认某区某镇政府阻止其安装的行为违法。一审法院以镇政府并不具有监督管理户外广告设置的权限为由判决确认其阻止行为违法。镇政府不服判决上诉，主张其行为属于依法履行人民政府的管理职能，且受某区市政管理局的委托进行镇街执法或协助执法。因其在举证期限内未举示相关证据证明其行为的合法性，二审法院驳回其上诉。

【案由】

确认行政行为违法纠纷。

【诉讼地位】

原告、被上诉人。

【案例来源】

某市某区某镇人民政府与某市 G 会展有限公司确认行政行为违法一案二审判决书。

【一审法院认定】

一审法院经审理查明，2013 年 5 月 25 日，某市 G 公司向某市某区公路管理处申请在某公路控制红线范围内设置非公路交通标志牌。2013 年 6 月 9 日，某市某区公路管理处向某市 G 公司颁发《公路路政管理许可证》，同意该公司在某路段右侧设置非交通标志牌，有效期限为 2013 年 6 月 3 日至 2014 年 6 月 2 日。2014 年 2 月 17 日，G 公司在该处设置广告牌过程中被阻。经某市公安局某区分局出警处理，认为系 G 公司周某某等人与某区某镇政府市政科、综治办等因竖立广告牌问题发生纠纷，系政府行为，不属于公安机关管辖范围。2014 年 3 月 21 日，G 公司诉至一审法院，要求确认某区某镇政府于 2014 年 2 月 17 日阻止其在某区某公路红线范围内安装高立柱广告牌的行为违法。

【一审法院认为】

一审法院经审理认为，G公司取得某市某区公路管理处颁发的《公路路政管理许可证》，可以于2013年6月3日至2014年6月2日期间在某路段设置非交通标志牌。2014年2月17日，G公司在该处设置广告牌过程中受阻。根据G公司庭审中举示的照片、光盘、《报警处理单》等证据，能够证明该制止行为系某区某镇政府实施。某区某镇政府辩称其是协助某区市政管理部门执法，并非制止行为的实施主体。但对该主张，某区某镇政府未举示证据予以证明。根据《某市户外广告管理条例》第四条："市、区县（自治县）市政主管部门负责城市规划区范围内的户外广告设置的监督管理。市、区县（自治县）交通主管部门负责公路建筑控制区范围内的户外广告设置的监督管理。市、区县（自治县）工商行政管理部门负责户外广告发布登记和监督管理"的规定，某区某镇政府并不具有监督管理户外广告设置的权限。故，其于2014年2月17日制止G公司设置广告牌的行为系超越职权的行为。

【一审法院判决】

据此，一审法院依照《最高人民法院关于执行〈中华人民共和国行政诉讼法〉若干问题的解释》第五十七条第二款（二）项的规定，判决确认某市某区某镇人民政府于2014年2月17日阻止某市G会展有限公司在某区某路段右侧公路红线范围内安装高立柱广告牌的行为违法。

【被告上诉】

上诉人某区某镇政府不服一审判决，向二审法院上诉称，被上诉人G公司在庭审时举示的照片、光盘和《报警处理单》等证据，均不能证明制止被上诉人非法设置广告牌的行为是上诉人所为。上诉人并未行使"监督管理户外广告发布设置"的职责，而是依法履行人民政府的管理职能。基于上述事实，请求二审法院依法查明事实，撤销原判并依法予以改判。

【被上诉人答辩】

被上诉人G公司在二审中当庭答辩称，被上诉人举示的证据相互印证，能够证明上诉人是制止被上诉人设置广告牌的行为主体，镇政府的工作人员主导了本案被诉的制止行为；上诉人称其受某区市政管理局的委托协助执法，没有相应的事实根据和法律依据。综上，一审判决认定事实清楚，适用法律正确，请求二审法院依法予以维持。

【二审法院认定】

一审中，被上诉人G公司举示了以下证据：

1. 《110报警处理单》。

证明当日该公司在安装广告牌的过程中遭到了某区某镇政府工作人员的阻止。

2. 调查笔录。

证明在安装广告牌受阻后，G公司向某区公路管理处反映情况，在进行协调时，某区某镇政府未表明其是协助某区市政局执法。

3. 照片三张。

4. 光盘一张。

证明在安装广告牌时G公司与某区某镇政府工作人员发生纠纷的现场情况，阻止行为是某区某镇政府实施，并没有市政人员在现场执法。

5.《路产审批表》。

6.《公路路政管理许可证》。

证明设置广告牌的争议地点属于公路控制区，G公司在该点设置广告牌已获得某区路政部门的许可。

上诉人某区某镇政府在一审中举示了以下证据：

1.《区级行政机关委托镇街综合行政执法权项表》。

证明某区市政局可以委托镇街进行执法。

2.《责令限期改正通知书》及执法证2份。

证明某区市政管理局在2014年2月18日向G公司下达《责令限期改正通知书》，公司拒签，阻止行为的主体不是某区某镇政府。

本案二审审理期间，上诉人当庭举示了一份《情况说明》，拟证明某镇政府是受区市政管理局的要求协助其履行职责，到现场是为了维护秩序。

质证中，上诉人对被上诉人举示的证据1的真实性无异议，但认为派出所无权认定案件事实；对证据2，因被调查人未出庭作证无法核实，故真实性不予认可；对于证据3、4，因非原件、原始载体，不符合证据形式的要求，对其真实性不予认可；对证据5、6的真实性无异议。被上诉人认为上诉人举示的证据1、2与本案无关联；当庭举示的《情况说明》系事后补充证据，不能证明事前行为的合法性，故对其真实性、合法性均不予认可。

经庭审质证，二审法院对双方举示的证据做如下确认：被上诉人举示的证据1系公安机关在履行职责中制作的，能够反映案件事实，其真实性、合法性、关联性二审法院予以确认；证据2来源合法，内容真实，且与本案有关联，二审法院予以确认；证据3、4与其他证据相互印证，能够证明案件事实，二审法院予以确认。对于上诉人举示的证据1、2，来源合法，内容真实，但与本案事实无关联，二审法院不予采信；对于其当庭举示的《情况说明》，根据《最高人民法院关于行政诉讼证据若干问题的规定》第一条的规定，被告应当在收到起诉状副本十日内向人民法院提交证据，其不提供或无正当理由逾期提供的，视为其具体行政行为没有相应的证据，上诉人提供的《情况说明》属逾期提供，故二审法院依法不予采纳。

根据上述有效证据及庭审笔录，二审法院查明的案件事实与一审判决确认的事实无异。

【二审法院认为】

二审法院认为，本案的争议焦点是谁实施了制止行为，该行为是否合法。从被上诉人G公司举示的照片、光盘和某市公安局某区分局的《110报警处理单》以及调查笔录等证据来看，相互印证，其证明2014年2月17日制止G公司在某区某路段右侧公路红线范围内安装高立柱广告牌的行为系某区某镇政府实施，已尽到初步举证责任，且上诉人亦认可其工作人员在现场的事实，故对被上诉人举证证明的事实应予认定。

根据该市户外广告管理条例第四条"市、区县（自治县）市政主管部门负责城市规划区范围内的户外广告设置的监督管理。市、区县（自治县）交通主管部门负责公路建筑控制区范围内的户外广告设置的监督管理。市、区县（自治县）工商行政管理部门负责户外广告发布登记和监督管理"的规定，对户外广告设置的监督管理的职能部门是市、区县（自治县）的市政主管部门、交通主管部门和工商行政管理部门，某区某镇政府并不具有监督管理户外广告设置的监督管理职能。故其制止G公司在某区某路段右侧公路红线范围内安装高立柱广告牌的行为属于超越职权，应被确认违法。

上诉人认为其行为属于依法履行人民政府的管理职能，但并未举示相应证据予以证明；且某市某区市政管理局作出的《责令限期改正通知书》的时间是2014年2月18日16时，制止行为发生在2014年2月17日，也不能证明上诉人是受某区市政管理局的委托进行镇街执法或协助执法。上诉人因在举证期限内未举示相关证据证明其行为的合法性，应承担举证不能的法律后果，其抗辩理由不能成立。

【二审法院判决】

综上，一审判决认定事实清楚，适用法律正确，审判程序合法，二审法院予以维持。依照《中华人民共和国行政诉讼法》第六十一条（一）项之规定，判决如下：驳回上诉，维持原判。本案二审案件受理费50元，由上诉人某市某区某镇人民政府负担。本判决为终审判决。

【律师评析】

本案是一起确认行政行为违法纠纷。行政行为是一个法律概念，指行政主体在实施行政管理活动、行使行政职权过程中所作出的具有法律意义的行为。根据我国行政法律法规的规定，一个合法的行政行为，应当是由行政主体依照其法定职权，并在其法定职权的范围内作出的。法律针对不同的行政主体或其不同的职能确定了相应的职责、权限。行政主体只能依据法定职权实施行政行为，否则无效。同时，任何行政职权都有一定的限度，法律在确定行政主体的职权时，在地域、时间等方面设定了各种限度，这些限度是行政主体所不能超越的。

本案所涉及的行政主体有两个，一是某市某区公路管理处，具有监督管理户外广告设置的监督管理职能；二是某市某区某镇人民政府，不具有监督管理户外广告设置的监督管理职能。某市某区公路管理处针对G公司的申请，向其颁发《公路路政管理许可证》，属于在其职权范围内作出合法的行政许可行为。而某市某区某镇人民政府阻止G公司设置广告牌的行政强制行为，因实施主体即镇人民政府不具有相关的行政职权而违法。

对于行政主体作出的违法行政行为，行政相对人如G公司并非毫无解决办法。我国《行政诉讼法》第22条规定，公民、法人或者其他组织可以在以下情况下对行政机关提起行政诉讼，请求法院确认其行政行为违法并撤销：

1. 对行政拘留、暂扣或者吊销许可证和执照、责令停产停业、没收违法所得、没收非法财物、罚款、警告等行政处罚不服的；

2. 对限制人身自由或者对财产的查封、扣押、冻结等行政强制措施和行政强制执行不服的；

3. 申请行政许可，行政机关拒绝或者在法定期限内不予答复，或者对行政机关作出的有关行政许可的其他决定不服的；

4. 对行政机关作出的关于确认土地、矿藏、水流、森林、山岭、草原、荒地、滩涂、海域等自然资源的所有权或者使用权的决定不服的；

5. 对征收、征用决定及其补偿决定不服的；

6. 申请行政机关履行保护人身权、财产权等合法权益的法定职责，行政机关拒绝履行或者不予答复的；

7. 认为行政机关侵犯其经营自主权或者农村土地承包经营权、农村土地经营权的；

8. 认为行政机关滥用行政权力排除或者限制竞争的；

9. 认为行政机关违法集资、摊派费用或者违法要求履行其他义务的；

10. 认为行政机关没有依法支付抚恤金、最低生活保障待遇或者社会保险待遇的；

11. 认为行政机关不依法履行、未按照约定履行或者违法变更、解除政府特许经营协议、土地房屋征收补偿协议等协议的；

12. 认为行政机关侵犯其他人身权、财产权等合法权益的。

【律师建议】

对于会展企业而言，本案的启示有二：一是企业在经营的过程中，应当遵守法律法规的规定，对于法律规定应当取得行政许可才能实施的行为，应当依法向相应行政机关申请获得许可；二是企业在遭遇行政机关的违法行为时，并非束手无策。企业应当与行政机关合理有据地进行沟通，保存好相关证据，并勇于提起行政诉讼，通过法律手段维护自己的合法权益。

【精选案例30】

因与他人已注册商标近似，展览公司申请注册商标被驳回

【引言】

甲展览有限公司向国家工商行政管理总局商标局提出申请注册第×××号"M3Fair"商标。然而，国家工商行政管理总局商标局审查后，以申请的商标与乙印刷厂第××××号"Fair及图"商标构成使用在同一种或类似商品上的近似商标为由，驳回申请商标在海报、书籍、印刷出版物、报纸、杂志（期刊）、新闻刊物、印刷品、说明书上的注册申请。甲公司不服，遂向商标评审委员会提出复审申请，商标评审委员会作出驳回申请的决定。为此，甲公司向法院起诉，请求法院撤销商标评审委员会的决定。

【案由】

商标申请驳回复审行政纠纷。

【诉讼地位】

原告、上诉人。

【案例来源】

甲展览有限公司与国家工商行政管理总局商标评审委员会商标申请驳回复审行政纠纷一案。

【一审法院认定】

北京知识产权法院经审理查明：第×××号"M3Fair"商标（简称申请商标）由甲公司于2013年4月15日向国家工商行政管理总局商标局（简称商标局）提出注册申请，申请指定使用在国际分类第16类信封（文具）、纸或纸板制标志牌、小册子、目录册、海报、书籍、印刷出版物、报纸、杂志（期刊）、新闻刊物、印刷品、说明书商品上。

第××××号"Fair及图"商标（简称引证商标）由某市乙印刷厂于2008年12月12日向商标局提出注册申请，核定使用在国际分类第16类报纸、供转印的图画（移画印花法）、塑料泡沫包装用品（包装用）商品上。商标专用期限自2010年11月7日起至2020年11月6日止。

2014年4月4日，商标局就申请商标作出《商标部分驳回通知书》，初步审定在小册子、目录册、信封（文具）、纸或纸板制标志牌上使用申请商标的注册申请，予以公告；以申请商标与引证商标构成使用在同一种或类似商品上的近似商标为由，驳回申请商标在海报、书籍、印刷出版物、报纸、杂志（期刊）、新闻刊物、印刷品、说明书上的注册申请。

甲公司不服上述决定，于2014年5月8日向商标评审委员会提出复审申请，主要理由是申请商标与引证商标不构成近似商标，不会造成消费者的混淆误认。

2015年1月26日，商标评审委员会作出商评字〔2015〕第××号《关于第×××号"M3Fair"商标驳回复审决定书》（简称被诉决定），认定：申请商标"M3Fair"包含了引证商标文字部分"Fair"，且在呼叫、字母组成、整体外观等方面相近，上述商标同时使用在印刷出版物、报纸、杂志（期刊）、新闻刊物、印刷品等同一种或类似商品上，易导致消费者对商品的来源产生混淆和误认，已构成使用在同一种或类似商品上的近似商标。申请商标指定使用的海报、书籍、说明书商品与引证商标核定使用的商品不类似，在上述商品上申请商标与引证商标未构成使用在类似商品上的近似商标。商标评审委员会依照《中华人民共和国商标法》（简称商标法）第二十八条、第三十条、第三十四条及《中华人民共和国商标法实施条例》（简称商标法实施条例）第二十一条的规定，决定：申请商标指定使用在海报、书籍、说明书商品上的注册申请予以初步审定，申请商标指定使用在其余复审商品上的注册申请予以驳回。

甲公司不服被诉决定，向北京知识产权法院提起诉讼。

【一审法院认为】

北京知识产权法院认为：申请商标指定使用的海报、书籍、说明书商品与引证商标核定使用的商品在功能、用途等方面存在较大差异，二者不构成类似商品。申请商标指定使用的印刷出版物、报纸、杂志（期刊）、新闻刊物、印刷品商品与引证商标核定使用的报纸商品在功能、用途、销售渠道及消费对象等方面相同或接近，二者构成相同或类似商品。申请商标的商标标识是"M3Fair"，引证商标的商标标识由英文字母与图形组成，其显著识别部分为"Fair"。申请商标"M3Fair"包含引证商标显著识别部分"Fair"。就商标整体而言，申请商标与引证商标在英文字母组成、呼叫读音等方面相近，共存于相同或类似商品易使相关公众认为这些商品具有相同的来源或者其来源之间具有密切的联系，从而对商品的来源产生混淆误认。因此，申请商标与引证商标共存于印刷出版物、报纸、杂志（期刊）、新闻刊物及印刷品等复审商品上，已构成使用在相同或类似商品上的近似商标。商标评审委员会据此决定对申请商标在上述商品上的注册申请予以驳回并无不当。甲公司未提交充分证据证明申请商标与引证商标共存于复审商品上不会对相关公众造成混淆误认。

【一审法院判决】

北京知识产权法院依照《中华人民共和国行政诉讼法》第六十九条之规定，判决：驳回甲公司的诉讼请求。

【原告上诉】

甲公司不服一审判决,向二审法院提起上诉,请求撤销一审判决和被诉决定,责令商标评审委员会重新作出决定。其主要上诉理由是:1. 申请商标是甲公司根据其公司业务特点及其品牌特点自主设计的,该商标是具有合理来源和显著特征的商标。申请商标是"海南M3展"的展会名称的英文翻译,其中的"M3"为"Three Majors"的缩写,"Fair"为展会的意思。2. 申请商标与引证商标不构成近似。3. 申请商标经过甲公司的长期宣传与使用,已经在行业内具有较高知名度和影响力,若不予核准,将对甲公司造成极大的损失。

商标评审委员会服从一审判决。

【二审法院认定】

经审理查明,一审法院查明事实属实,且有申请商标档案、引证商标档案、商标局驳回通知书、被诉决定及当事人陈述等证据在案佐证。

【二审法院认为】

二审法院认为:《商标法》第三十条规定:"申请注册的商标,凡不符合本法有关规定或者同他人在同一种商品或者类似商品上已经注册的或者初步审定的商标相同或者近似的,由商标局驳回申请,不予公告。"

类似商品是指在功能、用途、生产部门、销售渠道、消费群体等方面相同,或者相关公众一般认为其存在特定联系、容易造成混淆的商品。《商标注册用商品和服务国际分类表》《类似商品和服务区分表》可以作为判断类似商品或服务的参考。商标近似是指商标文字的字形、读音、含义或者图形的构图及颜色,或者其各要素组合后的整体结构相似,或者其立体形状、颜色组合近似,易使相关公众对商品来源产生误认,或者认为其与他人在先注册商标具有特定联系。判定商标是否构成近似,应当以相关公众的一般注意力为标准,既要考虑商标标志构成要素及其整体的近似程度,也要考虑相关商标的显著性和知名度、所使用商品的关联程度,以是否容易导致混淆作为判断标准。在判断商标是否近似时,尽管可以考虑商标的知名度、相关商品或服务的关联性或类似程度等因素,但商标标志本身的近似程度是判断商标是否近似的基础因素。

申请商标指定使用的印刷出版物、报纸、杂志(期刊)、新闻刊物、印刷品商品与引证商标核定使用的报纸商品属于同一种或者类似商品。申请商标由"M3Fair"构成,引证商标的显著识别部分为"Fair",申请商标完整包含了引证商标的显著识别部分。申请商标与引证商标共存于上述同一种或类似商品之上,相关公众在施以一般注意力的情况下,容易对商品来源产生混淆、误认。因此,申请商标和引证商标在印刷出版物、报纸、杂志(期刊)、新闻刊物、印刷品商品上构成同一种或类似商品上的近似商标。甲公司提供的证据不足以证明申请商标经过使用足以与引证商标相区分。商标评审委员会和一审法院对此认定正确。甲公司的相关上诉理由不能成立,二审法院不予支持。

【二审法院判决】

综上,一审法院认定事实清楚,适用法律正确。甲公司所提出的上诉请求及其理由均缺乏依据,二审法院对此不予支持。依照《中华人民共和国行政诉讼法》第八十九条第一款第(一)项之规定,判决如下:驳回上诉,维持原判。一、二审案件受理费均

100元,均由甲展览有限公司负担(均已交纳)。本判决为终审判决。

【律师评析】

本案是一起商标申请驳回复审行政纠纷。原告是申请商标"M3Fair"商标的申请人甲展览有限公司,被告是我国法定的商标注册和管理部门国务院工商行政管理部门商标局。根据我国《商标法》第28条、第30条的规定,对申请注册的商标,商标局应当自收到商标注册申请文件之日起九个月内审查完毕,符合《商标法》有关规定的,予以初步审定公告。凡不符合《商标法》有关规定或者同他人在同一种商品或者类似商品上已经注册的或者初步审定的商标相同或者近似的,由商标局驳回申请,不予公告。对于不予公告的商标,《商标法》第34条规定,商标局应当书面通知商标注册申请人。商标注册申请人不服的,可以自收到通知之日起十五日内向商标评审委员会申请复审。商标评审委员会应当自收到申请之日起九个月内做出决定,并书面通知申请人。有特殊情况需要延长的,经国务院工商行政管理部门批准,可以延长三个月。当事人对商标评审委员会的决定不服的,可以自收到通知之日起三十日内向人民法院起诉。

据此,在本案中,商标局以甲公司申请的商标与引证商标构成使用在同一种或类似商品上的近似商标为由,驳回申请商标在海报、书籍、印刷出版物、报纸、杂志(期刊)、新闻刊物、印刷品、说明书上的注册申请。甲公司不服,遂向商标评审委员会提出复审申请,商标评审委员会作出驳回申请的决定。为此,甲公司向法院起诉,请求法院撤销商标评审委员会的决定。

何为商标近似?《最高人民法院关于审理商标民事纠纷案件适用法律若干问题的解释》第九条第二款规定:"商标法第五十二条第(一)项规定的商标近似,是指被控侵权的商标与原告的注册商标相比较,其文字的字形、读音、含义或者图形的构图及颜色,或者其他各要素组合后的整体结构相似,或者其立体形状、颜色组合近似,易使相关公众对商品的来源产生误认或者认为其来源与原告注册商标的商品有特定的联系。"如何认定商标构成近似?该《解释》第十条规定:"认定商标相同或者近似按照以下原则进行:(一)以相关公众的一般注意力为标准;(二)既要进行对商标的整体比对,又要进行对商标主要部分的比对,比对应当在比对对象隔离的状态下分别进行;(三)判断商标是否近似,应当考虑请求保护注册商标的显著性和知名度。"

在本案中,法院认为,甲公司的申请商标"M3Fair"与引证商标"Fair及图"构成近似,是因为引证商标的显著识别部分为"Fair",申请商标完整包含了引证商标的显著识别部分。申请商标与引证商标共存于上述同一种或类似商品之上,相关公众在施以一般注意力的情况下,容易对商品来源产生混淆、误认。因此法院驳回甲公司的诉讼请求。

【律师建议】

一般来说,因举办各类展览活动,展览公司可能需要申请注册各类商标。在商标申请注册的过程中,公司应当做好前期商标检索工作,防止自己申请注册的商标因与他人在同一种商品或者类似商品上已经注册的或者初步审定的商标相同或者近似而导致申请被驳回。除此以外,展览公司还应注意,申请注册的商标不能违反我国《商标法》第10条规定。《商标法》第10条的规定:"下列标志不得作为商标使用:(一)同中华人民共和国的国家名称、国旗、国徽、国歌、军旗、军徽、军歌、勋章等相同或者近似的,以及同中央国家机关的名称、标志、所在地特定地点的名称或者标志性建筑物的名称、图形相同的;(二)同外国的国家名称、国旗、国徽、军旗等相同或者近似的,但经该国政府同意的除外;(三)同政府间国际组织的名称、旗帜、徽记等相同或者近似的,但经该组织同意或者不易误导公众的除外;(四)与表明实施控制、予以保证的官方标志、检验印记相同或者近似的,但经授权的除外;(五)同'红十字''红新月'的名称、标志相同或者近似的;(六)带有民族歧视性的;(七)带有欺骗性,容易使公众对商品的质量等特点或者产地产生误认的;(八)有害于社会主义道德风尚或者有其他不良影响的。县级以上行政区划的地名或者公众知晓的外国地名,不得作为商标。但是,地名具有其他含义或者作为集体商标、证明商标组成部分的除外;已经注册的使用地名的商标继续有效。"由于商标检索、商标申请类别的确定以及商标的申请需要掌握一定的专业知识和技能,建议展览公司在申请注册商标时,聘请专业的商标代理机构,由其出具专业的检索报告和建议,以降低公司注册商标被驳回的风险。